수 능 의 기 술

학종 전형 2,3,4개 대학 복수 합격자가 공개하는

"학종무패"
자소서,
생기부
학종스펙
만들기

http://www.suneungskill.com/shop/ 에서
이 책의 저자들에게 자소서 첨삭을 받을 수 있습니다(유료)

CONTENTS

CONTENTS

01

학생부 종합전형
실전 가이드

김민경
(지방 일반고 2017년 졸업, 고려대, 한양대, 중앙대, 한국외대
학생부 종합 전형 합격)

Step1. 학생부종합전형 훑어보기

#1. 학생부종합전형이란?

-'can, will, do'의 마음가짐으로-

뉴스에서 빈번하게 찾아볼 수 있는 '학생부 종합전형 확대', '입학사정관제도'라는 말, 대체 무엇을 의미하는 것일까? 그리고 대한민국의 고등학생은 왜 대학에 가기 위해서 '학생부 종합전형'에 대비해야할까? 대학 진학을 위해서 그저 공부만 잘 하면 안 되는 것일까? '학생부 종합전형'이 당최 무엇인지도 모르고, 또 어떻게 준비해야하는지, 왜 해야 하는지에 대한 의문을 많은 학생들은 가지고 있다. 대학 입학전형에 대하여 잘 모르는 친구들도 분명히 있을 것이다. 반면, 친구들 옆에서 착실하게 학생부 종합전형에 대한 정보를 모으고 대비해가는 노력파 친구들도 있을 것이다. 단지 공부만이 아닌 진짜 '실력'으로 승부하는 학생부 종합전형, 지금부터 대학 입학전형 중 '가장 공평한 전형'인 이 전형에 대하여 알아보자.

 분명히 말해두자면, 학생부 종합전형은 오로지 서울 상위권 대학을 겨냥한 제도가 아니다. 전국에 있는 모든 대학교에 있는 전형이고, 대부분의 학교에서 학생부 종합전형(이하 학종)의 비중이 가장 클 것이다. 그 이유는 학종이 학생의 다방면을 확인할 수 있는 일종의 지표가 되기 때문이자 대학이 원하는 인재를 발굴할 수 있는 기초적인 배경이 되기 때문이다. 그렇다면 정확하게, 아니 대체, '학종'은 무엇일까?

 '학생부 종합전형'에 대해 자세히 파고들기 전에, 우선은 대학 입학전형들과 그 차이에 대해 알아야한

다. 대학교 입시 전형(이하 대입)에는 크게 수시와 정시로 나눌 수 있는데, 우선 정시는 대학수학능력검정시험, 즉 '수능'의 점수를 통해 판가름 되는 전형이다. 다른 것 준비할 필요 없이 오직 공부의 능력으로 승부하는 것이다. 한편, 수시는 그 아래 다양한 전형을 가지고 있다. '학생부 교과전형','학생부 종합전형','논술전형' 등이 그것이다. 우선 '학생부 교과전형'

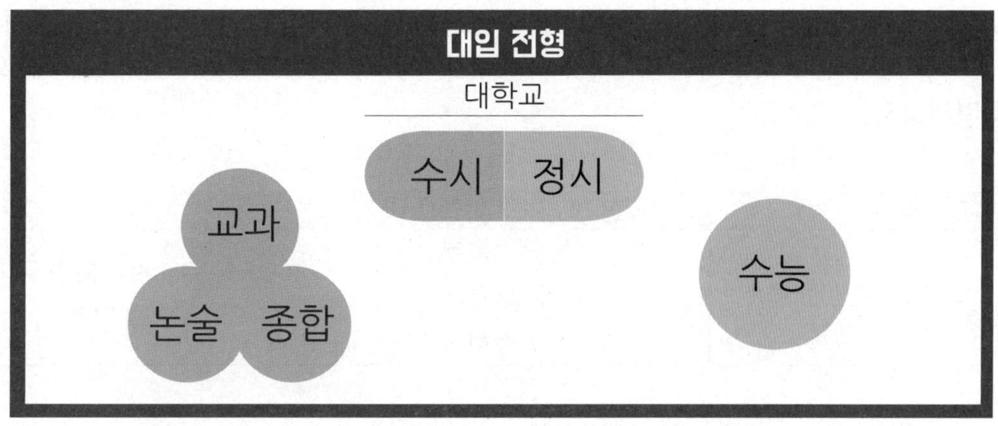

은 '학교의 성적 = 내신'이 입학의 평가 기준이 되는 전형이다. 보통 '학생부 교과전형'은 내신 성적만 보지는 않고, 대학에서 제시하는 수능의 최저점수 이상을 맞아야 한다. 다시 말하자면 공부를 잘 해야 한다. 다음으로 '논술'전형은 각 대학에서 시행하는 논술 시험에 응시하여 제시문에 맞게 글을 쓰는 전형이다. 학교 내신 성적에 크게 좌우되지 않는 전형으로, 교과 전형과 마찬가지로 수능에서 일정한 등급 이상이어야지 합격할 수 있다. 논술도 역시 이 외의 별다른 평가 자료는 없다. 그렇다면, 이 책에서 우리가 중점적으로 다루려는 '학생부 종합전형'은 무엇일까? '학생부 종합전형'은 쉽게 설명하자면 '내가 학교생활을 얼마나 열심히 했는가?'와 '내가 내 꿈을 위해 (혹은 꿈을 찾기 위해) 어떤 노력을 어떻게, 얼마나 열심히 하였는가?'를 평가하는 전형이다. 이는 곧 나의 '학교생활'이 평가의 기준이 됨을 의미하며, 이것은 기본적으로 '학교생활기록부'를 통해 증빙이 된다. 또한, '진로탐색' 역시 학교생활기록부(이하 생기부)와 자기소개서(이하 자소서)를 통해 평가가 된다. 바꿔 말하자면 '학종 전형'은 생기부와 자소서를 대학에 지원하고 그것으로 평가받는 전형인 것이다. 추가로 학종 전형 역시 수능의 최저점수를 요구하는 대학이 대다수이다.(물론 한양대와 같이 그렇지 않은 대학도 있다.)
요컨대 교과전형은 '성적', 논술전형은 '글', 종합전형은 '학교생활'이 평가기준인 것이다.
 조금 더 구체적으로 '학생부 종합전형'을 살펴보자. 학종전형의 기초 데이터는 '생활기록부'와 '자기소개서'이다. 또한, 학교 선생님이 해당 학생을 대학에 추천하는 '추천서' 역시도 평가 자료에 들어간다. 추천서는 자신이 재학 중인 학교에 있는 선생님께서 작성해주시는 것이다. 만약 1차적인 자료에서 합격이 되었다면, 2차로 면접을 보아 학생의 인성을 판단하는 '면접'이 기다린다. 이 학생의 생기부와 자소서에 기록된 내용이 사실인지를 확인하며 학생의 성품을 간단하게나마 파악하는 것이다. 또한, 앞서 언급했듯이 수능의 최저 점수를 요구하기도 한다. 그렇다면 '학생부 종합전형'은 내신 성적을 고려하지 않는 천사와 같은 전형일까? 대답은 '아니'다! 기본적으로 모든 대학은 '우수한' 학생, 자신의 대학에와 이름을 빛내줄 수 있는, 도움이 될 수 있는 학생을 원한다. 따라서 내신 성적을 아예 보지 않을 수 없을 것이다. 사실 경험적으로 볼 때, 내신 성적이 가장 중요하다. 일단 생기부에 3년간의 학교 성적이 명시되어있을뿐더러, 대학 별로 일정한 성적대의 학생이 합격하기 때문이다. 하지만 학종의 메리트는 바로, '역전'이다. 일정 수준의 대학에 못 미치는 내신 성적이라도, 나의 스펙(위에서 말한 자료들)에 따라 당당히 합격할 수 있는 것이다. 내가 학교생활을 열심히 하고, 꿈을 위한 노력을 남들보다 더 열심히 하면 가능한 일, 즉 나도 '할 수 있다'는 것이다!

이를 정리해볼 때, '생활기록부(가장 큰 것은 내신), 자기소개서, 추천서, 면접, 최저' 이 모든 것이 학생부 종합전형인 것이다. 이 모든 것은 학원이 대신해줄 수 없는, 순전한 자신의 노력에 달려 있는 평가 자료들이다. 따라서 본인이 이 모든 것을 꼼꼼함으로 승부한다면 대입에 성공할 수 있을 것이다. 그렇기 때문에 이 전형은 가장 공평한 전형이다. 어려워보여도 치열하게 노력한다면, 수월하게 해낼 것이다. 꿈에 그리던 대학에 합격할 수 있는 열쇠, 학생부 종합전형을 통해 나도 '할 수 있다'는 마음을 가져보아라. 그리고서 '해 내겠다'는 의지를 가져보자. 가능성을 믿고, 의지를 가진 후에는 직접 하라! 빈 생기부와 자소서를 하나씩, 스스로, 꼼꼼히 채워 나가보자. 학생부 종합전형을 <can, will, do의 마음가짐>으로 점령해보자!

학생부 종합 전형이란?		
내신성적	생활기록부 자기소개서 추천서	최저등급 / 면접

#2.학년별 대비요령
-공통사항(학교생활부분)-

앞서 이해했듯이 학종 전형은 3년간의 결과를 제출하는 전형이다. 고등학교 3년의 생활동안 그 모든 것을 준비하려면 막막한 기분이 들 수 있겠지만, 지금부터 제시하는 원칙을 앞으로 가지고서 학교생활에 임하라.

우선 첫 번째 공식, 3년 내내 선생님들과 가까이 지내자.
너무 상투적인 말처럼 들리겠지만 가장 중요한 원칙이다. 선생님과 제자는 단순히 교과목에 대한 지식을 전달하고 받는 관계가 아니다. 선생님들께서 생활의 지혜라든지, 공부에 관련한 조언이라든지, 또는 입시에 관련된 책자, 시험 대비용 문제집 등을 학생에게 주실 수 있기 때문이다. 뿐만 아니라 선생님들을 통해 학교의 작년 입시결과 등을 얻어 들으면서 미래를 설계할 수도 있다. 진로에 대한 여러 가지 상담도 나눌 수 있을 것이다. 좋건 싫건 선생님과 가까이 지낸다면, 그것은 결국 나에게 돌아오는 자산이 된다. 3년 간 동고동락할 선생님들과 친하게 지내서 안 좋을 것이 무엇이 있겠는가? 선생님들께선 나에 대해 잘 아시고, 그것은 생활기록부 작성과 추천서 작성으로 이어질 수 있다. 자기소개서 첨삭도 흔쾌히 해 주실 것이다. 그러니 공손한 태도로 선생님께 먼저 다가가려고 노력해라. 교무실에도 자주 찾아가는 노력을 하고, 선생님들께 고민 상담이나 아니면 그저 나의 일상에 대해 가볍게 이야기를 가지는 시간을 가져도 좋다. 하는 만큼 반드시, 언젠가 돌아올 것이다.
두 번째 공식, 어떤 일이든 최선을 다하고 그것을 문서화하여 남겨두라.
학교에서 학생에게 다양한 일을 시킬 것이다. 이를테면 4월 과학의 달 기념 영상 시청, 안전교육행사, 체육대회, 호국보훈의 달 기념 묵념 등등... 이런 모든 일을 귀찮다는 핑계로 설렁설렁하지 말고 사소한 일이라도 최선의 마음으로 임하라. 그리고 나서 문서로 간단하게 기록하는 습관을 들이자. 오늘은 학교에서 어떤 행사에 참가했고, 어떠한 마음가짐으로 임했으며, 또 이러한 행사를 통해서 어떤 것을 느끼고 배웠는지에 대해 간단하더라도 꼭 남겨야 한다. 그리고서 나중에 한 학기가 끝날 때 그것들을 모아서 선생님께 제출하자. 그러면 그것들이 모여 나의 성실함이 되고, 남들과 다른 나의 차별적인 노력이 될 수 있다. 선생님들께서도 그러면 생활기록부에 한 줄이라도 남들과 다른 내용을 적어주실 것이다.

또, 문서화의 장점은 나중에 자기소개서를 작성할 때 이전에 작성해놓았던 문서들을 통해 내가 어떤 표현들을 사용했는지, 당시 어떤 활동에서 어떤 느낌을 가졌는지 등을 참고할 수 있다는 것이다. 지금 당장은 기억이 날지 몰라도, 후에 자기소개서 작성할 때에는 생각보다 어떤 활동을 했고, 어떤 느낌이었는지가 기억이 잘 나지 않는 경우가 다반사이다. 그러므로 꼭 문서화의 습관을 들이자.

세 번째 공식은 모든 활동에 있어서 '나'는 어땠는지를 기억하는 것이다.
학교에서 하는 활동은 대부분 학생 모두가 노력정도의 차이일 뿐 참여하기는 할 것이다. 내가 다른 학생들 사이에서 눈에 띌 수 있는 방법은 주어진 역할 속에서의 나의 행위를 염두에 두는 것이다. 쉽게 예시를 들어보자. 수업시간 중 조별활동을 할 때, 그 중에서 누군가는 조장을 맡을 것이고 그렇지 않은 학생들은 평범한 조원에 불과할 것이다. 물론 조장을 한다면 더없이 좋겠으나, 만일 가위바위보 등의 상황으로 조장을 판가름하는 경우처럼 불가피하게 리더의 역할을 맡지 못하게 되거나 혹은 주도적인 성격이 아니라면, 주어진 나의 역할 속에서 최선을 다하면 된다. 자료조사를 성실하고 전문적으로 한다든지, 적극적으로 참여해서 조의 방향을 이끌어 간다든지, 아니면 다른 일을 자처하여 나서서 모범적인 모습을 보여주든지 등의 방식으로 말이다. 그리고서는 그렇게 맡은 바 임무를 더 열심히 하려고 노력했던 나의 모습을 기억하자. 모두가 하는 활동임에도 내가 두드러질 수 있는 방식이 이것이다. 학급임원 선거에 떨어졌을 때에도 다른 직책을 맡아서 하거나, 동아리원끼리 같은 활동을 하더라도 그 속에서 나는 다르고 신박한 내용을 선정하여 하는 방식으로 말이다. 그 후에는 앞에서 말한 것처럼 남들보다 이렇게 더 노력한 나의 모습 역시도 기록으로 남기는 것이 중요하다. 학교는 '내'가 스스로 챙기지 않으면 나에 대해 아무도 모르고 넘어갈 수도 있는 공간이다. 그러므로 꼭 공통적 과업이더라도 다각도로 노력하고, 그러한 나의 행적에 대해 기록하여 선생님께 알리도록 하자. 이러한 것들을 행하기 위해서는 가장 먼저 마음가짐과 성실함은 필수라는 것도 명심하자.

-학년별 대비요령 : 1학년-

진로가 정해져있다면 좋겠지만, 그렇지 않아도 전혀 문제될 것이 없다! 1학년은 이제 막 고등학교에 진학해서 중학교와 다른 분위기, 보충수업과 야간자율학습 등으로 적응에 어려움을 겪을 시기이다. 무엇을 어떻게 준비해야하는지도 모르는 경우가 태반이다. 이럴 경우, 가장 도움이 많이 되는 것은 '다양한 분야의 독서활동'이다. 1학년의 경우 '진로탐색'을 위해 다양한 저서들도 읽어보고, 어려운 책도 도전해보는 등 다양한 시도를 해보아라. 책을 읽음으로써 견문을 넓힐 수 있고 진로탐색에도 도움이 될 수 있으며, 책의 좋은 표현들을 메모해놓았다가 보면 훗날 자기소개서 작성 시에도 어떠한 방식으로든 도움이 될 것이다. 시집, 소설책(고전소설, 사랑소설 등), 수필, 자기계발서, 설명서 등 무엇이든 좋다. 쉬운 원서를 골라 읽어보는 것도 매우 추천한다. 만약 진로를 대강이나마 정했다면 관심분야에 있는 책들을 읽어라. 적어도 1학년 때 1년에 20권 이상은 읽어야한다는 마음을 가져라. 그런 이후에 계속하여 강조하지만 책을 읽고서도 마찬가지로 책을 선정한 계기, 느낀 점을 3줄 정도로 기록하는 것은 당연히 해야 한다! 만약 부담이 된다면 '모든 책을 다 완독하겠다.'라는 느낌보다는 '한 번 읽어나 보자!'의 느낌으로 다가가라. 이것만으로도 충분한 경험과 가치가 있다.
　또한, 학교 주관의 대회, 외부활동, 봉사활동 등 다양한 경험을 쌓는 것에 주력하자. 대회에 참가하는 것만으로도 일단 생활기록부에 기재가 될 수 있고, 또 1석2조로 상을 받을 수도 있다. 생활기록부 수상실적에는 교내대회주관만 인정되므로 가급적이면 많이 대회에 참가하자. 봉사활동에 관련하여 고등학교는 3년간 60시간을 의무적으로 채워야한다. 만약 1학년 때 60시간을 다 채웠다면 2,3학년 때에는 굳이 채우지 않아도 된다는 뜻이다. 하지만 봉사활동 역시 학생의 성실함과 노력, 성품을 보여주는 지표이다. 제한되지 않았으니 내가 많이 할수록 봉사활동은 배가 된다! 따라서 다양한 봉사활동을 많이 해보거나, 혹은 일관된 봉사활동을 꾸준히 하거나 하는 식으로 봉사활동에 참가하자. 참고하자면, 필자는 1학년 때 150시간을 채웠고, 또 대학 친구들을 보면 대부분 3년 간 합계로 최소 180시간 이상은 채웠다고 한다. 어렵다고 생각 말고, 2주에 1번씩 혹은 3주에 1번씩만 나가도 충분하게 할 수 있을 것이다. 경험도 쌓고, 봉사시간도 얻는 즐거움을 누려보자!

 덧붙여 이야기 하자면, 1학년 때의 독서량과 봉사활동은 저조한데, 3학년 때 독서량과 봉사활동이 풍부하다면, 입학사정관 입장에서는 이것을 절대로 좋게 평가하지 않을 것이다. 누가 봐도 3학년이 되어서야 대입생각에 겁을 먹어 준비한 학생으로밖에 보이지 않기 때문이다. 따라서 1학년 때부터 이런 것들을 고심하고 미리 설계해야지 나중에 우수한 학생으로 평가받을 수 있다. 하지만 이 모든 것들은 내신 공부를 병행하면서 해야 하는 것임을 명심 또 명심하자!

-학년별 대비요령 : 2학년-

 1학년 때에는 다양한 경험 축적에 주력했다면, 2학년 때부터는 교내활동과 공부에 함께 열과 성을 다하자! 1학년의 성적 산출이 끝나고, 어느 정도 자신의 위치를 가늠할 수 있는 2학년은 대충 감이 잡혔을 것이다. 하지만 이런 상황에서 자칫 1학년 때처럼 너무 많은 교외활동, 교내활동을 하려다보면 성적에서 뒤떨어질 수 있으니 유의하자. 또한, 1학년 때의 성적이 너무 낮다고 해서 낙심할 것도 전혀 없다. 학생부종합전형에서 가장 좋아하는 고등학교3년 간 성적 그래프는, 첫째는 3년 내내 잘하는 것이요, 둘째는 1학년 때부터 3학년 때까지 성적이 점차적으로 꾸준히 오르는, 상승곡선이기 때문이다. 그러므로 1학년 때보다 성적을 조금이라도 올리도록 노력해보자. 정리하자면, 1학년 생활과 비교했을 때에 교외활동은 조금 줄이되, 교내활동과 공부에 주력하자. 2학년 때 성적을 바짝 올린다면 그것은 3학년이 되어서도 유지될 가능성이 상당히 높다. 따라서 1학년 때는 내신공부와 다양한 활동의 비율이 50:50이었다면, 2학년 때에는 내신 공부를 주로하면서도 동시에 활동을 함께 이어가는 방향으로 바꾸자. 1학년 때 못했었던 새로운 활동을 시도해보아도 좋고, 새로운 진로를 선택하고 그에 맞게 노력해도 좋다. 또 1학년 때부터 이어오던 활동을 계속해서 하며 동아리 부장을 맡는 등 더 적극적으로 활동에 임해보자. 봉사시간도 1학년 때만큼은 아니더라도 어느 정도 이상은 채우려고 노력하자.

 또한, 1학년 때 다양한 분야의 책을 접했다면, 2학년 때에는 본격적으로 진로를 정한 후 해당 관심분야의 책을 조금 더 집중적으로 파고드는 것이 좋다. 1학년 때보다는 더 깊이 있는 책으로 도전해보자. 또, 학교에서 배우는 교과목에 맞는 책을 한 권 정도씩 읽고 각 교과선생님들께 찾아가서 말씀드리자. 배움에 열정이 있고, 배울 준비가 되어있는 학생으로 비춰질 것이다. 그러나 2학년이 되었다고 하여 다양한 활동을 접하지 말라는 뜻은 아니다. 해외봉사활동을 가거나, 지역토론대회에 참가하거나, 혹은 학교 논문동아리를 통해 소논문을 작성해보거나 하는 식으로 대학을 위한 다양한 경험과 준비를 계속해서 해 나아가야 한다. 그리고 어느 정도 진로가 잡히고, 노력했던 활동들이 쌓였다면 자기소개서를 작성해보는 것도 좋다. 같은 소재라도 다르게 내용이 구상될 수 있으므로, 여러 버전으로 쓰도록 시도해보자. 또, 입시에 관련된 다양한 정보를 수집하고 각 대학의 원하는 인재상을 찾아 그에 맞는 활동을 만들어 하는 것도 좋다. 2학년이 되면 슬슬 대입에 관련한 고민을 해 보아야 하는데, 그 중에서 제일 먼저 해야 하는 것은 원하는 대학을 대강 정하는 것이다. 쉽게 풀어쓰자면 목표대학을 선정하는 건데, 희망을 가지고 본인의 성적보다 더 높은 대학교를 마음속에 목표 대학으로 정하라. 그리고 그에 맞게 노력하는 태도를 가지도록 하자. 1학년 때보다는 더 전문적으로, 하지만 다양함을 잃지 않는 태도로 2학년을 잘 보내보자.

-학년별 대비요령 : 3학년-

 가장 큰 부담을 안고 있을 시기, 3학년은 어떻게 준비하는 것이 좋을까? 사실 3학년은 이제 '준비'의 개념보다는 '마무리'단계에 있어야 하기는 할 것이다. 3학년은 11월에 수능이라는 큰 산이 남아있기 때문에, 내신 공부와 수능공부, 그리고 활동까지 여러 가지를 챙겨야하는 가장 숨 가쁜 1년이 될 것이다. 1,2학년을 앞에 서처럼 잘 보낸 학생이라면 따로 정리할 것도 없겠지만(미리 문서화되어 정리되어있기 때문에), 만일 부족하다고 느껴지면 3학년 때에도 활동을 해야 한다. 하지만 너무 뻔한 활동은 이제 그만, 학교에서 시키는 것만 착실히 했다면 그것은 '당연'한 것이지 절대로 '잘' 한 것이 아니다! 캠페인 활동, 대자보 붙이기 등 학교 내에서 누구도 시도해보지 않았던 활동을 나서서 해보는 것이다. 물론 공부하기에도 바쁜 시간이겠지만, 그 시간을 쪼개어 쓴다면 충분히 가능한 일일 것이다. 대부분의 3학년 학생은 오로지 공부에만 집중하기 때문에, 그러한 시기를 노려서 활동을 하는 것은 나름의 전략이 될 수 있다. 또한, 가장 최근에 했던 활동들이기 때문에 자기소개서를 쓸 때 더 상세하게 기억에 잘 남을 수 있다는 것도 장점이다. 그러고 나면 본격적으로 '매듭'작업을 해야 한다. 열심히 달려온 고등학교 3년의 시절, 내가 제대로 풀어내지 못한다면 아무 짝에도 쓸모없는 것이 될 수도 있다. 그러므로 3년 간 했던 활동들을 쭉 정리하여 자기소개서에 작성할 만한 괜찮은 내용을 선정하고 글로 잘 다듬어보자. 비슷한 활동끼리 묶어보고, 자기소개서 어느 항목에 넣을지 등에 대해 구상해야한다.
 3학년의 경우, 1학기까지만 대입 성적 산출, 생기부 내용에 들어가기 때문에 2학기부터는 수능에만 매달려 공부할 수 있다. 그러므로 1학기에는 내신 성적공부에 55%비중을, 수능공부에 30%의 비중을, 활동에 15% 비중을 두어 학교생활을 해 나가자. 또한, 3학년은 '미리미리'준비하는 것이 정말 후에 큰 도움이 된다. 원서접수가 시작되는 9월 전까지 3학년은 자기소개서를 완성해야하고, 추천서를 받아야하며, 독서활동과 봉사활동을 해야 한다. 그러므로 비교적 여유가 있을 1학기 중간고사 이후, 그 즉시 자기소개서 작성에 돌입하여야 한다.(3월부터 간간이 써 놨다면 더없이 좋은 일이긴 하다.) 그리고 기말고서 1달 전부터는 다시 내신 공부에 주력하고, 기말고사가 끝나자마자 바로 자기소개서 작성 작업에 착수해야한다. 여름방학이 끝나기 전까지 1차적으로 완성이 되어야 하고, 원서접수 전까지는 계속해서 피드백을 받고 수정하는 과정을 거쳐야한다.
 또한 원하는 대학, 성적에 맞는 대학, 각 전형과 대학별 인재상 등을 찾아보며 모집요강을 읽고 전형에 맞게 자신이 원서를 넣을 곳을 정해야한다. 이 때, 수시 원서에 넣을 6가지 대학을 선정하는 작업은 1학기 성적처리가 끝난 이후에 빠르게 진행되면 될수록 좋다. 대학별로 자기소개서4번 문항이 다른 것이 그 첫째 이유요, 대학마다 다른 스타일의 학생의 모습을 요구하는 것이 그 둘째 이유이다. 어떤 학교는 '다양한 경험을 쌓는 학생'을 긍정적으로 바라볼 수 있고, 어떤 학교는 '진로활동'을 얼마나 했는지를 중점적으로 보기도 하기 때문이다. 따라서, 각 학교 별 특성을 파악하는 것이 가장 중요하고 그에 맞게 자기소개서에 넣을 소재도 선택하는 과정이 신중하게 이루어져야한다. 한편, 그렇게 대학을 선정하는 과정에서 희망하는 대학에 대해 여러 가지를 알아보게 될 텐데, 그 때는 표를 만들어서 분류하는 것이 가장 좋다. 진학을 희망하는 대학과 학과를 6-8개정도로 추리고, '가능한 전형과 해당 학과의 모집 인원, 원서 접수기간과 전형에 들어가는 평가 비율과 방법, 반영교과, 제출서류 및 기한, 면접 일시와 수능 최저 기준, 작년 합격자 평균점수, 각 대학마다 다르게 산출되는 내 성적(비교하기 위해), 작년 경쟁률과 현재 경쟁률(진학사와 같은 프로그램을 통해 예측), 작년과 올해가 달라진 점'과 같은 것들을 조사하여 총체적인 고려가 필요하다. 원서를 넣는 것 역시 예삿일이 아니며, 아무리 열심히 3년 간 노력했다 하더라도, 꼼꼼히 확인하지 않고 원서를 넣었다가 결국 대입에 실패한 학생이 많기 때문이다. 특히 그중에서도 면접일이 수능 전인지 후인지, 수능 최저학력기준이 얼마나 되는지 등은 주요한 고려 요소가 될 것이다. 또한, 대학을 선정할 때에 6가지 정도로 추렸다면, 그 중에서도 가장 가고 싶은 대학 순위를 정해보자. 그리고 그 순위에 맞게 자기소개서의 방향을 잡는 것이다. 만약 대학 선정에 있어서 그래도 어려움을 겪는다면, 본인이 생각하기에 성적에 맞는 대학들에 있어 마지노선을 정하고 그 위로 대학을 고르는 것도 매우 추천하는 방식이다.

 여러 가지를 신경 쓰다 보면 스트레스도 가장 많겠지만, 스트레스 역시 요령껏 관리하는 것도 필요하다. 한편, 그렇게 정신없는 1학기를 보낸 후 2학기에는 수업시간도 활용하여 자기소개서를 작성하고 수능 공부를 하는데 집중하자. 본인을 학창시절에 가장 잘 알아주시는 선생님을 찾아가서, 대학 원서에 넣을 추천서를 작성해달라고 미리 부탁드리자. 선생님들도 여러 명이 원서접수기간에 찾아와 작성해달라고 부탁드리면 힘드셔서 거절할 수도 있으니, 꼭 여름방학 전에 미리 연락하여 부탁드려야 한다. 이후 원서접수가 있는 9월이 지나고 나서는 수능 준비에만 몰입하자. 이미 넣은 수시 생각은 버리고, 정시만이 살 길이라는 생각으로 공부해야한다! 수능을 치기 전 1차 합격이 발표되는 대학이 많은데, 이러한 합격불합격 여부에 휘둘리지 말고 여념 없이 쭉 하던 대로 공부하는 것이 필요하다. 친구들의 페이스에도 휘말리지 말고 꼭 본인의 목표에 집중하길 바란다. 이렇게 숨 가쁜 1년을 달리고 나면 원하는 대학에 당당하게 붙을 수 있을 것이다.

#3.교내활동과 교외활동

 활동에 있어서, 교내활동과 교외활동은 어떻게 하는 것일까? 우선 두말할 필요도 없이 교내활동의 필요성은 별 다섯 개다. 무조건 가능하다면 모든 활동에 참가하여야 한다. 학급 임원진부터 시작해서, 도서부가 여는 행사라든지 교내 대회, 수학여행, 체육대회 등등 교내의 활동은 매우 중요하다!! 기본적으로 '학생부 종합전형'은 '이 학생이 학교생활에 있어서 얼마나 충실하게 했는가?'를 1차적으로 보고, 2차적으로 '진로에 대한 이 학생만의 독특한, 차별화된 무엇인가가 있는가?'를 보기 때문이다. 따라서 1차적인 조건이 충족되지 않으면 좋은 평가를 받기 어렵다. 그러니 가급적이면 학교에서 하는 모든 일에 참가하는 적극성을 가져야 한다! 교내에서 일어나는 모든 일은 생활기록부에 적힐 수 있기 때문에도 중요하다.

 그렇다면 교외활동은 어떨까? 교외활동은 교내활동과 달리 생활기록부에 적힐 수 없다. 즉, 본인의 '경험'정도만으로 끝날 수도 있다는 것이다. 물론 이것에 충분한 의미부여를 하고 만족하는 학생들도 있겠지만, 이왕 하는 김에 생활기록부에도 적히게 된다면 더 좋은 일 아니겠는가? 본인이 교외활동을 통해 너무 좋은 계기를 받았는데 그것을 자기소개서에 적지 못하면 억울하지 않겠는가? 왜냐하면 자기소개서 작성의 기본은 '생활기록부에 기재되어 있는, 증명할 수 있는 활동'이어야하기 때문이다. 생활기록부에 없는 내용을 자기소개서에 작성할 시 그 학생은 불이익을 받을 수 있다는 점도 항상 머릿속에 새겨야한다. 그럼, 어떤 교외활동을 대체 생활기록부 상에 적을 수 있는 것일까? 첫 번째, 우선 '교육부' 주관의 교외활동이라면 학교 생활기록부에 기재할 수 있다. 두 번째, '봉사시간'을 주는 교외활동이라면 활동 자체는 생활기록부 상에 적을 수 없더라도, 봉사활동 란에 봉사시간으로 들어가기 때문에 충분히 가능하다. 세 번째, 학교에서 여는 대회, 자율작문 등의 기회가 있을 때, 본인이 했던 교외활동의 내용으로 구상하여 적는 것이다. 이렇게 하는 학생을 가장 학생부 종합전형을 잘 이해하고 있다고 볼 수 있다. 사실, 자기소개서를 작성할 때, 생활기록부에 상세히 적혀져 있는 내용을 자기소개서에 또 써봤자 무슨 흥미를 이끌 수 있겠는가? 그저 동어 반복에 불과할 수밖에 없다. 따라서 생활기록부에 한 줄 정도로 간단하게 적혀있는 것들을 내 이야기로 풀어서 자기소개서에 길게 작성하는 것이 더 매력적인 자기소개서인데, 그것을 활용할 수 있는 방식이 방금 소개한 세 번째 방법이다. 예를 들어 자유 주제로

'영어 스피치 대회', 혹은 수업 시간 중의 '자율발표'시간 등에 참가한다고 가정해보자. 이 때 주제를 자신이 자기소개서에 적고 싶은 내용, 혹은 교외활동을 했던 체험수기 등으로 골라 발표하라. 그러면 선생님께선 생기부에 '수업시간 중(혹은 교내주관대회에서) '자신이 경험했던 교외 활동'에 대한 주제로 발표하여 학생들의 큰 호응을 얻음'이라고 기재해주실 것이다. 이렇게 간단하게 교외활동을 생기부 안으로 끌어올 수 있는 방법이 있다. 사실, 학교 내 활동은 다른 학교들에서도 충분히 만들 수 있는 활동일 가능성이 크다. 따라서 차별화된 생활기록부를 원한다면 교외활동이라고 거부감을 갖지 말고, 더 넓은 세상으로 나아가서 새로운 경험도 쌓고, 이러한 방식으로 생활기록부에도 넣어보아라! 더욱 센스 가득한 학생으로 기억될 것이다.

Step2. **내신관리요령**

-학교 시험공부는 어떻게 하는 것일까?-

 앞서 '학생부종합전형'이 대체 무엇인지를 훑어봤다면 지금부터는 본격적으로 하나하나 짚어가며 준비해야한다. 언급했듯이 '꼼꼼함'이 승부가 되는 이 세계에서는 무엇이든 구체적으로 다룰 수밖에 없는 것이다. 그 중에서 단연 가장 중요한 것은 바로 '내신관리', 즉 학교 성적이다. 학생부종합전형임에도 가장 중요한 '학교 내신 성적', 과연 어떻게 공부해야할까?

① **수업시간은 생명이다.**
핵심부터 말하자면, 수업시간에 졸지 않고 잘 필기하고, 궁금한 점에 대해 사소한 것이라도 질문을 하는 습관을 들여라. 수업시간에 집중하기만 한다면 내용이해에는 아무런 문제가 없을 것이다. 수업시간에 질문하기 부끄러우면, 쉬는 시간 혹은 점심시간, 보충시간 등을 이용하여 '선생님'께 여쭤보자. 친구보다는 무조건 선생님이 훨씬 정확하다는 점을 확실히 인지하고 있어야 한다. 또한, 수업시간이 재미없다고 해서 옆자리 친구와 장난치지 말자. 선생님과 내가 친구라고 생각하고, 둘이 이야기를 나누고 있다는 상상으로 수업에 임하면 더욱 수업시간이 재미있어질 것이다. 만일 수업시간에 놓친 부분이 있다면 꼭 체크해 두었다가 수업이 끝난 직후에 바로 가서 여쭤보라. 혹여 그러지 못했다면, 내가 활용할 수 있는 방법은 친구한테 물어보거나, 인터넷 강의를 '참고'하는 것이다. 인터넷 강의에 모든 것을 의존하는 습관을 버리고 스스로 공부할 수 있도록 수업시간에 집중해야한다. 수업이 너무 졸릴 때에는, 졸지 말고 교실 뒤에 있는 키다리책상(스탠드책상)에 나가서 공부하는 열의, 의지부터 가지자. 수업시간은 무조건 버틴 후, 잠은 쉬는 시간에 몰아서 자는 것이다. 수업시간에 정말 열심히 들은 학생이라면, 분명히 나중에 복습할 때에 도움이 많이 된다.

② **교과서가 답이다.**
시험 직전, 늘 선생님들께서 하는 말씀이 있다. "교과서에서만 다 냈어~ 교과서만 봐~" 이에 학생들은 믿지 않고 짜증내며 넘기는 경우가 수두룩하다. "그걸 누가 몰라?"하는 심정에서 비롯된 행동일 터. 하지만, 교과서를 정말 열심히 공부한 친구라면 그 말이 곧 진리임을 깨달을 수 있을 것이다. 교과서 공부에도 요령이 있다. 우선 수업시간 때 선생님께서 강조하신 부분은 가장 기본적으로 체크해야하는 것이고, 필기는 정말 빠질 수 없는 공부방식이다. 선생님께서 잡담하시는 내용까지 필기하는 것이 아니라, 교과 내용에 관련된 모든 내용을 필기할 수 있도록 노력하라. '뒤에 배우겠지만 -내용도 있다.'라고 하는 말씀까지 적어놓자. 그러면 그것이 나중에 그 내용을 배울 때 미리 앞에서 살짝 다룬 것이라도 예습이 될

수 있기 때문이다. 또한, '이 내용은 앞으로 배울/전에서 배운 그 내용과도 관련이 있다.'라고 말씀하시는 부분은 무조건 체크해두라. 교과서의 서로 다른 부분이지만 병치되는 내용이 있을 경우 시험에 관련되어서 나올 가능성이 높기 때문이다. 하지만, 수업시간 중 너무 속도가 빠를 경우 필기를 다 하지 못하는 경우가 있다. 그럴 땐, 선생님께 속도를 조금만 늦추어 달라고 부탁드리거나, 수업이 다 끝난 후에 친구들의 교과서를 부탁하여 내용을 필사하자. 한편, 만약 수업 때 집중을 못하여 놓친 부분이 있거나, 혹은 그 날 수업에 참가하지 못한 경우에는 적어도 2명 이상의 친구들에게 가서 사정을 얘기한 뒤 필기 내용을 필사하라. 여러 명의 필기가 모이면 선생님 수업의 전체가 될 수 있다. 하지만, 그것이 반복되면 얌체 같은 학생이 될 수 있으니 기본적으로 수업 시간에 나부터 최선을 다해서 집중하는 것이 필수이다!

③ 복습은 대체 어떻게 해?
수업을 열심히 잘 들었고, 정성을 다해 필기를 했다면, 남은 것은 '복습'이다. 사실 시험공부의 80%는 복습이라고 할 수 있는데 그것은 사람은 반복을 하지 않으면 내용을 숙지하지 못하고 잊어버리기가 쉽기 때문이다. 그렇다면 효율적인 복습 방식은 무엇일까? 바로, 배운 내용을 당일에 공부하는 것이다. 우선, 큼지막한 공책 하나를 구입하라. 그리고 맨 위에 오늘의 날짜를 적어라. '공부 일기'를 작성하는 것이다. 표를 만들어 1교시부터 7교시까지 어떤 내용을 배웠는지를 공책에다가 쭉 쓰는 것이다. 여기서 주의할 점은 '교과서를 보지 않고 작성'하는 것이다. 수업시간에 열심히 들었다면, 그 표를 조금씩이라도 채울 수 있을 것이다. 1교시 땐 무엇을 배웠는지, 2교시 때는 무엇을 배웠는지 등등.. 만약 기억이 나지 않는다면 빈 칸으로 두고서 스스로를 반성하는 시간을 가지자. 그렇게 스스로 내용을 떠올리려는 노력을 해서 30분-40분 정도 표를 채우려고 노력하자. 그리고 나서 남은 시간에 교과서를 다 가지고 하나씩 내용을 비교하고 추가하는 것이다. 내가 부족하게 쓴 내용은 교과서를 통해 중요한 내용을 추가하고, 잘못 기억하고 있는 부분은 빨간색 펜으로 고쳐서 바로잡고, 또 암기가 필요하다고 생각되는 부분은 뒷장에다가 새로 적어두자. 이 과정을 대충 1시간 정도 하고 나면 오늘의 공부일기가 완성된다. 이 일을 매일 하고 나서, 일주일에 한번 씩 지금까지 적어왔던 내용들을 꼼꼼하게 읽어보자. 5일치의 내용이지만 모이면 5장밖에 안 되는 분량이다. 이것을 한 주가 새로 시작하기 전에 읽는다면, 그것이 바로 복습이 되는 것이다. 수업시간의 집중력도 올라가는 효과도 누릴 수 있다.

예시- 〈x월x일〉

1교시 -확률과 통계	배운 내용
2교시 -문학A	배운 내용
3교시 -화법과 작문	배운 내용
4교시 -영어	배운 내용
5교시 -제2외국어	배운 내용
6교시 -체육	배운 내용
7교시-자습	배운 내용

자습시간에도 내가 무엇을 공부했는지를 기억을 떠올리며 한다면 그것이 곧 복습이 될 수 있다. 이렇게 필기로 가득한 교과서를 만들고, 다시 그것을 공부하고, 또 반복하면 시험 성적이 서서히 오름을 느낄 수 있을 것이다. 시험한달 전부터는 이 '공부일기'를 반복해서 읽으면서도 동시에 교과서의 날개지문과 같은 세세한 것들도 꼼꼼히 챙겨서 외우는 습관을 들이자. 또한, 시험 하루 전날에는 우선 공부일기에 있는 그 과목 내용만 읽고 나서, 한 번 더 교과서 내용을 읽으면서 암기하자. 교과서를 완벽하게 아는 자, 시험 때 겁먹지 않고 풀 수 있을 것이다!

<h1 style="text-align:center">-플래너 작성법-</h1>

 사실 플래너를 처음 작성할 때, 의지로 가득한 첫 주로 불태운 이후 점점 공백이 많아지는 현상을 많이 들 겪었을 것이다. 하지만 플래너의 장점은 자신이 오늘 하루 동안 공부할 체계를 잡을 수 있다는 것과, 적어도 자신이 계획하면서 어느 부분은 평소에 덜 공부했는지를 파악할 수 있다는 것에 있다. 또한, 하루가 끝난 후 자신을 돌아보며 반성을 하거나, 혹은 의욕이 더욱 생길 수 있는 효과를 줄 수 있다. 플래너를 꾸준히 작성해가는 것도 실력과 노력의 시작이라고 볼 수 있으니, 꼭 중간에 포기하지 말고 플래너를 꾸려나가는 습관을 들이도록 하자.

 우선 플래너를 작성할 때, 주간 계획을 세워보라. 전반적인 생활 계획표를 세우는 것이다. 이 시간에는 공부 어떤 것을 할 것이고, 이 시간에는 동아리활동을 할 것이고, 또 주말 점심 이후에는 일을 할 것이고 등등의 계획표 말이다. 그렇게 한 주간의 계획을 세웠다면 그것을 토대로 하루 계획을 매일 매일 수립하여야 한다. 그리고 플래너에 있는 내용을 하나씩 완수할 때 마다 바로 체크하고, 또 무슨 활동을 해야 하는지를 확인하자. 대신에 중요한 것은 '시간 별 플랜'이 아니라 '목표량 플랜'으로 기록해야하는 것이다. 하루 계획은, 주간 계획과는 달리 시간대별로 내용을 계획하는 것이 아니라, 오늘의 목표 공부량을 정하고 그것대로 공부하는 것이 관건이다. 그리고 오늘의 목표량을 달성하도록 공부해야한다.

 또한, 공부할 때 자투리 시간을 이용하라는 말을 많이 들어보았을 것이다. 이 때 활용하는 방법 중 하나가 바로 플래너이다. 플래너의 빈 공간에다가, 혹은 포스트잇을 붙여, 공부명언(나를 자극할 수 있는 말)이나, 잘 외워지지 않는 단어, 혹은 수학 공식, 탐구 내용 등을 적어두자. 그리고 매 번 플래너에 세웠던 내용을 체크할 때마다 한번 씩 보자. 반복해서 여러 번 보다보면 조금씩 암기가 되는 것을 몸소 경험할 수 있을 것이다. 또한, 그렇게 플래너를 채우다 보면 또 하나의 공부노트로도 활용할 수 있는 것이다. 그러한 플래너를 이동시간이나 쉬는시간에 뒤적거리면서 보다보면 자연스럽게 복습으로도 이어질 수 있다. 교과서와 마찬가지로, 플래너는 깨끗하게 쓰는 것이 아니다!

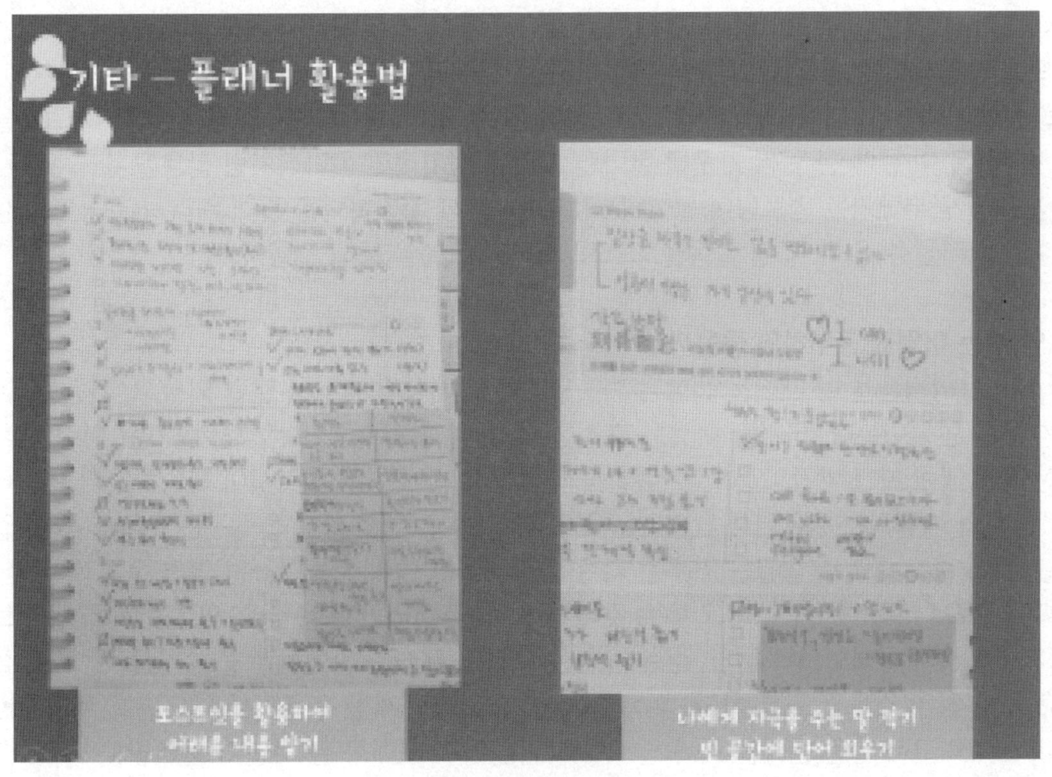

(플래너 활용 예시)

이렇게 플래너를 채웠다면, 자신이 오늘 목표량에 도달했는지 아닌지 등 간단하게 한 줄 정도 자신을 냉정하게 평가하라. 못 했다면, '더 열심히 하자!', 잘했다면 '수고했어!'등의 방식으로 쓰며 자신을 채찍질하라. 그러면서 스스로 다짐도 할 수 있고, 더 나은 내일을 위한 노력의 일환이 될 수 있기 때문이다. 플래너를 활용한다면 더 알찬 공부를 할 수 있을 것이다.

-기타 요령-

① 시험 직전에는 자신이 외우지 못했던 부분이나, 중요하다고 생각하는 부분을 보고 또 보아라.
그 어느 때보다 가장 신중해야 하고, 꼼꼼해야 하는 시간이 바로 이 시간이다. 조금 전에 치렀던 시험에 관해서는 잊고 새로운 시험에 대비해야한다. 친구들과 시험 답안을 비교하는 것처럼 시간을 낭비하고 감정을 낭비하는 일은 없으므로, 이전 시험 결과에 매달려 집중력을 흐리지 말고 초연하게 다음 시험을 준비하는 습관을 기르도록 하자. 한편, 평소에 자주 쓰던 샤프나 연필을 가지고 시험에 임하는 것도 좋은 진정제의 효과를 가진다. 연필을 들고, '평소처럼 잘 해보자! 너가 필기하던 그 내용을 기억할 거야!' 와 같은 방식으로 마음을 달랜다면 더 긴장하지 않고 시험에 임할 수 있을 것이다. 아니면 교과목 선생님께 미리 찾아가 그 분이 자주 쓰시는 연필이나, 명찰 등을 빌려 가슴에 품고 시험을 보는 것도 마음을 진정시킬 수 있을 것이다.

② 스터디 그룹을 만들어보라.
 스터디 그룹이 만약 친목 모임처럼 변질된다면 그것은 시간을 뺏는 일이고 비효용적인 일이다. 하지만, 스터디 그룹을 잘 운영할 수 있는, 분위기를 잘 잡는 친구가 있다면 더 없이 유익한 활동이다. 한 과목을 정해 상호간에 알려주는 활동을 하거나, 혹은 함께 문제를 만들어 보거나, 같은 문제집을 사서 함께 풀어보거나, 틀린 이유를 서로 고민해보는 식으로 한다면 더욱 기억에도 잘 남을 수 있다. 또한, 혼자서 외롭게 공부하는 날들 중의 휴식처럼 느껴질 수도 있을 것이고, 친구들과 같이 공부하며 모르는 것들을 선생님께 다시 여쭤보면서 새로운 복습이 될 수 있다. 또 하나의 장점은, 스터디 그룹을 일주일에 한 번, 혹은 이 주에 한 번씩 꾸준히 한다면 그것은 정기적인 동아리처럼 활용될 수도 있다. 여러 명이 모여 함께 공부해가는 멘토링이 될 수 있기 때문에, 상호의 협력을 통해 배려하며 공부해가는 1석3조의 효과를 거둘 수 있다. 조별 활동을 스스로 스터디 그룹을 통해 만들어보라.

③ 국,영,수는 어떻게 공부하면 좋을까?
우선 국어, 문학작품을 볼 때에는 선생님께서 알려주신 해석의 방식을 달달 외우고, 가능할 수 있는 다른 해석들을 만들어본다. 하지만 이것은 순전한 내 해석이므로 국어 선생님께 가서 이런 해석도 나올 수 있는지에 대해 확인 받자. 그리고 관동별곡과 같은 고전 문학작품은 시어 하나하나가 의미하는 시대상, 즉 당시의 배경과 연관지어서 암기하는 것이 매우 중요하다. 화법과 작문은 문제를 많이 접하며 감을 잡는 것이 중요하고, 문법같은 경우는 기존에 학생들이 많이 길들여졌던 영어 문법과는 비슷하면서도 차이가 있으니 꼭 새롭게 다시 외우는 것이 중요하다. 그리고 응용될 수 있는 문제를 풀어보며 반복하고 또 반복하여 풀어보도록 하자. 수학은 우선 교과서 문제를 완벽하게 풀 수 있을 정도로 풀어보고, 고치고, 반복하며 감을 잡도록 하자. 수학 문제는 교과서 문제를 응용해서 나오는 경우가 다반사이기 때문이다. 그리고서 틀린 문제는 꼭 오답노트를 만들어서 제대로 된 나만의 풀이법을 만들어 놓고, 나중에 다시 풀어보면서 안 풀리는 경우 선생님께 여쭤보며 풀이법을 익숙하게 만들어보도록 하자. 그리

고 수학은 매일 하지 않으면 공식도 잊을 수 있으니, 1학년일 경우 하루에 적어도 15문제, 2학년은 20 문제, 3학년 25문제를 매일매일 풀어보는 습관을 들이자. 사소해보이지만 매일 실천하는 것이 어려울 것이다. 한편, 영어는 언어이기 때문에 단어를 외우는 것은 기본 중의 기본이다. 날마다 단어를 적어도 30개씩은 외워야 한다. 반복하고, 누적하며 단어를 외워야지 일단 영어 지문을 읽을 수 있기 때문이다. 그 후, 자주 등장하는 문법 개념은 필수적으로 이해하고 암기하자. 이해하지 않고 암기한다면 응용을 할 수 없기 때문이다. 그래서 추천하는 방법은, 우선 교과서 지문을 선생님 수업을 따라가면서 내용 전체를 파악하고 내용을 외우자. 그리고 아무런 필기가 되지 않은 영어 지문을 만들어(필사하거나, 워드로 치거나, 교과서를 새로 구입하거나 등의 방식으로) 혼자서 해석해보고, 문법내용을 적어보자. 그 후 원래 교과서와 비교해서 다르게 기억하고 있는 것을 고쳐보자. 또, 자주 쓰이는 접속어를 통해 지문의 순서와 내용을 암기하는 것도 하나의 괜찮은 방식이다.

④ 필기할 때, 나만의 방식을 만들어보자.

선생님의 수업 속도를 완벽히 따라가는 것은 버거울 수 있는 과제이다. 따라서 나만의 기호를 만들어 필기하는 것은 매우 효율적인 방식이다. 수학에서 쓰는 기호처럼 '따라서'를 ∴ 이렇게 표현하고, '왜냐하면'과 같은 원인은 ∵ 이렇게 표현한다. 또한, 교과서에 나와 있는 내용 말고 선생님께서 말씀하실 때에는 曰(왈) 과 같은 한자어를 이용하고, o,x나 有,無와 같은 한자를 이용하는 것도 필기 시간을 절약할 수 있는 경제적인 방식이다. 또한, '-와 관련된'을 필기할 때에는∞ 이 기호를 사용해서 나타내어라. 이와 같은 방식을 사용해서 본인이 확실하게 기억하고 사용할 수 있는 기호를 만들어본다면, 필기에 있어서 한 눈에 알아보기도 쉬울 것이다. 일단 그렇게 필기한 후, 나중에 복습할 때 다시 포스트잇 사용을 통해 깔끔히 정리하는 것도 좋은 방식이다.

 공부는 무식하게 하는 것이 아니다. 자신에게 맞는 공부방식을 찾아 전략적으로, 효율적으로 하는 것이 공부이다. 이렇게 공부하려고 노력한다면 성적의 상승 그래프를 만들 수 있을 것이다.

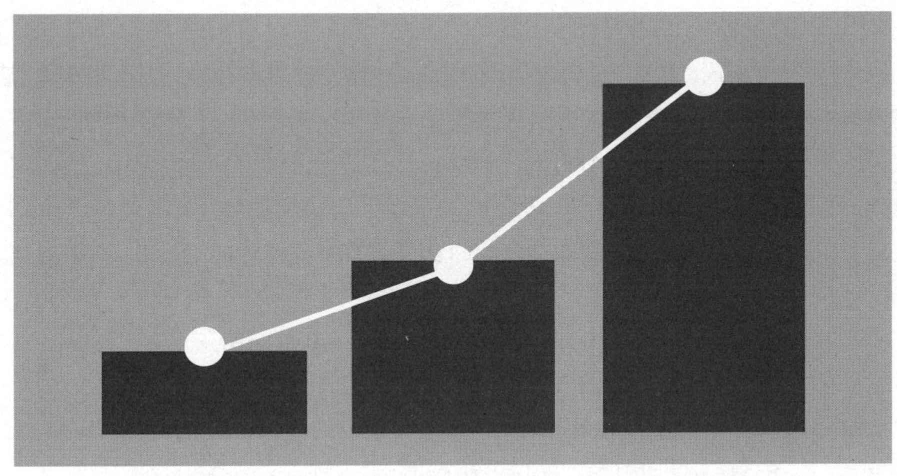

① 밑그림을 그려라 : 생활기록부 작성은 학생과 선생님의 몫

착각하고 있는 한 가지, '생활기록부는 선생님들이 적어주시는 거잖아? 내가 할 것은 아무것도 없어!' 만일 이런 생각을 아직도 가지고 있다면, 앞서 말했던 모든 내용들을 다시 읽어볼 필요가 있다. 생활기록부의 작성 권한은 선생님께 있지만, 작성 내용은 학생 스스로가 꾸려 나가야 한다. 스터디 그룹을 하든, 임원활동을 하든, 다른 봉사활동을 하든 학교가 시키지 않은, 모두가 하는 활동(체육대회, 수학여행 등)이 아닌, 그런 활동을 스스로 해야 한다. 쉽게 말하면 선생님들께서 내 생활기록부를 적어주실 만한 '거리'들을 제공하는 것은 학생의 몫이라는 뜻이다. 한편으로는, 내가 생활기록부에 적히기 원하는 내용을 선생님께 직접 찾아가서 말씀드려야한다. 물론 아무 근거도 없이 가서 요구한다면 그것은 무례한 행동이자 거짓말이 되므로, 평소에 본인이 했던 것들에 대해 정리하여 선생님께 드리면서 부탁드리는 것이다. 특히, 나의 생활기록부의 대부분을 작성해주시는 것은 담임 선생님이지만, 그 외에도 나를 가르치시는 모든 교과목 선생님들(보충수업을 해주시는 선생님들까지), 진로 선생님, 정규동아리 담당 선생님, 자율동아리 담당 선생님들께도 작성권한이 있다. 그러니 각 과목별로, 활동별로 권한을 가지고 계신 선생님께 찾아가서 내가 한 것들에 대해 제출하고, 더불어 어떠한 방향으로 적히면 좋을지에 대해서도 말씀드려보자. 말씀드리기 어렵다면 종이로 써 가서 제출하여보자. 이러한 방식들을 통해, 생활기록부 작성은 단지 선생님의 일이 아닌, 학생이 함께 해야 하는 것임을 명심하자! 그럼 지금부터, 생활기록부에 들어가는 항목별로 세세하게 '어떻게' 채워나아 가야할지 탐구해보자.

② 그림에 색을 입혀라
*출결, 자격증, 수상실적

인적사항, 학적사항 이후 바로 처음에 나오는 것은 바로 '출결사항'이다. 학생의 성실함을 한눈에 보여주는 가장 간단하고도 확실한 자료가 되겠다. 특히 무단지각과 무단결석은 학창시절 중 가장 해서는 안 되는 일이다. 무조건 지각하지 말고, 결석하더라도 최소한의 방어기제는 있어야한다. 병원을 다녀오든, 미리 체험학습신청서를 내든지 등의 방식으로라도 말이다. 사실에 근거하여 체크하기 때문에 별다른 방법이라고 할 것 없이 스스로가 성실하게 지각하지 말고 결석하지 않는 것이 답이다. 쉬는 시간에 어디를 다녀오더라도 꼭 친구들이나 선생님께 말씀드리고 다녀오도록 하고, 보건실에 가서도 증빙서류를 받아오도록 하자. 출결은 학생의 성실함의 제1의 원칙이니 꼭 3년 간 '개근'을 할 수 있도록 도전해보자.

그 다음에 나오는 것은 자격증에 관련한 것이다. 경제시험, 한국사시험 등 고등학생임에도 도전하여서 취득할 수 있는 자격증이 있다. 국가에서 시행하는 시험은 생활기록부에도 적을 수 있으니 조금 더 특별한 생활기록부를 만들고 싶다면 도전해보아도 좋다. 하지만 이것은 추가적인 권장사항이지 필수적인 항목은 아니므로, 만약 부담이 된다면 굳이 하지 않아도 괜찮다.

이후에 나오는 것은 '수상실적'이다. 결론부터 말하자면, 수상실적은 많으면 많을수록 좋다는 것이다. 학교에서 시행하는 모든 대회에 참가하여 수상할 수 있도록 해보자. 최선을 다해서 대회에 임한다면 좋은 실적을 낼 수 있을 것이다. 수학경시대회, 지리탐구대회 등 교과목에 관련된 대회는 특히 대회전에 열심히 암기한다면 충분히 할 수 있으니 꼭 도전해보라. 수상은 본인의 노력 여하에 달려있다. 또한, 글쓰기, 발명대회 등 창의력을 요하는 대회도 기발한 발상을 통해 상을 받을 수 있도록 노력해보자. 수상은 학생의 잠재력을 파악할 수 있는 좋은 근거자료가 된다.

　진로활동은 진로희망사항과 진로활동으로 나눌 수 있다. 우선 진로희망사항은 본인의 장래희망과 특기 및 취미를 적는 곳인데, 특별하게 정한 장래희망이 없더라도 적어서 내야 한다. 우선 진로희망사항을 적을 때에는 구체적으로 적자. 특기 및 취미를 적을 때에도 단지 '컴퓨터'라고 적기 보다는, '컴퓨터 조립' 혹은 '컴퓨터를 활용한 기사 읽기' 등의 방식처럼 적도록 하자. 그리고 장래희망 란 옆에는 이러한 진로를 선택한 이유를 적게 되어 있는데, 그 때 이유가 명확하고 타당할수록 좋고, 장래희망이 확고하고 희망적일수록 좋은 진로희망사항이 될 것이다. 예를 들어, 꿈이 '교사'라면, 구체적으로 어떤 교사가 되고 싶은지를 적으면 된다. '사회계열 교과목의 교사가 되고 싶고, 아이들의 눈높이를 맞춘 교사가 되고 싶다'거나, 혹은 '인성함양에 힘쓰는 교사', '인권교육을 하는 교사' 등과 같은 방식으로 말이다. 이 장래희망사항은 본인이 직접 적어서 선생님께 제출하게 되어있으므로 신중하게 적어보자. 이후 나오는 진로활동 란에는 본인의 성격, 성향 검사나 진로상담내용 등이 들어갈 수 있는데, 학교 진로활동에 하는 것들과 본인이 느낀 점, 본인의 성향 등을 모두 간단하게나마 기록해 두었다가 나중에 진로선생님과 담임 선생님께 제출하자. 진로시간이 없다면 본인이 스스로 인터넷에서 찾아MBTI검사나, 워크넷이나 커리어넷에 접속하여 직접 진로적성검사를 하고 그 결과를 선생님께 제출하는 것도 하나의 방식이다. 더하여 여러 대학의 모의면접을 본다든지, 진로상담기관에 가서 진로상담을 했다든지, 타 기관에서 시행하는 진로활동체험을 했다든지 등의 외부활동도 적힐 수 있다는 것을 알아두자.

　한편, 많은 학생들은 '3년 간 진로가 바뀌면 어떻게 하지?'와 같은 고민을 안고 있을 것이다. 사실 이것에 대해서는 아무런 걱정을 할 필요가 없다. 왜냐하면 진로가 바뀌더라도, 매년 바뀐 새로운 진로에 대해서 내가 열심히 활동하면 되는 것이기 때문이다. 즉, 진로변화에 따라 그 진로에 맞는 활동을 하면 그것이 곧 진로에 대한 노력이 된다는 뜻이다. 예를 들어, 1학년 때 꿈이 교사였다면, 멘토링을 하거나 교육봉사를 하면서 진로활동을 했으면 된다. 그러다가 이 학생이 2학년 때에는 사회복지사로 꿈이 바뀌었다면, 봉사활동을 많이 하고, 또래상담을 하는 방식으로 하면 된다. 3학년 때에는 외교관으로 진로가 변했다면, 영어공부를 하고 국제문제에 대해 찾아보고 이해관계를 따져보는 공부를 하면 된다. 각 꿈에 대해 노력하는 열정을 보여주는 것이 바로 참된 진로활동이다. 그리고 사실, 꿈이 어떻게 변화하건 간에 내가 한 활동은 결국 3학년 때의 꿈으로 귀결되며 연결 지을 수 있다. 위의 예시를 살펴볼 때, 멘토링을 하고 교육봉사를 한 활동과, 봉사활동과 또래상담을 한 활동은 외교관이 나중에 직면할 '사람들과의 만남'을 연습한 것이기 때문이다. 즉, 3년간의 모든 활동은 결국 3학년 때의 꿈인 외교관에도 도움이 될 수 있다. 그러니, 모든 활동을 최종적인 진로에 연관 지을 수만 있다면, 진로변화에 대해서는 아무런 고민을 하지 않아도 된다. 그저, 지금의 꿈에만 착실하게 노력하라!

　두 번째로 창의적 체험활동 란에는 기본적으로 학생이 학교 행사에서 무엇을 참가해서 어떤 것을 느꼈는지가 적히는 공간이다. 학생독립운동의 날에는 학교에서 무엇을 했는지, 체육대회에 학생이 참가하여 무엇을 했는지 등의 내용이 들어간다. 하지만, 이러한 내용으로만 가득 찬다면 그것은 밋밋한 생기부가 될 것이다. 그러니 본인만의 활동을 만들어서 해 보자. NIE활동을 한다든가, 평소 관심을 가지고 있던 분야에서 캠페인을 해 본다든가, 스터디그룹을 해보거나, 교실을 꾸며보거나 등의 '나만의 방식'으로 무엇인가를 시작해보자. 그러한 나의 창의적인 활동들이 이곳에 적힐 수 있다. 학교축제에서 사회자를 맡는다든가, 자치회에 들어간다든가, 스터디그룹을 만들어 운영한다든가, 학교 라디오에 사연을 제출해본다든가, 교실을 빌려 토론회를 열어본다든가 등의 무궁무진하고 다양한 방식이 있을 수 있다. 이것이 바로 대학에서 원하는 차별화된, 창의적인 학생의 모습이다. 자기소개서 작성 시에도 가장 도움이 될 수 있는 부분이니 꼭 스스로 무엇인가를 만들고, 찾아서 도전해보라!

　다음으로 독서활동에 관련한 부분이다. 앞에서 언급했듯이 독서활동은 1,2,3학년 별로 조금 차이가 있어야 하는데, 우선 고학년으로 올라갈수록 더 깊이 있고 전문적인 책을 읽는 것이 좋다. 만일 책 선정에 있어 어려움을 느낀다면, 그저 제목이 끌리는 것 혹은 표지가 예쁜 것을 선택해도 좋다. 아니면 학교 도서관이나, 국립중앙도서관에서 선정한 책들 중에 하나를 골라서 읽어도 좋고, 교과서에 나오는 작품들을 책으로 접해도 좋다. 그리고서 고학년이 될수록 그 중 관심 있는 분야를 고집해서 읽어보자. 그것은 곧 학생의 독서에 대한 노력으로 이어지기 때문이다. 또한, 독서를 많이 할 경우 자기소개서에 도움이 되는 표현도 참고할 수 있고, 국어 시간의 비문학문제를 풀 때에도 속독을 할 수 있고 글의 핵심을 쉽게 파악할 수 있게 도움이 되는 장점이 있다. '좋은 글을 쓰는 법은 좋은 글을 많이 읽는 법이다.'라는 말이 있는 것처럼, 좋은 글, 좋은 책을 많이 읽으면 점차 글쓰기 실력이 향상될 것이고, 그것은 나중에 자기소개서 작성에도 유리하며, 학교에서 여는 각종 작문대회나 수행평가, 심지어는 시험에서의 서술형평가 등에서도 글을 조리 있게 쓸 수 있을 것이다. 그러니 1년에 적어도 15권 이상은 읽도록 하자. 그리고 그 책들에 대한 감상평을 간단하게나마 적어두자. 한두 권을 선정하여 독후감을 제대로 써 보는 것도 나중에 어떤 식으로든 도움이 될 것이다. 또한, 진로에 관련한 다양한 저서를 읽는 것이 가장 좋은 방법이라는 것도 필수적으로 기억하고, 실천하자!
　한편, 각 과목별로도 독서활동을 적을 수 있다. 각 과목에 관련된 책을 읽고, 그것의 느낀 점을 써서 담임 선생님이 아닌 과목별 선생님께 제출하면 된다. 즉, 담임 선생님께 내는 독서활동 말고 별도의 느낌인데, 이것은 정말 권장하는 방식이지만 사실 아무도 소개하지 않으면 모르고 넘어갈 수 있다. 하지만 이것은 각 과목에 대한 본인의 지적탐구심을 보여주기 때문에 정말 필수적이다. 그러므로 예를 들어 경제관련 저서인 국부론을 읽었다면, 경제 선생님 혹은 사회선생님께 관련 독후감을 제출하라. 일제강점기, 위안부와 관련된 책을 읽었다면 한국사 선생님께, 플라톤의 국가와 같은 철학 저서를 읽었다면 윤리 선생님께 등 가져가서 제출하는 것이다. 이렇게 한다면 밑의 표와 같은 식으로 생활기록부에 기록될 것이다. 책은 많이 가져갈수록 좋으며, 대신 같은 책을 겹치게 여러 과목 선생님이나 담임 선생님께 제출해서는 안 된다!

독서활동사항	
종합내용 (담임선생님께서 기재)	A라는 책을 읽고 -을 느낌. -한 계기를 통해 B라는 책을 읽고 -을 경험하고, -라는 진로와 연관 지어 생각하는 연습을 함.
화법과 작문	C라는 책을 통해 논리적으로 말하는 방법을 배움.
영어	D라는 책의 원서를 읽고 문장 간에 매끄럽게 해석하는 연습을 함.
윤리와 사상	수업 중 배운 내용에 관심이 생겨 E책을 읽고 관련된 윤리문제에 대핵 알아보고 윤리의식을 가짐.

　최근 들어 학교의 창의적 체험활동 때문에 대다수의 학교에서 동아리활동을 강조한다. 학생은 최소한 1개정도의 동아리 활동을 하고 있을 것이다. 우선, 동아리 활동의 장점을 말하자면, 여러 학생들이 모여 함께 하는 '협력'활동이 될 수 있고, 교과서 밖으로 나온 활동을 통해 새로운 활동을 할 수 있으며, 만일 갈등이 생긴다면 해결해갈 수 있고, 또 새로운 친구들을 만나며, 같은 진로를 희망하지만 나와 다르게 활동하고 있는 친구들을 보며 배울 수 있다. 그러므로 동아리 활동에서도 적극적으로 임하는 자세가 매우 요구된다.
　동아리 선정할 때, 가장 좋은 것은 진로에 관련한 동아리에 들어가는 것이다. 만약 없다면, 스스로 만들고 동아리 활동을 기획해보는 것도 매우 값진 경험이자 활동이 될 것이다. 하지만 너무 진로관련 동아리에만 들어가려고 생각을 좁히지 않아도 된다. 내가 간호사가 되고 싶다고 해서 무조건 간호, 생명과학 관련 동아리에만 들어가지 않아도 된다는 뜻이다. 왜냐하면, 사람의 다양한 경험은 모이고 모여 결국 그 사람을 이루고, 그것은 어떤 방식으로든 진로에 영향을 줄 수 있기 때문이다. 또한, 내가 진로와는 전혀 관련이 없어 보이는 동아리를 했더라도 어떻게든 진로와 연관 지을 수 있다는 점을 알아두자. 앞서 예시를 들었던 의학 관련 진로를 꿈꾸는 학생을 다시 가져와보자. 이 학생이 만약 체육동아리에 들어갔다고 할 때, 의사와 간호사, 간호조무사 등은 엄청난 체력을 요하는 일이므로 체육동아리를 통해 체력을 키웠다고 하면 된다. 또, 만약 이 학생이 상담동아리에 들어갔다면, 환자를 대하는 의학계 직업은 사람을 치료하는 일이므로 상담동아리를 통해 사람을 대우하는 법을 배웠다고 하면 된다. 요리동아리는 어떨까? 요리하는 과정을 숙지하고 외우고, 또 노력으로 완성된 요리를 보며 뿌듯함을 느낀 총체적인 과정을 진로와 연관 지으면 된다. 환자를 치료하는 방식을 외우고, 완전히 치유되는 환자를 보며 보람을 느낄 수 있는 것처럼 말이다. 생활기록부 작성 시 가장 중요한 점은 '어떠한 활동이든 진로와 연관 짓기'이다. 따라서 이러한 방식처럼 어떻게든 방법은 있으니 동아리를 선정할 때 굳이 진로 관련이 아니더라도 너무 고민하지 않아도 된다. 오히려, 새로운 특기사항에 적을 수 있고, 또한 참신하고 흥미 있는, 잠재력 있고 도전적인 학생으로 평가될 수 있기 때문이다.

동아리 활동을 할 때, 동아리원 모두가 하는 활동 말고, '내가 속해 있는 집단 속에서 나는 무엇을 했는지'가 더 중요시된다. 모두가 토론하고 발표하는 활동을 했다고 가정해볼 때, 그 속에서 나는 어떤 주제를 선정해서, 어떠한 입장을 맡고, 어떠한 근거와 예시를 들어 활동해 임하였는지가 중요하다는 뜻이다. 다른 모든 활동도 비단 다를 바 없이, '나'는 어떤 생각에서 무엇을 하였는지가 항상 중요한 '나'의 자료가 된다. 생각해보라. 학생 모두가 간 수학여행, 뭐 하나 특별할 것이 있는가? 그저 생기부 한 줄에 들어가는 아무 의미 없는 글자 수 채우기 정도에 불과하다. 헌데 수학여행 목적지에 대한 사전 조사를 해서 친구들에게 발표해보자. 다른 친구들 모두가 하지 않는 활동이다. 이와 같은 '나만의 활동'이 추가된다면 더 없이 좋고 하나라도 더 특별한 생기부, '나'가 될 것이다.

그런데 모두가 하는 정규 동아리만 한다면 남들과 다를 바 없지 않겠는가? 정규동아리 시간이 아닌 다른 시간을 활용해서 다른 동아리 활동을 직접 해보자. 자생동아리, 자율동아리를 만들고 그에 참여하는 것이다. 4명 정도의 소수 인원을 통해 꾸릴 수 있으니 정규동아리보다는 부담이 덜 할 것이고, 뚜렷한 목적을 통해 만든 동아리인 만큼 더욱 열과 성을 다하여 활동에 임할 수 있을 것이다. 사회복지사가 꿈인 학생들은 모여서 다양한 사회현상을 탐구하거나, 봉사동아리를 만들어서 정기적으로 봉사를 나갈 수 있다. 정보관련 직종이 꿈인 학생들은 모여서 정보동아리를 만들어 다양한 정보체계, 안보와 해킹문제, 출처 다루는 법 등을 공부할 수 있다. 여기서 자생동아리가 차별화되어 보이는 것은 '교과서에서 다루지 않는 내용', '학교에서 가르쳐주지 않는 내용'을 스스로 찾아서 공부해보는 것에 있다. 자기주도적인 학생임을 보여주면서도 그것을 행동으로 옮긴 실천적인 학생이 되는 것이다. 이렇게 자신의 꿈이나 적성에 맞는 자생동아리를, 학교에서 뜻이 맞는 친구들끼리 모여서 만들어보자. 새로운 스펙이자 활동으로 자리매김할 것이다.

*교과 성적, 세부능력특기사항
생활기록부의 핵심적인 부분은 다름 아닌 성적에 있다고 볼 수 있다. 이곳에는 학생의 석차는 기록되지 않지만 성적 부분에서 학생이 달성했던 결과를 요약적으로 보여주는 '등급'이 기재되어 있다. 글로 가득한 생활기록부 중간에 '숫자'로만 적힌 부분이 바로 교과 성적을 보여주는 부분이니, 입학사정관과 교수 입장에서는 보지 않을래야 보일 수밖에 없는 부분인 것이다. 그런데 사실 학창시절을 지내다 보

면, 점수 1점에 일희일비하는 친구들을 많이 볼 수 있다. 하지만, 학교 성적은 상대평가로 진행되는 것이기 때문에 장기적으로 봤을 때 크게 편차를 가르지는 않는다. 또한, 한 학기 성적은 중간고사와 기말고사, 그리고 수행평가 모두가 합산된 성적으로 상대평가 되는 것이므로, 중간고사를 망쳤다고 하여 울지 말자. 또, 수행평가를 잘 챙겼다면 수행평가점수만으로도 성적이 올라갈 수 있으니 시험 성적에만 연연하지 않도록 하자. 정리하자면, 점수가 아닌 등급으로 생활기록부에 기재되기 때문에, 너무 점수 하나하나에 얽매이지 않도록 마음을 단단하게 먹자.

많은 학생들은 '세부능력특기사항'에 대해 간과하고 있을 것이다. 어떤 학생은 아예 기록되지 않는 경우도 빈번한 세부능력 특기사항, 모든 생활기록부 상의 내용 중 가장 스스로가 챙기지 않으면 안 되는 란이다. 우선 세부능력 특기사항이란, 교과 성적 밑에 들어가는 내용으로, 각 교과목 선생님들께서 학생에 교과능력에 대해, 교과수업시간 참가 정도 등에 대해 기록하시는 공간이다. 수업시간에 선생님들께서 학생에게 시키는 모든 활동들이 다 이곳에 들어가는 자료가 되는 것이다. 그러니 수업시간에 가장 명심할 것은 적극적으로 모든 수업시간 활동에 임하는 것이다. 질문이면 질문, 발표면 발표, PPT면 PPT 등 적극적으로 활동에 임하라. 각 교과목부장(국어부장, 영어부장 등)을 맡는 것도 하나의 좋은 방식이다. 또한, 적극적으로 참여했던 나의 모습을 선생님께 어필하는 것도 중요한 과정이다. 각 교과목 선생님들은 담임 선생님 만큼 학생에게 세세하게 관심을 가지실 수 없을 것이다. 여러 반, 여러 학년 수업에 들어가실 뿐더러 많은 학생을 가르치시고, 다른 업무까지 보시느라 학생 한 명 한 명을 기억하기는 사실상 어려운 일이기 때문이다. 이러한 상황 속에서 나의 세부능력특기사항을 채우는 방법은 단 하나, 내가 교과목에서 했던 것들을 적어서 선생님께 제출하는 것이다. 하지만 여기서 주의할 점은 구체적으로 적는 것이다. '수업시간에 적극적으로 참가하였음'이라는 글자는 아무런 도움이 되지 않는다. 내가 '어떻게' 공부하고 '어떻게' 참가하였는가? 에 대해 알려드려야 한다. 즉, 'HOW'를 기억하자. 예를 들어 '문학 시간 중 A라는 작품을 보고 스스로 문제를 만들어보며(연극을 해보며) 당대의 상황을 이해하고, 그것이 현재까지 내려오는 문제점을 기억하며 그 문제를 해결하고 싶다는 생각이 들어 수업시간에 관련 지문에 대한 문제와 내 생각을 발표함'과 같은 방식으로, 구체적으로 서술하는 것이 필요하다. 이렇게 공부한 방식은 나만이 알고 있으므로 특히 선생님께 가서 드리는 것이 필요하다. 또한, 여기서도 진로와 관련지으면 더없이 좋은데, 예를 들어 국제기구에 들어가고 싶은 학생이라면, '영어를 B한 방식으로 공부하면서, 훗날 국제기구에 들어가 영어로 소통할 나를 상상해보며 더욱 열심히 공부하려고 노력하였음.'과 같은 방식으로 말이다. 모든 교과목을 진로와 연관하는 노력을 한다면, 세부능력특기사항에도 진로 얘기가 들어가면서 더욱 진로에 확고한 학생으로 보일 수 있다. 이런 방식으로 시험이 끝날 때 마다, 즉 매번 중간고사와 기말고사 직후에 바로 가져가서 모든 과목별로 다르게 써 가며 선생님께 드리자. 대신 선생님께 부탁드릴 때는 공손하게, '이것 좀 참고해주세요.'하며 부탁드리자. 여기서 모든 선생님들이 다 받아주시지는 않을 수도 있다는 점을 기억하자.

*봉사활동

앞에서 봉사활동에 관련한 내용을 계속 언급했었다. 가장 좋은 봉사활동은 '일관된'활동을 '꾸준히'하는 것인데, 이 같은 경우는 2주-3주에 한번 씩 같은 봉사활동에 나가서 하는 것을 말한다. 하지만, 필자가 더욱 추천하는 방식은 두 번째 방식이다. 바로 일관된 봉사활동을 하되, 추가적으로 다양한 봉사활동을 해 보는 것! 사실 사람이 3년 동안 내내 일관되게 정기적으로 봉사활동을 가는 것은 자율 의지로 하기에 어려울 수 있다. 그러므로 일관성을 위해서는 다 함께 하는 봉사동아리에 들어가서 활동하거나, 친구들과 함께 약속을 잡아 하는 경우를 추천한다. 또한, 다양한 봉사활동이란, 학교에서 하는 환경정화활동과 같은 뻔한 활동 말고, 여러 기관에서 다양하게 시행하는 일회성 성격의 봉사활동에 참가하는 것이다. 이를 테면 정기적으로 교육봉사를 하면서도, 틈틈이 근처 박물관에서 문화재지킴이 봉사활동을 하거나, 통번역봉사활동을 해보거나, 축제 서포터즈 활동을 하거나, 난민체험걷기대회에 참가하거나 등의 방식이 있다. 이것 말고도 각 지역특색에 맞는 봉사활동이 있다면 무조건 참가해보는 것을 추천한다. 새로운 경험도 쌓고, 평소 공부로 스트레스 받은 것들을 회복하는 시간이 될 수도 있고, 거기에다가 더하여 봉사시간도 받기 때문이다. 시간이 아깝다는 핑계로 회피하지 말고, 한 번 신청하고 도전해보라. 값진 시간들이 될 것이다. 봉사활동을 하며 이전에는 몰랐던 새로운 특기나 진로를 정할 수 있을지도 모른다. 또한, 이렇게 이것저것 해보다 보면 바쁜 생활이 되겠지만, 결국 봉사시간이 채워지는 것을 눈으로 확인하며 뿌듯함을 느낄 수 있을 것이다.

 학년 별로 봉사시간은 어떻게 해야 할까? 사실 많이 하는 것도 좋지만, 3학년의 경우에는 '봉사도 이렇게 많이 하면서 공부는 언제 했대?'와 같은 시선을 맞이할 수도 있을 것이고 실제로 학업에 집중하기도 어려울 수 있다. 자기소개서 작성, 내신공부, 수능공부 등 많은 것들이 괴롭히는 3학년의 시기이기 때문이다. 그래서 추천하는 것은, 1학년과 2학년 때에는 가급적이면 많고 다양한 봉사활동을 해보고, 3학년 때에는 1,2학년 때부터 꾸준히 해 오던 활동만 조금씩 하는 것이다. 한 달에 한 번 정도로 나가도 된다. 3학년 때에는 특히 다른 것에 많이 신경 써야 하므로 최소 20시간을 채우는 것을 목표로 두자. 봉사활동은 학생의 성품, 인격을 보여주는 자료이기도 하므로 3학년이라는 핑계로 봉사활동을 아예 하지 않는 것은 금물이다.

 또한, 여러 봉사를 했다면, 내가 이 봉사활동을 통해 무엇을 느꼈는지, 그리고 이 활동이 왜 봉사활동으로 인정되는지 등에 대해서 미리 미리 확인하고 알아두자. 나중에 면접 질문에서 심심치 않게 등장하는 것들 중 하나이기 때문이다. 한편, 봉사할 때 항상 봉사증빙서류를 학교에 제출해야하므로 봉사기관에 가서 발급받는 것을 잊지 말아야 한다. 또한, 봉사활동을 기록할 수 있는 기간은 1년이므로, 봉사활동을 하면 바로바로 증빙서류를 내는 것이 좋다. 즉, 까먹고 있다가 다음 학년이 되어서 봉사증빙서류를 제출해도 생활기록부에는 적힐 수 없다는 뜻이다. 그러니까 항상 바로바로, 제 때에 내는 습관을 들이도록 하자.

 추가적으로 문과, 이과, 예체능 계열에 상관없이 봉사활동은 그냥 하기만 하면 된다. 물론 각 계열에 맞는, 또 진로와 연계된 봉사활동을 찾는다면 더욱 유의미하겠지만, 의미 없는 봉사활동이 어디 있겠는가? 그러니 계열 걱정하지 않고 다양한 봉사활동을 하는 것에 주력하도록 하자. 또한, 각 지역에 있는 청소년센터, 청소년수련관, 문화센터 등에 다양한 동아리활동을 통해 봉사시간을 발급해주는 곳도 많이 있으니 한 번 찾아보아서 교외동아리를 하는 것도 정말 좋다. 하지만 유의할 것은 학교에서 인정해주는 봉사 기관은 위에서 언급한 것과 같은 공식적인, 국가기관이어야 한다. 일반 기업체나 사립 병원, 약국, 미술관 등 사립기관에서 발급하는 봉사시간은 학교생활기록부에는 기재할 수 없음을 기억하자.

*행동특성 및 종합의견

 대망의 마지막, 행동특성 및 종합의견 사항이다. 이 란은 쉽게 표현하자면, '나의 학교생활 이모저모'이다. 생활기록부 가장 마지막에 기록되는 것으로, 오로지 담임 선생님에게만 고유 작성 권한이 있다. 선생님께서 1년 동안 학생을 관찰하고, 상담한 내용을 바탕으로 철저하게 주관적인 평가를 적는 곳이다. 배려, 솔선수범, 성실 등 여러 가지 인성 항목으로 나누어 학생을 평가하는 경우도 있고, 선생님께서 기억하시는 학생의 특출 났던 행동 몇 가지를 적는 경우도 있다. 하지만 여기서 기억해야할 점은 역시 담임 선생님은 우리 반 학생 모두의 개인적인 행동을 다 알지 못하신다는 것이다. 따라서 평소에 내가 다친 친구의 청소를 도와주었다거나, 아침에 일찍 등교해 교실을 청소하고 환기를 시켰다거나 등의 사소한 행동 하나하나를 모두 기억하여 글로 써서 선생님께 제출하자. 친구들을 모아 또래 멘토링을 하거나, 급식소에서 친구들의 배식을 도왔다거나와 같은 일도 좋다. 이 항목은 말 그대로 '종합'적인 나의 모습에 대해서 선생님께서 기재하시는 것이므로, 내가 학교생활을 어떤 것들을 어떻게 했는지를 총괄하여 선생님께 드리면 된다. 참고하자면 3학년은 원서를 넣는 것이 1년이 끝나기 전이므로, 3학년의 행동특성 및 종합의견은 수시의 평가대상이 아니고, 1,2학년의 행동특성 및 종합의견이 들어가게 된다. 그러므로 1,2학년 때의 담임 선생님께 특히 잘 정리해서 나는 어떤 학생인지를 알리도록 하자.

*기타

 지금까지 생활기록부 전반에 대하여 학생이 어떻게 작성에 참여할 수 있는지에 대하여 알아보았다. 정리하자면, 수상실적을 위해 대회에 많이 참가하고, 동아리 활동에 있어서 적극적으로 활동하며, 꾸준하면서도 동시에 다양한 봉사활동을 해보고, 독서활동은 특히 진로연계해서 하는 것이다. 생기부에 적히는 모든 항목 하나하나도 중요하지만, 그중에서 으뜸을 뽑으라면 단연 '내신 성적'일 것이다. 위에서 말한 공부 방식도 좋지만, 가장 중요한 것은 본인에게 맞는 공부 방법을 찾는 것이다. 너무 준비할 게 많다고 걱정하지 말고 일단 적극적이고 성실하게 학교생활에 임해보라! 학생부종합전형, 생활기록부에 대한 이해가 선행되었다면 다른 친구보다 한 발짝 앞서 있는 것이다.

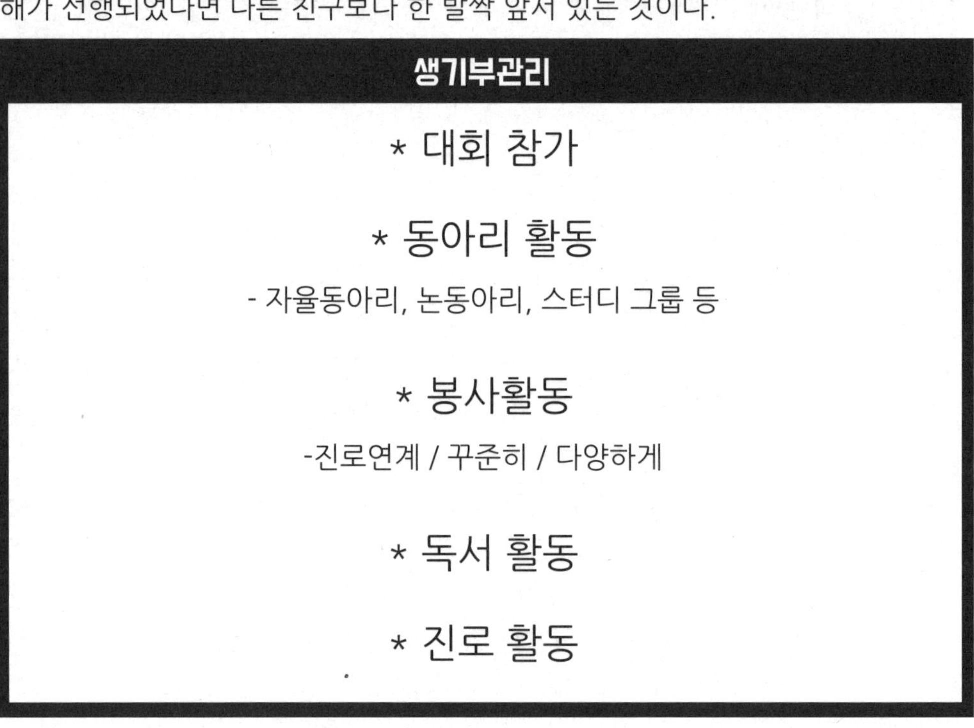

Step4. 자기소개서

① 자기소개서 작성요령

 학생부종합전형에 들어가는 첫 번째 서류이자 기초적인 데이터인 '생활기록부'를 앞서 정독했다면, 지금부터는 두 번째 서류인 '자기소개서'에 대해 파고들어 보자. 우선 생활기록부와의 차이는, 생활기록부는 선생님이 쓰시는 것이고 자료제공을 학생이 하는 것이었다면, 자기소개서는 반대로 학생 스스로가 자료제공을 하여, 학생 스스로가 쓰고, 선생님들의 조언을 받아 수정하고 고치는 것에 있다. 즉, '주'가 학생이 되는 것이다. 그만큼 자신만의 글 스타일과 내용이 중요한 서류이자, 대입과정에서 입학사정관과 교수가 학생의 역량을 평가하는 중요한 자료가 된다. 사실, 면접에 갔을 때에 생활기록부에 기재된 내용보다는 자기소개서에 적힌 내용을 더욱 꼼꼼하게 읽고 질문하는 경우가 대다수이다. 상식적으로 너무 많은 생활기록부를 세세하게 읽는 것은 불가하기 때문에, 생기부에 적힌 다양한 내용 중 학생이 스스로가 자신에게 유의미한 영향을 끼친 활동들을 선택하여 적는 자기소개서에 더욱 많은 비중을 들여 평가할 가능성이 더욱 높다. 그럼 지금부터 각 항목 별 작성법을 알아보기 전에, 전반적으로 자기소개서를 대체 어떻게 작성하면 좋을지 알아보자.

첫 번째, 대학입시는 '정보력 싸움'이다!

대입의 어려운 점은 대학마다 원하는 학생, 스펙 정도가 다르다는 것이다. 그 때문에 각 대학에서의 전형은 천차만별이므로 어느 한 대학을 알아보았다고 해서 끝나는 것이 아니다. 앞서 꾸준히 언급해 왔듯, 따라서 학생은 본인이 원하는 대학의 모집요강을 다운로드받은 후 자신에게 조금 더 유리한 전형을 찾기 위해서 노력해야한다. 나에게 맞는 전형 파악을 한 뒤에는 대학공부를 해야 한다. 대학공부란 각 대학은 어떤 인재를 원하는지, 학교의 교훈, 상징 등은 무엇이 있는지와 같은 공부를 지칭한다. 그렇게 전반적인 대학의 흐름을 잡았다면, 이젠 본인이 원하는 학과공부를 해야 할 것이다. 엄밀하게 따지자면, 학생의 자소서는 대학총장이 보는 것이 아니라, 내가 지원한 학과의 교수와 입학사정관이 평가하는 것이다. 따라서 학과의 목표, 비전, 인재상 등을 파악하고 그에 맞게 자소서를 작성하는 것이 훨씬 유리하다. 이를 위해서는 학교, 학과 홈페이지에 들어가거나 학과홍보영상을 찾는 방법 등을 사용하면 된다. 더 많은 정보는 더욱 더 대학 입시에 수월하게 갈 수 있는 지름길임을 잊지 말자.

두 번째, '이미지'를 만들어라!

대입을 준비하는 학생이라면 '자소서는 일관되게 써야 한다.'라는 말을 한 번씩은 들어보았을 것이다. 이것이 의미하는 바는 무엇일까? 일관된 내용을 반복하여 쓰라는 것을 뜻하는 것일까? 생각해보라. 어느 누가 같은 내용이 반복되는 자기소개서를 좋아하고, 신선하게 눈을 반짝이며 읽겠는가? 내용의 반복이 없으면서도 지루함이 없고, 동시에 일관적인 자기소개서가 의미하는 것은 바로 어느 특정한 모습에서의 일관성을 보이는 것이다. 예를 들면 노력하는 모습에서 일관성을 보인다거나, 진로를 위해 탐구하는 모습을 계속하여 보인다거나 하는 것 등이 있다. 그리고 이러한 일관적인 모습을 자기소개서 1,2,3,4번에 걸쳐 적절히 보여주면 자소서 작성에서의 기본 틀을 잡아서 작성에 어려움을 느끼지 않을 것이다. 이것을 하기 위한 방법이 바로 '이미지'를 만드는 것인데, 즉 자신의 방향성을 제시하기 위하여 특정한 이미지를 설정하고 그에 맞는 내용들을 선정하여 자기소개서를 구성하는 것이다. 상세히 설명하자면 '진로를 위해 다양하게 노력하는 학생'이라는 이미지를 설정하여 자기소개서 1번에는 원하는 진로를 위해 학업에서 어떤 노력을 보였는지를 서술하고, 2번에서는 본인에게 의미 있던 활동을 어떠한 방식으로 달성하기 위하여 노력하였는지를 진로와 연계하여 서술하는 것이다. 3,4번도 마찬가지로 진로를 위해 여러 활동을 다양하게 하며 노력했다는 모습을 보여주는 내용을 쓰면 된다. 즉, 일관된 하나의 이미지 속에서, 모든 활동이 결국 '진로'라는 목표로 귀결되게끔 하는 것이다. 다른 예시를 보자. 자소서 작성 이전에 이미지를 '학업에 대한 열망이 뚜렷한 학생'으로 설정했다고 하면, 1번에는 학업에 대한 열망을 어떻게 또 다른 학업으로 이어지게 했는지를 쓰고, 2번에는 학업 관련 활동을 한 것 등으로 쓰면 된다. 같은 방식으로 '자기주도적인 학생', '스스럼없이 타인을 위하는 학생', '중재자의 역할을 잘하는 학생' 등 본인이 자신 있는 이미지를 만들어서 그에 맞게 자소서의 방향을 잡으면 된다. 이러한 이미지 메이킹은 평가자의 입장에서 학생의 일관성과 창의성을 볼 수 있게 도와줄 것이고, 더불어 평가자가 학생의 자소서를 읽을 때 수월하게 읽으며 내용을 파악하기가 쉬울 것이다. 본인 스스로에게도 본인이 살아갈 앞날의 신념과 가치관을 이미지에 맞게 정립할 수도 있는 기회가 될 것이다.

세 번째, 자소서 작성과 수정에 대해 각오하라!

공부는 할수록 늘고, 악기연주도 할수록 는다. 마찬가지의 법칙으로 자소서도 많이 써보면 써 볼수록 작성방식이나 글의 구성, 완성도 등의 실력이 높아질 것이다. 그러므로 자소서를 작성할 때 다양한 방식으로 많이 써 보는 것이 필요하다. 특히 작성할 때 염두에 두어야 하는 사항은 '남이 나의 내용을 알 수 있게'끔 하는 것이다. 즉, 전달력의 문제에 있어서, 독자가 이해하지 못하게 자소서를 쓴다면 그것은 무용지물이 된다. 글쓰기는 기본적으로 독자를 배려해야하기 때문에 글을 유기적으로 쓰려고 노력하자. 열심히 엄선해서 고른 소재를 글로써 잘 풀어내지 못하고, 표현하지 못한다면 너무 아깝지 않겠는가? 독자를 배려하는 글쓰기, 입사관과 교수가 읽고 이해할 수 있을 정도의 수준으로 글을 쓰는 것을 명심하자. 너무 복잡하게 서술한다면 평가자는 이해하는 것을 포기하고 아예 넘길 수도 있다. 평가자는 냉정하다는 것을 기억하자. 한편, 자소서를 쓰고 나면 무조건 피드백을 받아야 한다. 담임 선생님, 여러 교과목 선생님, 아는 어른, 심지어 가족이나 친구 등 전문적이고 정성스레 평가해줄 수 있는 사람에게 말이다. 보통 본인이 작성한 글에서 문제점을 찾는 일은 여간 쉬운 일이 아니다. 오탈자와 같은 단순한 실수부터 내용 면에 있어서의 부자연스러운 점 등은 본인이 여러 번 읽지 않고서는 발견하기 어렵기 때문이다. 또한, 본인이 작성한 글이기 때문에 반복해서 읽기도 싫을 뿐 아니라, 본인이 의도해서 쓴 글을 다시 수정하기엔 속상함을 느낄 수 있기 때문이다. 그러므로 타인의 시선에서 내 자소서가 어떻게 읽히고 평가받을 수 있는지를 알아보는 것은 자소서 작업에 있어서의 필수적인 과정이다. 그래서 최소 3명 이상의 사람들에게 피드백을 받고, 여러 생각과 의견을 들어본 후 그에 맞게 자소서를 수정해야 한다. 대신에, 이 때 필요한 과정은 '비판적 수용'인데, 여러 사람의 의견을 들었을 때, 사람마다 비슷한 피드백도 있겠지만 때에 따라서는 사람들의 의견이 상충되는 부분이 있을 수 있다. 또한, 본인이 생각하기엔 꼭 필요한 문장인데 사람에 따라 분명 다르게 평가하는 경우가 생길 것이다. 이럴 때에는 여러 사람들의 의견을 긍정적으로 받아들이되, 비판적인 판단을 통해 본인이 결정하여 자소서 수정을 하는 것이 필요하다. 다른 사람들의 말이 모두 옳은 것은 아니므로 적당히 참고만 하도록 하는 것이다. 이게 곧 자기소개서 피드백을 받는 주요한 목적이자 옳은 활용법이다. 따라서 자소서 작성 및 수정을 하는 작업에 있어서 많은 과정을 거치고, 다양한 생각에 직면하게 될 것이므로 단단하게 각오하는 것이 필요하다. 여러 번 수정해야하는 상황이 분명 발생할 것이기 때문이다.

네 번째, 피드백과 수정, 나의 마음가짐은?

많은 사람들에게 자소서를 보여주고 여러 평가를 듣는 것이 중요한 과정임을 앞에서 누누이 강조했다. 이런 상황에서 나의 글을 타인에게 보여주는 것을 전혀 창피해해서는 안 된다! 많은 의견과 수정은 확실히 본인의 더 나은 자소서를 위한 작업임을 명확히 인지하고 그에 따라 행동하는 결단력이 필요하다. 또한, 자소서를 수없이 작성하고 또 고치는 작업을 하는 것은 상당한 정신적인 스트레스를 불러올 수 있다. 많은 노력과 시간이 소요되기 때문이다. 하지만 그렇다고 해서 멍 하니 앉아있으면 시간만 아깝다는 것을 명심하자. 고3의 시기는 특히 시간싸움이라고 볼 수 있다. 시간싸움에서 이길 수 있는 방법은 바로 명쾌한 상황 판단력이다. 따라서 자소서 수정 작업이 힘이 들더라도, '지금 울어봤자 달라지는 것은 없고, 그저 시간만 흘러갈 뿐이다.'라는 사실을 명심하여 자신의 마음을 혹독하게 단련하자. '우는 시간(혹은 가만히 앉아 한탄하는 시간)은 너무 아깝다. 차라리 이때 한 글자라도 더 고치자(혹은 한 문제라도 더 풀어보자).'등과 같은 마음가짐으로 본인을 채찍질해야한다. 너무 힘들더라도 좌절하지 않고 꿋꿋이 해 가는 자세가 필요하다. 여러 피드백과 수정에서 거듭나서 변화하는 자소서 한 구절 한 구절의 미묘한 차이가 합격과 불합격을 가르는 요소가 될 수도 있다. 따라서 이러한 것들을 마음에 새기며 자소서 작성 작업에 착수하도록 하자. 내가 놓친 시간 1분 1초에, 나의 경쟁자는 이미 자소서를 30번 넘게 고치고 있을 수도 있다.

② 자기소개서 작성하기

앞서 자소서 작성 이전에 어떠한 마음가짐으로, 어떤 방향성을 통해 작성하는 것이 필요한지를 알아보았다. 전체적인 자소서의 구성을 방금처럼 하였다면, 자소서 각 항목은 어떻게 작성하는 것이 요령일지에 대해 알아보자. 각 항목이 요구하는 학생의 모습은 다르기 때문이다. 우선, 자기소개서 항목들은 어떤 것이 있는지 알아 본 후, 어떻게 작성하는 것이 좋을지 스스로 생각해보자. 다음 항목들은 한국대학교육협의회(이하 대교협)에서 정한 자기소개서 3가지 공통문항이다.

1번. 고등학교 재학기간 중 학업에 기울인 노력과 학습 경험에 대해, 배우고 느낀 점을 중심으로 기술해 주시기 바랍니다. (1,000자 이내)

2번. 고등학교 재학기간 중 본인이 의미를 두고 노력했던 교내 활동을 배우고 느낀 점을 중심으로 3개 이내로 기술해 주시기 바랍니다. 단, 교외 활동 중 학교장의 허락을 받고 참여한 활동은 포함됩니다. (1,500자 이내)

3번. 학교생활 중 배려, 나눔, 협력, 갈등관리 등을 실천한 사례를 들고, 그 과정을 통해 배우고 느낀 점을 기술해 주시기 바랍니다. (1,000자 이내)

-대교협에서 제시한 대학 자기소개서 공통 항목-

각 항목을 읽었을 때, 유사한 부분 몇 가지를 발견했을 것이다. '고등학교 재학기간 중/ 학교생활 중'이라는 용어, '경험, 활동, 사례'로 나와 있는 부분, 그리고 '배우고 느낀 점'이 그것들이다. 공통적으로 말하자면 학생은 학교생활을 하면서 본인이 경험했던 활동들에 대해 구체적으로 사례를 들어 자소서를 기술하되, 핵심은 '내가 그 활동을 하면서 어떤 것을 배우고 느꼈는지'에 있는 것이다. 즉, 학교생활 경험이 본인에게 끼친 영향에 대해서 기술하는 것이 자소서의 궁극적인 지시사항이다. 참고로 학생부종합전형에서는 '내가 얼마나 배울 준비가 되어 있는 학생인지'를 보여주는 것이 필요하다. 따라서 이러한 부분을 내가 〈배우고 느낀 점〉에 주목하여 그러한 학생으로 성장한 모습을 보여주도록 해야 한다.

그리고 대교협에서 제시한 자소서 공통문항을 볼 때, 4번 항목은 없음을 알 수 있다. 왜냐하면 4번은 각 대학의 재량 문항으로 대학마다 다르기 때문이다. 의미 있는 책3권을 선정하여 그 이유를 서술하는, 즉 독서 관련 질문을 제시하는 학교(예시; 서울대학교), 지원 동기와 성장 배경을 서술해야 하는 학교(예시: 고려대학교, 연세대학교) 등이 그 예 이다. 간단한 예시로부터 알 수 있는 것은 항목별로 써야하는 내용이 천지차이라는 것이다. 그러므로 미리미리 자소서4번 문항을 확인하는 것이 좋다. 내용을 다르게 구성해야하고, 다르게 준비하는 것이 필요하다는 것을 명심하자.

자소서를 작성하기 전의 몇 가지 주요사항을 살펴보았다면, 이제부터 본격적으로 시작해보도록 하자. 우선 자소서 유의사항 중 가장 명심해야할 부분 중 하나는 '증빙할 수 있는가?'이다. 다른 말로 하자면 생활기록부 상에 기록된 내용이어야 한다는 것이다. 그렇다면 자기소개서 작성 이전에 가장 먼저 해야할 것이 무엇인지 감이 오는가? 바로 나의 3년간의 생활기록부를 인쇄하여 면밀히 살펴보고 자소서에 작성할 만한 소재들을 뽑는 것이다. 담임 선생님이나 학년부장 선생님께 찾아가 생기부를 뽑아달라고 부탁드린 후, 자세히 살펴보며 중요한 내용들에 표시를 해 둔다. 그렇게 아웃라인을 잡고 각 소재들을 여러 자소서 항목, 대학과 학과의 인재상 등 모든 것을 총체적으로 고려하여 어떻게 연결할 것인지를 고민한다. 이렇게 했다면 당신은 자소서 작업에 전념할 준비가 된 것이다!

자소서 1번 문항 : 고등학교 재학기간 중 **학업에 기울인 노력**과 학습 경험에 대해, **배우고 느낀 점**을 중심으로 기술해 주시기 바랍니다. (1000자 이내)

만일 처음 보는 사람과 만나는 자리라면, 가장 먼저 보이는 것들로 상대방의 첫인상을 결정지을 것이다. 마찬가지로 자기소개서도 제일 처음에 보이는 1번 문항을 통해 학생에 대한 전반적인 평가를 내릴 수도 있다. 1번 문항이 말하자면 학생에 대한 첫인상으로, 앞으로 전개될 자소서 총 4개의 문항에 대한 평가자의 흐름과 흥미를 이끌 수 있어야하는 중요한 문항이다.

평가자의 집중력이 가장 좋을 때인 1번 문항의 중요성은 매우 상당하다. 생각해보라, 평가자가 무엇보다도 궁금해 하는 내용을 자소서의 첫머리에 배치해두지 않겠는가?

그럼 본격적으로 1번 문항에 대해 낱낱이 파헤쳐보자.

우선 자기소개서 1번 문항은 〈학업성취도〉와 〈지적 탐구심〉에 대해 물어보는 질문으로,
'학업에 기울인'과 '배우고 느낀 점'에 주목하여 자기소개서를 풀어나가는 것이 중요하다.

특히 이 문항에서는 나의 전문성에 대해서 강하게 피력하는 것이 중요한데, 이 말은 즉
'이 학생이 우리 대학에 왔을 때 과연 어느 정도의 수준인가?' 혹은,
'이 학생이 우리 학과에 와서 학업을 배울 준비와 자세가 어느 정도 돼 있는가?'를 파악하는 문항이라는 것이다. 대학은 배우러 가는 곳이기 때문에 기본적으로 평가자는 학생의 학업 역량과 열정, 탐구 자세에 대해 가장 중요하게 생각할 것이다. 그것이 이 질문이 자소서 1번 문항으로 배치된 이유이자 목표이다.

따라서 1번 문항에는 학업과 관련한 나의 학습 노력에 대하여 서술해야한다. 첫 번째 해야 할 일은 생기부에 있는 내용을 토대로 글을 만드는 것인데, 결과가 아닌 과정을 적어야한다는 것을 필히 기억해야한다. 생기부에는 나의 3년간의 학업성적과 각 교과목 선생님들의 평가가 들어가 있다. 내가 '어떻게' 공부하였는지에 대한 '과정'은 배제된 채 단순히 수치상으로 성적이라는 '결과'만 들어가 있는 셈이다. 그러므로 자소서를 기술할 때에는 학업에 관련해서 결과를 이끌어오기까지의 그 '과정'을 중심으로 두어야 한다. 가장 흔히 서술되는 방식은 이렇다.

생기부에 기재된 결과	과정	배우고 느낀 점
3년 간 학업 성적이 상승	오답노트 작성 또래 멘토링 보충시간을 통한 추가 학습	노력하면 된다는 것을 배웠고 흥미가 붙어서 열심히 하며 자신감이 상승하였다.
3년 간 학업 성적이 상승과 하강 반복	야자시간 공부 등의 자기주도적 학습 독서실 학원 교과서와 인터넷 강의	슬럼프가 왔었지만 그것을 이겨내려고 열심히 공부하며 노력하였다.
학업 성적 유지	선생님께 질문 문학작품으로 연극해보기 등	학업 성적을 올리기 위하여 다양한 공부 방식을 시도해보았고, 그를 통해 다방면으로 공부하는 재미를 얻을 수 있었다.

위와 같이 대부분의 학생은 1번에 어떤 내용을 적어야 할지 몰라서 3년 간 겪어왔던 결과들을 묶어서 이야기를 만들어 내려고 하는 경향을 보인다. 하지만 이렇게 자기소개서를 적는다면 나의 1번 문항은 지루하고 진부한 자소서로 전락해 버릴 수도 있다. 많은 학생이 사용하는 방법이고, 또 혼자서 독서실, 야자 시간을 이용해서 어떻게 공부했는지를 서술하는 것은 학생마다 내용이 비슷할 것이기 때문이다. 그러므로 자기소개서를 쓰기에 앞서, 문항에 얽매여 있는 고정관념에 대하여 버릴 필요가 있다. 굳이 학업에 대한 노력을 쓰지 않아도 된다! 내가 시도해 보았던 남다른 '학습 경험'에 대하여 서술하면 되는 것이다. 1,2,3학년 동안 겪었던 1학기, 2학기 중 단 한 시기만 골라서 그 때 해보았던 학습 경험에 대해 서술해도 무방하며, 오히려 이렇게 '선택과 집중'을 사용하여 자소서를 서술하는 것이 더 신박해 보일 수도 있다는 뜻이다. 예를 들어 '교과목에 나온 내용 중 한 부분에 흥미가 생겨, 그 부분을 주제로 토론을 했고 친구들 앞에서 발표를 하며 결과를 낼 수 있었다.'와 같은 방식처럼 본인이 시도했던 학습 경험을 적으면 된다. 이 점을 기억한다면 1번 작성에 있어 훨씬 수월할 것이다.

〈융합형 인재〉, 현 시대가 가치 높게 평가하는 사람의 모습이다. 즉, 문/이과로 단순하게 이분화 된 사람이 아니라 양 쪽의 성향을 골고루 가지고 있으면서 본인에게 더 적합한 성향에서 두드러지는 모습을 보이는 사람이라고 할 수 있다. 문과 성향의 학생이라면 인문계열 독서, 스펙, 봉사 등을 많이 하되 이공계 계열의 활동이나 공부를 배척하지 않고 '사회과학적 탐구자세','과학적 연구 자세'를 가지고 있다는 것을 드러내면 좋다. 반대로 이과 성향의 학생이라면 이공계 계열의 활동을 위주로 하되, 사회현상에 대한 관심이나 현재 이슈, 사회적 문제 등에 대해서 관심을 보이는 자세를 가지고 있으면 좋다. 그것이 바로 본인이 '융합형 인재'임을 보여주는 지표이다. 이러한 융·복합적인 인재의 모습을 갖추고 있다는 것을 1번 문항을 통해 나타내어보라. 여러 계열을 아우르는 학구적인 모습, 학업적인 부분에서의 역량을 '어떻게 학습하였는가?'를 통해 보인다면 좋은 평가를 받을 수 있을 것이다.

 마지막으로 주는 팁은 '진로'와 연계시켜 1번 문항을 작성하라는 것이다. 교과목에서 배운 내용을 통해 진로의 방향을 정했다는 것만큼 더할 나위 없이 좋은 학습 경험은 없다. 혹은 그 반대로 본인이 희망하고 있던 진로를 교과 학습 내용과 연결하여 더욱 확고하게 가질 수 있더라는 내용도 마찬가지이다. 목표가 확고한 사람의 성장과 발전 가능성은 무궁무진하기 때문이다. 1번을 진로와 관계되게 쓴다면 그것은 곧 진로에 대한 노력이 되면서도, 지적 탐구심이 뚜렷한 '대학에 맞는 인재'로 평가될 수 있을 것이다. 덧붙이자면 그러한 '진로 연계 학업'모드를 드러낸다면 '배우고 느낀 점'을 쓸 때, 진로에 대한 굳센 의지를 다질 수 있었다는 식으로 활용할 수도 있을 것이다.

-자소서 작성법: 2번 문항-

 고등학교 재학기간 중 본인이 **의미를 두고 노력했던** 교내 활동을 **배우고 느낀 점**을 중심으로 3개 이내로 기술해 주시기 바랍니다. 단, 교외 활동 중 학교장의 허락을 받고 참여한 활동은 포함됩니다. (1,500자 이내)

 본인이 열심히 활동했다면, 그것을 가장 잘 녹여야 하는 2번 문항! 특히 글자 수도 가장 많은 문항이기 때문에 성실하게 다 채워 본인의 활동성과 성실성을 보여주는 것이 필요하다. 본인이 고등학교 재학기간 중 했던 모든 활동 중 단 3개만 뽑아서 추려야 하는 만큼 '선택과 집중'이 필요한 것은 물론이고, 이 문항은 본인이 생각하기에 가장 의미가 있었던 활동을 적는 란이므로 학생의 가치관을 볼 수 있기 때문에 평가자 입장에서도 눈여겨 볼 수밖에 없는 것이다! 더불어 교외활동 작성을 허락하는 문항이므로 잘 활용하는 것이 필수라는 것을 알아두자!

 자기소개서 2번 문항은 특히 '전공 적합성'을 파악하는 문항이다. '전공 적합성'이란, '이 학생이 우리 학과에 진학 했을 시에 본인의 역량을 충분히 발휘할 수 있는가?' 혹은, '이 학생이 배우고 연구하고 싶어 하는 내용이 우리 학과와 맞는 내용인가?', '학생의 성향, 적성이 우리 학과와 맞는가?' 등 학과와 관련한 학생의 총체적인 모습을 파악하는 것으로 볼 수 있다. 다시 말해서 2번 문항은 학생이 대학교에 왔을 때의 모습을 판단하는 이정표로써, 미래지향적으로 글을 써 본인의 잠재력을 어필하는 것이 상당히 중요하다. 또한, 만약 같은 학교 학생인데, 같은 학과로의 진학을 희망하는 학생이 있을 경우 상당 부분 생기부와 자소서가 겹치는 일이 발생할 수 있다. 이럴 경우를 미연에 방지하기 위하여 본인만의 차별화된 활동을 찾아 자소서를 작성하며 특색 있는 본인의 자소서를 만드는 것이 필요하다는 것을 잊지말자.

 우선, 본인이 판단하기에 있어 학과와 연관될 수 있는 활동이 무엇인지를 찾아보자. 예를 들어 '사학과/한국사학과'로의 진학을 원하는 학생이라면, 문화재 지킴이 활동, 전교생 대상 역사 멘토링, 동양사 혹은 서양사에 대한 보고서 작성, 일제강점 시대상을 표현한 연극 등과 같이 주제가 '역사'와 관련되는 활동을 했다면 좋은 소재가 된다. 또, '화학과'에 들어가고 싶어 하는 학생이라면 연구 실험 보고서를 작성한다든지, 조향 체험을 해 본 다든지 등의 방법이 있다. '특수아동학과'로의 진학을 원한다면 특수 아동들을 만나며 봉사활동을 하거나, 그들에 대한 연구를 통한 발표 등의 활동을 사용하면 된다. 하지만 만약 본인이 진학하고자하는 학과와 연관 짓기가 어렵다면, 진학을 희망하는 학과의 홈페이지에 들어가 학과에서 배우는 내용과 학과 특색을 찾아보면서 힌트를 얻는 것도 좋다. 또, 주변에 아는 대학생이 있다면 연결을 통해 조언을 듣는 것도 좋다.

 한편, 많은 학생들이 고민하는 부분은 바로 '활동을 몇 개를 쓸 것이냐'에 관한 문제이다. '3개 이내'로 쓰라는 자기소개서 문항의 지침 때문에, 학생은 경우의 수 3가지를 맞닥뜨리게 되고 무엇이 더 효과적일지 고민하는 것이다. 명료하게 대답하자면 뚜렷하고 확실한 답은 없다. 본인이 어떠한 활동에서 배운 것과 느낀 것이 매우 많다면 1개의 활동을 1500자로 쓰면 되고, 1500자로 꽉 채우는 것이 부담된다면 750자씩 양분하여 두 개의 활동으로 나누어도 되고, 500자씩 나누어 평가자가 읽기 쉽고 간편하게 서술하여도 된다. 2번 문항은 특히 본인의 선택에 달려있는데, 그것은 자기소개서는 본인의 개성으로 작성하는 것이기 때문이다. 하지만, 특별히 추천하는 방법이 있다면 바로 〈750자〉씩 양분하여 2개의 활동을 쓰는 것이다. 왜냐하면 활동 1가지만을 길게 쓰는 것은 다른 특별한 활동이 없는 것처럼 보일 수 있다. '쓸 게 없어서'라는 인식을 평가자에게 줄 수 있다는 것을 의미한다. 또한, 1500자를 한 활동으로 몰아쓰기엔 배우고 느낀 점을 쓰는 구간에서 동어반복처럼, 계속하여 같은 말을 되풀이하게 될 지도 모른다. 한편, 활동3가지를 500자씩 나누어 쓰는 것은 '배우고 느낀 점'이 비교적으로 간략하게 서술될 위험이 있다. 본인이 원하는 전공과 관련하여 많은 노력과 활동을 다방면으로 했다는 것을 표현하기에는 3가지를 쓰는 것이 좋지만, 제약된 글자 수로 인하여 '활동은 많이 했지만 그에 비해 느낀 점은 부족한 학생'으로 평가될 수 있다는 것이다. 앞서 말했듯이 자소서는 '배우고 느낀 점'이 가장 중요한 부분이므로, '활동'과 '배우고 느낀 점'의 배분을 할 때 배우고 느낀 점에 관하여 두드러지게 서술하는 것이 가장 좋다. 허나 500자씩 쓴다면 상대적으로 빈약한 느낌, 즉 '수박 겉핥기'식의 자기소개서로 평가될지도 모른다. 750자씩 나누어 활동 2가지를 쓰는 것의 장점은, 각 활동에 있어서 충분히 배당 된 글자 수로 인하여 본인이 했던 활동과, 본인이 느꼈던 것에 대하여 꽤 구체적이고 전문적으로 쓸 수 있다는 것이다. 또 활동3가지를 선택하는 것이나, 활동 1가지를 길게 쓰는 것보다는 부담이 비교적으로 덜 할 것이다. 따라서 나의 학과에 맞는 역량을 보여주기 위해서는 활동 2가지를 선택하여 상세하게 쓰는 것을 추천한다.

  2번 문항을 작성할 때에도 역시 본인의 진로와 연계시키면 좋은 평가를 받을 수 있다. 어떠한 활동을 통해 배우고 느낀 점을 진로와 연계해도 좋고, 진로와 연계된 활동을 하면 더 좋다. 그리고 이러한 본인의 활동을 마지막에 다시 정리하면서 쐐기를 박아보자. 도식으로 정리하면 이러한 양상을 보인다.

에피소드1(활동+느낀 점)+ 에피소드2(활동+느낀 점) + 에피 1,2 통한 전체적인 성장모습

즉, '에피 1,2를 통한 전체적인 성장모습' 부분에서 진로와 연관하여 글을 쓰면 된다는 것이다.
 또한, '전공적합'과 관련된 문항이니만큼, 전공과 관련된 전문적인 용어에 대하여 잘 모르는 경우가 생길 수 있다. 이러한 상황이 발생한다면 전공 관련 저서, 영상 등을 찾아보며 관련 용어를 정리하거나 인용하여보라. 또한, 진학을 희망하는 학과의 교수님께서 저술하신 저서를 읽는 것도 큰 도움이 된다. 자소서에 전문성과 깊이를 더하여 풍부한 자소서를 만들 수 있을 것이다

-자소서 작성법: 3번 문항-

3번. 학교생활 중 배려, 나눔, 협력, 갈등관리 등을 실천한 사례를 들고, 그 과정을 통해 배우고 느낀 점을 기술해 주시기 바랍니다. (1,000자 이내)

쉽게 표현하자면 자기소개서 3번 문항은 학생의 '인성'을 파악하는 문항이라고 할 수 있다. 학생들은 1번,2번 문항과 마찬가지로 3번 문항에서도 역시 골머리를 앓는데, 그는 문항 자체가 추상적일 뿐더러 학교에서 할 수 있는 인성 관련 항목 활동은 내 이야기가 다른 학생의 이야기와 겹칠만한, 뻔한 활동밖에 찾을 수 없기 때문이다. 그런 고로 소재를 선정하기가 어렵고, 그것을 나만의 이야기로 풀어서 쓰는 것에서도 곤란함을 느낄 수밖에 없다. 하지만, 다르게 생각해보면, 이러한 문항일수록 나만의 이야기, 나만의 창의적인 내용을 작성한다면 평가자들 사이에서는 내 자소서가 더욱 더 빛나 보이고 두드러질 수밖에 없다! 즉, 평가자의 입장에서 지루해질 수 있는 3번 문항을 멋지게 써낸다면 그것은 혁신인 것이다! 또한, 3번 문항은 활동의 개수에 제한이 걸려있지 않다. 다시 말하여 내가 한 여러 활동을 묶어서 서술해도 되고, 1개의 활동 안에 '배려, 나눔, 협력, 갈등관리'와 같은 덕목들을 녹여 내어 서술하여도 무방하다. 본인의 스타일대로 충분히 작성할 수 있는 문항인 것이다. 이 점을 기억하여 힘들더라도 3번을 작성해보도록 하자.
 먼저 3번 작성에 들어가기 전에 문항을 꼼꼼히 읽어 볼 필요가 있다. 3번 문항에 보면, '배려, 나눔, 협력, 갈등관리 등'이라는 표현이 있다. 즉, 굳이 저 4가지의 덕목에 국한될 것이 아니라 그 외의 것도 생각하여 작성해도 된다는 것이다. 비슷한 예로, '솔선수범', '예의', '공조', '도움', '책임감' 등과 같은 것들이 있다. 그러니 3번을 작성하기에 앞서 이러한 덕목들을 쭉 찾아본 후 비슷한 것끼리 묶어 보자. 그리고 그에 맞는 나의 활동들을 찾아 연결하여보자. 창의적이고 색다른 자소서 3번이 탄생할지도 모른다. 한편, 다른 자질들을 찾아 엮어 보아도 당최 어떤 방식으로 3번 문항을 적어야할지 감이 안 잡힌다면, '배려와 나눔/협력과 갈등관리'와 같이 나누어 2개의 활동으로 적는 방식도 있다. 많은 학생들이 사용하는 방식으로, 배려와 나눔을 보여주는 사례 1개를 500자로 적고, 협력과 갈등관리를 동시에 보여줄 수 있는 사례 1개를 적어서 4가지의 역량을 골고루 보여주면서도 2개의 활동을 제시할 수 있는 좋은 방법이자 안정적이고 자연스러운 3번을 완성할 수 있는 방식이기도 하다. 하지만 자기소개서는 창의적일수록 좋기 때문에, 굳이 이러한 묶음 방식에 한정되지 않아도 된다. 본인이 할 수 있다면 '배려와 갈등관리'를 엮고, '협력과 나눔'을 나누어 두 개의 에피소드로 적어

도 된다는 뜻이다. '갈등관리와 나눔', '배려와 협력'으로 새롭게 묶어서 그에 맞게 자기소개서를 적어 내려가도 좋다. 여러 가지 방식으로 3번 작성을 시도해보라.

 또한, 자기소개서 3번을 작성하기 위해서는 본인이 가지고 있는 편견을 깨는 것이 중요하다고 볼 수 있다. 2개의 역량을 나누어 2개의 에피소드로 이분법화 해서 작성해도 좋지만, 위에서 말했듯이 한 가지의 사례에 4가지의 역량을 몽땅 녹여놓아도 괜찮다. 또, 4가지의 역량 모두를 사용할 것 없이 1가지의 자질만 사용해서 자기소개서를 작성해도 좋다. 한편으로는, '배려, 나눔, 협력, 갈등관리'와 같은 글자가 연상시켜 주는 이미지에 얽매이지 말아야한다. 대부분의 학생들은 '학교생활 중'이라는 글자에 얽힌 이미지들로 여러 상황들을 생각하게 된다. 예를 들면 '갈등관리'에 해당되는 사례일 때, 학급 내에서 일어난 갈등을 중재했다거나, 학급과 학급 간, 혹은 학년과 학년 간에 일어난 갈등을 관리하는 경우를 대부분 생각할 것이다. 하지만 새롭게 이 문항을 바라볼 때, '갈등'이라는 것은 꼭 교내에 있는 갈등만을 뜻하는 경우는 아닐 것이다. 예를 들어, '한국과 일본 사이의 갈등'으로 빚어지는 혐한의식, 반일감정 등이 있을 것이고, 또 전 세계적으로 갈등의 소재가 되고 있는 '아동노동 문제', '두테르테' 등과 같은 갈등의 모습이 많다는 것이다. 즉, 이러한 갈등을 소재로 삼아 학교에서 활동을 한 것이 있다면, 이 역시 전 세계적인 갈등의 요소를 관리, 중재하기 위한 노력으로 번져 보일 수 있다는 것이다. 또, '나눔'의 가치 역시 새롭게 해석할 수 있는 여지가 많다. 일반적으로 '나눔'에 관하여 생각할 때 내가 가지고 있는 물품이나 재화를 나누는 것을 생각할 수 있다. 하지만 '나눔'의 사전적 정의를 보면, 나눔이란 '하나를 둘 이상으로 가르다.'라는 뜻을 가지고 있는 것처럼, 굳이 그러한 이미지에 갇혀 있지 않아도 된다. 조금 더 명확하게 표현하자면, 우선 주변에서 쉽게 볼 수 있는 '재능기부'를 볼 때, 내가 가지고 있는 재능을 친구들이나 급식소 아주머니, 동물, 선생님들, 선후배에게 나누는 하나의 사례가 될 수 있다. 또한, 내가 가지고 있는 힘을 나누는 것도 나눔이다. 육체적인 힘을 제공하여 타인을 도운 일도 나눔의 사례가 될 수 있다. 조금 더 나아가 새롭게 생각해보자면, 정신적인 부분을 나눌 수도 있는 것이다. '나의 가치관'이나, '나의 꿈', '나의 노력', '나의 기쁨과 감정'등을 나누며 친구들에게 동기부여를 해주는 것도 좋은 나눔의 사례이다. 대신 이것과 같은 경우에서는 '나눈' 것이 '전달'로 변질될 수 있기 때문에, '나의 나눔이 확산된 경우', 즉 타인의 행동에서 변화를 이끌어 낸 결과물을 보여야한다. 나의 에너지를 사람들을 긍정적인 방향으로 이끌어 내서 어떠한 결과를 보였다면 그것이 바로 나눔의 좋은 사례이기 때문이다. 예를 들어 본인의 꿈이 '인권 변호사'라면, 인권 보장을 위해 본인이 활동하게 된 계기와 활동 사례, 친구들에게 제언할 점 등을 SNS에 올려 공유수가 많아진다거나, 발표하여 친구들도 함께 적극적으로 나서거나와 같은 방식으로 말이다. 이러한 과정에서 캠페인을 활용하면 더욱 좋을 수 있다. 종합하자면, 이러한 방식으로 여러 가치들, 여러 덕목들을 새로운 눈으로 바라보는 눈을 키워라. 새롭게 바라보면 3번 문항에 맞는 활동들을 찾아 특별하게 글을 쓸 수 있을 것이다. 남들과 다르게 쓰는 것을 두려워하지 말고, 본인의 생각을 가득 담아 새롭게 자기소개서를 작성해보라!

-자소서 작성법 : 4번 문항-

 지금까지 설명했던 자소서 1,2,3번 문항에 맞는 작성 요령은 앞서 언급했던 것처럼 대교협에서 제시하고, 한국에 있는 모든 대학이 의무적으로, 필수적으로 사용하고 있는 자기소개서 문항이었다. 하지만 자기소개서 4번 문항은 앞서 보였던 1,2,3번 문항과 결을 같이한다고 말할 수 없는데, 이는 각 대학마다 4번 문항이 요구하는 바가 너무도 다르기 때문이다. 앞서 간단하게 소개했듯이 본인에게 가장 의미 있던 책 3권을 선정하라는 곳도 있고, 학과 지원 동기와 입학 후 향후 계획에 대해 질문하는 곳도 있고, 본인이 이 학교에 맞는 학생임을 어필해야하는 곳도 있으며, 다양한 제시어를 주고 이와 관련된 활동을 본인이 선정하여 4번을 작성하게끔 하는 학교도 있다. 그러므로 학종 전형을 선택하는 학생이라면, 자기소개서 4번 문항이 학교마다 어떻게 다른지를 파악할 필요가 있다. 왜냐하면 만일 선택한 학교 6곳이 모두 다른 4번 문항을 가지고 있다면, 4번 문항을 모두 다르게 6개의 내용으로 구성해야하기 때문이다. 이는 상당히 번거롭고 복잡한 과정일 뿐만 아니라, 시간이 금과 같을 시기인 고3때에는 특히 엄청난 시간을 갉아먹는 요소가 될 수도 있다는 것을 명심하여 꼭 자소서 4번 문항들을 확인해보자.

 학교마다 다른 자소서 4번 문항이지만, 공통적으로 해당되는 사항은 있다. 바로, 자기소개서 4번 문항에서는 '학교와 학과가 원하는 인재 상'에 대해 녹여 내어 진로와 연계시켜 쓰는 것이 바로 좋은 것이다! 하나의 학교임에도 여러 가지의 인재 상을 요구하는 경우가 다반사이다. 또한, 학교와 학과가 다른 인재 상을 원하는 경우도 많다. 따라서 이러한 것들 모두를 사전에 조사하고 정리하여 그러한 역량을 보여줄 수 있도록 자기소개서 4번을 작성하는 것이 필요하다. 많은 사례가 나와 있는 1,2,3번 문항과 달리 학교별로 다른 특성 때문에 사례를 찾기 힘들 4번 문항 때문에 학생들은 많이 답답해 할 것이다. 하지만 긍정적으로 생각해 볼 때, 사례가 없기 때문에 가장 본인만의 글 개성이 담긴 창의적인 자소서 4번 문항이 나올 수 있다. 이 점을 인지하며 자유롭게 글을 써 보라. 500자씩 나누어 2가지 에피소드를 적든, 여러 문단으로 나누어 글을 유기적으로 쓰든, 어떠한 구성이든 상관없다! 그저 고정된 틀을 벗어나려는 새로운 시도를 통해 4번을 작성하면서도 그것을 학교와 학과의 인재 상을 보여주는 식으로 진로와 연계하여 적어야 한다는 것을 명심하자!

-자소서 작성법 : 추가 TIP-

· 단문으로 구성하려고 노력하기
- 만약 내가 어떠한 글을 평가하려고 하는데 글 길이가 너무 길다고 상상해보라. 계속해서 읽어도 끝나지 않는 문장, 집중력이 흐트러지고 중심 내용을 찾기가 어려워질 것이다. 즉, 가급적이면 문장이 길어지지 않도록, 불필요한 내용이나 중복되는 내용은 빼면서, 단문 구성으로, 핵심을 뽑을 수 있도록 글을 쓰는 것이 좋다. 특히 첫 문장은 되도록 간단하게, 2줄 이상으로 넘어가지 않도록 쓰는 것이 좋다. 첫 문장은 글의 흥미를 좌우하는 문장이기 때문에 되도록 너무 뻔한 문장과 내용을 피하여야 한다.

· 소제목을 사용하라
- 자기소개서를 읽는 평가자들, 즉 학과 전공 교수와 입학사정관은 나의 자기소개서 말고도 수많은 자기소개서를 읽게 된다. 그에 따라 피곤함으로 인해 집중력이 흐려지는 경우가 태반이다. 그러므로 본인의 이야기를 한 눈에 보여주기 위해선 '소제목'을 사용하는 것을 추천한다. 앞으로 서술하고자 하는 내용을 한 문장으로 압축하여 보여주기 때문에, 평가자가 수월하게 핵심 내용을 파악할 수 있기 때문이다. 여기서도 마찬가지로 소제목을 너무 진부한, 흔한 문장 말고, 본인의 자질을 드러내면서도 동시에 핵심 내용을 담을 수 있도록 지어야 한다. 획기적이고, 창의적이고, 그러면서도 본인이 하고 싶은 얘기를 압축해서 보여줄 수 있는 소제목을 만들어보자.

· 문체는 어떻게 해야 할까?
- 한자어를 많이 나열하려고 하는 것을 피하라. 최대한 독자가 쉽게 이해할 수 있고, 읽기 쉽게 하는

것이 좋다. 유식한 척 하려고 하는 것은 전문적으로 보이기보다는 오히려 현학적인 모습이 부각
될 수 있기 때문이다. 그러니 솔직하게 본인의 언어대로 글을 쓰도록 하는 것이 중요!

- '-해서 뿌듯했습니다./ -해서 기뻤습니다.'와 같은 단순한 표현은 피해야 한다. 유치한 감상문 정도
로 보일 수 있기 때문이다. 또한, '뿌듯함', '기쁨', '행복'과 같은 단어들은 너무 추상적이기도 하다
는 문제점을 가지고 있다. 이러한 단어를 사용할 경우 본인의 느낀 점을 제대로 어필할 수가 없으
므로, 구체적으로 본인의 감정을 표현하는 것이 필요하다.

- 피동표현보다는 능동표현을 쓰라. '-라는 생각을 가지게 되었습니다.' 보다는, '-라는 생각을 했습
니다.'와 같은 방식으로, 본인의 능동성과 주체성, 자주성을 피력하는 것이 좋다. 동사 하나를 통
해 본인의 자율적인 모습을 드러낼 수 있기 때문이다. 대신에 가끔은 겸손한 자세도 요구되므로
능동표현과 '-하게 되었습니다.'와 같은 피동 표현을 적절히 섞어서 쓰라. 대신에 능동표현이 조금
더 많게끔 용언의 활용형을 사용하여 자기소개서를 구성하는 것이 좋은 방법이다!

- 다양한 용언 변화를 사용하라. 만일 자기소개서를 읽는데, 모든 문장이 '-생각을 가졌습니다.', '-
를 생각했습니다.', '생각을 했습니다.'와 같이 똑같은 말이 반복된다면 어떻겠는가? 지루한 느낌
을 줄 것이며 자소서를 읽는데 추진력이 떨어질 것이다. 그러므로 용언 변화를 다채롭게 해 보라.
'-생각했습니다.', '-라고 판단했습니다.', '-할 수 있는 계기로 삼았습니다.', '-할 수 있었습니다.', '-
을 예측했습니다.', '-을 다짐했습니다.'와 같이 다양한 용언을 사용해서 작성하도록 노력해보아
라. 앞에서 말했듯이 단어 하나, 용언 하나가 주는 느낌은 상당히 다양하고 다르다.

- 나열식으로 글을 서술하는 습관을 탈피해야한다. 나열식, 병렬식 구성의 자기소개서는 독자 입장
에서 재미없는, 지루한 설명문과 같은 느낌일 것이다. 또한, 평가자 입장을 고려해야할 뿐 아니라
본인의 입장에서도 나열식으로 글을 서술하려고 하면, 나중에 면접에서 준비해야할 양이 많아져
부담스러울 것이다. 예를 들어 정치외교학과 같은 경우, 전공에 관한 전문적인 지식을 갖춘 것을
보여주기 위하여 '국제분쟁의 원인과 해결방안, 트럼프와 힐러리의 대결, IS의 문제 등에 대해 관
심이 생겨~'와 같이 글을 쓴다고 가정해보자. 이러한 경우에 1차 서류(자기소개서, 생기부, 추천
서)가 합격해서 2차 평가인 면접으로 넘어간다고 했을 때, 이 모든 것들에 대해서 빠짐없이 관련
한 배경 지식에 대해 알고 공부해야하기 때문이다. 그러므로 이러한 나열식에 대해서 피하고, 본
인이 확실하게 알고 관심 있는 것에 대하여서만 솔직하게, 그리고 구체적으로 서술하려고 하자.
다시 한번 강조하지만, 나열식(병렬식)으로 서술하는 버릇은 고쳐야한다.

- '저는-'으로 시작하는 말을 되도록 자제하자. '저는 - 했습니다.'와 같은 문장, 생각해보라. 이 자소
서는 어차피 본인의 자소서이다. 즉, 본인의 이야기를 적는 글이라는 것이다. 그러므로 불필요하
게 '저는-'으로 시작하는 문장을 많이 사용할 필요 없다. 또한, '저는 이것이 잘못되었다고 생각했
습니다.'라는 문장과, '이것이 잘못되었다고 생각했습니다.'라는 문장이 주는 느낌을 읽어보라. '저
는'이라는 주어가 하나 빠졌을 뿐인데, 뒷 문장이 훨씬 당차고 주체적인 모습을 주는 것을 느낄 수
있을 것이다. '저는'이라는 주어가 들어가는 문장은 '본인의 경우에는 이렇다', '본인의 의견은 이
렇다.'와 같은, 다른 이의 반박에 대한 사전의 방어기제로 사용될 수 있기 때문이다. 또한, 불필요
한 '저는-'의 남용으로 인해 글자 수가 부족해지는 경우가 생길 수도 있다. 그러므로 '저는-'이라는
주어를 생략하는 문체 작성의 습관을 들여 보도록 하자.

· 자기소개서 내용 구성하기

- 자기소개서는 기본적으로 각 문항이 요구하는 대로 글을 서술하면 된다. 대신에, 내용 구성 측면
에 있어서는 '활동의 동기- 활동 내용- 배우고 느낀 점, 활동이 내게 준 영향'의 순서대로 구성하면
더욱 손쉽게 글을 작성할 수 있을 것이다. 또한, 자기소개서는 '나를 뽑아주세요'라고 쓰는 글이라

는 것을 잊지 말라. 즉 자기소개서의 목적 자체가 '나의 자랑', '나의 역량 어필'인 것이다. 따라서 자기소개서를 쓸 때 본인이 뛰어나다는 것을 역설할 수 있도록 글을 쓰면 된다. 대신에 유의해야 할 점은 너무 자신의 장점과 긍정적인 모습만을 강조한다면 평가자의 입장에서는 그저 '잘난 척'을 하는 것을 보일 수 있다. 그러므로 본인의 자질과 역량을 드러내되, 겸손한 자세로 그것을 서술해 나가는 것이 필요하다. 그것을 표현하는 하나의 수단으로써 위에서 언급했듯이 피동표현을 적절 하게 사용하는 것과 같은 방식이 있다.

· 구체적으로 본인의 가치관을 나타내기

- 자기소개서 문항에 작성하는 본인의 에피소드, 즉 사례를 선정한 데에 있어서 그 과정과 동기(계 기)에 대해 쓰는 것을 추천한다. 그것이 본인이 가지고 있는 가치관이면서도 진로와도 어느 정도 의 연관성을 보이기 때문이다. 또한, 배우고 느낀 점에 관련하여 특히 자세하고 구체적으로 쓰는 것은 너무도 중요하고 당연한 일이다. 앞에서 말한 것처럼, 서술하기 어렵다고 하여 대충 적거나, 간단하게 적고 넘어간다면 그것은 독후감에 비유했을 때, 줄거리만 쓰고 제출한 것과 다름없는 것 이다. 그러므로 구체적으로 내가 어떤 의도에서 활동을 시작했으며, 그 활동 진행 과정에서는 어 떠한 방식으로 했고, 결과는 어땠으며, 이러한 일련의 과정이 본인에게 미친 영향과 이를 통해 배 우고 느낀 점 모두에 대해 가능한 이해하기 쉽도록 구체적으로 써야 한다. 이것이 바로 나의 진정 한 '가치관'을 나타내는 방식이다.

· 대학의 특성을 파악하기

- 각 대학이 가지고 있는 다양한 특성이 있다. 따라서 그에 맞게 자기소개서의 방향을 설정하는 것 이 중요한데, 예를 들어 만약 다양성을 추구하는 대학이라면 본인이 고등학교 재학기간 했던 다 양한 활동들에 대하여 서술하고, 진로 부분을 중시하는 대학이라면 본인이 했던 활동들을 '어떻게 해서든 진로와 연결 지으려 노력한 본인의 자세'에 대하여 보여주어야 한다.

· 솔직하게 작성하기

- 자기소개서를 비롯한 생활기록부, 추천서 등을 평가에서 1차 합격을 보았다면, 웬만한 학생부종 합전형에는 또 다른 관문이 남아있다. 산 넘어 산, 직접 내 자기소개서와 생활기록부를 평가했던 교수와 입학사정관과 대면하는 '면접'이 남아있는 것이다. 이 면접에서는 나의 자기소개서와 생활 기록부의 내용을 토대로 '이 내용이 사실인가'를 확인하는 확인질문부터, '구체적으로 어떤 것을 알고 있는 가'와 같은 전문적인 질문까지 다양한 면접질문이 나올 수 있다. 그러므로 자기소개서 를 쓸 때 본인이 알고 있는 선에서만 솔직하게 작성하려고 하자. 다른 유식한 내용을 가져와 글을 쓴다고 할 때, 본인이 명확하게 이해하고 있지 못한 채로 면접에 들어간다면 거기에서 점수가 깎 이게 될 것이다. 또한, 대필의 문제와 관련하여, 본인의 글 솜씨가 스스로 부족하다고 여겨 대필 을 맡긴 경우에 면접장에 들어가 문제가 생길 수 있다. 자기소개서로 쓴 문체와 본인의 말투나 지 식적인 부분에서 분명히 차이가 드러나기 때문이다. 따라서 윤리적으로도 당연한 문제이지만, 본 인이, 본인의 이야기를 솔직하게, 본인의 문체대로 자소서를 작성해야한다.

· 친구들과 서로 평가해주기

- 자기소개서의 갈피를 못 잡고 있는 친구라면, 다른 친구들의 자소서를 보며 함께 평가해보고 첨삭 을 하는 과정을 거치는 것을 추천한다. 본인이 발견하지 못한 오탈자나, 내용 구성 면에 있어서의 모순적인 부분 등을 친구가 발견해 줄 수 있고, 본인 역시도 친구들의 자기소개서를 보며 새로운

영감을 얻거나 본인의 자소서에서 고칠 부분 등을 발견할 수 있기 때문이다. 대신에 명심해야 할 부분은 친구의 자기소개서 내용이 훌륭하고 알차 보인다고 해서 그것을 복사하여 가져다가 쓰면 안 되는 것이다. 즉, 표절의 문제에 있어서, 대학은 '유사도 검사 시스템'을 이용하여 자기소개서들 끼리 유사한 부분을 퍼센트로 분석한다. 즉 어떠한 2문장이 완전히 똑같다면, 유사도 검사 시스템 에 적발되는 것이다. 여기서 더욱 주의해야할 점은, 유사도 검사 시스템은 해당 년도에 제출한 자 기소개서 간의 유사도만을 검사하는 것이 아니라, 학생부종합전형이 생긴 이래로부터 제출되었던 몇 십 만개의 자기소개서를 통틀어서 검사를 한다는 것이다. 즉, 아는 형이나 언니, 혹은 인터넷에 서 본 자기소개서, 책자 등에서 발췌한 자기소개서를 따라 쓴다면, 유사도가 정해진 일정한 수준 이상의 퍼센트를 넘길 경우 그 자기소개서는 0점 처리가 된다. 그러므로 본인 스스로가 본인의 이 야기를 작성해야한다는 점을 명심하자.

 지금까지 TIP으로 알려주었던 내용들을 한 문장으로 표현하자면, '내 자기소개서를 읽는 사람'을 배 려해서 쓰라는 것이다. 평가자, 즉 독자의 입장에서 가독성이 좋도록, 구체적으로, 솔직하게, 단문 을 구성해서 자기소개서를 작성하라. 또한, 첫 문장은 흥미유도를 할 수 있도록 작성하고, 명시적으 로 보게 하기 위하여 소제목을 활용하는 방법을 추천한다. 불필요한 말이 반복되는 것을 피하며, 핵 심 위주로 구성된 자기소개서를 작성하도록 노력해야 한다. 이러한 여러 TIP들을 기억해두고 나서 자기소개서를 작성하고, 그 이후에 피드백을 통해 천천히 고쳐나가 보자. 절대 어려운 과정이 아니 다! 가급적이면 많은 선생님들께 피드백을 받고, 여러 생각과 의견을 들어본다. 대신에 결정은 스스 로가 하는 것, 선생님들 말이 다 옳은 건 아니니까 적당히 참고만하면서 본인의 자기소개서를 완성 시켜가라! 할 수 있다!

Step5.   면접

① 면접공통사항
 대학면접 중 너무 긴장한 나머지 응급실에 실려 갔다는 기사를 본 적이 있을 것이다. 도대체 '대학면접' 이 얼마나 무서운 것으로 인지되어 그러한 일이 일어나는 것일까?
대부분의 학생부종합전형이라면 면접 평가가 필수일 것이다. 1차 평가는 그저 '서류'로만 평가되기 때 문에 부담감이 덜 하지만, 1차에 합격한 경우 얼굴과 얼굴을 마주보며 질문에 응답하는 식의 '면접'이 준비되어있기 때문에 심리적으로 더욱 불안하고 부담이 클 수 있다. 내가 대답하는 것에 따라 면접관의 얼굴이 시시각각 변하는 것을 직접 목격하기 때문에 더욱 어려운 평가가 바로 면접인 것이다. 주어진 시간 안에 '나'라는 사람에 대해 어필해야하는 것이 관건이며, 주어진 질문에 대해 떨지 않고 성심성의 껏 대답하는 의연한 모습을 보여주어야 좋은 평가를 받을 수 있다. 따라서 주어진 면접 시간 동안 최대 한 집중력을 발휘하여 대답을 해야 하며 방심은 절대 금물이라고 할 수 있다. 앞으로 살면서 맞닥뜨리 게 될 수많은 면접 중 하나의 관문인 대학 면접, 어떻게 준비해야하는지 차근히 알아보자.
 우선 대학면접은 다양한 종류의 면접이 있다. 우선 '인성면접'이란, 내가 제출하였던 생활기록부와 자 기소개서, 그리고 선생님께서 써 주신 추천서 등의 서류들을 평가하는 면접으로 이는 곧 확인면접과 압 박면접이 들어갈 수 있다. 나의 제출 서류들에서 명시하고 있는 내용이 과연 사실과 부합하는지에 대해서 물어보기도 하고, 생활기록부 상에 나와 있는 것들 중 호기심이 생기는 것들에 대하여 본인은 어떤 것을 느꼈는지 등에 대하여 물어보기도 한다. 이렇게 서류를 바탕으로 평가 대상의 인성을 파악하려고 하는 것이 인성면접이다. 가장 많은 질문 요소가 들어가는 만큼 본인의 생활기록부와 자소서에 대해서 빠짐없이 알고, 즉각 대답이 가능한 정도의 수준으로 연습을 해 가야 한다. 물론 본인의 서류, 즉 본인의 이야기이기 때문에 다른 면접들에 비해서는 부담이 덜 할 수도 있지만 자소서나 생기부 중 어떤 곳에서 어떤 질문이 등장할지 예측하기 어렵기 때문에 그만큼 많은 준비를 꼼꼼하게 해 가야하는 면접이라고 볼 수 있다.

 그 다음에는 '제시문 면접'이 있다. 제시문 면접이란 다른 말로 바꿔 표현하자면 곧 논술형 면접이라고도 볼 수 있다. 논술은 주어진 지문을 읽고 논술 문제에 따라 본인의 생각과 의견을 글로써 조리 있게 쓰는 것이라면, 논술형 면접은 주어진 지문(제시문)에 맞게 본인의 견해를 말로써 풀어나가면 되는 것이다. 주어진 시간 내에 제시문을 읽고 문제에 따라 답변해야하는 제시문의 특성 상, 머릿속에 드는 생각을 차분히 논리적으로 정리하여 말할 수 있는 능력이 필요한 면접이며 고등학생이 대응하고 준비하기엔 어려운 면접 유형으로 볼 수 있다. 특히, 면접시험 직전에 문제가 주어지기 때문에 사전 준비와 예측이 힘들고, 따라서 평소 배경지식을 많이 쌓아 그것을 시험장에서 발휘하는 능력이 필요한 것이다. 보통 제시문 면접과 같은 경우에는 면접장에 들어가기 몇 분 전에 제시문을 읽고 생각을 정리하는 시간을 준 후에 시험장에 들어간다. 즉, 준비할 시간 없이 바로 면접장에 들어가 질문에 대처해야하는 인성면접과는 달리, 미리 제시문을 읽고 생각을 일목요연하게 말할 수 있도록 하는 준비시간이 있다는 것이 제시문 면접의 장점이라고 볼 수 있다.

 한편, 대학마다 들어가는 면접관과 면접자의 수가 다르다. 한 면접장에 나를 포함한 여러 면접자들이 들어가서 차례대로 돌아가며 대답을 하는 경우도 있고, 한 면접장에 오로지 본인만 들어가서 여러 명의 면접관을 마주해야하는 면접 경우도 있다. 이렇듯 다른 면접 유형이 있지만, 공통적으로 모두 자신의 순서가 되었을 때 본인에 대해 제대로 소개해야지 좋은 평가를 받을 수 있을 것이다. 그럼 지금부터 좋은 평가를 받을 수 있는 면접공통사항에 대해 알아보자.

· 면접장의 분위기는 내가 만드는 것임을 잊지 말자.

 화기애애한 면접 분위기 VS 삭막한 면접 분위기, 둘 중 어느 분위기 속에서 더욱 말을 당당하게 할 수 있겠는가? 당연하게도 전자일 것이다. 면접 분위기가 따뜻하고 좋을수록 편안하게 대답을 하며 본인의 역량을 제대로 발휘할 수 있을 것이다. 보통 면접을 볼 때에 면접관들이 먼저 좋은 분위기를 만들어주는 경우도 있고, 그렇지 않은 경우도 있다. 이러한 면접 분위기에 따라 본인의 자신감이 위축될 수도 있고, 오히려 더 빛날 수도 있는 것이다. 따라서 초반 분위기를 잘 잡고 가는 것이 더욱 승산이 있다고 볼 수 있다. 그러므로 면접장에 들어설 때 반드시 '면접장의 분위기는 내가 만드는 것이다!'라는 마인드를 품고 들어가자. 들어갈 때부터 밝은 목소리와 표정으로 인사하며 들어가야 한다. 들어갈 때 너무 경직된 표정을 보이지 말고, 웃으면서 활기차게 인사하자. 처음 면접장에 들어갔을 때 분위기가 좋아 보인다는 느낌이 들면 배꼽인사를 하며 더욱 분위기를 띄우는 센스를 발휘해도 좋다. 그리고 면접을 하는 내내 당황한 티를 내지 말고, 초지일관 웃으며 대답을 하는 것이 필요하다. 가벼운 미소는 상대방의 인상을 좋게 보이는 효과가 있다. 그러니 입가에 은은한 미소를 통해 대답하자. 면접장의 분위기가 달라질 것이다.

· 예의범절은 필수!

 면접장은 면접관과 면접자가 만나는 최초의 공간이기도 하지만, 크게 볼 때 사람과 사람이 첫 대면을 하는 공간이기도 하다. 보통 우리가 사람을 처음 만날 때에는 예의를 차려 인사하고 말을 주고받아야

한다. 하지만, 막상 면접장에 들어가는 순간 많은 학생들은 심하게 긴장한 나머지 기본적인 예우를 하는 것을 잊어버리는 경우가 많다. 그러므로 꼭 들어가고 나갈 때 인사하는 것을 잊으면 안 된다. 여기서 핵심은 '나갈 때에도' 인사를 하는 것이다. 면접 시간이 끝나고 나면 긴장이 풀려서 면접장을 나갈 때 그냥 유유히 면접장을 빠져나가는 학생들이 허다하다. 하지만 면접관은 면접자의 행동 하나하나를 유심히 바라보며 평가하고 있을 것이다. 그러므로 나갈 때에도 인사를 하는 것을 꼭 기억해야한다. 또한, 격식을 차리기 위해서는 '자리에 앉아도 되겠습니까?'와 같은 질문을 통해 간단한 행동이라도 예의가 보이게 할 수도 있다. 반면 다리를 떤다거나, 면접에 집중을 하지 못하는 모습을 보이거나, 짝 다리로 서 있거나, 정색을 하고 있는 듯한 모습을 보인다면 감점이 될 것이다. 면접장 내부에서는 나의 행동과 말 하나하나에서 나의 기본적인 인격과 성품이 보일 수 있는 것이다.

 만일 내가 면접관의 입장이라고 생각해 보자. 본인을 심사해달라고 들어온 면접자가 들어오는 순간부터 하여 대답하는 내내 위축되고 자신감 없는 태도를 보인다고 상상해볼 때, 과연 그 면접자에게서 긍정적인 점을 발견할 수가 있을까? 설령 대답하는 내용이 훌륭하다고 해도, 면접자가 주는 인상에서 마이너스적인 요소를 가질 수밖에 없을 것이다. 또한, 목소리가 작고 말끝을 흐리며 대답을 하는 경우에는 면접관의 입장에서 잘 안 들리는 경우도 발생할 수 있다. 면접관과 면접자의 거리가 가까이 위치해 있는 것이 절대 아니기 때문이다. 또 이전에 언급했듯이 긴장한다면 본인이 준비해오고 노력했던 것들을 한 순간에 잊어버려 '망친 면접'이 될 수도 있다. 머리가 백지상태가 되는 것을 경험하는 순간 바로 자신감이 하락하여 제대로 대답을 하기 보다는 임기응변으로 겨우 면접장을 빠져나올 수도 있다는 뜻이다. 그러므로 절대로 긴장하지 않고 자신감을 가지고 당당하게 면접에 임하는 자세가 필요하다. 이것을 위해서는 첫째, 평소에 준비를 정말로 많이 해 본다. 친구들과 선생님들이 서로 면접관이 되어 질문을 해 보거나, 여러 대학에서 주최하는 모의 면접에 참가하여 면접 실전 대응력을 키우는 것이다. 많이 면접 상황에 임해본 학생은 처음 면접에 임하는 학생보다는 더 자신감이 붙을 것이기 때문이다. 두 번째로 자신감을 위해선 큰 목소리로 말하는 연습을 하자. 작은 목소리보다는 큰 목소리가 본인을 더욱 위풍당당하게 보이는 효과를 볼 수 있다. 전달이 잘 될수록 면접관이 고개를 끄덕이는 횟수가 많아지리라는 것을 기억하자. 세 번째로는 말을 완전하게 끝맺음하려고 노력하자. 평소 수업시간에도 학생들이 대답하는 것을 보면, '-이렇게 해서요.' 혹은 '-이래서....'와 같이 끝을 내지 않은 채 말을 얼버무리는 것을 목격할 수 있을 것이다. 하지만 면접장에 들어가 그렇게 대답한다면 그 순간 학생의 자신감은 정말 없어 보일 것이다. 그러므로 말이 길어지더라도, '-위와 같은 이유로 인하여 -이러하다고 생각했습니다.'와 같이 문장을 제대로 끝내려고 노력하자. 또한, 문장의 뒷부분으로 갈수록 목소리가 작아지는 학생들이 많은데, 평소 꾸준하고 많은 노력을 통해 마지막 말을 마칠 때까지 목소리를 같은 음높이로 유지하려고 해야 한다. 네 번째로는, 면접관과 계속하여 아이컨택(eye-contact)을 하는 것이다. 대화할 때 시선을 지속적으로 마주침으로써 청중이 화자의 발화를 제대로 듣고 있음을 확인할 수 있고, 청중은 화자가 말을 할 때 말의 진실성을 느낄 수 있기 때문이다. 계속하여 눈을 맞추고 대답함으로써 청중, 즉 면접관은 면접자의 자신감을 느낄 수 있을 것이다. 다섯 번째, 적절한 제스쳐를 사용하자. 적절한 제스쳐는 청중의 집중력을 높이는 데 도움이 될 수 있다. 발화에 맞는 제스쳐를 사용함으로써 더욱 이해도를 높일 수 있는 것이다. 하지만 과다한 손짓과 몸짓은 오히려 상대방의 집중력을 저하시킬 수 있는 부작용도 있으니 적절하게 사용하려고 노력해보자. 마지막, 덧붙이자면 면접 중 발생하는 어떤 상황에서도 자신의 페이스를 유지하며 면접에 임해야한다는 것이다. 보통 면접의 경우 주어진 면접 시간이 끝나기 1분 전에 종이 울리거나, 노크를 하는 등의 신호를 주는 경우가 있다. 이러한 경우 당황하지 말고 본인이 하려는 말을 끝까지 해내거나 적절히 대답을 추리며 시간을 맞추는 노련함이 필요하다. 시간이 촉박하다는 기분에 긴장하지 말고, 끝까지 시간 내에 잘 해내자.

지금까지 면접장에 '어떤 마음가짐을 가지고 들어가야 하는가?, 실전에 임했을 땐 어떤 태도를 보여야 하는가?'에 대해서 알아보았다. 가장 중요한 점은, 이 모든 것들을 완벽하게 해 내기 위해서는, 아니 절반이라도 가져가기 위해서는 평소에 꾸준하고 많은 연습이 정말 필요하다는 것이다. 시험을 보기 전에 많이 공부를 한 학생일수록 자신감이 붙듯이, 마찬가지로 면접장에 들어갈 때에도 평소에 많은 대비를 했던 학생일수록 당당한 자세를 가지고 떨지 않을 수 있을 것이다. 또한, 그런 학생일수록 차분하게 면접에 임할 수 있을 것이다. 10분 남짓한 시간 속에서 나를 최대한 어필해야하는 상황, 그 순간을 이겨 낸다면 환호할 수 있을 것이다. 긴장감을 못 이겨 면접에 실패한 학생과 면접이 끝난 후 웃으며 '붙을 거 같은데?'를 말할 수 있는 학생, 둘 중 어느 학생이 되고 싶은가? 잊지 말아라. 평소의 많은 연습을 한다면 면접장의 분위기와 면접 후의 결과는 모두 '내'가 스스로 만들 수 있는 것이다. 아무리 무서워 보이는 대학면접일지라도, 이러한 여러 가지의 TIP을 알고 면접장에 들어간다면, 좋은 평가를 받을 수 있을 것이다. 겁먹지 말고, 자신감 있게 임하자! 결국 면접도 사람과 사람의 만남일 뿐이다.

② 인성면접 대비하기

인성면접이란, 학생이 제출한 서류를 바탕으로 다방면의 질문을 던지며 학생의 기본적인 윤리의식, 인성, 배려심을 파악하는 면접이다. 더불어 학생의 진로에 대한 탐색도, 확고한 의지 등을 알아보기도 하고, 생기부와 자기소개서에 기재되어 있는 내용이 사실인가에 대한 진위여부를 가리는 총체적인 면접이라고 볼 수 있다. 또한, 제출 서류와 관계없이 글자 그대로 학생의 '인성'을 파악하기 위한 수단으로써의 면접이기도 하다. 예를 들어 다음과 같은 것들이 있을 수 있다.

1. 간단하게 자기소개 부탁드립니다.
2. 만약 본인이 면접관이라고 했을 때, 면접자가 면접시험장에 차가 막히는 바람에 10분 늦게 도착한 상황이 발생하면 어떻게 할 것인가요? 면접을 허락할 것인가요, 아니면 돌려보낼 것인가요?
3. 굳이 우리 학교에 지원한 이유가 무엇이죠?
4. 자신의 장점과 단점을 설명하고, 단점의 극복방안에 대해서 말해주세요.
5. 자신이 가장 존경하는 인물과 그 이유를 말하자면?
6. 왜 진로를 이것으로 설정했나요?
7. 가장 감명 깊게 읽었던 책은? (OR 책 한 권에 대하여 집요하게 물어보는 경우도 있음)
8. 다수가 먼저일까요, 소수가 먼저일까요?
9. 가장 좋아하는 과목 OR 가장 싫었던 과목은?
10. 요즘 가장 관심이 가는 이슈, 시사 문제는 어떤 것이 있다고 생각하는지?
11. 어떠한 마음으로 이 봉사활동에 참가했고, 어떤 것을 느꼈는가?
12. 우리 학과에서 무엇을 배우는지에 대해 알고 있는가, 그리고 무엇을 기대하는가?
13. 어떠한 일을 할 때, 과정이 중요할까 결과가 중요한 것일까?
14. 소설 문학에서 내가 닮고 싶은 인물과 그 이유는?
15. 본인이 '가식'을 사용했던 경험에 대해서 말해보시오.
16. 유인원과 사람의 차이가 무엇이라고 생각하는지?
17. 어떤 활동에서 배운 것은 무엇이고, 그것을 자신의 경험과 연관 짓는다면?
18. 인생의 최종목표는 무엇인가?

19. 이 책의 저자를 알고 있는가?

20. 나에게 가장 의미 있는 친구와 그 이유는?

21. 우리 학교(OR 학과)가 개선해야할 점이 무엇이라고 생각하는가?

22. 우리학과 홈페이지에서 개선해야할 점은 무엇이라고 생각하는가?

23. 가장 의미 있다고 생각하는 수상과 그 이유는?

24. 자신의 뜻을 끝까지 지키다가 손해나 어려움을 겪은 경험이 있는지?

25. 마지막으로 하고 싶은 말이 있는가?

위와 같이 간단하게 생기부 상에 나와 있는 내용을 질문하는 경우도 있고, 창의적인 상황을 가정하여 그것에 대해 답변하게 하는 질문도 있다. 본인의 면접 상황에서는 어떠한 질문이 등장할지 모르기 때문에 가능한 한 여러 범위의 질문에 대해서 생각하고 빠르게 답변할 수 있는 논리력을 키우는 것이 중요하고, 많은 기출 질문들을 찾아보며 나라면 어떻게 대답했을지 생각해보며 연습하는 것이 필요하다. 또한, 특히 25번과 같은 질문에 관련하여 저 질문은 면접질문이 모두 끝나고 시간이 남은 경우에 많이 등장하는 질문이기도 하지만 동시에 면접자에게 주어지는 마지막 기회이기도 하다. 그러므로 만약 마지막에 저 질문이 등장했다면, 앞에서의 면접 상황이 어떠했든지 다 잊고 마지막에라도 잘 하는 것이 필요하다. 즉, 면접을 망쳤다는 생각에 마지막 기회를 저버리고 그저 '없습니다.'와 같은 말을 하지 말라는 것이다. 마지막에 대답을 하는 것이 평가를 더 좋게 할 수 있는 하나의 변수가 될 수 있음을 기억하며, 미리 어떤 말을 할지 준비해가는 것이 필요하다.

 그럼 본격적으로 인성면접에 대해 어떻게 준비해야할지 알아보자. 우선, 다양한 질문이 나올 수 있다는 것을 전제로 생각해두고 본인의 생기부와 자소서를 면밀하게 살펴볼 필요가 있다. 생활기록부와 자기소개서를 인쇄한 후, 한 문장 한 문장을 살펴보며 그곳에서 나올 수 있을 만한 질문에 대해 생각해본다. 예를 들어 생활기록부의 수상목록 중, 'NIE대회'에서 수상을 했다고 가정해보자. 그렇다면 NIE대회에서 본인은 어떠한 문제의식에서 착안하여 어떠한 소재를 골랐고, 그것을 어떻게 서술하였는지 등에 대한 전반적인 모든 것에 대해서 빠삭하게 알고 있어야하는 것이다. 또한, 만일 고등학교 1학년 때와 고등학교 2학년 때의 동아리가 다르다면 왜 동아리를 바꿨는지에 대한 본인의 행동의 이유에 대해 미리 생각하여 정당한 이유를 찾아야하는 것이다. 반대로 고등학교 때 동아리가 계속하여 같았다면, 왜 계속 같은 동아리에서 활동을 했는지 등의 질문을 만들어보며 본인의 모든 생기부 내용에 '왜?'라는 의문을 가지는 것이 필요하다. 자기소개서의 경우도 마찬가지로, 만일 본인이 자소서에 '오리엔탈리즘과 관련한 팔레스타인-이스라엘 분쟁에 대해 더욱 알아보고 싶었습니다.'와 같은 문장을 적었다고 해보자. 이럴 경우, 1)오리엔탈리즘이 무엇인지 알고 있는가? 2)팔레스타인-이스라엘 분쟁에 대해 설명할 수 있는가? 3)이러한 문제들을 해결할 수 있는 방안은 무엇이라고 생각하는가? 와 같은 질문들이 쏟아져 나올 수 있는 것이다. 그러므로 이러한 질문들을 가능한 한 많이 찾아보고 답변할 수 있도록 하는 철저한 준비가 필요하다.

 위와 같은 과정을 본인이 혼자서 했다면, 친구들에게 부탁하여 자신의 생기부와 자소서를 읽고 나올 수 있는 질문들을 생각해달라고 해보자. 나의 시각이 아닌 타인의 시각에서 나의 글을 평가한다면 새로운 관점에서의 질문들이 나올 수 있기 때문이다. 그렇게 친구들의 도움을 통해 본인의 서류에서 나올만한 질문들에 대해 대강 생각해봤다면, 비슷한 것끼리 추리고 묶으며 질문 목록을 쭉 정리해야한다. 그리고 나서, 질문들에 대한 답변을 하나씩 하나씩 세세하게 적으며 본인의 생각도 정리하고, 그것을 글이 아닌 말로써 대답할 수 있도록 계속하여 머릿속에 새기는 것이 필요하다. 만일 이러한 과정이 모두 끝났다면, 질문목록을 보지 않고 선생님과 친구들에게 모의면접을 해달라고 부탁하여보자. 직접 상대방이 면접관이 되어 나에게 질문을 하는 것이다. 실전감각을 키울 수 있고, 예상치 못한 질문에 대응할 수 있는 능력도 키울 수 있을 것이다. 또한, 친구들에게 모의면접을 내가 해줌으로써 나 역시도 도움이 될 수 있다. 친구들의 자소서와 생기부를 보면서 '이렇게 질문 해봐도 되겠다.'와 같은 생각을 통해 본인의 서류에 대한 질문거리도 찾을 수 있기 때문이다. 또한, 친구들의 답변 태도를 통해 나 역시도 배울만한 점이 분명히 있으므로 친구들과 서로 협력하여 면접 준비를 해보자. 한편 선생님들께 부탁하는 모의면접에서 더 많은 도움을 얻을 수 있다. 편안한 친구들이 아닌 약간 어려운 '어른'인 선생님과의 면접 진행을 통해 아이들과의 면접연습과는 색다른 기분을 느끼며 실전 감각을 키울 수 있기 때문이다. 이렇게 수차례 많은 모의면접을 겪으면서 사람들이 했던 질문을 기억하고, 또 본인이 대답함에 있어 횡설수설했던 부분들을 기억하며 그것을 고치자. 또한, 모의 면접이 끝난 후에는 피드백을 통해 자신의 면접 자세나 태도, 내용 면에서 고칠 만한 것들에 대해서 충고를 받자. 다다익선(多多益善), 많은 연습은 결국 본인의 피와 살이 될 것이다.

 한편, 면접장에 들어가기 전에는 무엇을 해야 할까? 우선 평소에 친구들, 선생님들을 통해 질문을 받았던 '모의면접질문'을 정리하고, 그것에 대한 본인의 답변과 피드백을 적어놓은 파일을 들고 면접장으로 향해야 한다. 본인의 생기부와 자소서를 꼼꼼히 검토하는 것은 당연한 일이다. 또한, 해당 파일에다가 본인이 면접장에 들어가서 주의해야할 사항이나, 본인을 힘내게 할 수 있는 말 같은 것을 준비해 적어놓고 가면 긴장을 덜 수 있을 것이다. 그러므로 평소에 자료를 정리해 놓고, 거기에 '긴장하지말자!', '이번만 넘기면 끝이다!', '발음 정확히 하자!'와 같은 말들을 나열한 다음 면접에 들어가기 전에 한번 씩 보면서 침착함을 유지하려고 노력하자. 시간이 된다면, 면접 직전까지 본인이 정리해 놓은 모의질문+답변 파일과 피드백 받은 사항, 격려 문구 및 자기소개서와 생활기록부를 계속 반복해서 보자. 지피지기면 백전불패, 본인에 대해 세밀한 부분까지 준비해간다면 더는 두려울 것이 없다!

③ 제시문 면접 대비하기

제시문 면접이란, 주어진 지문들을 시간 내에 분석하고 문제에 따라 내 생각을 답변하면 되는 면접이다. 고려대학교 학교장추천과 같은 경우에는 12분의 준비시간을 주고, 6분의 면접시간이 있었다. 이것처럼 미리 제시문을 보고 준비할 시간을 준 후에, 면접장에 들어가 미리 생각했던 답변을 하나하나씩 차분히 대답하면 되는 것이다. 여기서 주의할 점은, 준비시간동안에는 연필로 적으며 생각할 수 있지만 면접장에 들어갈 때에는 내가 준비했던 종이를 보지 못한 채로 대답해야한다는 것이다. 물론 보는 것이 금지되어 있는 것은 아니지만, 아이컨택을 위해선 종이를 보면서 대답할 수 없기에 미리 머릿속으로 순서를 정해 대답하는 연습이 필요하다. 대부분의 고려대, 연세대, 서울시립대, 한국외대 등 서울 상위권 대학의 면접 유형으로, 면접 지문은 고교 교과 연계 비율을 높이기 위하여 교과서에 나온 지문 일부와 책이나 기사 등의 지문을 발췌해오는 경우가 많다. 비슷해 보이는 내용을 다루는 지문들도 있지만 전혀 연관성이 없어 보이는 지문을 제시하고 그것들 사이에서의 관련한 문제를 내는 경우도 있다. 보통 지문은 2-3개 이상으로 나온다. 2016년도의 고려대학교 학교장추천전형의 문제를 한 번 보자. 본 문제는 고려대학교 입학 담당처에 나와 있는 자연계 전형의 문제를 가지고 온 것이다.

(가) 다음은 어떤 광고 문구의 일부이다.

> 부적응자들. 반항자들. 사고뭉치들. 네모난 구멍에 박힌 둥근 말뚝 같은 이들. 세상을 다르게 바라보는 사람들. 그들은 규칙을 싫어합니다. 또 현실에 안주하는 것을 원하지 않습니다. 당신은 그들의 말을 인용할 수도 있고, 그들에게 동의하지 않을 수도 있습니다. 당신이 할 수 없는 한 가지는 그들을 무시하는 것입니다.

나) 무인자동차는 운전자의 조작 없이도 스스로 도로 상황을 파악해 목적지에 도착할 수 있는 자동차이다. 무인자동차에는 유리창 안쪽에 도로표지판 인식이 가능한 영상 카메라와 위성위치확인시스템(GPS) 등의 장치가 장착된다. 자동차 지붕에 레이저 스캐너가 부착되어 있어 고속주행 시차간 거리를 조정하거나 도로, 차선 등을 인식할 수 있다.

(다) 자연현상 중에 어떤 현상은 뉴턴의 만유인력의 법칙이나 아인슈타인의 상대성이론처럼 수학 방정식으로 표현될 수 있다.

문제

1. 제시문 (가)에서 묘사된 특성을 가진 인물의 예를 수학 및 자연과학에서 하나 들고 그의 업적을 설명하시오.

2. 제시문 (가)에서 묘사된 특성이 지원한 전공분야에서 연구자가 갖추어야 할 태도로서 어떤 장단점을 갖는지 설명하시오.

3. 만약 지원자가 제시문 (나)에서 소개된 무인자동차의 운행 프로그램을 만든다면 아래 와 같은 상황에서 우선순위를 어떻게 설정할지 설명하시오.

- -

이러한 방식으로 먼저 지문을 파악하고, 문제들을 보며 답변을 준비한 후, 면접장에 들어가 대답을 하고 나오는 것이 바로 제시문 면접인 것이다. 학교마다 다르지만, 주어진 면접 시간을 알려주지 않는 학교도 있으므로 본인이 평소에 시간을 맞추어 대답을 하는 연습을 하는 것이 필요하다. 그러면 이러한 제시문 면접 유형은 어떻게 대비해야할까?

우선, 각 학교의 입학 홈페이지에 들어가면 홈페이지 상단에 있는 '기출문제'란에 역대 면접에서 기출이 되었던 문제들이 모두 나와 있다. 그곳에는 문제들뿐 아니라, 위와 같은 지문을 선정한 이유(출제의도)와 문항해설이 나와 있는데, 이것을 잘 활용하는 것이 중요하다. 출제의도와 문항해설을 보며 학교에서는 어떠한 목적에서, 학생의 어떠한 면모를 파악하고 평가하려했는지를 분석해야한다. 이러한 분석을 통해 기본적으로 해당 대학이 지향하는 학생의 모습과 대답 방향을 설정할 수 있기 때문이다. 또한, 여러 학교의 기출 문제를 찾아보며 다방면으로 연습하는 것이 필요하다. 직접 모두 인쇄를 한 후에 학교마다 주어지는 시간에 따라 분석을 해보고, 상대방 앞에서 시간을 보지 않은 채 주어진 문항들에 대해서 답변하는 연습을 꾸준히 해야 한다. 이때에도 학교 선생님들께 모의 면접을 부탁하여 자신의 대답에 무리가 없는지, 어떠한 내용과 방식으로 대답을 하면 더 좋을지 등에 대해서 피드백을 받아보자. 꾸준한 연습을 한다면 논리적으로 말하는 방식에 대하여 터득할 수 있을 것이다.

비슷한 학교를 지망하는 학생들이 모여서 함께 모의면접을 해도 좋다. 같은 지문이지만 나 말고 다른 학생은 어떻게 답변하는지를 통해 새로운 내용을 얻을 수 있고, 말하는 방식도 영향을 받을 수 있기 때문이다. 여러 대학의 기출문제를 뽑아, 동일한 지문으로 일주일에 한 번씩 모여 연습하는 것이 나중에 제시문 면접에 실제로 맞닥뜨렸을 때 좋은 경험이 될 것이다. 친구들끼리 모여서 연습하고, 진지하게 피드백해주면서도 긴장이 되기 때문에 실제 경험에서의 좋은 거름이 되는 것이다. 또한, 이렇게 선생님 혹은 친구들과 모의면접을 하면서 휴대전화로 녹음을 해 보자. 녹음을 하고, 나중에 다시 들으면서 발음이 부정확하지는 않았는지, 어떤 부분에서 얼버무리며 대답했는지, 억양은 어땠는지, 말하기 속도는 빠르지 않았는지 등을 스스로 체크하면서 다시 고칠 점을 찾아가는 것이다.

한편, 위의 기출문제를 보고 알 수 있듯이, 각 문항은 지문 내의 내용과 더불어 그 외의 다른 배경지식에 대해서 물어보는 경우가 있다. 그러므로 평소에 다양한 교과 내용을 숙지하고, 여러 상식이나 이론 등에 대해서 알고 있으면 실제 면접 상황에서 전문적으로 보일 수 있게 하는 큰 힘이 될 것이다. 예를 들어, 역대 기출문제의 출제의도와 문항해설을 분석한 결과 '공동체윤리, 세계시민의식'과 연관되는 지문이 계속하여 반복되었다면, 그와 관련된 '용광로이론', 매킨 타이어와 테일러와 같은 공동체와 관련된 인물의 이론 등에 대해 알고 있으면 도움이 된다는 것이다. 따라서 기출문제를 분석하고 그에 맞게 나오는 것들에 대해서 배경지식을 한 눈에 보기 쉽게 정리한 후에, 꾸준히 보며 실제 상황에서도 그 내용을 말할 수 있도록 평소에 제대로 숙지해 놓는 것이 필요하다. 그리고 실제 면접장에 갈 때 이렇게 정리한 내용들을 들고 가서 면접 직전까지 계속 읽으면 기억에 남을 것이다. 특히 제시문 면접과 같은 경우에는 생활기록부나 자기소개서에 대한 내용을 준비할 필요가 없기 때문에 면접 전에 배경지식과 전공에 관련한 지식들에 대해서 보고 있으면 좋다.

실제 면접장에 들어갔을 때에는 어떻게 문제를 분석하고, 어떻게 답변을 하는 것이 좋을까?

1. 제시문을 분석하는 시간이 주어질 때, 침착함을 유지하는 것이 급선무이다. 제한 시간이 있다는 것은 사람의 심리를 불안하게 만들기 때문에 글이 안 읽힐 가능성이 크기 때문이다. 그렇게 침착함을 유지한 후에는 비문학 문제를 푸는 것처럼, 제시문보다 그 밑에 출제된 질문들을 먼저 파악한다. 그리고 나서 지문을 읽는데, 동시에 질문에 대한 답변을 어떤 것에서 이끌어낼 수 있는지에 대해 생각하면서 읽어야 시간을 단축할 수 있다. 그렇게 제시문을 분석할 때에는 '제시문 간 연관성'을 찾는 데에 주력해야한다. 즉, 제시문 각각에 나오는 공통적인 요소(공통어)를 파악하는 것이다. 이렇게 한다면 시험의 전반적인 '주제'를 파악할 수 있음과 동시에 제시문 분석을 수월하게 할 수 있는 지름길이다. 초반에 제시문을 분석하지 못한다면, 출제의도 파악에 많은 시간이 소요되어 답변을 준비하는 시간이 촉박해진다. 또한, 엉뚱하게 제시문을 분석한다면 전체적인 답변의 논점이 흐려져 좋은 평가를 받지 못할 것이다. 그러므로 초반에 제시문에서 나타내고자 하는 주제에 대해 완벽히 짚고 가는 것이 중요하다. 이러한 방식으로 제시문을 분석하여 주제를 잡았다면, 이제는 효과적으로 대답하기 위하여 지문 속에 있는 답변 요소를 찾는 것이 필요하다. 즉, 답변할 수 있는 '소재'를 찾는 것이다. 먼저 각 제시문의 공통점과 차이점을 소재 중심으로 찾는다. 그리고 그 소재에 해당되는 제시문의 개념을 지원전공분야와 연관을 지어서 관련된 예시 혹은 부작용과 그 해결방안(정책제시)을 생각해본다. 생각나는 소재와 관련된 것들을 모두 적고, 문장으로 답변을 구사할 수 있도록 하나씩 차근차근 생각해보는 것이다. 제시문 간의 연관성을 파악하려고 함과 더불어서 반드시 해야 하는 것은, 제시문에 나와 있는 내용의 '양면성'을 파악하려고 시도하는 것이다. 명확한 방향이 설정되어있는 제시문이 있는 반면에, 긍정적인 면모와 부정적인 면모 모두를 뽑아낼 수 있는 중립적인 제시문이 있을 수도 있다. 그러므로 제시문을 꼼꼼히 살피며 제시문 안에 양면적인 내용이 모두 담겨 있는지를 파악하려고 해야 한다. 만약 장점이 나오다가 마지막에 단점이 나오는 것과 같은 지문(혹은 그 반대)이라면 그것이 곧 함정이 될 수 있고, 또 질문으로 출제될 가능성이 있기 때문이다.

2. 대부분의 제시문 면접에서 문제는 한 지문 당 최소 2개 이상의 문항이 출제가 된다. 이를 효과적이고 논리적으로 대답하기 위해서는 '유기성'을 기억해두자. 해당 지문에 있는 1번,2번,3번 문제에 답변을 할 때에, 한 번 들었던 예시를 계속하여 사용하는 것이다. 즉, 1번 문제에 답변하기 위하여 A라는 사례를 들거나 B라는 가정을 세웠다면, 2번, 3번과 같은 뒷 문항으로 갈 때에도 A 혹은 B를 언급하면 답변에서 유기적으로 연결이 될 것이다. 이를테면 3번 문항에 대답할 때 "앞서 사례를 들었

던 A의 경우를 생각했을 때 - 이러한 결론이 도출될 것입니다."와 같은 방식으로 말이다. 이를 사용할 때의 효과는, 본인이 처음 생각했던 것을 자연스럽게 마지막 문항까지 이끌어 냄으로써 하나의 '증명'을 할 수 있는 것이고, 논리를 충족시킬 수 있는 것이기 때문이다. 그러니 연습을 할 때 하나의 사례를 생각하여 그것을 끝까지 연결 지으려고 노력해보자. 그리고 만약 해당 지문에 있는 문항에 대한 답변을 모두 마쳤으나 시간이 남았다면 결론을 얘기해보자. 앞서 대답했던 것들을 하나로 요약을 해도 좋고, 앞에서 말하려고 했으나 순간적으로 잊어버리는 바람에 놓치게 된 부분에 대해서 다시 말을 하면서 보충해도 좋다. "번 문항을 보충하자면 -"와 같은 말을 할 수가 있고, 또 "이러한 모든 것들을 종합해 볼 때, 제시문 (가),(나),(다)에서는 -한 부분을 다루고 있다는 것을 알 수 있습니다."의 방식처럼 한다면 면접 시간을 더욱 알차게 활용할 수 있을 것이다. 또한, 결론을 낼 때에는 지원 학과와 관련지어 대답하면 좋다. 대학 지원자는 대학에 있는 '학과'에 지원한 것이기 때문에 지원자가 지원한 학과에 적합한 인물인지, 학생이 학과에 어느 정도 알아보고 왔는지 등에 대해서 평가해야한다. '지원 학과에 대한 관심도와 지적 수준 정도'를 측정하는 것이 바로 대학 면접인 것이다. 그러므로 답변할 때에도 항상 본인의 지원 학과를 유념하여야 하며, 문제가 나왔을 때 그것의 출제의도를 파악하고 지원 학과에 맞게 대답하려고 노력해야한다. 학과와 연관된 답변이 나온다면 면접관은 더욱 지원자의 답변에 대해 흥미를 가지고 경청하려고 할 것이다. 정리하자면, 답변할 때에는 전공에 관련된 예시를 들으려고 노력하고, 이후 순차적으로(단계별로) 답을 제시하여 듣기 편하게 하라.

이 밖에도 주의해야할 점은 무엇이 있을까?

첫 번째, 명확한 목표의식을 가지고 면접에 임해야 한다.
면접자가 가져야 할 분명한 목표는 바로 '이 대학, 이 학과에 합격하겠다!'이다. 앞서 반복했듯이 지원 학과에 대한 애정과 관심, 뚜렷한 목표의식과 진학에 대한 열망을 보여 주어야 한다. 이를 위해서는 명확하게 '이 학과로 진학을 하겠다.'라는 목표의식을 항상 기억 속에 새겨야 한다. 이를 평소에 잘 새기고 있지 않으면 막상 면접장에 들어갔을 때 목표의식의 부재로 중구난방의 답변을 할지도 모른다. 즉 면접관이 원하는 방향의 대답, 학과와 관련된 대답이 쉽사리 나오지 않는다는 말이다. 무엇이든 급하게 조작되면 흠이 있기 마련이다. 그러므로 평소 면접일시가 다가오기 전 미리 미리 자신의 목표에 대해 뚜렷하게 생각하고 각인시키는 것이 필요하다.

두 번째, 긴장감을 즐겨야 한다.
앞서 침착함을 유지하지 못한다면 머릿속이 일명 '블랙아웃'이 될지도 모른다. 애써 준비해 간 모든 것들이 긴장으로 인하여 물거품이 될 수도 있다는 뜻이다. 그러므로 마인드 컨트롤을 잘 하는 것이 중요한데, '나는 할 수 있다'는 무조건적인 긍정보다는, 현실을 직시하여 그것에 잘 적응하려고 하는 것이 더 효과적일 수 있다. '떨리지만, 나는 즐겁게 면담하고 오는 기분으로 하자!'와 같이 의연한 태도를 가지려고 노력하자. '피할 수 없으면 즐기라'는 말도 있지 않은가. 긴장감을 즐기려고 하면, 떨지 않고 자신감 있는 태도로 당당하게 답변에 임할 수 있을 것이다. 그리고 만약 과도한 긴장으로 인하여 면접 중 실수로 말이 꼬인다면, 당황하지 말고 재빨리 그것에 대처하는 것이 면접 시간을 잡을 수 있는 유일한 방법이다. 그러므로 '죄송합니다.'보다는 '다시 답변하겠습니다.'와 같은 말을 통해 재도전하겠다는 의사, 다시 실수하지 않고 정리해서 말하겠다는 당당한 태도를 보여주는 것이 좋다. 실수로 말이 꼬인 것은 죄송한 일이 아니다. 그러니까 사과가 아닌, 정비된 모습으로 다시 말하고자 하는 의지를 보이는 것이 더욱 학생을 자신감 있는 학생으로 만들어주는 하나의 전략인 것이다.

세 번째, 청자를 위해서 화자가 해야 하는 것, 즉 발화 시 주의사항을 기억하자.

면접관과 면접자의 상호 질문과 대답이 이어지는 인성면접과 달리, 주어진 지문에 대해 면접자가 정해진 시간 내로 쭉 응답하는 것이 바로 제시문 면접이다. 즉, 면접 시간 동안 면접자만 주구장창 본인의 생각을 얘기하는 것이다. 그러므로 발화 시의 주의사항, 즉 '전달력'을 항상 염두에 두어야 하는 것이다. 그러므로 '두괄식 말하기'를 기억하자. 청중이 가장 잘 집중할 수 있는 처음에 핵심 내용을 배치함으로써 말하고자 하는 바를 전달할 수 있기 때문이다. 핵심 내용을 먼저 말한 이후에 뒷받침 되는 내용을 나중에 말하는 문장구성을 하면 청중도 알아듣기가 편하고, 발화자도 말하면서 본인의 생각이 정리되는 효과를 누릴 수 있다. 또한, 질문에 대한 즉답은 피하려고 해야 한다. 아무리 본인이 생각한 것일지라도 즉답을 하게 된다면 그저 '암기'형 답변으로 여겨질 수 있기 때문이다. 그러므로 생각하고 답변하되, 말을 너무 빠르게 하지 말고 조금 천천히 하는 것이 필요하다. 또한 청중을 배려하기 위해 쉼표를 적절히 섞어가며 사용한다면 본인이 강조하고자 하는 바를 더욱 드러낼 수 있을 것이다. 또한 말투를 또박또박, 발음은 정확하게 말해야 함을 늘 인지하고, 답변할 때에는 정자세를 유지하는 것은 기본적인 예의이므로 자세가 흐트러지지 않도록 유념하자.

네 번째, 나의 가치관이 흔들리면 안 된다.

가치관이 흔들리는 것을 쉽게 표현하자면, '이랬다 저랬다 하는 사람'일 것이다. 즉, 상황에 따라 본인의 줏대 없이 갈피를 잡지 못하는 사람인 것이다. 이러한 사람은 신뢰를 받기가 어렵고 상대방에게 좋은 평가를 받기 힘들 것이리라. 이것은 면접 상황에서도 그대로 적용이 되는데, 학생이 답변할 때에 본인의 명확한 방향성 없이 가치관이 흔들리는 모습을 보인다면 면접관은 더욱 집요하게 그 부분을 파고들 것이다. A와 B가 있을 때, 사실 출제 의도는 A와 B가 같은 내용을 담고 있는 것인데, 이에 대해 가치관이 명확히 정립되지 않은 학생은 A와 B에 대하여 다른 답변을 내 놓을 가능성이 크고, 이에 대해 면접관은 의아해할 것이기 때문이다. 그러므로 본인의 가치관이 흔들리지 않도록 제시문을 제대로 파악하고 일정한 방향으로 답변하려고 해야 한다.

 이렇게 여러 가지의 TIP과 주의해야할 사항을 알고 면접에 임한다면 훨씬 자신감 있는 학생으로 보일 것이다. 몇 가지 요약하자면, 가장 중요한 것은 제시문을 '제대로' 분석하는 것이다. 제시문을 분석해야지만 질문에서 묻고자 하는 바, 즉 출제 의도를 명확히 파악할 수 있기 때문이다. 그리고 그것을 답변할 때에 지원 학과와 관련하려고 노력하고, 청중을 배려하는 말하기를 하려고 해야 한다. 청중을 배려하는 말하기란, 말하고자 하는 바를 효과적으로 전달하는 것과 일맥상통한다. 이를 위해서는 질문에 답변하기 위해 본인이 선택한 예시에 대해, '나의 선택'과 그 '선택에 대한 이유'를 논리적으로 전개하려고 노력해야 한다. 또한, 한 질문에 대한 답변이 너무 길어지면 집중력이 흐트러질 뿐 아니라, 면접자도 집중하지 않으면 본인의 이야기를 까먹을 수도 있다. 그러므로 한 질문 당 시간을 고려하여 1분~ 2분 내로 답변하려고 해야 한다. 한편, 면접장에 들어가 휴대폰을 내고 나서 해야 할 것은, 면접배경지식을 정리해놓은 파일과 전공 관련 지식을 압축해 놓은 자료를 들고 가서 계속 보는 것이다. 시험 직전에 본 내용이 가장 기억에 잘 남듯이, 면접 직전에 보았던 자료들이 가장 머리에 선명하게 남을 것이다. 그러므로 끝까지 시간을 잘 활용하여 내용을 풍부하게 만들려고 하자. 그렇다면 당신은 면접을 성공적으로 마칠 수 있을 것이다.

#1. 결자해지의 원칙
-과정과 결과 모두 중요하다-

지금까지 학생부종합전형에서 이기기 위한 구체적인 방법들에 대하여 알아보았다. 학생부종합전형은 '이 학생이 학교에서 얼마나 충실했는가?'와 '이 학생이 본인의 진로를 위해/진로 탐색을 위해 얼마나 노력했는가?'에 초점을 맞추어 내신 점수와 선생님들의 평가, 수능 성적 등을 골고루 평가하는 전형이라고 요약할 수 있다. 본인의 이야기는 본인이 가장 잘 아는 법, 그러므로 본인의 이야기를 만들어가기 위한 그 과정에서 본인의 세부적인 관심과 주체적인 행동이 필요하다. '과정', 나만의 스토리를 만들어가기 위해 노력했던 모든 것, 즉 생기부에 기록되는 나의 활동들과 선생님들의 평가, 내신 성적 등은 기본 소재로써의 중요성과 그 가치가 있다. 다시 말해 학생부종합전형을 준비하는 데 있어서 과정은 곧 〈스펙〉인 것이며 하나하나를 본인이 채우지 않으면 나중엔 평가받을 요소가 아무 것도 없을 것이다. 정말 기본적인 평가 내용이 되는 것이자 본인을 드러내는 첫 번째 지표가 된다. 그러므로 본인은 과정에 있어서 성심성의껏 노력해야 하는 것이다. 앞서 살펴본 바와 같이, 생활기록부 상에 기재되는 모든 항목들에 세심한 주의를 기울이며 각 항목마다 최대한으로 이야기를 만들 수 있도록 해야 한다. 생활기록부의 내용을 채우는 것, 나의 활동을 드러내는 것, '스펙=과정'임을 염두에 두고 늘 그것을 최우선시하여 노력하는 것이 가장 중요한 일이다.

'결과', 내가 3년 간 노력해왔던 모든 과정들을 보여주는 것, 그것이 바로 결과이다. 내가 아무리 열심히 과정들을 쌓아왔다고 해도, 그것을 결과로써 진솔하게 제대로 표현해내지 못한다면 평가자는 메리트를 느끼지 못할 것이다. 그렇기 때문에 나의 이야기를 제대로 서술해내는, '결과'의 표출작업이 더더욱 중요성을 가진다. 즉, '나는 이러한 활동을, 이러한 이유에서 했으며, 결론적으로 어떠한 결과를 도출하여 저러한 것을 배우고 느꼈습니다.'를 이야기해야하는 〈자기소개서〉에 결과를 제대로 표현해야 하는 것이다. 나의 활동으로 가득한 생활기록부에서 진정으로 내가 하고 싶은 얘기와, 의미 있는 과정들과, 좋게 평가될 수 있을 만한 요소들을 선택하고, 그것에 집중해서 자기소개서로 풀어내야한다. 생활기록부의 내용을 선별하고 집중하는 것, 나의 활동에 근거를 붙여 얘기하는 것, 즉 '자기소개서=결과'인 것이다. 그러므로 노력해왔던 과정들을 결과로 나타내는 것의 중요성을 인지하면서 자기소개서 작성 작업에 착수해야한다.

그렇기 때문에 학생부종합전형에서는 '과정'과 '결과'가 모두 중요한 것이며, 어느 하나 본인의 손길이 닿지 않는 곳이 없어야 한다. 특히 8월 31일까지 마감되는 생활기록부, 즉 '과정'의 작업을 모두 끝낸 후라면 원서 접수 전까지 '결과'에 더욱 집중해야 한다. 물론 그 전에, 즉 '과정'의 작업과 동시에 '결과'의 작업을 완수해야한다. 방학 전까지 틀을 제대로 잡아놓고, 9월 모의고사 전까지 대강 정비해 놓은 이후 (9월 모의고사 준비는 평소에 병행해야 한다.) 원서접수 이전에 자기소개서를 완성한 다음 계속 피드백과 수정을 받아야 하는 것이다. 학생부종합전형을 준비하는 것은 평가받을 수 있는 모든 서류에 가능한 한 최대한의 신경을 써서 준비해야하는 매우 까다로운 작업이다. 하지만, 그것을 얼마나 더 성심성의껏 준비했느냐에 따라 결과는 바뀐다. 즉, '이 정도 했으면 됐겠지?'하는 안도감은 학생부종합전형을 준비하는 데 있어서 절대로 좋은 결과를 초래하지 않는다는 것이다. 원서 접수 전까지 할 수 있는 최대한의 노력을 해서 본인의 불안함을 잠재우되, '이 정도면 될 것이다'와 같은 안심을 느끼지 말라. '당연'의 세계는 없다. 당연히 될 것이라는 나태한 마음가짐은 없다는 뜻이다. 원서 접수 이전까지 긴장감을 가지고 과정과 결과 모두를 세심하게 준비하라.

#2. 수시에 대한 마음가짐
-나는 정시준비생이다-

원서접수를 모두 마친 후에는 어떨까? 만일 원서접수를 끝마친 후에도 계속 그 생각에 사로잡혀 있다면, 현 상황에 대하여 제대로 직시해야하는 객관성이 떨어질 것이고 집중력이 흐트러질 것이다. 그러므로 그 이후에는 이미 제출한 것들에 대해 신경 쓰지 말고, 아쉬워하지도 말고, 아예 잊어버려라. 수시에 대한 생각을 버리고 앞으로 모든 신경을 쏟아야 하는 '수능'에 집중해야하는 것이다. 수시원서에 생각이 계속 얽매여있게 되면, 계속 신경이 원서접수 당시로 돌아가서 불안함을 계속 가지게 된다는 것이 첫 번째요, 그렇게 되면 이후에 닥쳐올 수능에 대해서도 더 불안해진다는 것이 두 번째로의 부정적인 일이 발생할 것이다. 허나 그런 연유로 인해 수시를 넣었다고 여유를 부려서는 더더욱 안 된다. 보통의 학생들은 수시에 원서접수를 한 이후에는 나태함과 권태로움으로 인하여 수능 공부를 놓는 경우가 발생한다. 이미 수시원서접수에 합격한 것 마냥 안도감을 느끼는 학생이 있는 것이다. 이런 경우에는 안일한 마음가짐 때문에 정착하지 못하여 수능공부에 쉽사리 돌아가지 못할 것이다. 수시만 믿고 정시를 준비하지 않는 안일한 마음, 이것이 불합격의 지름길일 것이다. 이러한 경우에는 대다수 1차에서 합격하기도 어려울뿐더러, 만에 하나 서류평가에서 1차 합격을 한다고 해도 수능 최저를 맞추지 못하여 결국 최종적인 불합격을 통보받을 가능성이 높아진다. 나태한 마음을 가장 경계해야 하는 것이다.

그렇기 때문에, '수시 생각을 버리는 것'이 가장 중요한 최후의 과제이다. 내가 수시를 접수했다는 생각 자체에 관해 잊어버려야한다. 언제나 '수시에서 불합격할 가능성'을 염두에 두고 수능 공부를 준비해야 한다. 앞서 말한 것처럼 나태함과 불안함은 앞으로 남은 수능 공부에 지장을 줄 수밖에 없다. 하지만, 최악의 경우 수시가 다 떨어지면 정말로 '수능'만이 살 길이며, 또한 이러한 극단적인 경우가 아닐 지라도, 수시에 들어가는 '최저등급'을 맞추어야 한다. 즉, 정말로 최후의 'boss', 수능이 남아있는 것이다. 수능은 정말 중요하다. 그러므로 수시에 대한 생각, 내가 수시를 접수했다는 생각, 그동안 했던 나의 수시에 관한 노력과 기억을 모두 삭제하고 잊어버려라. 그리고 나서, '나는 정시를 준비하는 학생이다'의 마음으로 살며 수능 공부에 전념하자. 수시에는 언제나 변수가 많고, 확실한 '합격 기준'이 없으며, 상대적인 전형이다. 그러므로 수시에 대한 마음가짐은, '나는 정시준비생'이다.

#3. 수능에 대한 고려(최저등급)

수능만큼 확실성을 가지는 평가 기준은 없을 것이다. 또한, 수시에서 다 떨어졌을 경우에 남아있는 최후의 수단이기도 하고, 수시에서도 일정한 점수 이상을 요구하는 최저기준이 되기도 한다. 책 전반에 걸쳐 누누이 강조했던 사항이니만큼, 수능의 중요성에 대해서는 모두가 알 것이라고 생각을 한다. 그렇다면 수능은 대체 어떻게 공부하는 것이 효과적이며 확실할까? 수능공부부터 수능당일까지, 어떻게 했는지에 대해서 지금부터 말하려고 한다.

①모의고사day를 만들어라.

3년 간 '수능'이라는 목표를 위해서 그 분위기와 시험지, 시험 난이도 등을 연습하기 위해서 치르는 것이 모의고사이다. 하지만, 모의고사는 연습일 뿐, 실전에서 강해야 수능에서 이긴다. 모의고사 때 항상 만점을 받아봤자 수능 당일에 긴장하여 평소와 같은 페이스를 유지하지 못한다면 말짱 도루묵이 되는 셈이다. 그렇기 때문에 평소에 긴장감을 덜기 위해서 할 수 있는 하나의 묘책이 바로 〈모의고사day〉이다. 목요일이 수능인 점을 살려, 매주 목요일을 모의고사day로 지정해서 실전처럼 연습을 해 보자. 매주 목요일만큼은 수능시간과 똑같이 시간을 맞추어 역대 모의고사 문제들로 문제를 풀어보는 것이다. 모의고사를 풀 때에는 마킹하는 시간까지 염두에 두면서 문제를 풀어보자. 그렇게 탐구와 제2외국어까지 끝냈다면 대략 4시34분에서 5시정도의 사이일 것이다. 그리고 나서 채점을 하고, 저녁을 먹은 후 답지와 설명을 보지 말고 오답을 먼저 분석하고 고쳐보자. 그 이후에 오답노트를 만들어 내가 자주 틀리는 유형들에 대해서 정리하고, 탐구에 많이 나오는 헷갈리는 선지들을 분류하여 정리해놓자. 그렇게 하면 하루를 알차게 보낼 수 있을 것이다. 실제로 나왔던 기출문제를 바탕으로 하는 것이기 때문에 평가원의 기출 유형에 어느 정도는 감을 잡을 수도 있을 것이다. 또한, 실전처럼 연습할 수 있다는 장점이 있다. 그러므로 모의고사day를 지정하여 매주 자신을 평가하는 시간을 가지고 연습하자.

②평가원의 기출문제를 내 것으로 만들자.

 수능 문제를 출제하는 곳은 바로 평가원이다. 그러므로 평가원의 역대 기출문제들을 모두 모아 그들의 문제 내는 방식, 즉 스타일에 대해 파악하는 것이 매우 중요한 과제인 것이다. 이것을 하기 위해서는 먼저 기출 문제들을 많이 풀어보는 것이 답일 수밖에 없다. 기출문제들은 신성시할 정도로 많이 풀고, 문제와 선지 스타일 등에서 감을 잡아보자. 그리고 나서 해야 할 일은 바로 오답노트를 만드는 것이다. 내가 틀린 문제는 완벽하게 정복하는 것, 단언하는데 이것이 바로 정답을 맞히는 데에 있어서의 첫 번째 원칙이다. 오답노트를 과목별로 만들어 꾸준히 채워가는 것이 중요하다. 지문, 틀린 문제와 선지까지 완벽히 분석하여 오답노트를 만들고, 내가 틀린 이유(내가 오답을 고른 이유)와 정답이 정답인 이유에 대해서 상세하게 적어놓아야 한다. 그렇게 한 이후에 오답노트의 실용성은 떨어지는가? 아니다. 그렇게 오답노트를 채워가고 있다면, 동시에 오답노트를 평소에 틈틈이 보면서 다시 문제를 풀어보는 것이다. 거의 문제를 외울듯하게 각오하며 문제를 계속 풀어보고 정답이 정답인 이유에 대해서 이해해야한다. 특히 수학과 같은 경우는 문제를 자주 접하고 풀어볼수록 문제가 이해되는 경향을 보인다. 영어도 마찬가지로 처음에 이해가 되지 않던 문제도 많이 보면 볼수록 정답이 되는 그 논리에 대해서 파악하고, 그 논리가 다른 문제들에도 똑같이 적용되는 것을 깨닫는 신기한 과정을 느낄 수 있을 것이다. 그렇기 때문에 오답노트를 작성하면서 그것을 통해 평가원의 기출문제들을 완벽히 정복하도록 노력하자.

③각 과목별 공부

 우선 주어진 수능 시간은, 국어 80분/수학 100분/영어70분/탐구30분이다. 하지만 마킹을 하는 시간, 모르는 문제를 다시 봐야하는 시간 등을 고려했을 때 이 시간에 딱 맞추어 문제를 푸는 일은 절대 있어서는 안 된다. 다시 말하자면, 모의고사를 풀 때, 국어는 70분, 수학도 70분, 영어는 60분에 맞춰놓고 푸는 훈련을 해야 한다는 것이다. '수학은 왜 70분이지?'와 같은 생각이 들 수 있다. 하지만 기본적으로 수능에 나오는 수학 문제에서 2-3점짜리는 매우 쉬운 문제이기 때문에 금방 풀어야 하고, 4점 중에서도 3점 같은 4점이 존재하기 때문에, 정말 어려운 문제들을 제외한 나머지 문제들은 빠르게 해결해 놓아야 한다. 즉, 70분 안에 모든 문제를 해결한 후, 남은 20-30분 동안 가장 어려운 21번과 29,30번 문제를 해결하는데 시간을 쏟아야하기 때문이다. 이렇게 시간을 훈련하면서 동시에 자기만의 문제 푸는 패턴과 순서를 찾는 연습을 하는 것이 필요하다. 1번부터 차례대로 문제를 푸는 학생도 있지만, 효율적인 문제 해결을 위해서 다르게 문제를 풀 수도 있기 때문에, 다양한 시도를 모의고사 때 해보면서 자신에게 적합한 문제 풀이 패턴 방식을 찾는 것이 매우 중요하다고 볼 수 있다.
 국어의 경우, 우선 화법, 작문, 문법은 20분 내로 끝내야 하는 것은 매우 중요한 법칙 중 하나라고 볼 수 있다. 그리고 이 중에서 특히 문법과 같은 경우는 3학년 전에, 늦어도 3학년 1학기 전에 모든 문법과 관련된 법칙과 외워야 할 것들에 대하여 완성해 놓는 것이 필요하다. 한편, 문학과 비문학을 풀 때에는 문제와 선지와 관련해서 그 '근거'를 찾는 연습을 해야 한다. 수학의 경우에는, 문제를 풀 때 노가다처럼 일일이 문제를 푸는 것부터 시작해서 간단한 개념 원리로 빠르게 풀어내는 연습을 하는 것이 필요하다. 오답노트의 중요성이 가장 발휘되는 과목이기도 하며, 중학교 때 배웠던 기본적인 수학 공식들도 간단하게 등장하기도 하는 과목이다. 그렇기 때문에 평소에 간단한 수학적 개념과 공식은 기본적으로 외워두되, 어렵게 쓰이는 공식들도 평소에 유념하여 살펴보고 다양하게 문제에 적용해서 풀어보는 것이 필요하다. 영어는 우선 듣기에서는 다 맞아야 한다. 평소 자주 들을수록 실력이 향상될 것이다. 독해 지문에서는 속독하는 연습을 해야 하는데, 단지 빠르게 읽는 것이 좋은 것이 아니라, 빠르게 읽으면서도 동시에 핵심 키워드와 핵심 문장, 전환되는 문장 등을 빠르게 훑어내는 안목을 키우는 연습을 해야 한다. 또한, 특히 영어와 같은 과목에서 본인만의 문제풀이 패턴을 통해 효율적으로 시간을 관리할 수 있다. 'Listening'이 있는 시간을 잘 활용해서 논리를 요구하지 않는 문제들(도표, 그림 문제)을 풀어내는 것과 같은 방식으로 시간을 적절히 관리하자. 사탐은 정말 모든 개념과 인과관계, 그리고 유사 오답 선지를 마스터 하는 것이 필요하다.

 3학년 6월 모의고사 전에는 EBS수능특강 전 과목을 끝내 놓아야 나중에 시간에서 쫓기지 않을 수 있다. 그렇게 6월모의고사를 보고 난 후에는 여름방학이 시작되기 전, 전 과목을 모두 마스터해야 한다. 그리고서 방학 때 부족한 탐구 과목을 외우며 다시 살펴보고, 제2외국어를 공부하고, 생활기록부를 마감하고, 자기소개서 작성에 착수해야한다. 물론 이 모든 과정 속에 국어, 영어, 수학과 같은 핵심과목을 공부하는 것은 기본이다. 9월 모의고사를 준비해야하기 때문이다. 2학기가 시작되고 나서는 자기소개서 작업을 마치면서도 다시금 수능 공부에 전념하는 모드로 돌아와야 한다. 그렇게 9월 모의고사를 본 후부터는 실전이라는 생각으로, 수능 공부에 매진하는 것이 필요하다. 이 모든 과정에서 공부할 때에는 평소에 수능 과목의 순서에 맞추어서 공부하는 것이 효과적이다. 즉, 아침에는 국어와 수학을 공부하고, 점심 식사 이후에는 영어와 탐구를 공부하며, 수능 시간 이후에는 조금 부족하다고 여겨지는 과목들, 더 공부해야하고 정리가 필요한 과목들을 공부하는 것이다. 시간을 칼같이, 과목을 효율적으로 공부할 수 있도록 본인의 방식을 찾아야 하는 것, 그리고 모든 과목을 단축된 시간 내에 풀어야 하는 것, 그것이 본인이 수능 당일 날의 시간을 관리할 수 있는 유일한 수단이다.

④수능 당일과 그 전날, 그 전주까지는 어떻게 해야 할까?

 우선 수능이 점점 다가올 때 심리상태는 정말 피폐해질 것이다. 불안하고 무서운 상태를 경험할 것이다. 하지만 정신력으로 그것을 버티는 것이 필요하다. 이를 위해서는 수능 주간 매일 밤 자기 전에 '이미지 트레이닝'을 해 보자. 이미지 트레이닝이란 본인이 수능 시험장에 갔을 때의 모습과 시험지를 받았을 때의 모습, 수능 장의 모습, 틈틈이 시간을 확인하는 모습 등을 총괄하여 '수능 날은 어떨지'를 매일 이미지로써 떠올려보는 것이다. 그리고 그것을 매일 하면서 본인이 수능 시험장에 갔을 때에 떨거나 당황하지 않고, 평소에 늘 생각했던 대로 행동할 수 있게끔 수능 시험장의 이미지를 떠올리면서 평소에 그것으로 정신을 트레이닝, 단련시키는 것이다. 이것의 효과는 수능 당일 날 시험장에 가서 차분함을 가지는 데에서 발휘될 것이다. 또한, 평소 새벽2시까지 공부하던 습관과 생체 리듬 때문에 수능 전 날에 잠자리에 일찍 들지 못하는 경우가 발생할 수 있다. 특히 수학여행 전 날에 떨려서 잠을 설치는 것처럼, 수능 전날에도 잠에 들지 못할 수 있다는 뜻이다. 이 경우 수능 당일에 가서는 컨디션이 급격히 나빠지고 부담감으로 인해 평소의 실력만큼을 발휘하기가 어려울 것이다. 그렇기 때문에 최소 2주, 길게는 한 달 전부터 수능 당일을 대비하여 평소보다 일찍 잠자리에 드는 연습이 필요하다. 남들보다 공부를 덜 하는 기분 탓에 불안할 수 있다. 하지만, 이제는 '누가 더 많이 보느냐'의 문제가 아니라, '누가 더 잘 적응하느냐', '누가 더 긴장을 덜 하느냐'의 문제인 것이다. 수능 문제에는 정해진 예상 문제가 없기 때문에 잠을 잘 자고 좋은 컨디션을 유지할 수 있는 것이 가장 중요한 문제이다. 그렇기 때문에 수능 2

주 전부터는 빠르면 11시부터 12시 사이에 잘 수 있도록 노력하자.

시간이 흘러 수능이 급격히 다가온 수능 전날에는 학교가 일찍 끝나서 본인이 배정받은 수능고사 시험장을 들를 수 있는 기회가 있을 것이다. 이 같은 경우에 가거나 가지 않거나 사실 별 다른 것은 없지만, 본인이 배정받은 곳에 가서 미리 화장실의 위치나 학교의 구조, 교실의 위치 등을 미리 가서 찾아놓는다면 어느 정도의 불안감을 해소할 수는 있을 것이다. 하지만 만일 시간이 아깝다고 생각되면 굳이 가지 않아도 괜찮다. 이후에는 국어, 영어, 수학, 탐구를 모두 보기에는 시간이 없을 것이다. 그렇기 때문에 평소에 본인이 정리해 놓았던 평가원 분석노트나, 6월과 9월 모의고사의 출제 경향을 다시금 파악하고, 탐구의 내용을 차분히 정리하는 것이 중요하다. 이후에는 평소보다 조금 더 일찍 잠자리에 들어서 내일을 기분 좋은 상쾌함으로 시작할 수 있도록 하는 것이 필요하다. 평소에 아무리 일찍 잠드는 연습을 했다고 해도 막상 당일에는 평소보다 잠자리에 드는 것이 어려울 것이다. 허나 이것을 위해 그동안 일찍 자는 연습을 했던 것, 누워있으면 잠이 올 것이다. 일찍 자서 다음 날 일찍 일어나는 것이 훨씬 좋다는 것을 명심하자.

어느 새 다가온 수능 당일, 아침에 일찍 일어나 학교를 가자. 수능 장을 대비해서 모든 것을 준비해가는 것이 좋다. 물병, 담요, 탐구 정리 공책, 컴퓨터용 싸인펜과 그 여분, 지우개와 샤프심 통까지. 수능 당일에 샤프를 나눠주기 때문에 샤프를 들고 가지 않아도 무방하다. 그리고 쉬는 시간에 공부하기 위해서는 귀마개를 가져가는 것도 좋다. 물론 물병과 담요는 장단점이 있으니 적절히 활용하는 것이 필요한데, 물을 많이 마시면 화장실에 자주 가고 싶을 수 있으니 조절해야 하고, 담요를 두르고 있다 보면 몸이 따뜻해서 나른해질 수 있으니 가져갔다가 너무 추워 집중이 안 될 경우에 활용하면 좋다. 아침에 일찍 가서 내 의자를 확인하자. 평소의 학교 시설에서 수능 고사를 보는 것이기 때문에 의자가 덜컹거리거나 불량 상태인 의자가 있을 수 있다. 그러므로 되도록 고사장에 일찍 가서 의자의 상태를 확인해야 한다. 또한, 청심환과 관련해서는 부작용이 일어날 가능성을 염두에 두어야 하기 때문에, 평소 모의고사 day를 이용하여 청심환을 한번 테스트해보자. 긴장을 완화시키고 근육을 이완시키는 효과를 발휘할 수도 있지만, 그 부작용으로 시험을 볼 때 나른하고 졸릴 수도 있기 때문이다. 그러니 평소에 한 번 먹어 보는 것이 필요하다. 당일 날에는 어떤 변수가 어떻게 생길지 아무도 모른다. 청심환을 먹고서 만약 별 다른 효과를 못 느꼈거나 괜찮았다면, 마음을 진정시키는 용도로써 청심환을 들고 가는 것은 괜찮다. '만약 너무 긴장되면 먹으면 돼'와 같이 마음을 차분히 가라앉힐 수 있기 때문이다. 보통 시험장에 가면 아는 사람을 한두 명 정도 만나기 마련인데, 그럴 경우 반갑다고 얘기를 하기 보다는 그 시간에 하나라도 내 공책을 더 보고 머리에 정리하는 것이 훨씬 효율적이다. 특히 길게 부여되는 쉬는 시간이라고 안심하면 안 되는 것이, 시험 5분 전 (혹은 10분 전) 시험 감독관이 들어와서 아무 것도 못 보게 할 수 있기 때문이다. 그러므로 전 시험의 결과에 연연하지 말고 바로 냉정하게 다음 시간의 과목을 준비하는 것이 필요하다. 점심시간의 경우에도 혼자 자리에서 밥을 먹으며 동시에 공책을 보는 것이 좋다. 점심식사는, 소화가 잘 되는 음식으로 가져가되 너무 배부르게 혹은 너무 적게 먹으면 다음 시험인 영어 시험에 영향을 줄 수 있다. 국물을 너무 많이 마신다면 화장실이 갑자기 가고 싶어질 수도 있기 때문이다. 그러므로 조절을 잘 하며 적당한 포만감을 즐길 수 있을 정도로의 소화가 되는 음식으로 가져가자. 이런 수능 당일의 TIP을 기억한다면, 긴장을 덜 할 수 있고, 예기치 못한 변수가 생기는 것을 미리 방지할 수 있을 것이다. 그동안 공부해왔던 모든 것을 쏟아 내는 '수능 당일'을 위해 미리 미리 준비하고, 또 준비하라.

⑤이제는 실전! 정신력이 매우 중요한 바탕이다.

수능 공부에 매진하는 것이 사실 쉬운 일은 아닐 것이다. 수시에 대해서 계속 민감하게 반응할 것이고, 주위 친구들의 모습을 보며 흔들리기도 하고, 본인 스스로도 마음을 정비하기가 어렵기 때문이다. 하지만, 그런 상황일수록 정신을 바짝 차려서 본인의 목표에 대해 달려가는 것이 필요하다. 힘들더라도 그것을 이겨내는 것이 본인의 자질이라고 생각하며 공부에 전념해보자. 또한, 앞서 말한 것처럼 수시의 결과에 흔들려서는 안 된다. 특히 수능 전날에 1,2차 합격 발표가 나기도 하고, 면접이 있는 학교도 분명히 있기 때문에 수능 공부에 무리가 갈 수 있다. 원서접수 이후와 수능 직전까지는 시간이 말 그대로 '금'이기 때문에, 시간 조절을 잘 하면서 공부하는 것이 너무도 필요한 작업이다. 그러므로 이러한 사건 하나하나에 정신이 간다면 수능 공부하는 데 있어서 너무도 시간을 아깝게 흘려보내게 될 수 있다. 그렇기 때문에 '정신력'을 제대로 다지는 것이 필요하다. 최후의 최후까지 부정하며, 오로지 '수능'만이 나의 살 길이라는 생각, 즉 '나는 정시 준비생'이라는 생각을 통해 보이지 않는 경쟁자들을 경계하며 공부하자. 반드시 기억해야할 것, 내 옆의 친구가 공부를 하지 않는다고 모두가 공부를 하지 않는 것이 아니다. '내가 지금 이러고 있는 순간에도, 누군가는 책장을 넘기고 있다'는 말을 기억하며 자신을 계속 다그쳐야한다.

 공부 요령, 수능 전과 당일에 해야 할 TIP들을 모두 살펴보고 머릿속에 담았다면, 이제 남은 것은 실전! 공부하고, 또 공부하라. 눈을 뜨고 학교에 도착한 순간부터, 야간자율학습을 하고 면학실이나 독서실, 혹은 집에서, 자기 직전까지 공부해야 한다. 이동 시간에는 플래너에 적었던 수학공식들이나 탐구 내용들, 단어를 외우거나 정리 공책을 보고, 씻을 때에는 머릿속으로 수능특강이나 수능완성에 나온 영어 지문들의 내용을 정리하면서 시간을 보내라. 시간을 알차게 쓰면서 공부해야한다. 기출문제와 시간, 그리고 공부하겠다는 열정과 의지가 있다면 좋은 점수를 받지 못할 이유가 없다. 남은 것은 정말로 실전이다!

Step7.　　　**나의 이야기**

 안녕하세요. 저는 고려대학교 서울캠퍼스에 재학 중인 17학번 학생입니다. 고등학교 3년의 시간을 견뎌내고서 17년에 고등학교를 졸업하고 바로 고려대학교에 합격해 입학을 했습니다. 앞서 얘기한 '학생부종합전형 합격의 길'의 모든 것은 제가 3년 동안 학종전형을 준비하면서 깨닫고, 실제로 적용했던 것들을 모두 생각해내고 탈탈 털어서 적은 제 기록입니다. 그만큼 학종 전형을 준비하는 학생들에게 실제로 도움이 될 거라고 생각하고, 불과 몇 달 전까지의 이야기를 적은 것인 만큼 가장 생생하다고 생각합니다. 그럼 지금부터 제가 지금까지 얘기했던 모든 것들을 실제로 어떻게 적용했는지, 저의 이야기를 해보려고 합니다. 제가 다녔던 고등학교는 지방에 있는 일반 평준화 고등학교로, 대학 입시 측면에서는 이름조차 거론되지 않던 학교였는데요, 저희 학교 진로 선생님마저 저희에게, 저희 고등학교는 대한민국 입시 중에서 가장 실패한 학교일 것이라고 말할 정도였습니다.^^; 그랬던 학교에서 고려대학교, 한양대학교, 중앙대학교, 한국외국어대학교에 붙을 수 있었던 실제 저의 이야기, 저의 내신 성적부터 생활기록부, 자기소개서 내용까지, 얘기해보겠습니다.

#1.내신성적

 우선 저는 방금 소개드린 것처럼 지방에 있는 일반 평준화 고등학교 출신으로, 서울 상위권 대학이라 칭해지는 고려대학교, 한양대학교, 중앙대학교, 한국외국어대학교에 모두 최초 합격, 최종합격을 했습니다. 고려대학교와 한양대학교는 지금껏 제가 설명했던 '학생부종합전형'으로 합격할 수 있었고, 중앙대학교와 한국외국어대학교는 이 책 초반부에 설명 드린 '학생부교과전형'으로 합격할 수 있었습니다. 한양대학교를 제외한 모든 나머지 학교에는 수능 최저등급이 있었고, 그것들을 모두 통과하고서 학교들에 합격을 했습니다. 학교마다 평가 내용과 평가 기준, 산출되는 내신 성적이 모두 달랐는데요, 성적과 수능 최저등급으로 평가하는 학생부교과전형 말고, 학생부종합전형에서는 어땠는지를 말씀드리고 싶습니다. 같은 학생부종합전형일지라도 고려대학교의 경우, 평가 기준은 〈내신 성적 + 생활기록부 + 자기소개서 + 추천서 + 제시문 면접 + 수능 최저 기준〉 이었고, 한양대학교의 경우는 오로지 〈생활기록부〉였습니다. 한양대학교 학생부종합전형과 같은 경우는 내신이 블라인드처리가 되므로, 사실상 생활기록부 상에 나와 있는 것들만이 평가 요소가 되는 것이죠.

 저는 문과 학생이라, 국어, 수학, 영어, 사회탐구과목이 기본으로 성적 반영에 들어갔고, 고려대학교에서는 1.35의 내신등급, 한양대학교에서는 1.28의 내신등급이었습니다. 각 학교별로 학년 별 성적 비율 등이 다르게 평가되기 때문에 성적은 다르게 나옵니다. 덧붙이자면, 중앙대학교에서는 1.35, 한국외국어대학교에서는 1.12의 내신 성적이었습니다. 문과/이과별로 대학에서 평가하는 과목이 다르지만, 서울대학교와 모든 교육대학교(교대)는 전 과목의 성적을 평가하기 때문에 이런 경우에는 예체능의 성적과 제2외국어의 성적 모두를 고려해서 전 방위적으로 공부하는 것이 필요합니다. 이 경우가 아니라면, 문과의 경우는 국,영,수,사탐을 위주로, 이과는 국,영,수,과탐을 위주로 공부해야 하는데, 문과라고 해서 과탐과 예체능 과목을 소홀히 해서는 안 되고, 이과라고 해서 사탐과 예체능 과목을 소홀히 해서는 안 됩니다. 국,영,수의 비중을 가장 높게 하되, 탐구들도 챙기는 방식으로 공부하는 것이 필요합니다.

 제 내신 평균 성적은 1학년-2학년-3학년 순으로 1.3 - 1.4 -1.3 이며,(단위 수를 고려하지 않은 평균등급입니다.) 2학년 때 떨어진 성적을 3학년 때 다시 올렸다고 볼 수 있습니다. 특히 3학년 때에는 수능 공부를 병행하면서 동시에 내신 성적에 신경 쓰는 것이 힘들었지만, 성적이 증명했듯이 불가능하지는 않다고 볼 수 있습니다. 꽤 다양한 활동과 독서, 봉사활동을 했으며 세부능력 및 특기사항 등과 같은 모든 생활기록부 상의 항목들에 앞서 말한 모든 것들을 적용했습니다. 사실 일반적으로 고려대학교에 수시로 합격하는 평균 등급을 볼 때 제 성적은 특목고나 자사고가 아닌, 일반 고등학교임을 고려할 때 절대 높은 축에 속해있지 않습니다. 하지만 제 경험과 결과가 증명하듯 낮은 성적임에도 충분히 더욱 좋은 학교에 올라갈 수 있는 방법은 있고, 그것이 바로 학생부종합전형이라고 생각합니다. 저는 고등학교에 올라가기 전부터 학생부종합전형으로 대학을 가겠다고 마음먹었고, 1학년 때부터 스스로 많고 다양한 활동들을 찾아 나섰습니다. 학교에서 시행하는 활동에는 모두 적극적으로 참여했고 공부도 열심히 하면서 스스로 일궈낸 결과물입니다. 그러니 학생부종합전형을 준비하는 모든 학생들이 학업과 병행하는 것이 너무 버겁다고 중간에 지치지 말고 꾸준히 해 냈으면 좋겠다는 바람을 가지고 있습니다.

#2.자기소개서

고려대학교에 실제로 제출했던 자기소개서 내용을 대부분 복원한 것으로, '참고용'으로 봐주시기를 바랍니다. 유사도에 걸리지 않도록, 틀에 박히지 않도록 위해서 입니다. 앞서 설명했던 자기소개서 작성 TIP과 연관해 보면서 그것들을 어떻게 실제로 적용했는지를 살펴주시며 감을 얻었으면 좋겠습니다. 모든 자소서 문항은 최대한의 글자 수로 채워서 작성했습니다.

1번 문항

> 고등학교 재학기간 중 학업에 기울인 노력과 학습 경험에 대해, 배우고 느낀 점을 중심으로 기술해 주시기 바랍니다.(1,000자 이내)

탐구공식을 만들다: 지식 연계 행동

여러 수업에서 갈등과 해결의 역사를 접했습니다. 늘 요약된 내용을 배우는 것에 그치는 수업에 아쉬움이 생겨 더 자세히 국제분쟁의 원인과 처방책을 알고 싶었습니다. 그래서 중동의 화약고라 불리는 팔레스타인에 관한 책을 읽으며 현 국제 갈등이 첨예하다는 것을 알게 되었습니다. 한국사 수업시간에 배웠듯, 우리는 민족자결주의의 외적인 힘과 3·1운동과 같은 내적인 힘의 결합으로 결국 광복을 이뤘었습니다. 이를 토대로 현재 팔레스타인도 인티파다라는 내적인 힘은 있으나 외적인 동기가 부족하다고 생각했었습니다.

이러한 제 생각을 입증하고 싶어 그들의 상황을 지역문화재관리문제에 대입했습니다. 지역문화재의 외적인 동기는 보존·관리라고 생각했고 그 부분이 부실하다는 생각에 창의학술논문동아리를 만들어 해결책 중심의 논문을 작성했습니다. 사회문화 수업에서 배운 질문지법과 면접법을 이용해 우리학교 학생 100명을 표본집단으로, 타 학교 학생 100명을 비교집단으로 삼아 설문조사를 시행했고, 구체적인 내용을 조사하고자 그 중 무작위로 선정한 집단을 심층 면접하였습니다. 그 결과 허술한 문화재관리의 주원인은 청소년의 인식부족임을 발견해 역사문화학 교수님께 자문하여 '가정, 학교, 지자체, 대중교통과 대중매체차원의 체계적 교육을 통한 관심촉구'라는 문화재홍보이행 세부사항을 제시했습니다. 이러한 과정을 거쳐, 팔레스타인 역시 외적인 동기가 부족했기 때문에 지속적인 갈등을 겪고 있다는 제 생각에 확답을 얻었습니다.

학업 중 생긴 의문을 해소하고자 다양하게 자료와 기사를 찾아보며, 제가 생각한 전제를 증명하고 판단하는 것이 좋았습니다. 학업에서도 단순한 배움에서 나아가 주위환경에 연결해 총체적인 이해를 한 후 지식을 더욱 넓혔습니다. 전 교과목을 위와 같은 시각으로 심화하여 즐겁게 공부할 수 있었습니다. 그렇게 사회문제를 저만의 방식으로 해석하면서 000에 특화된 사회 진출도 꿈꾸게 되었습니다. 앞으로도 제가 체득한 탐구공식을 이용해 제 꿈을 실현하고 싶습니다.

*000으로 처리된 것은 제가 지원한 학과와 관련된 내용입니다.

1번 문항 해설

> 1번의 전개방식을 정리하자면,
> '학교에서 A의 내용을 배운 것을 바탕으로 현 사회 현상의 원인을 탐구하고 싶다는 학업적 탐구심(지적 호기심)이 생겼다 -> 이것을 탐구하기 위해 가설을 스스로 세웠으며, 학교에서 배운 사회과학적 방법을 활용해서 그 가설을 입증했다 -> 학교에서 배운 것을 생활에 적용하며, 이에 그치지 않고 다른 사회 현상에도 대입해 보면서 나의 꿈을 확립해갔다.'입니다.
> 이와 같은 식으로, '평소 학교생활에서의 배움 + 스스로의 탐구 및 적용 + 나아가 '실천'하는 자세'를 보여주려고 노력했습니다. 많은 학생들이 가장 어려워하는 문항이자, 가장 공을 많이 들여야 하는 문항이 1번 문항입니다. 따라서 본인만의 스타일을 만들어 자기소개서 1번을 작성하는 것이 필요합니다.

1번의 내용은, 기본적으로 '모든 사회현상은 외적요인과 내적요인의 결합이다'라는 명제를 세워 그것을 입증해나갔다는 내용입니다.

	외부 힘(동기) (외적요인)	내부 힘(동기) (내적요인)
사회현상 1) 우리나라의 독립	국제적으로 대두되던 분위기인 '민족자결주의'	3·1운동과 같은 독립운동
사회현상 2) 팔레스타인	국제적인 관심(이 필요하다)	인티파다 (독립운동)
사회현상 3) 우리나라 문화재	보존하고 관리하는 것	우리나라 사람들의 관심

이렇게 정리할 수 있는데, 명제에 맞게 증명된 첫 번째 사회현상인 우리나라의 독립에 대입해서, 현재의 팔레스타인의 문제에 관심을 가지고 팔레스타인 문제에서의 필요한 외적 요인은 국제적인 관심이라고 가설을 세웠습니다. 이미 팔레스타인 내부에서는 독립운동이 계속 진행되고 있지만 그럼에도 이스라엘과 관련한 분쟁은 끝나지 않고 있기 때문이었습니다. 그래서 제가 세운 가설이 맞는지를 확인하기 위하여 그것을 우리나라의 문화재라는 하나의 주제를 잡고, 그것을 논문을 작성하는 과정을 통해 입증하려고 한 것입니다. 이때에 학교에서 배운 사회과학적 방법을 이용했습니다. 우리나라의 문화재 관리라는 사회현상이 명제와 맞게 떨어지는지를 확인하려고 한 것인데요, 외적 요인으로써의 '관리와 보존'이 허술하게 되고 있고, 그 원인이 내적 요인의 부족임을 밝히면서, 그 두 가지가 결합되어야지 사회현상을 개선할 수 있다는 본래의 가설을 증명했다는 내용입니다. 그에 끝나지 않고 해결책을 제시했고, 다시 팔레스타인의 문제로 돌아와 내적 요인은 충족되었으나 외적 요인의 부재로 인한, 즉 불균형한 사회현상이기에 지속적인 갈등을 겪고 있다는 것을 설명한 것입니다.

자기소개서 1번 문항에서 저의 지적탐구심과 사회과학적인 노력을 보이고자 했습니다. 남들과 다른, 차별화된 자기소개서를 만들기 위해서 단순히 학업 성적과 관련된 내용이 아니라 색다른 내용을 넣고 싶었고, 그러한 결과물로 활동과 성적을 연계해서 자기소개서를 작성했습니다. 그래서 소제목이 '지식 연계 행동'이기도 합니다. 한편으론 '이 학생이 우리 대학에 왔을 때 어느 수준인가?'를 파악하는 문항이 1번 문항이니만큼, 본인의 전문성을 보여주는 것이 중요하다고 생각합니다. 개인적으로 가장 많은 시간을 투자했고, 가장 머리를 쓴 항목이 1번 문항이었기에 내용 해설을 첨부했습니다!

2번 문항

고등학교 재학기간 중 본인이 의미를 두고 노력했던 교내 활동을 배우고 느낀 점을 중심으로 3개 이내로 기술해 주시기 바랍니다. 단, 교외 활동 중 학교장의 허락을 받고 참여한 활동은 포함됩니다. (1,500자 이내)

변화를 꾀하다: 하나의 밀알

1, 2학년 때 꾸준히 토론봉사활동에 참가했습니다. 가장 열띤 논의를 펼쳤던 논제는 '청소년에게 투표권을 부여해야한다'입니다. 청소년은 이미 정치적으로 충분히 성장했고, 정책의 수혜자인 우리가 선택권을 갖는 것이 옳다고 여겼기 때문에 찬성의 입장을 취했습니다. 그런데 지난 20대 총선결과 2,30대 청년투표율이 약 49%에 그쳤음을 알게 됐습니다. 군부독재 시대의 탄압에 맞서 쟁취해낸 민주주의가 제대로 실현되지 못하고 있다는 생각을 했습니다. 토론에서 청소년의 정치적 성숙함을 주장했던 제 의견의 근거를 직접 이끌어내서 문제점을 알리고 싶었습니다. 그것이 '투표율향상 캠페

인'을 시작한 계기입니다. 당장 내년부터 유권자가 되는 3학년을 우선으로 조사해 '정치적인 관심의 제고와 정보를 제공할 목적'으로 벽보 신문을 제작하고 교내 게시판을 통해 선전하였습니다.

사회 현상에 문제의식을 느끼고, 제 입장을 명확히 하여 문제를 해결하고자 했습니다. 너무나 당연하지만 사람들이 자신과 관계없다고 생각했던 일도 누군가는 관심을 갖고 실상을 알리는 일에 앞장서야 함을 알게 되었고 이러한 일이 다수의 의식을 깨울 수 있음을 깨달았습니다. 이 경험을 바탕으로 문제현상에 더 많은 관심을 가지고 그 개선을 위해 힘쓰겠다고 마음을 다졌습니다. 더불어 앞으로도 제가 한 발언에 책임감을 가지고 그 실현을 위해 노력하겠다고 다짐했습니다.

목표를 바로 세우다: 꿈의 확립

기아체험난민걷기활동, 외교 관련 교내 동아리를 통해 소외된 난민이 겪고 있는 고통을 느꼈고 정치적 홀로코스트의 폭력구도에 따른 사람들의 피해를 알았습니다. 때마침 22명의 미얀마난민이 한국에 입국한다는 기사를 보고, 그들을 향한 인종차별적인 태도와 편견에 따른 그들의 어려움을 짐작할 수 있었습니다. 한국에 거주하는 외국인과 난민에 대한 인권 존중 방안은 없을까 고민하던 차에 학교에서 00지역 고등학교라디오연합방송에 보낼 사연 모집 공고를 보았습니다. 독서를 통해 한국인들이 외국인들에게 '표준적인 한국인'의 삶을 강요하는 문화가 있음을 알게 됐고, 잘못됨을 깨달아 '우리의 편견탈피와 권리회복'을 주제로 글을 작성했습니다. 그 근거로 다문화수용성지수가 50점대에 그친 통계를 제시했고 그 개선과 열린 자세의 필요를 역설했습니다.

사연을 보낸 후 현재의 난민 시스템에 대한 외국강연도 찾아보며 국민의 의식변화 및 국가의 지원정책이 맞물린다면 인권문제를 해결할 수 있다는 확신을 가졌습니다. 관련 벽보를 게시하며 '난민은 의존할 수밖에 없는 존재가 아님'을 보여주자고 다짐했습니다.

청소년을 넘어선 차원에서 문제해결을 모색하고 싶었습니다. 사회와 역사에 대한 제 관심을 여러 활동과 연결하며, 역사적 가치를 기억하고 사회적 약자의 인권 보장에 힘써야 한다는 제 생각의 뼈대를 확립할 수 있었습니다. 사람들의 변화를 유도해 문제를 풀어가는 것이 바로 소수자를 위한 의무이며 보편적 인권을 존중하는 방식이라고 생각합니다. 세계화 속에서 공존의 태도, 화합 능력의 함양이 반드시 필요함을 느꼈습니다.

*00은 특정 지역입니다.

2번 문항 해설

할당된 글자 수인 1500자 내에 3개의 활동을 쓰기에는 글자 수가 부족하고 또 제 이야기를 제대로 풀어내기 어려울 듯하여 2개를 길게 쓰는 방법을 선택했습니다. 제 역량을 어필하기가 힘들 것이라는 판단이었습니다. 2개의 활동을 쓰다 보니, 배우고 느낀 점에서 길게 이야기를 쓰는 것이 어려웠고, 그래서
'에피소드1(활동+느낀 점)+ 에피소드2(활동+느낀 점) + 에피 1,2 통한 전체적인 성장모습'
의 방식으로 자기소개서를 작성했습니다. 특히, 마지막의 총체적인 모습은 진로랑 연결하면서 느낀 점까지 같이 쓰려고 노력했습니다.
 또한 1번과 연계해서 진로 내용을 넣으며 동시에 저의 탐구심을 보여주고자 했습니다. 사실 내 자소서 전반적인 설정은 '사회과학현상에 관심을 가지고 해결을 모색하는 탐구적인 아이' 였기 때문에 모든 에피소드가 '이 사회현상에 문제를 느껴서 이렇게 해결하려했어요!'로 일관되는 모습을 보실 수 있습니다.

3번 문항

학교생활 중 배려, 나눔, 협력, 갈등 관리 등을 실천한 사례를 들고 그 과정을 통해 배우고 느낀 점을 구체적으로 기술해 주시기 바랍니다.(1,000자 이내)

'긍정의 당연함'을 외치다: 나눔의 부메랑

세계적으로 인권유린과 기아 등으로 고통 받는 사람을 돕기 위해서는 우리의 관심을 유도하는 것이 중요하다고 생각했습니다. 그러려면 '스스로를 구경꾼으로 여기는 의식'을 없애야한다고 생각했습니다. 그래서 지금 할 수 있는 일을 고민하다 '아동노동반대의 날 기념 자율모금캠페인'을 떠올렸습니다.

처음엔 시행에 앞서 걱정이 가득했습니다. 저희 학교에서 학생주도의 학교단위활동은 처음이라는 부담 때문이었습니다. 그렇지만 전교생에게 기념일의 제정이유와 착취당하는 아동들이 있다는 것을 알리고 동참을 유도하자는 생각을 구체화하였습니다. 비슷한 목표를 가진 친구들을 모집해 '포옹'이라는 자율 동아리를 만들고 피켓과 모금함을 제작했습니다. 또한 추진배경과 실행방안 등을 포함한 캠페인제안서를 제출하고, 향후 학생주도 캠페인이 활성화될 시 발생할 수 있는 사안에 대한 학교의 대비책 및 절차 등을 마련해 학교의 동의와 협조를 구했습니다. 그 후 교직원회의를 거쳐 제안서가 공문서화 되었습니다. 처음엔 어려운 일처럼 느껴졌지만 현실적 대안과 절실함, 확고함이 있다면 무엇이든 가능함을 배웠습니다. 처음의 걱정은 곧 자신감으로 변했습니다.

약 두 달간 캠페인을 진행했습니다. 아동노동의 실태와 개선을 외치며 따뜻한 동참을 유도해 25만 원이 넘는 모금액을 모았습니다. 쌓인 성금을 기부하며 세계문제를 학생들에게 알리고 그를 개선하는 데 조금이라도 이바지했다는 생각이 들었습니다. 모금을 도와준 친구들을 통해 타인을 생각하는 배려의 힘을 몸소 체험했고, 다른 이들의 관심을 유도하는 방법도 알게 되었습니다. 서로가 한마음으로 나아가면 더 좋은 세상을 만들 수 있다는 믿음을 더욱 굳게 할 수 있었습니다.

다른 학생들도 모금캠페인을 하는 등 학교에 캠페인 열풍이 불며 나눔은 부메랑처럼 돌아왔습니다. 차츰 주위가 변화되는 모습을 보며 활동에 보람을 느꼈습니다. 타인을 이해하고 타인과 소통하고자 하는 진실성을 경험하며, 앞으로 '긍정의 당연함'을 실천하자고 다짐했습니다.

3번 문항 해설

하나의 에피소드에 '나눔 +배려 +협력 +갈등관리'를 다 넣으며 상세하게 쓰는 방법을 취했습니다. 단순한 학교 내 갈등과 같은 소재보다는 참신한 소재를 선택하고 싶어, 일전에 했던 캠페인을 소재로 선택하여 '나눔, 배려, 협력, 갈등관리'의 내용을 녹여내려고 했습니다.

그래서 '전 세계인의 갈등의 소재, 논란이 되는 '아동노동'이라는 갈등거리를 '관리'하는 모종의 방식으로 '캠페인'을 진행했다.'라면서 갈등관리의 내용을 적었고, 캠페인 활동을 하면서 돈을 모으고 기부한 게 나눔이자 배려의 모습이며, 동시에 그것을 혼자가 아닌 친구들을 모아서 함께 고민하고 활동했으니까 협력의 모습으로써 자기소개서를 작성했습니다. 또 한편으로는 사람들의 편견, 고정관념에 대항해서 sns에서 홍보활동을 하고, 벽보를 붙이던 모든 과정을 통해 사람들의 인식이 조금씩 바뀌는 걸 느낀 내용이 있습니다. 이것이 바로 제 가치관(=편견은 옳지 못하다)을 사람들에게 나눈 것이므로 이것 역시 모종의 '나눔'의 방식이라고 생각했습니다. 어찌 보면 사실 이것은 '끼워 맞추기'일 수도 있습니다. 하지만 대학에서 요구하는 창의성이라는 것이 바로 이러한 것일지도 모른다는 생각이 듭니다. 창의적인 발상과 활동, 충분히 만들 수 있다고 생각합니다.

4번 문항 (고려대학교 기준)

> 4. 해당 모집단위 지원동기를 포함하여 고려대학교가 지원자를 선발해야하는 이유를 기술해 주시기 바랍니다. (1000자 이내)

가치를 세우다: 우리는 하나

연단과 희주, '새터민 홈스테이'에서 처음 만났던 아이들입니다. 중학생 때부터 매년 참가해 그들과 소통하고, 북한에서의 삶과 탈북과정, 남한에서의 부적응 문제를 자세히 알게 되면서 자연스럽게 북한에 관심이 갔습니다. 작문대회, SNS 등을 활용해 그들의 삶을 알리고 따뜻한 시선과 공감을 유도하며 북한의 인권 문제도 동아리 활동 시간을 통해 많은 친구들에게 알리고자 노력했습니다.

'협상의 전략'이라는 책을 통해 휴전회담이 야기한 남북분단의 고착화와 많은 역사적 과제를 남긴 한일협정을 보며 역사적 분쟁 해결의 필요성을 느꼈습니다. 특히 파랑도의 위치도 모른 채 영유권을 주장했던 어리석은 외교를 보며 분노했습니다. 이를 통해 빈틈없이 지혜를 쌓아 지나간 과오를 바로잡고 미래지향적인 가능성을 제시하겠다고 다짐하며, 저부터 올바른 역사관을 세워야겠다고 생각했습니다.

북핵 갈등이 북한의 단순한 오기가 아니라 냉전체제에서 비롯된 문제임을 알게 되면서 해결을 위해서는 이분법적 구도에 국한되지 않은 구조적인 접근이 필요함을 깨달았습니다. 또한 역사적 배경을 종합적으로 이해해야 통일에 대한 비전과 방법을 제대로 제시할 수 있을 것이라고 생각했습니다. 현재 많은 사람들은 통일에 무관심합니다. 우리의 평화로운 미래를 위해서는 평화적인 통일이 꼭 필요하다는 저의 역사관에 따라 통일의 기초를 마련하기 위한 비전을 고려대학교에 입학하여 세우고 싶습니다. 새터민들과의 만남으로 분단과 전쟁의 아픔을 간접 체험한 후 이러한 열망과 자신감이 더욱 커졌습니다.

고려대가 '민족 고대'를 표방한다고 알고 있습니다. 그 의미는 통일된 한민족의 발전에 고려대가 앞장서겠다는 뜻이 아닐까 생각합니다. 저 또한 그 길에 꼭 이바지하고 싶습니다. 역사 문제 해결을 통해 통일에 대한 비전을 제시하고자 하는 제 꿈은, 통일을 준비하려는 고려대학교의 인재상에 부합한다고 확신합니다. 평화와 인권에 대한 신념을 바탕으로 미래지향적 비전을 가진 저는 분명 학교 발전의 주춧돌이 될 것입니다.

4번 문항 해설

> 4번 문항에 인재상을 녹이는 것이 가장 좋다는 말에, 학교의 인재상과 학과의 인재상, 그리고 지원 학과와 연관된 내용을 진로와 연계하여 쓰려고 노력했습니다. 사실 4번 문항은 학교마다 차이를 보이므로 문체와 내용 전개 방식 등에 집중하시면 좋을 것 같습니다.

전반적인 자기소개서 해설

> 저는 자기소개서가 총 4문항인 것을 활용해 4단계 발전을 거치는 방식으로 자소서를 작성했고, 동시에 이 모든 과정은 진로를 위한 탐색이었다는 것을 어필했습니다. 그것을 소제목을 활용해서 1번 문항->2->3->4처럼 발전형으로 이어지게 썼는데요, 소제목을 살펴본다면

1) 탐구공식을 만들다: 지식 연계 행동

2) 변화를 꾀하다: 하나의 밀알

　목표를 바로 세우다: 꿈의 확립

3) '긍정의 당연함'을 외치다: 나눔의 부메랑

4) 가치를 세우다: 우리는 하나

이렇게 됨을 확인할 수 있습니다. '이게 뭐가 발전형이냐!'하고 의문이 들 수도 있겠지만, 1번에선 공부를 하고 행동으로 옮기는 법을 배웠고, 이를 통해 외교관이라는 진로를 가질 수 있음을 얘기했습니다. 2번에서는 진로를 가진 후 진로와 관련된 내용을 행동으로 옮기며 변화를 꾀하였고, 난민 문제를 해결하는 외교관으로 성장하자고 목표와 꿈을 구체화시켰습니다. 3번에서는 그러한 제 목표를 다시 연관된 행동으로 옮겼고 그러면서 외교관이 가져야 할 덕목에 대해 공부하고 고민했음을 보여주었습니다. 이 모든 과정을 통해 4번에서는 제 '가치관'을 바로 세우며, '내가 이러이러한 외교관이라는 꿈을 가졌지만 거기에서 나아가 이런 것들도 배우고 싶다.'를 보여주려고 했습니다. 즉, 자기소개서 4단계 구성을 통해 점차 성장한 제 모습을 진로와 관련지으려 한 것입니다. 자기소개서 4개의 문항이 분리되어 있는 단편적인 이야기가 아니라, 하나로 연결된, 일관적인, 한 편의 읽기 쉬운 '글'을 만들고자 노력했습니다.

　제 자기소개서는 스스로의 수정과 서너 분의 선생님들의 피드백을 받으며, 9월 전에 대강 마무리하였고, 이후에는 읽어 보며 문체 수정과 내용 전개 방식을 고치는 식으로 수정을 했습니다. 5월 달에 있는 학기 중의 중간고사가 끝난 직후의 연휴에서부터 자기소개서 작성 작업을 시작해서, 간간이 학기 중에도 자기소개서를 작성했고, 그 결과 총 130-150번의 작성 및 수정 작업을 거친 후의 결과물이 바로 위의 자기소개서입니다. 많은 고민을 했고, 여러 방법과 내용으로 자기소개서를 작성하며 수없이 갈아엎고 새로 쓰며 힘들기도 했지만, 오로지 '마음가짐'으로 버티면서 학생부종합전형을 준비했습니다. 자기소개서 작성 과정은 정말 힘들고, 혼자서 보기에는 자기소개서의 문제를 발견하기가 어렵습니다. 그러므로 많이 고치더라도 그 힘듦을 감수하면서 여러 전문적인 사람들의 평가를 받아보는 것을 추천합니다. 힘든 과정이겠지만, 모두 끝까지 버티며 고민하고 작성해본다면 본인만의 특별한 자기소개서를 작성할 것이라고 확신합니다.

#3. 면접

아래의 내용은 고려대학교 입학처 홈페이지에 나와 있는 기출 문제의 자료에서 가져온 것임을 미리 밝힙니다. 실제 면접 고사장에 나왔던 문제이자, 제가 대답했던 답변을 거의 복원한 내용들로 구성되어 있습니다. 고려대학교는 제시문 면접으로 미리 제시문이 주어지면 그에 준비할 시간 12분을 주고, 6분의 면접시간이 있습니다. 이 때 시간이 어느 정도 소요되었는지는 확인이 어렵습니다.

[고려대학교 문항정보]

일반정보

유형	□ 논술고사　■ 면접 및 구술고사	
전형명	수시모집 학교장추천전형	
해당 대학의 계열(과목) / 문항번호	인문계열(오후)/문항 1~4번	
출제 범위	교육과정 과목명	독서와 문법, 사회, 사회·문화
	핵심개념 및 용어	문화변동, 세계화, 상호의존
예상 소요 시간	준비시간 12분, 면접시간 6분	

문항 및 자료

(가) 한류 콘텐츠는 한국의 독특한 민족성과 문화적 순수성을 반영하거나 아시아 정서를 반영하던 초창기 형태를 벗어나 서구 문화와의 혼종성, 즉 상이한 문화의 혼합을 특징으로 하고 있다. K팝의 경우 기존의 발라드에서 랩, 테크노 등 서구 장르를 적극적으로 도입했다. 특히 대형 기획사의 경우 외국 작곡가의 곡을 받거나 외국 작곡가와 한국 작곡가가 협력하여 함께 곡을 만드는 사례가 빈번하다. 북미 등지의 한류 팬들은 실제로 "한류가 한국적인 문화의 순수성을 고집하지 않고 서구와의 혼종화를 통해 새로운 형태의 문화 콘텐츠를 만들고 있기 때문에 이를 사랑하게 됐다"고 말한다. K팝이 한글과 영어가 뒤섞인 가사와 서구 음악 장르로 여겨지는 랩과 테크노 등을 적극적으로 활용하고 있어 해외 한류 팬들의 입장에서 이를 받아들이기 쉽기 때문이다.

(나) 대한민국 사람 중에 김치를 우리나라의 대표음식으로 꼽는 데 주저할 사람은 아무도 없다. 김치는 조상 대대로 먹던 우리 고유의 건강한 발효음식으로 생각되어 김치에 대한 한국인의 자긍심은 한없이 높다. 그런데 김치에는 뜻밖에도 우리의 고유한 문화요소 이외에 외래의 문화요소도 포함되어 있다. 현재 우리가 '김치' 하면 떠올리는 빨간 배추김치의 역사는 불과 100년 정도밖에 안 된다. 고추는 남아메리카에서 일본을 거쳐 임진왜란 이후에, 배추 개량종은 중국을 통해 조선 말기에 도입되었다. 오늘날의 배추김치는 일본과 중국으로부터 도입된 새로운 재료에 우리 조상의 지혜로운 발효기술이 어우러진 결과물이다.

(다) 대한민국이 세계 초강대국이 된 어느 날 대한민국 국민인 호성이는 A국을 방문했다. 그런데 A국에 도착하고 보니 공항의 건물을 비롯해서 나라의 모든 건물이 한옥 양식이다. 반만년의 역사를 자랑하는 이 나라의 국민들은 왜 자신의 고유한 건축 양식을 포기했을까? 호텔로 가는 택시 안에서 기사는 호성이와 한국어로 대화하기 위해 애를 쓴다. 호성이는 한국어가 세

계 공용어이므로 기사가 한국어를 하려고 애쓰는 것이 당연하다고 여기면서도 다른 한편으로는 기사가 한국어에 능숙하지 못한 것을 부끄러워한다는 사실에 의구심이 생긴다. 거리를 지나는 모든 사람이 한복을 입고 길거리 곳곳에는 한글 간판을 건 고급 식당이 눈에 띄기도 한다. 호성이가 보기에 이 나라는 의식주뿐만 아니라 거의 모든 것이 한국화 되었다. 호성이는 과연 이 나라의 정체성은 어디에 있는가 하는 의문을 갖게 되었다.

---

1. 제시문 (가), (나), (다)를 문화 혼종의 관점에서 비교하시오.

2. 제시문 (가)와 (나)를 활용하여 제시문 (다)에 묘사된 A국의 상황이 발생하게 된 다양한 원인에 대해 추측해보시오.

3. 제시문 (가), (나), (다)를 읽고 한국 고유의 전통문화를 강조하는 태도에 대해 의견을 말해보시오.

4. 지원 전공분야에서 문화 교류를 통한 혼종화의 사례를 찾아 설명하시오.

나의 답변

*제 답변들은 모 입시 사이트에 올렸던 제 면접 후기 글을 옮겨 적은 것으로 출처를 밝힙니다.

1번

 답변하겠습니다. 제시문 (가)에 보시면, K팝 음악 가사에 한글과 영어가 뒤섞여 있다는 것이라 나와 있습니다. 이를 바탕 했을 때 제시문 (가)는 A라는 문화요소와 B라는 문화요소가 만났을 때 함께 존재하는 '문화 공존'의 개념이라고 생각합니다.
 다음으로 제시문 (나)에는, 우리의 전통음식인 김치에는 우리의 고유요소에 여러 외래문화요소가 합쳐져 현재 우리만의 김치가 탄생했다는 내용입니다. 따라서, A라는 문화요소와 B라는 문화요소가 만나 새로운 C의 문화를 만드는 '문화 융합'의 개념이라 생각합니다.
 제시문 (다)는 초강대국인 대한민국의 문화를 A국이 따라하는, A국의 문화가 편입되는 내용입니다. 이를 통해 제시문 (다)는 '문화 동화'의 개념이 사용되어있습니다. 추가적으로 문화동화는, 자국의 정체성을 상실할 우려가 있다는 것이 단점입니다.

2번

 답변하겠습니다. 현재는 과거와 달리, 기술의 발달로 인해 각국의 문화 교류가 활발한 세계화, 지구촌의 시대입니다. 이러한 상황 속에서 다양한 문화 융합, 문화 공존이 나타나게 되는데, 이것이 지나치다보면 '초강대국'인 대한민국의 문화를 동경하게 되는 경향, 즉 문화 동화가 나타날 수 있습니다. 왜냐하면 초강대국의 질서에 맞게 따르지 않으면 문화적 고립이 일어날 수도 있기 때문입니다.

3번

 네. 저는 '한국의 고유한 전통 문화를 강조하는 태도'자체는 나쁘지 않다고 생각합니다. 하지만, '문화의 샐러드 볼'이론처럼 우리의 고유한 문화를 강조하되, 다른 문화에 대한 포용과 인정을 하는 자세가 필요하다고 생각합니다.

앞서 말씀드렸다시피 현재는 세계화의 시대입니다. 현재는 '글로컬리즘'의 실현이 필요한 시대입니다. 글로컬리즘은 세계통합주의와 지역중심주의가 합쳐진 말로써, 우리가 세계화 속에서 각 지역, 사회, 국가의 전통을 강조하면서도 함께 어울려야 함을 뜻합니다. 따라서 이렇게 글로컬리즘을 실현하면서 한국, 우리나라의 문화를 추구한다면, 비로소 '가장 한국적인 것이 가장 세계적인 것이다.'라는 말을 실현할 수 있을 것입니다.

4번

제시문 (가),(나)는 앞서 답변 드린 것처럼, 문화 융합과 문화 공존의 개념이 사용되어 있습니다. 이를 제 지원학과와 관련지을 때 제가 생각한 것은 '동아시아의 공통요소'입니다. 동아시아의 공통요소에는 '한자, 율령, 불교, 유교 그리고 젓가락 등'이 있습니다. 이렇게 우리는 예전부터 중국에서 한국, 일본, 북한, 베트남 등 동아시아에서 서로 문화교류가 활발히 있었음을 알 수 있습니다. 하지만 이렇게 각국으로 문화가 전파되는 것에서 끝나지 않고, 각국은 전파된 문화요소를 자국만의 고유함으로 주체적인 발전을 이뤘습니다. 예를 들어, 중국에서 성리학은 우주의 운행에 관한 학문이었습니다. 하지만 이것이 한국으로 넘어와서는, 이이와 이황의 사단칠정 논쟁, 이기론 등을 통해 '인간의 본질'의 영역으로 확대되는 등 우리만의 고유한 학문으로 발전시킬 수 있었습니다.

종합하자면, 현재는 세계화의 흐름에 있기 때문에 자문화만을 고집하는 배타적 민족주의의 자세를 지양해야 합니다. 문화 교류, 공존, 융합을 하면서도 동시에 세계화 속에 어울리면서 자국의 문화를 추구하는 것이, 현 세대에 필요한 과제라고 생각합니다!

면접 답변 해설

저는 1차 합격 발표가 나고 4일 후가 면접날이어서, 4일 동안 매일 2-3시간 정도 학교에서 준비했는데 무난히 합격할 수 있었습니다. 앞서 면접 대비요령에서 말했지만, 면접할 때 중요한건 '자신감 있는 태도, 큰 목소리, 적절한 억양, 지속적인 아이 컨택'이라고 생각합니다. 실제로 저 역시 메모에 정리를 하긴 했지만, 면접 볼 때는 메모를 단 한 번도 보지 않았는데, 그러다 보니 교수님이랑 계속 눈을 마주칠 수 있었고 교수님도 고개를 계속 끄덕거려주시니까 말을 하면서 자신감이 계속 붙을 수 있었습니다. 면접 당일에는 자소서, 생기부를 볼 필요 없이 생활과 윤리, 윤리와 사상에 나오는 사상가라든가, 사회문화에 나오는 개념 정도를 숙지하고 갔습니다. 면접 시간이 남은 경우에는 본인이 대답했던 답변이나 혹은 생활기록부나 자기소개서에서 추가질문이 들어올 수 있는데, 6분이라는 주어진 시간 동안 제시문에 대한 답변을 매우 충분히 한다면 추가질문에 대해 걱정하지 않아도 된다고 생각합니다. 추가질문에 대한 부담이 있는 경우 시간을 알차게 쓰면 되는 것입니다. 물론 적절한 속도로 말을 해야 하는데, 만일 긴장으로 인해 말이 빨라진다면 득이 없는 실만 있을 것입니다. 한편, 두괄식 표현으로 대답을 하는 것이 청자에게 훨씬 좋습니다. 또한, 제시문에 대답할 때에 ' 제시문 내용 간략한 분석(요약) -> 내 생각 -> 예시(근거) -> 종합'하는 순서로 답변했습니다.

#4.생활기록부

 제 학교생활세부사항기록부(생활기록부)는 총 26장으로, 제 스스로는 많은 편은 아니라고 생각합니다. 사실 생활기록부 자체는 양으로 승부하는 것이 아니라, 그 안에 담겨 있는 내용, 즉 '질'로 승부를 보는 것입니다. 하지만 질이 좋을수록 양이 많아지는 것이라고 생각합니다. 그러므로 생기부의 질적인 측면을 본인의 진로, 다양한 활동 탐구심과 연결하여 채우는 것이 중요할 것입니다. 지금부터 제 생활기록부의 이모저모를 살펴보려 합니다.

(1)출결, 수상경력, 자격증 및 인증 취득상황
 3년 간 2년의 개근과 1번의 질병지각이 있고, 당연하게도 무단은 한 번도 없습니다. 가장 좋은 출결상황은 무결점, 즉 3년 간 개근이 가장 좋다고 단언합니다. 수상은 교과우수상을 포함하여 총 46번입니다. 수상경력은 '교과우수상, 모범학생 표창장, 각종 교과목 경시대회, NIE대회, 나의 꿈 발표대회, 독후감대회, 근로상, 논문 대회, 한글날 기념 대회, 자기소개서 대회, 독도 대회, 신문기사 작성대회, 시 작성 대회, 사회과학 탐색대회, 학습 플래너 경시대회' 등에서 여러 번 수상했습니다. 지원 학과와 관련된 수상도 꽤 여러 번 있습니다. 1위한 경력보다는 2,3위를 했던 경력이 더 많으며, 자격증 및 인증 취득 상황은 없습니다.

(2)진로희망사항
 특기 또는 흥미는 1,2,3학년 내내 유사한 내용이며, 진로희망은 1학년 때 바뀐 후 2,3학년은 통일되고 더욱 구체화되었습니다. 학생과 학부모의 진로희망은 모두 일치하며, 희망사유의 경우는 '외교관'이 되고 싶어 하는 이유를 구체적으로 서술했습니다. 이 때 평소에 관심이 많았던 분야와 해결하고 싶은 일들, 그를 위해 활동한 내용들과 느낀 점을 함께 쓰면서 진로를 희망하는 사유를 분명하고 같은 내용으로 일축했습니다. 2학년에서 3학년의 진로희망은 조금 더 구체화되었지만 큰 맥락에서 같은 내용이며, 희망사유는 일맥상통하되 3학년 때 더욱 새로운 시각을 추가했습니다.

(3)창의적 체험활동상황
·자율 활동
 2년 간 학급 반장을 하고, 학생회 임원의 자격으로 활동했습니다. 학교 체육대회, 수학여행, 수능 격려식, 애플 데이 행사, 간부수련회와 같은 학교 행사와, 학급 행사에는 모두 적극적으로 참여했으며 매번 점심, 석식 시간과 수업 시간의 학습 분위기를 주도했습니다. 학교 주관 대회에는 모두 참여해서 대부분 수상을 했고, 학교 주관의 대회에 참가한 이유와 참가했을 때의 내용, 참가 후의 느낀 점을 기록했습니다. 또한, 학교와 학교 간의 공동 행사에 참가해 우수한 결과를 얻었던 것과, 학교 전교생 앞에서 2번 이상 연설을 했던 내용을 적었으며, 학교 축제의 사회자로 활약했던 내용을 적었습니다. 이 외에도 타 학급에 들어가 멘토링 활동을 했었고, 감염병 예방을 위한 포스터를 제작하고 게시하는 캠페인을 벌였었고, 학교폭력 예방 캠페인을 하고, 희망 나눔 캠페인의 일환으로 모금행사에 참가하고 손글씨 캠페인 등을 했습니다. 1인 1역할을 맡고 그에 충실했었으며, 입학행사 때 주도적인 역할을 맡았었습니다.
 진로와 관련되어서는, 자기소개서에 기록했던 '난민 관련 라디오 투고'활동과 '5·18 민주화운동 기념 캠페인'활동을 벌였고, 신문을 제작해 게시했습니다. 또한, 세계 여성 인권에 관련된 주제로 '조혼, 위안부 문제, 여성 할례' 등의 문제를 조사하고자 동아리를 만들어 극복 방안을 포스터로 만들어 게시했고, 3월8일 세계여성인권의 날을 맞이하여 학생들과 함께 사진을 찍고 SNS에 홍보하는 캠페인을 진행했습니다. 위안부 문제 연합 동아리에도 참가하여 활동했으며, 언어와 관련된 대회와 활동도 많이 했습니다.

·동아리활동

1학년 때에는 토론 동아리를 하면서 논리적으로 말하는 방법을 익혔고, 중간에 역사 관련 동아리로 바꾸어 진로와 관련된 활동을 했습니다. 동시에 학교 근처의 산을 등반하는 동아리 활동을 하며 체력을 키웠고, 자생 동아리인 '국제적 활동 동아리'를 만들어 정규 동아리와 개별적으로 활동하며 진로와 관련된 활동을 했습니다. 2학년 때에는 역사와 외교와 관련된 동아리의 부회장을 맡아 진로와 관련한 다양한 활동을 했으며, 동시에 역사탐방동아리에 들어 활동하고, 논문동아리를 만들어 활동했습니다. 3학년 때에는 종합적인 동아리에 들어서 관심 있던 분야인 북한에 관련하여 'UN인권이사회 북한인권조사위원회 보고서'를 활용하여 발표하였고, 자생동아리를 만들어 미국 대선과 관련한 토의를 진행하며 외교관과 관련된 활동을 했습니다. 또한, 여성인권관련캠페인(2개), 5·18관련캠페인, 6·12 세계아동노동 반대의 날 기념 캠페인 등 캠페인을 할 때마다 일시적인 동아리를 조직하여 활동했습니다. 3년 간 일정한 같은 동아리 활동을 한 것은 아니지만, 결국 진로로 귀결되는 동아리 활동을 하면서 동시에 다양한 동아리 활동을 했습니다.

·봉사활동

교외활동(학교 외부활동)으로 1학년 때에는 봉사시간을 받으며 '청소년 축제 추진위원회'활동을 하며 거주지역의 청소년 축제를 기획하고 총괄하는 활동을 했고, 2학년 때에는 해외로 봉사활동을 나갔으며, 교내활동으로 3학년 때에는 '멘토링 재능기부'를 통해 여러 교과목을 친구들에게 자진하여 설명해주는 활동을 했습니다.

·진로활동

진로시간에 했던 모든 것들이 기록되어 있으며, 그 외에 진로 관련 직업인 특강을 여러 차례 듣고, 인터뷰를 하며 개인 면담을 했고, 나의 꿈 발표대회를 통해 진로에 대해 확신을 가지는 활동을 했습니다. 또한, 여러 대학교의 입시설명회를 스스로 찾아가고, 대학 박람회에 다녀오는 등 입시에 관련하여 지식과 정보를 얻고자 했고, 지역에서 주관하는 자기소개서 작성 강연 등에도 참가해 자기소개서 작성과 면접 관련 정보를 얻었습니다. 또한 대학에서 주관하는 1대1 모의면접을 통해 입시 준비를 했으며, 진로와 관련되어 다양한 리서치를 하고, 각종 학교 대회에서도 진로와 관련된 내용으로 구성하는 등의 노력을 했습니다. 선후배와 만나 진로탐색에 대해 멘토링을 주고받기도 했으며, 외교부 관련 특강에 참가하고 질의응답시간을 통해 필요한 정보를 습득했습니다.

(4)봉사활동실적

총 봉사시간은 3년 간 합쳐서 280시간 정도이고, 세부적으로 1학년 때 170시간, 2학년 때 90시간, 3학년 때 23시간입니다. 교내에서 하는 봉사활동 말고, '청소년 사회문제 연구 및 해결방안 제시 활동/ 토론활동 및 캠페인 활동/ 청소년 축제 추진위원회 봉사 활동/ 박물관 행사 지원 활동/ 지역 축제 서포터즈 활동/ 사랑의 집(사회복지) 청소, 어르신 보조, 환경 미화 활동/ 지역 축제 부스활동/ 문화재 지킴이 활동/ 우유배달 활동/ 대한민국 청소년 자원봉사단 활동/ 걷기대회를 통한 환경정화 활동 캠페인 / 기아체험 난민 걷기대회 활동/ 천사노인요양원의 정서지원 활동'들이 있습니다. 진로와 연관된 활동도 다수, 그렇지 않은 활동들도 다수 있습니다. 여러 활동을 통해 다양성을 드러내고자 했고, 인성과 관련된 활동도 했습니다.

(5)교과학습발달상황, 세부능력 및 특기사항

성적은 앞서 말했듯이 고려대 1.35/한양대 1.28/ 중앙대 1.35/ 한국외대 1.12입니다. 세부능력 및 특기사항은 전 과목 선생님들께서 성실하게 적어주셨으며, 문과임에도 수학, 과학, 화학, 기술가정, 지구과학, 일본어, 한문, 미술 등 다양한 과목의 선생님들의 평가가 기록되어 있습니다. 모든 과목을 진로와 연관 지으려 노력했으며, 수업 중 했던 토론, 발표, 조별 활동 등의 내용이 전반적으로 좋게 평가되어있습니다. 모든 학급 내 활동에서 조장, 팀장을 맡아 주도적인 위치에서 활동했습니다. 또한, 방과 후

보충 수업을 들은 것과 학교 자기주도 학습반에 들어가 공부했던 것, 학급 내 공부 동아리를 조직했던 것, 지역 교육 지원청에서 주관한 논술 강의를 들은 것, 영어 원서 최다 독서 학생으로 선정된 것 등 교과목에 관련된 전체적인 활동이 기록되어 있습니다. 또한, 모든 선생님들께 평소에 제 진로와 관련하여 많은 이야기를 나눈 탓에 세부능력 특기사항에도 선생님들께서 진로와 관련하여 제가 한 활동과, 진로에 적합하다는 평가 등을 적어주셨습니다.

(6)독서활동상황

 3년 간 총 독서량은 50권으로, 1학년 때 12권, 2학년 때 18권, 3학년 때 20권을 읽었습니다. 1학년 때에는 역사, 환경, 미술, 인생, 외교 등 다양한 분야의 책과 소설, 시집 등을 읽었습니다. 2학년 때에는 조금 더 진로에 특화되어 인권, 인종, 국제분쟁, 세계 문제, 외교, 경제, 법에 관련한 책을 읽었고, 또한 루소의 책, 장자의 책 등 고전 철학과 관련된 책들을 읽었으며, 소설, 인생에 관한 책 역시 읽었습니다. 3학년 때에는 외교와 사회 문제, 정치 문제에 집중하여 영어 원서, 정치철학, 역사, 경제, 환경과 생태에 관련한 지리, 외교, 인권, 인종, 국제분쟁, 경제 등의 분야의 책을 읽었고, 또한 소설과 수학 관련 저서를 읽기도 했습니다. 단순히 책을 읽었다는 내용에 그치는 것이 아니라, 책을 읽고 어떤 것을 느꼈는지에 초점을 맞추어 기록되어 있으며, 자기소개서에 작성했던 팔레스타인과 관련된 책은 2,3학년 때 더욱 수준 높은 책을 선정하며 읽었습니다. 또한, 자기소개서 전반의 설정인 '사회문제에 관련해 문제의식을 느끼는 학생'과, '인권 관련 활동'을 하는 모습은 독서에서 영향을 받은 것을 확인할 수 있습니다.

(7)행동특성 및 종합의견

 선생님들께서 저라는 사람을 총체적으로 평가한 내용이 드러나 있습니다. 리더십, 책임감, 성실, 배려, 탐구, 관계지향성, 긍정과 같은 덕목별로 나누어 관련 사례들과 함께 기록이 되어 있으며, 진로에 관계된 내용 역시 상세하게 적혀 있습니다. 매년 스터디그룹을 만들어 친구들과 함께 공부했던 내용이 기재되어 있고, 학급 간 갈등을 관리한 것, 선생님과 학생의 갈등을 관리한 내용이 적혀 있으며, 전교생 대상으로 했던 방송국 행사 등에서 기지를 발휘했던 내용, 급식질서지킴이 활동, 자기주도적 학습의 내용 등이 적혀있으면서 선생님들의 긍정적인 평가가 반영되어 있습니다. 이 모든 것은 평소에 제가 먼저 선생님들께 다가가고 그 분들과 스스럼없이 지내며 솔직한 제 생각과 현 상황을 공유하였기에 생긴 결과라고 생각합니다.

글을 마치며

 남들보다 특출 나게 잘난 생활기록부, 자기소개서, 내신 성적, 면접 답변은 아니지만, 3년간 열심히 활동했던 결과물이고, 선생님들께서 함께 만들어주신 하나의 완성물입니다. 대학 합격 후 느낀 것은, 숫자는 수치에 불과하다는 것입니다. 아무리 봉사시간이 많더라도, 독서량과 수상 실적이 많더라도, 내용이 별로이면 아무 소용이 없습니다. 가장 중요한 것은 본인이 '얼마나 열심히 노력했는가'를 담고 있는 '내용'입니다. 본인이 열심히 달렸고, 그것을 선생님들께서 동행해주셨고, 나의 진가를 선생님들께서 알아봐 주신다면 그것이 완성되고 가치 있는 생활기록부입니다. 남들과 비교하며 생활기록부 작성에 전전긍긍하지 말고, 본인만의 이야기가 제대로 담겨 있는 생활기록부를 만들 수 있도록 노력하는 것이 필요합니다. 그렇게 만들어간 생활기록부의 소재를 통해 자기소개서를 작성하고, 면접을 준비한다면, 그것이 바로 학생부종합전형의 합격의 길일 것입니다.

http://www.suneungskill.com/shop/ 에서 이 책의 저자들에게 자소서 첨삭을 받을 수 있습니다(유료)

02

학생부 종합전형 실전 가이드

주현지
(고려대학교 역사교육과 학교장추천전형, 한국교원대학교 역사
교육과 학생부종합전형, 이화여자대학교 사회과교육과 지역인재
전형 합격)

* 학생부종합전형이란?

학생부종합전형은 학교생활기록부, 자기소개서, 교사추천서 등을 종합적으로 평가하는 전형입니다. '종합적으로' 평가한다는 것은 어떤 것이 더 중요하거나 덜 중요하지 않다는 말입니다. 특목고를 위한 전형이라는 인식이 있지만 주변 합격자를 보면 꼭 그런 것만은 아닌 듯합니다. 대부분의 대학교에서 지원자가 지원한 고등학교에 대한 소개서나 자료를 갖고 있습니다. 내신을 단편적인 숫자로만 평가하지도 않습니다. 표준편차나 재적인원 등을 고려하여 평가합니다. 따라서 학생부종합전형은 주어진 환경 내에서 얼마나 노력해왔는지를 과정적으로 평가하는 전형이라고 이해하시면 되겠습니다.

저는 고등학교에 들어가서 처음 모의고사를 쳐보고 수능을 통해선 절대 나의 입시가 성공할 수 없음을 직감했습니다. 무엇보다도 제 인생이 '수능'이란 한 번의 기회로 결정 난다는 것이 너무 싫었습니다. 그때 적극적으로 입시공부를 해서 알게 된 전형이 바로 학생부종합전형입니다.

- 이런 사람에게 적합하다

→ 자기 자신을 잘 아는 사람
→ 명확한 미래상이 있는 사람
→ 스토리텔링을 잘하는 사람
→ 인생이 한 번의 시험에 좌우되기 싫은 사람

- 학생부종합전형은 다 똑같은가?

 학생부를 평가한다고 해서 다 동일한 전형은 아닙니다. 자세히 반영 비율을 살펴보면 같은 학생부종합전형으로 분류되지만, 교과의 비율이 더 높은 곳과 비교과만을 보는 곳 등 다양한 형태가 있습니다. 자신이 어떤 분야에서 강점을 보이는지 파악하고 유리한 전형으로 지원하는 것이 승부수가 될 수 있겠습니다. 이화여대 지역인재 전형의 경우엔 수능최저도 없고 자기소개서도 반영하지 않아서 별다른 부담 없이 지원할 수 있지만, 반대로 면접을 수능 전에 봐야한다는 지방 학생에겐 엄청난 부담요소가 있습니다. 또한 수능 이전에 최종 합격·불합격 여부가 발표되는 대학의 경우에는 자신의 정신력이 매우 약하거나, 수능을 정말 잘 볼 자신이 있는 학생에게는 불리할 수 있습니다. 이런 것들을 다 고려해서 자신에게 유리하고, 그다지 부담스럽지 않은 선에서 지원하는 것이 필요합니다.

Step1. 진로 설정하기

1-1. 생각하는 시간 만들기

수년간 대한민국 공교육을 받으면서 나 스스로에 대해 진지하게 고민해온 사람은 극히 소수일 것입니다. 막연히 되고 싶은 단어로의 직업만 있을 뿐, 내가 어떤 능력이 있고, 어떤 특성인지 알지 못하고 있습니다. 이 상태에서 '나'를 끊임없이 어필해야 하는 학생부종합전형은 어렵기만 할 것입니다. 본격적으로 입시에 들어가기 이전에 여유를 가지고 온전히 내가 생각하는 나를 그리는 시간을 꼭 가져야 합니다. 이 작업을 거치는 것은 입시에 성공하기 위해서 뿐만이 아니라, 입시 이후 대학에서 나의 삶에 방향을 결정하기 위함이기도 합니다. 보통 자기소개서를 쓰기 전에 '나'에 대해 생각해본 적이 없기 때문에 주변 사람들에게 "나는 어떤 사람이냐"고 묻는 경우가 많습니다. 주변 사람이 보는 나의 모습에만 100% 의지하여 나의 진로를 결론지으면 장기적인 관점에서 내가 진짜로 하고 싶었던 일이 아닐 가능성이 큽니다. 입시라는 당장 눈앞에 있는 단기적인 목적도 중요하지만 내 인생을 진지하게 고민한다는 마음가짐으로 꼭 해보시길 바랍니다.

우선은 나 자신과 대화하는 시간을 가져야 합니다. 즉, 온전히 혼자서 생각하는 시간을 가지는 것이 필요합니다. 공부하기 바쁜데 시간이 아까우신 분들은 매일매일 자기 직전에 눈 감고 10~20분 정도라도 생각하시는 것을 당부드립니다. 나는 어떤 수업을 들을 때 재미가 있고, 어떤 활동을 할 때 의미가 있다고 느끼고 있는지부터 시작해서 깊게는 무엇을 위해 살아가는지와 같은 철학적인 질문까지 나아가다 보면 나에 대한 이해가 늘어날 것입니다. 사실 저는 어떤 공부보다 이 시간이 장기적인 관점에서 소중하다고 생각해서 자주 '나'에 대해 고민하는 시간을 가졌습니다. 약간 청춘 드라마 같지만 순환버스를 타고 생각에 잠기는 시간이 가장 재밌었습니다.

1-2. 객관화하기

주관적인 나의 모습에 대한 윤곽이 잡히면 내가 내린 평가가 적절한지 객관화하여 분석해보아야 합니다. 혹은 앞선 단계에서 내가 어떤 사람인지 도저히 감이 잡히지 않는다면, 남(대표적으로 교사가 있다)이 바라본 객관화된 나의 모습을 살펴보는 방법이 존재합니다. 학교생활기록부가 바로 그것인데, 찬찬히 읽어보면 내가 생각하지도 못했던 나의 활동들이 어느 분야에 치우쳐져있음을 발견할 수도 있고, 내 성향이 어떤지 파악될 것입니다. 본인 같은 경우에는 학교생활기록부를 살펴보니 전혀 관계없는 활동을 나열식으로 한 것 같았는데, 그 활동들이 어떠한 키워드로 하나로 엮이고 있었습니다. '역사'와 '교육'이 바로 그것입니다. 교내 논술동아리에서 동북공정에 대해 발표를 했던 일이 기록되어 있었고, 영작문 동아리에서 '학생들이 한국사를 기피하는 이유'에 대한 영어기사를 작성하기도 했습니다. 우연한 기회로 교육청에서 문화재 소개 UCC제작 과정에 참여한 것도 발견할 수 있었습니다. '아, 내가 제법 역사에 흥미를 갖고 있구나.'라는 사실을 깨달은 후 본격적으로 역사로 파고드는 활동을 하였습니다. 이런 식으로 담임 선생님께 부탁하여 자신의 학교생활기록부를 점검하는 일은 자신이 인식하고 있지 못했던 자신의 강점이나 개성을 발견할 수 있는 좋은 방법이 될 수 있습니다.

1-3. 현장에서 부딪치기

역시 직접 관련된 일을 해보는 것보다 흥미를 판단하기 쉬운 방법은 없습니다. 일단 내가 관심 있는 분야의 행사가 열리면 최대한 참석하려고 노력했습니다. 호텔관광업에 관심이 있던 시기에는 해외유명 호텔학교 입학설명회에 참석해서 학교 관리자와 얘기를 나눠보기도 했고, 법·경찰 분야에 관심이 있던 시기에는 구치소나 법원에 견학을 가기도 했습니다. 직접 현장에서 부딪치고 직업에 종사하는 분과 얘기를 나누다보니 내가 상상했던 것과 다른 현실들이 있었습니다.

딱히 하고 싶은 것이 없다면 경험지반을 넓혀간다는 생각으로 그 시기에 교육청에서 진행하는 진로탐색 행사에 적극적으로 참여하시는 것을 권장해드립니다. 학생부에도 착실히 기록으로 남고 진로 고민까지 해결할 수 있으며, 교육청 주관으로 진행되기 때문에 높은 확률로 퀄리티도 좋습니다. 지금 3학년이라면 무리해서 이런 활동을 하는 것을 추천하지는 않습니다. 진로 탐색은 1,2학년 때 끝내놓는 것이 좋습니다.

[현장활동 예시]

1. 입학설명회
-. 대학 전체로 열리는 입학설명회도 있지만 특정 과에서 개최하는 '오픈 캠퍼스'같은 행사도 있다. 관심 학과에 재학 중인 학생과 Q&A시간도 가지고 전공교수가 강연을 하는 경우도 있다.
-. 해당 학과에서 구체적으로 어떤 공부를 하는지부터 학과 분위기는 어떤지 세부적으로 파악할 수 있기 때문에 좋은 기회가 된다.
-. 또한 학습 동기까지 부여해서 슬럼프가 찾아올 때 가면 좋다.

2. 직업체험&직업현장방문
-. 주로 현장업무의 경우에 학생에게 체험을 할 수 있도록 기회를 제공하기도 한다.
-. 직접 해당 업무를 해보지는 않더라도, 노동현장을 찾아가보는 것 자체로도 도움이 된다.
-. 직접적으로 현장에서 체험경험을 할 수 없다면, 간접적인 경험을 해볼 수 있다. 예를 들어 교사체

험은 또래 멘티·멘토제를 이용하여 친구를 가르치는 경험을 하는 것이 있겠다.

3. 직업종사자 인터뷰
-. 직접 원하는 직업에 종사하는 분을 섭외하여 인터뷰를 해볼 수도 있다.
-. 개인이 찾아가기보다는 동아리 기획으로 실행하는 것이 학생부에 기록으로 남기기 쉽다.
-. 미래 해당 진로에서의 롤모델을 확보할 수도 있고, 해당 직업의 현실적인 모습에 실망하고 돌아올 수도 있지만 어느 방향으로든 도움이 된다.

Step2.　목표대학 정하기

2-1. 나에게 맞는 대학 찾기

성적에 맞춰 막연하게 대학을 정하는 것만큼 학생부종합전형에서 어리석은 일도 없을 것입니다. 학풍, 학교 분위기, 학교의 역사를 살펴보면 나와 맞을 것 같은 대학들이 있습니다. 그리고 일단 학교를 명확히 정해놓으면 그 학교에 대해 깊숙이 파고들 수 있습니다.

앞서 자기 자신의 진로 혹은 진학 학과를 결정하는 과정을 거친 후 대략적으로 인터넷 검색을 하면, 그 분야에서 강점을 보이는 대학들이 있습니다. 만약 그 분야로 깊이 파고들 생각이 있다면 학교 네임드보다는 학계에서 알아주는 교수들이 있는 학과에 진학하는 편이 장기적인 관점에서 훨씬 도움이 됩니다. 사범대학에 대한 이야기를 해보자면, 본인이 확고하게 교사의 길을 걷겠다는 확신이 있으면 임용고시 준비를 학교에서 함께 도와줄 수 있는 환경에 진학하는 것이 맞습니다. 학과에서 얼마나 임용에 대한 중요성을 인식하고 이를 지원해주는지 꽤 학교마다 편차가 큰 편입니다. 아무래도 수도권 사립 사범대학 같은 경우에는 진로가 다양하다보니 임용에 대한 지원도 적은 편이고, 과 분위기도 그다지 임용에 집착하지 않아 3~4학년부터 여유롭게 공부를 시작하는 편입니다. 이런 것들을 확실히, 제대로 알아보고 대학을 정해야 합니다. 그렇지 않으면 대학에 온 후, 후회하고 반수를 하게 됩니다.

저는 이대의 경우에는 최초 합격이 아니고 이미 대학 등록을 마치고 난 뒤 늦은 추가 합격 통보를 받았습니다. 그렇지만 고려대는 최초합이었습니다. 이 사례가 바로 사람마다 어울리는 대학이 있다는 것을 증명한다고 생각합니다. 대학마다 원하는 인재상이 있고 자신과 가장 적합한 인재상을 원하는 학교에 지원하면 합격률도 올라가고, 재학 중에 만족도도 올라가는 것 같습니다.

더 섬세한 접근을 원하신다면 학과에 대해서도 나의 적합성을 미리 판단해보시는 것을 추천 드립니다. 같은 이름의 학과라고 하더라도 추구하는 인재상이 다르며, 강점을 보이는 연구 분야도 각자 다릅니다. 예를 들자면 같은 '역사교육과'라고 하더라도 '역사학'에 강점을 보이는 학과가 있고 '역사교육학'에 강점을 보이는 학과가 있습니다. 이런 것을 알아볼 수 있는 법은 교수진의 분포도를 보는 것과 졸업생의 진로를 통해 보는 방법이 있습니다. 가장 좋은 방법은 주변에 재학생이 있어서 직접 물어보는 것이겠지만, 앞선 방법을 통해서 충분히 유추해낼 수 있습니다.

2-2. 대학 특성 공부하기

어느 대학에 지원할지 정했으면 면접 전날까지 대학 홈페이지에서 살아야 합니다. 입학하고 싶은 학교의 입학처들을 가장 먼저 뜨는 홈페이지로 등록했습니다. 운 좋게 그 학교에서 고등학생을 대상으로 진행하는 프로그램들이 뜨면 누구보다 빠르게 신청해야합니다. 대부분 대학에서 진행하는 프로그램은 인증서를 발급해주며 생활기록부에도 올라가는 활동입니다. 오랜 기간 동안 지원하려는 학교에 관심이 많았던 것을 증명할 수 있게 됩니다.

그리고 해당 대학에서 진행하는 입시설명회는 특별한 일이 없으면 꼭 참석하는 것이 좋습니다. 가장 정확한 정보를 확실하게 얻을 수 있는 곳이기 때문입니다.

수능을 친 이후 본격적인 대학 특성 공부에 돌입해야합니다. 저는 지원한 학과 홈페이지에 등록된 소개글을 모두 복사해서 틈이 날 때마다 읽었습니다. 학과연혁이나 교수진, 커리큘럼, 학과 소모임 등 모든 것을 숙지하겠다는 마음가짐으로 공부했습니다. 여기서 저는 너무 간절했기 때문에 각 교수님께서 어떤 연구를 진행하시는지 어떤 논문을 쓰셨는지도 조사했었습니다. 하지만 시간이 촉박하다면 굳이 여기까지는 하지 않아도 될 듯합니다. 고대 같은 경우에는 구술면접이었기 때문에 구술문제를 주어진 시간보다 빠르게 답변했을 경우 남은 시간을 채워야하니까 추가질문을 합니다. 자신이 지원한 대학의 면접이 어떤 형태인지에 따라 심화학습이 필요한지 아닌지 스스로 판단하기 바랍니다. 수능이 끝나면 시간적 여유도 제법 있고 꽤나 심심하기 때문에 학과 홈페이지보다 좀 더 심화된 접근을 추천 드립니다. 요즘 대학생활은 SNS를 중심으로 돌아가고 있습니다. SNS검색창에 '대학명 학과명'으로 검색하면 대부분의 학과 페이지나 그룹이 뜹니다. 대학생활을 미리 간접 체험할 수도 있고, 학과의 가장 최신 이슈까지 관찰할 수 있으니 최고의 페이지라고 할 수 있겠습니다. 공식 학과 홈페이지는 업데이트가 느린 편인데, 실제로 '이 학교 학생이 된다면 어떤 활동을 가장 하고 싶냐?'는 질문에 홈페이지에 나와있던 학회를 하고 싶다고 대답했었는데 입학 후 알고 보니 그 학회는 몇 년 전에 없어진 학회였습니다. 뭐 합불에는 영향을 미치지 않는 것 같지만 요지는 공식 홈페이지는 업데이트가 느린 편이라는 것입니다.

+) 원서를 넣을 때 전형 일자도 꼭 고려하셔야 합니다. '같은 날 오전 오후 면접이면 괜찮겠지'라는 여유로운 생각은 전형 당일에 당신을 패닉으로 이끌게 합니다. 우선순위를 생각해서 신중하게 결정하십시오.

Step3. 학교생활기록부 관리하기

학생부종합전형이라는 이름에도 드러나듯 학교생활기록부의 중요성은 말로 다 표현할 수 없습니다. 그렇다면 이렇게 핵심적인 학생부는 어떻게 관리하며, 애초에 관리가 가능한 것일까요? 대답부터 하자면 당연히 관리가 가능하고, 학생부종합전형을 생각하고 있다면 마땅히 관리를 해야 합니다. 학생부종합전형이 생긴 이래로 차츰 각 학교에서 교사들을 연수를 보내는 공을 들여 학생부를 풍성하게 작성하도록 교육하기도 합니다.

그러나 당신이 만약 평범한 지방 인문계 고등학교의 평범한 담임 선생님을 만나왔다면, 당신의 학생부는 높은 확률로 기본적인 것만을 추구하는 무미건조함이 넘칠 것입니다. 이 경우엔 어쩔 수 없이 우리의 '노력'으로 풍성한 학생부를 만들어낼 수밖에 없습니다. 저 역시 학생부 종합전형을 준비하면서 가장 크게 느낀 점은 '내 학생부는 누구도 책임져주지 않는다.'는 것입니다.

물론 이때의 만들어낸다는 것은 전혀 존재하지 않았던 '무'에서 거짓으로 '유'를 창조해내는 것은 절대 아닙니다. 학생은 당연히 평소에 충실하게 학교생활에 임하고 있다는 전제가 있어야 합니다. 이를 통해 기본적으로 교사와의 신뢰가 형성되어 있어야 함을 알아내실 수 있을 겁니다. 본인이 교사라고 생각해봅시다. 수업시간에 매일같이 졸고, 매일 지각하는 학생이 무작정 '내가 이런 활동을 했으니 적어 달라'라고 요구하면 어느 교사가 적어주고 싶을까요. 가장 좋은 것은 교사가 먼저 '이 학생은 내가 먼저 도움을 주고 싶을 정도로 좋은 사람이다.'라는 생각이 들 정도로 신뢰감을 주는 것입니다.

말로만 보면 당연한 사실인 것 같지만, 그런 신뢰감을 형성하는 것은 상당히 막막할 것입니다. 학교생활기록부에는 과목별 특기사항도 적히는데, 담임 선생님 이외에 교과 선생님과는 어떻게 신뢰관계를 만들어가는지 막막하기만 할 것입니다. 이때 필요한 것이, 상대방의 입장에서 생각해보기입니다. 내가 비담임 교과담당 교사인 상황입니다. 어떤 학생이 가장 기억에 남을까요? 바로 내가 열심히 준비해간 수업에 적극적으로 참여하는 학생입니다. 또한 성적까지 우수하면 일석이조겠죠.

저는 사교육도 받지 않고 선행학습을 하지 않았었기 때문에 전혀 새로운 것을 배우는 수업시간이 절박했고 소중했었습니다. 그러다보니 내 궁금증을 수업시간 안에 해결해야 했기 때문에 적극적으로 수업에 반응을 하는 습관이 자연스럽게 들어있었습니다. 또 학교에서 개설하는 방과 후 학교를 적극적으로 활용했는데, 정규 수업시간보다는 소수 인원으로 이뤄지는 방과 후 학교에서 선생님과 인간 대 인간으로 관계를 많이 쌓아간 것 같습니다. 실제로 저의 학생부에는 각 교과 담당 선생님들로부터 '수업시간의 좋은 분위기를 주도한다.', '해당 과목에 항상 호기심이 넘친다.' 등 좋은 평가가 담겨있습니다. 결국 학생부를 관리하는 첫 걸음은 수업시간에 충실할 것임을 잊어서는 안 될 것입니다.

진로를 확정하고 나서는 연관된 교과 담당 선생님과 관계를 쌓아가는 것이 필요합니다. 운이 좋게도 담임 선생님이 해당 교과 선생님이라면 좋겠지만, 저의 경우엔 그렇지 않았습니다. 하지만 진학하고 싶은 학과가 '역사교육'이었기 때문에 학교에 계신 모든 역사 선생님은 제가 진학할 학과의 선배이기도 했습니다. 또 범위를 넓게 잡으면 기본적으로 사범대학을 거쳐 교사란 생활을 실제로 하고 있는 멘토들이 가까이 있었던 것입니다. 그런 멘토들의 좋은 점을 기반으로 나의 롤모델을 설정하고, 그 가상의 롤모델을 중심으로 교사관이나 교육관을 정립해나갔던 것이 많이 도움이 되었습니다. 당신으로부터 좋은 영향을 받았다는 것을 끊임없이 어필하십시오. 그러면 선생님도 마음의 문이 열릴 것입니다.

학내외에서 진행되는 소중한 행사들이 있습니다. 이런 소식을 자주 알려주시는 선생님도 계시지만, 대부분 선생님들은 아마 위로부터 내려온 공문은 전부 게시판에 붙여놓기만 하실 것입니다. 그래서 저는 항상 학교 내 게시판을 꼼꼼하게 읽고 다녔습니다. 나에게 도움이 될 만한 프로그램을 발견하는 순간 담임 선생님께 참여의사를 밝혔습니다. 이런 프로그램들은 대부분 선착순으로 해결되기 때문입니다. 특히 시도교육청에서 내려오는 공문들은 대부분 무료 활동이고, 다양한 경험들을 하게 해주기 때문에 큰 도움이 될 확률이 높으니 꼼꼼하게 읽어보시길 바랍니다.

내가 정말 그 활동을 했음을 증명하는 것도 중요합니다. 인증서를 가져 올 수도 있겠고, 강연에 참여했으면 팸플릿 같은 걸 제출해도 됩니다. 증명 자료를 제출하면서 선생님께 이 활동을 통해서 느낀점과 의문점들을 공유해드리면 선생님께서도 기입을 할 때 훨씬 구체적으로 작성할 수 있습니다. 꼭꼭 자료는 챙겨놓읍시다.

[정리]

- 수업에 충실하라
- 선생님과 좋은 관계를 유지하라
- 교실 내 게시판에 집중하라
- 활동의 증거를 남겨라

<각 부분별 대비방법>

3-1. 내신

		국영수+사회 평균	전과목 평균
1학년	1학기	1.5	1.5
	2학기	1.5	1.3
2학년	1학기	1.4	1.28
	2학기	1.2	1.14
3학년	1학기	1.14	1.125
	2학기	1.14	1.125
총합		1.3	1.24

* 저자의 내신 성적 – 본 평균은 이수단위를 고려하지 않은 단순평균임.

학생부종합전형은 성적을 안본다고 생각하는 학생들도 많은데, 잊지 말길 바랍니다. 내신은 학생부 안에 포함되어있습니다. 그러니 '난 스펙만 쌓으면 돼'라는 안일한 생각을 하는 사람은 없었으면 좋겠습니다. 기본적으로 내신은 학교 수업에 얼마나 충실히 임했는지를 판단하게 합니다. 전공과 관련된 과목 성적이 좋으면 당연히 유리합니다. 하지만 관련 과목 성적이 특출하지 않다고 불리한 것은 아닙니다. 교과가 직접적으로 전공과 연관되는 경우는 드물고, 전공적합성이 성적만으로 결정되는 것은 아니기 때문입니다. 다른 부분에서 보장할 수 있다면, 크게 염려하실 필요는 없습니다.

성적은 지속적인 상승세가 당연히 유리할 것입니다. 지속적인 성장을 이뤄냈다는 스토리를 풀어내는 것에도 수월했습니다. 하지만 성적이 떨어졌다고 해도 타당한 이유가 있고, 그것을 학생부나 자기소개서로 설득할 수 있다면 큰 위험이 되진 않는다고 모든 사정관이 입 모아서 말하고 있습니다.

하지만 위와 같은 근거를 내신 공부를 하지 않는 것을 합리화하기 위해 사용해서는 안 됩니다. 내신이 좋으면 입시에 닥쳤을 때 선택권을 폭넓게 해주기 때문에 훨씬 유리합니다. 이미 결과가 나와버렸다면 어쩔 수 없지만, 주어진 시험마다 최선을 다해야 합니다.

일단 본인의 경우엔 교대도 생각을 하고 있었기 때문에 전 과목 모두 소홀히 하지 않았습니다. 전 과목을 모두 좋은 성적을 내야한다는 사실은 엄청난 스트레스 요인입니다. 깊이 있게 공부할 범위를 최대한 압축시키는 과정이 그 스트레스를 줄여주기 위해 필수적이었습니다. 그렇다면 다시 수업시간의 중요성으로 돌아가게 됩니다. 공통적인 문제인 것 같은데, 내신 시험의 출제자가 우릴 가르치는 선생님인 것을 알면서도 우리는 시험 출제자가 진행하는 수업을 열심히 듣지 않습니다. 특히 고등학교 2,3학년에 올라가게 되면 수업시간에 몰래 수능 문제집을 푸는 친구들이 많습니다. 정말로 내신 문제는 선생님의 특성에 따라 천차만별로 출제되기 때문에 수업에 집중하는 것이 필요합니다.

그리고 무엇보다 중요한 것은 모의고사 성적에 일희일비하지 않는 것입니다. '어차피 난 학생부 종합전형으로 무조건 입학한다.'는 마음가짐으로 모의고사를 친 바로 그 날도 야간 자율학습에 참여했습니다. 내신은 중간고사와 기말고사, 수행평가와 같이 여러 번의 기회가 있기 때문에 길게 보아야지 한 번 실수했다고 쉽게 포기하시면 안 됩니다.

3-2. 출결상황

출결이 중요하지 않다고 생각하는 사람은 없을 것입니다. 출결은 바로 학생의 성실성을 판단하는 기준이 됩니다. 특별히 아픈 곳이 있었거나, 어떠한 사정이 없는 이상 다수의 무단결석과 무단지각은 흠집이 될 수 있다는 것을 잊지 맙시다.

3-3. 수상경력

제가 수상한 상들은 다음과 같습니다.

모범학생상, 과목성적우수상, 학업성적우수상(매학기 수상), 교내지리올림피아드 우수 2위 (2회 수상), 교내합창경연대회 지휘상, 교내논술경시대회 장려상, 교내일어경시대회 동상, 3년 정근상

어떤가요? 생각한 것보다 굉장히 평범하지 않습니까? 각 대학은 지원자의 학교 내에 어떤 대회가 존재하고 있는지 학교 소개 자료를 통해 파악하고 있습니다. 주변 학교에 비해 대회가 없어서 수상할 기회가 적었다고 의기소침할 필요는 없다고 말하고 싶습니다.

3-4. 자격증 및 인증 취득상황

있으면 좋지만 없어도 굳이 기죽지 않아도 됩니다. 아마 수험생 중 95%는 이 부분이 공란일 것입니다.

3-5. 진로희망상황

학년	특기 또는 흥미	진로희망	
		학생	학부모
1	일본어 배우기, 여행	관광업	교사
2	일본어, 여행	교사	초등학교 교사
3	사진, 여행	교사	교사

*저자 생기부에 기록되었던 희망 상황

3-6. 창의적 체험활동상황

이 항목은 열심히 할수록 풍성해지는 부분입니다. 실제로 제 친구들과 비교했을 때 페이지 수가 현격하게 차이나는 지점이 이 부분이었어요. 물론 페이지 수가 많다고 좋은 학생부인 것은 아니지만, 좋은 학생부는 대체로 페이지 수가 많죠. 외부 프로그램에 참가하거나, 특별한 교내 프로그램에 참가하여 인증서 같은 것과 간단한 소감문을 가져가면 웬만한 선생님은 다 입력해주십니다.

◎ 자율활동

1	학급 부반장, 수련회, 학예제 영어연극, 학교 단체 연극 관람, 음악회 관람
2	학급 부반장, 수학여행, 교내논술캠프 참가, 교내합창경연대회 지휘자로 참가, 음악회 관람, 학예제 영어연극
3	학급 부반장, 교내 체육대회 준비

*저자 생기부에 기록되었던 자율 활동

학교 행사에 참여한 것이 매우 기본적으로 작성됩니다. 수련회, 견학, 음악회 참석 등 학교나 학년별로 체험을 한 것이 전교생에게 기록됩니다. 정리해보니 진짜 평범한 활동밖에 없습니다. 학교마다 기본적으로 하는 것들일 것 같습니다. 그러니 더더욱 차별을 둘 곳은 선생님의 코멘트입니다.

예를 들어 수학여행을 기록할 때, "일본으로 3박4일간 현장체험학습을 다녀옴. 문화교류를 통해 양국 문화의 상호 이해와 우호증진의 기회가 됨."이라고 남는 것과 "일본으로 3박4일간 현장체험학습을 다녀옴. 문화교류를 통해 양국 문화의 상호 이해와 우호증진의 기회가 됨. 특히 평소 쌓아온 일본어 실력을 바탕으로 의사소통이 불편한 주위 친구들을 도와줌."이라고 남는 것의 차이를 아실 것입니다. 위 문장엔 참여한 학생 전체의 공통적인 부분이지만 아래 문장엔 오직 나라서 할 수 있는 경험이 담겨있습니다. 이 코멘트는 진로희망상황의 특기 부분에 설득력을 실어주기도 합니다. 학급 임원 경험도 어떻게 보면 특별하지 않은 스펙이라고 볼 수 있지만, 특이한 일화나 성과를 언급해주시며 구체화된 경험으로 만들어 주셨습니다. 이런 것이 가능하게 하려면 담임 선생님과 소통을 많이 하셔야 합니다. 아무리 담임 선생님이라고 해도 한 반에 약 30명 가까이 되는 인원의 개성을 알지는 못하십니다. 반장 역할을 하면서 고민이 되는 지점, 공부를 하면서 어려운 부분 등을 공유하면서 '나'라는 사람을 이해시켜야 그것이 구체적인 학교생활기록부로 나올 수 있습니다. 담임 선생님과 학교 생활의 사소한 부분이라도 나누는 것을 잊지 마십시오.

◎ 동아리활동

전교생이 필수적으로 선택해야 하는 동아리는 1학년 때는 법·경찰 동아리 2학년 때는 호텔·관광 동아리 3학년 때는 역사연구동아리로 모두 다르게 들어갔습니다.

1학년 때의 동아리는 꽤나 내실을 갖춘 동아리라 검찰청 및 구치소 견학, 법 관련 발표학습, 경찰관 초청 강연 등 다양한 체험을 할 수 있었습니다. 또한 교내 동아리 학술 발표 대회에서 매년 꾸준히 수상을 해온 동아리이기도 했습니다. 그러다 2학년 때 관광에 관심이 생겨서 호텔/관광동아리에 들어갔다가 자습동아리인 것을 알고 많이 힘들었습니다. 동아리 담당 선생님께서 생활기록부에 정성 들여서 기록해 주시지도 않았습니다. 학교에서 신경을 쓰고 관리하는 동아리의 경우 담당 선생님께서 매우 자세히 활동 사항을 기록해주시고 학생부를 더욱 풍성하게 만들어주십니다. 명확한 목표나 흥미가 있다면 소신 있게 동아리를 정하면 됩니다. 하지만 정말 확실한 꿈이나 장래성이 없다면 학교에서 가장 지원을 잘해주는 소위 '밀어주는' 동아리에 들어가는 것이 가장 좋습니다. 본인의 학교에 딱히 유명한 동아리가 없다는 생각이 든다면, 젊은 국어 선생님이 담당하는 동아리나 논술 동아리에 들어가는 편이 괜찮습니다. 아무래도 국어 선생님들이 같은 내용이라도 좀 더 깔끔한 문장으로 설득력이 있게 써주시는 것이 있었습니다.

저는 교육청 인증 동아리인 영작문 동아리에 들었었는데, 매년 제법 수준이 있는 영어기사 모음집을 발간하고 영어연극도 공연하는 등 활발한 활동을 해서 배우는 점도 많았습니다. 또 논술 동아리에서 매주 신문 스크랩을 하고 공개 토론회를 열거나 논쟁적인 주제로 발표를 하는 활동을 했었습니다. 이 두 동아리 같은 경우엔 학년에 상관없이 꾸준히 활동하는 동아리였습니다.

동아리에서 어떠한 경험들을 해나갔고 그 경험을 통해 어떤 성장을 이뤄냈는지가 핵심이지, 동아리의 이름이 중요한 것은 아니라고 생각합니다.

◎ 진로활동

1	00교대 주최 및 주관 대학탐방 프로그램 참여, 교내 자기소개서 작성 연수, 시교육청 주관 고교 윈터스쿨 '스마트 러닝을 통한 청소년 문화교류' 이수, 서울대-캠코 청소년 지식나눔 사업 참가(서울대 탐방 및 희망캠프)
2	교육박람회 관람, 시교육청 주관 서머스쿨 '우리 문화재를 소개하는 문화 컨텐츠 만들기', 부산대학교 오픈캠퍼스 참가 - 사학과, 관광컨벤션학과, 친구들과 자율적으로 지역 내 대학탐방, 시교육청 진로진학 지원센터 실시 고교 상설 진로캠프 참가, 고려대학교 정기견학 참가, 교내 모의 심층 면접 행사 참가, 시교육청 주관 '찾아가는 고려대학교 - 전공체험 강의실' 참가(해부학, 생체의공학 강의 수강), 한국교원대 입학설명회 참가
3	부산대학교 오픈캠퍼스 참가 - 교육학과, 역사교육과, 부경대학교 '전공체험 - 인문(사학과 교수)' 참가

*저자 생기부에 기록되었던 진로 활동

개인적으로 진로에 대해서 엄청난 고민을 많이 했었기 때문에 다양한 진로활동이 기록되었습니다. 대학에 상관없이 제가 흥미 있는 분야의 설명회는 다 가보았고, 어떤 대학의 학풍이 나와 잘 맞는지 신중하게 살폈습니다. 특히 친구들과 팀을 이루어서 자율적으로 대학 탐방을 다녀온 후 선생님께 말씀드렸더니 이런 부분도 학생부에 실어주셨습니다. 단순히 스펙을 쌓는다는 생각으로 참여했다기보다는 정말로 '내가 어디서 자아실현을 이룰 수 있을지' 찾아가는 과정이었다고 생각합니다. 각 대학의 오픈 캠퍼스 행사나 전공 탐색 강의 프로그램이 생각보다 정말 괜찮으니 대학을 선택한다는 느낌으로 잘 활용하시길 바랍니다.

◎ 봉사활동

봉사활동 실적을 볼 수 있는 항목은 아래에 별도로 있고, 이곳에는 봉사활동을 통해 학생이 어떤 것을 배웠고, 변화한 모습이 있는지 교사의 입장에서 서술하는 항목입니다.

어쩌다 보니 장기간 봉사활동을 주로 해서 3년 동안 총 141시간을 하였지만 몇 시간을 채웠는지는 어느 정도 기준만 넘는다면 별 의미가 없습니다. 시간을 늘리는 것에 너무 얽매여 자신의 성장이 없는 봉사활동을 해나가는 것은 별로 추천하고 싶지 않습니다.

참고로 저는 학교에서 또래 교사 멘토링 봉사활동을 매 학기 꾸준히 했고, 교외로는 동 주민센터, 사회복지관 등에서 사회적 소외계층을 보조하는 봉사활동을 주로 했습니다. 조금 독특한 봉사활동은 시 교육청에서 주관한 영어책 읽어주기(리딩버디) 활동이고, 실제로 제 자기소개서에 등장하는 활동이 되었습니다. 교대나 사범대를 준비하는 학생이라면 교육 봉사 경험을 한 번이라도 해보시길 바랍니다. 스펙적인 차원이 아니라 정말로 누군가를 가르친다는 일이 안 맞을 수도 있기 때문입니다. 실제로 사범대에 진학하더라도 교육 봉사, 교육 실습은 필수적으로 진행해야 졸업을 할 수 있습니다. 그때 가서 교사와 맞지 않는다고 느끼더라도 졸업하려면 해야 하기 때문에 괴로워하는 사람이 주변에 정말 많습니다.

3-7. 교과 학습 발달 상황

◎ 교과성적
내신부분이고 앞에서 언급했으니 넘어가도록 하겠습니다.

◎ 세부 능력 및 특기 사항
각 교과 담당 선생님들과 쌓은 신뢰관계가 빛을 발하는 부분입니다. 내신 등급 숫자만으로 드러나지 않는 수업태도나 과목별 특이사항을 담당 교과 선생님이 작성해주시는 부분입니다. 학교마다 다르겠지만 저희 학교 같은 경우에는 내신 1등급을 받아야 특기사항을 써주는 것이라고 해서 필사적으로 1등급을 받으려고 했던 기억이 납니다. 단순히 자기소개서나 면접에서 "저는 정말 수업시간에 집중해서 적극적으로 임했습니다."라고 하는 것보다 학생부에 "본 학생은 항상 선도적으로 수업 분위기를 주도하고, 궁금한 것을 적극적으로 질문함."이라고 남아있는 것이 설득력이 있겠습니다.

3-8. 독서 활동 상황

물론 본인도 '정의란 무엇인가?', '아프니까 청춘이다' 같은 약간의 수준 있어 보이는 당시의 베스트셀러를 적었습니다. 하지만 어려워서 무슨 내용인지도 모르겠는 책을 적으면 면접에서 큰일이 난다는 점을 잊지 말아야 합니다. 입학사정관들도 학생들이 주로 읽는 책들을 파악하고 있는데, 그 수준을 뛰어넘는 책을 읽은 학생은 궁금하기도 하겠지만 의심이 되기도 할 것입니다. 그런 의심에 대해서는 웬만해서 면접을 통해 사실관계를 확인하니 참고하시길 바랍니다. 또한 독서량이 정말로 독보적일 만큼 많지 않은 이상 '권 수'는 별 의미 없는 것이 사실입니다. 책을 읽고 '어떤 경험'을 얻었는지, '사고의 확장'은 있었는지 등을 더 중요시 여깁니다.
보통 학교에서 학기 말에 자신이 읽은 책과 간단한 독서 감상문을 제출하라고 할 것입니다. 귀찮다고 생각하지 말고 성실하게 작성하되, 책 광고하듯이 장황한 책 설명은 금물입니다. 핵심은 내가 이 책을 왜 읽었고, 독서를 통해 기대한 나의 모습, 실제로 변화된 나의 생각이나 모습 등을 중심으로 작성해야 합니다. 덧붙여 책을 읽고 나서의 후속 활동이 있다면 적극적이고 주도적인 학생으로 어필할 수 있습니다. 책을 읽은 뒤 의문점이 생겨서 직접 실험을 했거나 기행문을 읽은 뒤 호기심이 생겨서 직접 가봤다는 등 적극적인 독서 경험이 핵심입니다.

〈예시〉

① 역사관련 서적에 관심이 많고 독서활동 시간을 이용하여 꾸준히 책을 읽고 있으며 주로 기행문을 읽고 직접 그 장소에 가있다는 상상을 하는 것을 즐거워함. 부족한 문화유산에 관한 지식을 얻고 싶어 '나

예시를 보면 아시겠지만 저는 단순히 책을 읽는 행위에 멈추지 않고 점차 사고를 확장시켜나가는 모습을 담아냈습니다. 책을 통해 적극적으로 배움에 대해 찾아나가는 계기를 형성함이 충분히 설득될 것입니다. 꼭 전공과 연관되는 책이 아니더라도, 배움의 과정이 있거나 사고를 확장시켜주거나 가치관을 전환시킨 책이 있다면 독서사항에 기록하시길 바랍니다.

3-9. 행동 특성 및 종합 의견

개인적으로 본인이 합격한 이유의 50% 정도는 이 항목에 있다고 생각합니다. 1년 동안 함께한 담임선생님께서 작성해주시는 부분입니다. 앞서 언급했듯 보통 담임교사와 진로든, 뭐든 상담하는 시간이 있을 것입니다. 그때 솔직하게 고민거리나 진로고민 등을 털어놓았던 것이 도움이 되었습니다. 선생님께서 나의 고민이 어떻게 흘러가는지, 왜 그런 활동들을 했는지 이해하시니 훨씬 구체적이고 개성 가득한 학생부를 작성해주셨습니다.

Step4.   자기소개서

4-1. 자기소개서 왜 중요한가?

앞서서도 설명했지만 학생부종합전형은 모든 요소를 전체적으로 평가하는 전형이기 때문에 자기소개서를 작성할 때 학교생활기록부에 기록된 내용을 활용하는 편이 좋습니다. 학생부에는 교사의 시각으로 나의 활동에 대한 평가가 담겨있다면 자기소개서는 그것을 '나'의 시각으로 바꿔내는 역할을 해줍니다. 그리고 무엇보다도 자기소개서는 내가 지원하고 싶은 학교의 입학사정관을 향해 <u>능동적으로 직접적인 어필</u>을 할 최고의 기회입니다. 내가 왜 이 학교에 꼭 필요한 사람인지, 이 학교가 내 인생에서 얼마나 중요한 역할을 할 수 있는지 등을 알리면서 나를 학생으로 뽑을 필요를 설득해내는 것입니다.

그렇기 때문에 자기소개서는 절대적으로 자기가 써야합니다. 다른 사람에게 문장 첨삭을 받을 수는 있지만 기본적으로 작성할 내용을 정하고 흐름의 얼개를 정하는 것은 본인이어야 합니다.

4-2. 좋은 자기소개서란?

자기소개서를 봐준다고 하였을 때 가장 많이 들어오는 질문이 '어떤 스펙을 쓰는 게 좋을까요?'입니다. 얼마나 경험하기 어려운 일을 했는지는 별로 중요하지 않습니다. 예를 들어 대통령과 만찬을 했다고 하더라도 내 삶이 바뀐 점이 없으면 나에게 의미 없는 활동이 되는 것입니다. 내가 했던 활동이 얼마나 대단한가를 중심으로 서술하려고 하기보다 그것을 통해 오직 내가 했기 때문에 느낄 수 있는 점을 서술하거나, 활동을 통해 변화된 나의 태도나 생각을 담아내야 합니다. 이때 구체적인 사례를 들어서 자기소개서를 읽는 심사자도 감정이입을 할 수 있도록 해주면 더욱 좋겠습니다.

자기소개서를 심사하는 사람도 기계가 아닌 인간이라는 것을 잊지 말았으면 좋겠습니다. 적어도 수십 편의 자기소개서를 읽을텐데 천편일률적인 자기소개서들을 몇 시간동안 보고 있다면 그것만큼 괴로운 일도 없을 것입니다. 기준은 '날 전혀 모르는 사람이 읽어도 나에 대한 호기심이 생기는가?'로 잡으면 되겠습니다. 이 기준을 달성시키기 위해서는 1. 통일성 2. 가독성 3. 에피소드식 서술이 중요합니다. 자기소개서도 크게 본다면 하나의 자서전입니다. 각 문항끼리 충돌하거나, 연결되지 않는다면 독자로 하여금 수많은 물음표를 불러옵니다. 이때 물음표는 긍정적인 호기심이 아니라, 신뢰성을 저하시키고 문장에 대한 전체적인 이해도를 낮추는 효과를 불러옵니다. 따라서 각 문항에서 제시한 '나'의 모습이 통일성이 있는지 꼭 확인해야 합니다. 다음으로 청산유수같은 화려한 언변까지는 아니더라도 한눈에 읽히는 가독성은 갖추어야 합니다. 기본적으로 주술관계도 안 맞고, 문법적인 오류가 있는 문장은 여러 번 읽어야 이해가 되고는 합니다. 심사과정에서 앞으로 읽어야 할 자소서가 밀려 있는 상황에서 꼼꼼하게 여러 번 읽는 수고를 들일지 생각해보아야 합니다. 어렵다면 '한숨에 읽히는 문장인가?'를 생각해서 작성하면 되겠습니다. 보통 한 문장이 2줄을 넘어가면 읽기가 힘들어진다는 걸 생각하면서 작성해주세요. 마지막으로 자기소개서에 흥미적 요소를 부여하는 것이 에피소드식 서술입니다. 오해하시는 것이 흥미가 곧 웃김이라고 생각하는 분이 종종 계십니다. 그래서 흔히 무리수를 투척하고는 하는데, 여기서 흥미란 자기소개서 텍스트를 통해 '과연 어떻게 되었을까?', '다음엔 어떤 경험을 했을까?' 등의 질문을 불러일으키는 것입니다.

11. 자기소개서에 다음 사항을 기재할 경우 서류 평가에서 "0점"(또는 불합격) 처리됩니다.

1) 공인어학성적

영어(TOEIC, TOEFL, TEPS), 중국어(HSK), 일본어(JPT, JLPT), 프랑스어(DELF, DALF), 독일어(ZD, TESTDAF, DSH, DSD), 러시아어(TORFL), 스페인어(DELE), 상공회의소한자시험, 한자능력검정, 실용한자, 한자급수자격검정, YBM 상무한검, 한자급수인증시험, 한자자격검정

2) 수학 · 과학 · 외국어 교과에 대한 교외 수상실적

수학	한국수학올림피아드(KMO), 한국수학인증시험(KMC), 온라인 창의수학 경시대회, 도시대항 국제 수학토너먼트, 국제수학올림피아드(IMO)
과학	한국물리올림피아드(KPHO), 한국화학올림피아드(KCHO), 한국생물올림피아드(KBO), 한국천문올림피아드(KAO), 한국지구과학올림피아드(KESO), 한국뇌과학올림피아드, 전국정보과학올림피아드, 국제물리올림피아드, 국제지구과학올림피아드, 국제생물올림피아드, 국제천문올림피아드, 한국중등과학올림피아드
외국어	전국 초중고 외국어(영어, 중국어, 일본어, 프랑스어, 독일어, 러시아어, 스페인어)경시대회, IET 국제영어대회, IEWC 국제영어글쓰기대회, 글로벌 리더십 영어 경연대회, SIFEC 전국영어말하기대회, 국제영어논술대회

* 위에서 열거된 항목 외에도, 대회 명칭에 수학·과학(물리, 화학, 생물, 지구과학, 천문)·외국어(영어 등) 교

가장 애매한 점을 속 시원하게 알려주는 곳은 사설 업체도 아니고 해당 학교 재학생도 아니고 바로 대학교 입학처입니다. 주저하지 말고 전화해서 물어보는 편이 속도 편하고, 정확한 정보를 얻을 수 있습니다.

4-3. 좋은 자기소개서 작성법

앞서 전체적인 작성 방향은 소개했으니, 이제 세부적인 문항별 분석으로 넘어갑시다. '나'의 변화를 담아 낼 수 있는 '구체적인 예시'를 들어 서술할 것이라는 대전제는 잊어서는 안 됩니다.

또한 처음부터 완벽한 문장을 작성하려는 마음은 오히려 첫 문장부터 아무 생각이 안나도록 만듭니다. 글 자 수에 제한을 두지 말고 떠오르는 생각 그대로 전부 타이핑하신 뒤, 문장을 가다듬으면서 필요없는 부 분은 쳐내나가는 편이 훨씬 효율적입니다.

> 1. 고등학교 재학기간 중 학업에 기울인 노력과 학습 경험에 대해, 배우고 느낀 점을 중심으로 기술 해 주시기 바랍니다. (1000자 이내)

1번 문항은 학업에 대한 의지와 열정을 보기 위한 문항입니다. '얼마나 열심히 공부했는가?'보다는 '얼마나 학습을 재미있어 하는가?'를 알아내려 한다고 생각한다면 더 독창적인 답변을 작성할 수 있 을 것 같습니다. 예를 들어, '수학 문제집 10권을 풀고, 밤새면서 시험공부를 해서 좋은 성적을 받았 다.'와 같은 이야기는 누구나 할 수 있는 얘기입니다. 최악의 1번 문항은 자신의 우수한 성과에 대해 나열식으로 주르륵 써내려간 것입니다. 이런 이야기에서 학문을 대하는 진지한 고민이라던 지, 배움 을 찾아나서는 주체성은 찾아보기 힘듭니다.

정리하자면, '얼마나 자기 주도적으로 무언가를 배우기 위해 노력 했는가'입니다. 이때의 무언가는 되도록 교과 과정에서 시작된 궁금증인 것이 좋습니다. 교과서를 읽다가, 혹은 수업을 듣다가 흥미 로운 것이 생겼을 때 그냥 넘어가는 학생이 대다수일 것입니다. 애초에 학습 중에 궁금증이 생겼다 는 것부터 차별성을 드러내는 것일지도 모릅니다. 이런 부분에서부터 차별성을 드러내는 것이 좋습 니다.

잘 이해가 되지 않는다면 실제로 제가 입시 때 제출했던 자기소개서를 읽어보시고 방향성을 잡아보 시길 바랍니다. 이 자기소개서는 말 그대로 방향을 제시해주는 역할 이상으로 쓰이면 안 됩니다. 제 가 잡아드린 핵심을 토대로 본인만의 스토리 라인을 만들어 가시길 바랍니다.

[저자의 합격 자소서 복원 내용]

1. 고등학교 재학기간 중 학업에 기울인 노력과 학습 경험에 대해, 배우고 느낀 점을 중심으로 기술해 주시기 바랍니다. (1000자 이내)

인문계 고등학교에 재학하며 수능을 목표로 공부하는 학생들 사이에서 제가 좋아하는 국사와 관련된 심도 있는 학습을 하기란 쉽지 않았습니다. 그러나 스스로 배움의 기회를 찾아 나서야 하는 환경은 오히려 국사에 대한 저의 학문적 열정에 불을 붙이는 계기가 되었습니다.

 우선, 기초적인 지식을 쌓기 위해 쉬는 시간을 활용하여 교과서를 여러 번 읽었습니다. 그러던 중 '을사늑약'이라는 용어를 보았습니다. 중학생 때 '을사조약'이라고 배운 기억이 있던 저는 선생님께 교과서가 오타인지 여쭈어보았고 새로운 사실을 알게 되었습니다. 조약은 서로 간의 합의로 이루어진 협상을 뜻하며 한쪽에서 강제로 이룬 협상은 늑약으로 표현하는 것이 옳다는 것이었습니다. 이 일을 통해 역사에서 용어의 중요성을 크게 느끼게 되었고 교과서를 읽으며 나오는 용어들을 한자로 정리하기 시작했습니다. 이런 습관은 '초계문신제' 같은 막연했던 용어의 뜻을 더 명확하게 만들어주었습니다.

또한, 쌓은 지식을 바탕으로 국사와 관련된 장소를 답사하는 등의 직접 발로 뛰는 활동을 했습니다. 문화유산에 대한 지식을 얻고자 접한 '나의 문화유산 답사기'라는 책을 읽고 답사를 하고 싶은 마음에 책과 필기구만 가지고 스스로 경주지역을 답사하기도 했습니다. 수십 번은 더 가본 경주였지만 책을 안내자로 삼아 바라본 경주는 살아있는 역사 그 자체로 생생히 다가왔습니다. 이를 계기로 글로 배운 역사를 직접 마주 보는 일이 얼마나 중요한지 알게 되었습니다.

물론 모든 친구가 책상에 앉아 공부할 때 나 홀로 다른 길을 가는 것 같아 불안하기도 했습니다. 하지만 자발적으로 궁금증을 찾아 나서고 해답을 찾기 위해 온몸으로 뛰어다닌 경험은 절대 잊을 수 없는 지식을 선물해주었습니다. 덕분에 한국사와 관련된 시험은 항상 높은 성적을 냈고 친구들 사이에서 국사요정으로 불리게 되었습니다. 이는 주어진 환경에 불만을 토로했던 과거를 반성하며 자신이 좋아하는 공부를 할 때는 어떠한 환경에 있는가는 중요하지 않다는 것을 깨닫는 계기가 되었습니다.

(998자)

---

2. 고등학교 재학기간 중 본인이 의미를 두고 노력했던 교내 활동을 배우고 느낀 점을 중심으로 3개 이내로 기술해 주시기 바랍니다. 단, 교외 활동 중 학교장의 허락을 받고 참여한 활동은 포함됩니다(1,500자 이내).

2번 문항을 기술할 때 학교생활기록부를 분석한 작업이 빛을 발합니다. 학생부에 적힌 활동 중 내게 가장 큰 영향을 미쳤으며, 내가 진학하고자 하는 학과와도 관련 있는 활동을 찾아 구체화시키면 됩니다. 구체화란 나와 전혀 연관이 없는 사정관들도 나의 변화 과정을 이해할 수 있을 정도로 작성하는 것입니다. 너무 따분하지 않을 정도의 약간의 스토리텔링 기술도 필요합니다.

이 문항에는 3개 이내로 기술하라고 했지만 꼭 3개를 채울 필요는 없습니다. 본인의 경우에도 연결성 있는 두 가지 활동을 구체적으로 기술하는 것을 택했습니다. 좀 더 구체적인 설명이 필요한 활동을 택한 경우에는 차라리 3개를 다 채우지 않는 편이 효과적입니다. 이처럼 본인의 활동에 맞게 개수는 조절하면 됩니다.

또한 이 문항은 자기소개서의 전체적인 방향을 보았을 때 부족한 방향성을 채우는 것에 도움이 됩니다. 만약 1번에서 전공적합성을 충분히 어필하였다면, 2번에서 다시 한 번 전공적합성을 어필하는 것보다는 나의 또 다른 역량을 어필하는 편이 입학사정관에게 다양한 모습을 보여주는 것이 되겠습니다. 핵심은 활동을 통해서 진지한 고민을 경험하였으며, 앞으로의 내 삶에 도움이 되는 진정성 있는 배움을 얻었다는 것을 보여주는 것입니다.

마찬가지로 실제 자기소개서를 보고 방향을 잡으시면 되겠습니다.

[저자의 합격 자소서 복원 내용]

2. 고등학교 재학기간 중 본인이 의미를 두고 노력했던 교내 활동을 배우고 느낀 점을 중심으로 3개 이내로 기술해 주시기 바랍니다. 단, 교외 활동 중 학교장의 허락을 받고 참여한 활동은 포함됩니다 (1,500자 이내).

교사라는 직업에 확신을 갖게 해준 계기가 된 활동은 '리딩버디' 활동입니다. 이는 일주일에 한 번씩 영어 동화책을 초등학생에게 읽어주는 봉사활동이었습니다. 활동을 통해 교사에게 '소통'이라는 요소가 얼마나 중요한 것인지 느끼게 되었습니다. 한번은 수업 도중 아이가 뛰쳐나가는 사건이 있었습니다. 저는 당황했고 신발도 못 신은 채 아이를 따라 나갔습니다. 겨우 아이를 붙잡고 왜 그랬냐고 물으니 아이가 "영어가 싫어요."라고 말했습니다. '내가 영어에 대한 아이의 흥미를 떨어뜨리고 있는 게 아닌가' 하는 마음에 어떻게 하면 아이에게 흥미를 줄 수 있을지 고민을 해보았습니다. 그동안 저는 그저 책을 멋있게 읽는 것에 중점을 두고 더 좋은 발음으로 더 유창하게 읽기 위해서만 노력했었다는 것을 알게 되었습니다. 영어를 접하는 단계인 아이들에게 부적합한 방식이었고, 고민 끝에 저는 멋있게 읽기보다 함께 읽는 방식을 선택했습니다. 느리더라도 한 쪽씩 최대한 많은 질문을 하며 아이들이 참여할 수 있도록 했습니다. 조금씩 수업에 열중해나가는 아이들의 모습을 보면서 수업이란 함께 이끌어 나가는 것임을 느꼈습니다. 또한, 진정한 소통이란 오랜 대화를 통해 상대방의 눈높이를 맞춰가면서 이루어진다는 것을 알게 되었습니다. 그렇게 장난기 많던 아이들이 마지막 날 "안 가면 안 돼요? 힘들게 해서 죄송해요."라며 캔 커피 한 캔을 건넬 때 느낀 감동은 교사라는 직업을 포기할 수 없게 만들었습니다.

좋은 교사가 되기 위해선 많은 경험이 필요하다고 생각해 교내 또래 교사 프로그램에 꾸준히 참여했습니다. 멘티 중 국어 교과에 흥미는 있지만, 문학을 어려워했던 친구가 가장 기억에 남습니다. 어떻게 하면 친구에게 문학을 쉽게 이해시켜줄 수 있을지를 고민하던 중 수업시간에 배웠던 "문학 작품을 감상할 때는 작품을 쓴 작가와 시대적 배경을 이해하는 것이 도움된다."라는 내용이 떠올랐습니다. 평소 역사에 흥미가 있던 저는 친구에게 작품이 나왔던 시대적 배경에 관해 설명해주기 시작했습니다. 예로, 이용악 시인의 '풀벌레 소리 가득 차 있었다.'라는 시를 공부할 때 일제강점기였던 시대적 배경을 바탕으로 왜 아버지가 타국에서 최후를 맞이하게 되었는지 설명해주었습니다. 멘토링이 진행될수록 친구는 문학은 물론이고 역사에도 흥미를 느끼게 되었습니다. 어떤 학문이든 하나의 학문으로 존재하는 것이 아니라 다양한 학문이 서로 연결고리가 있다는 것을 느꼈습니다. 또 다른 멘티로 이과에서 문과로 전과한 친구가 있었습니다. 그 친구는 1년 동안 역사를 전혀 배우지 않아서 수업을 따라가는 데 어려움이 컸습니다. 그런 친구를 위해 멘토링을 해주었으나, 좋은 의도와는 달리 친구의 역사에 대한 흥미는 나날이 떨어졌습니다. 문제점은 모든 것을 아는 저의 관점에서 가르친 것에 있었습니다. 친구의 수준에 맞추어 기전체의 '열전' 서술방식으로 설명을 해주었더니 역사가 이렇게 재미있을 수가 있느냐며 좋아해 주었습니다. 다양한 친구와의 멘토링은 앞으로 만날 학생을 어떻게 가르칠 것인지 생각하는 계기가 되었습니다.

(1499자)

---

3. 학교생활 중 배려, 나눔, 협력, 갈등 관리 등을 실천한 사례를 들고, 그 과정을 통해 배우고 느낀 점을 기술해 주시기 바랍니다. (1000자 이내)

3번 문항은 사회에서 관계를 맺어가는 방식과 인간성을 보는 문항입니다. 대학교도 하나의 공동체이기 때문에 학교생활에 적응해낼 능력과 인격을 보는 것입니다. 특히 고려대 같은 경우에는 우수한 개인보다는 '공동체 의식'을 아주 중요한 가치로 삼고 있는 학교이기 때문에 그에 맞춰 3번을 작성했습니다. 지금 제 3번 문항을 읽어보니 감정이 극대화된 것 같은데, 억지 감동을 쥐어짤 필요는 없습니다. 담담하게 사람과의 관계에서 어떤 점을 느꼈는지, 그것을 통해 정립된 인간관계에서 나의 가치관은 무엇인지를 작성하는 것으로 충분합니다.

[저자의 합격 자소서 복원 내용]

3. 학교 생활 중 배려, 나눔, 협력, 갈등 관리 등을 실천한 사례를 들고, 그 과정을 통해 배우고 느낀 점을 기술해 주시기 바랍니다(1,000자 이내).

제가 부반장으로 지내는 동안 학급친구들과 오랜 시간 함께 있음에도 서로 쉽게 친해지지 못했습니다. 학급 부반장으로서 이 문제로 많은 고민을 해왔습니다. 그러던 중 교내 합창대회가 열리게 되었습니다. 지휘자 역할을 맡은 저는 대회를 계기로 반의 단합을 도모하고자 했지만 그것은 쉽지 않았습니다. 합창곡을 무엇으로 할지 정하는 과정부터 의견 충돌이 일어났습니다. 유쾌한 학급 분위기에 맞춰 평범한 합창곡 보다는 댄스곡을 선택하자는 의견이 투표에서 다수결로 선정되었습니다. 그러나 저는 '학급에 내성적인 친구들은 과연 이 의견에 찬성할까?'라는 생각이 들었습니다. 실력이 뛰어난 개인이 이뤄낸 우수한 성과보다 모두가 참여했다는 사실이 중요하다고 생각한 저는 반 전체 친구들을 직접 찾아가 한 명씩 개인의 의사를 물어보았습니다. 내성적인 친구들은 노래는 마음에 들지만 안무를 잘해낼 자신이 없다고 했습니다. '춤을 잘 출 필요는 없어. 무대에서 즐거우면 된 거야.'라고 설득하며 안무를 어려워하는 친구를 배려하여 개인적으로 자세히 안무를 가르쳐주었습니다. 이러한 제 노력에 안무 연습에는 관심도 가지지 않은 채 합심하지 않던 친구들이 안무연습을 위해 자발적으로 모이기 시작했습니다. 함께하는 시간이 많아질수록 서로를 더 이해하게 되고 존중하게 되었습니다. 협력의 위력을 몸소 체험하면서 교사가 되면 협동할 수 있는 활동을 많이 연구해야겠다고 생각했습니다. 완벽하게 연습을 했다고 생각했는데 무대에 선 순간 긴장을 했는지 피아노 반주를 하는 친구가 도중에 박자를 놓쳤습니다. 지휘를 하면서 당황한 친구들의 눈빛을 본 저는 친구들의 눈을 하나씩 바라보며 괜찮다고 말해주었습니다. 박자는 서서히 원래대로 돌아왔고 무사히 합창을 마칠 수 있었습니다. 비록 대회에서 입상은 하지 못했지만, 실수를 탓하지 않고 모두가 서로를 격려하고 웃으면서 무대에서 내려오는 모습을 잊을 수가 없습니다.

(936자)

대학별 자율문항

말 그대로 학교별 자율문항입니다. 이 문항 때문에 학생부종합전형 카드를 여러 번 사용하기 머뭇거려 집니다. 학교마다 원하는 인재가 다르기 때문에 조금씩 다른 방향으로 강조하여 서술하는 것이 최소한 의 노력이라고 할 수 있습니다. 그런데 6개 전부 다른 학교라면 엄청난 시간을 자기소개서에 쏟게 됩니 다. 자신의 소신껏 잘 판단하시길 바랍니다.

일단 고려대의 자율 문항은 본인이 지원할 때와 약간 바뀌었는데 "해당 모집단위 지원 동기를 포함해 고려대학교가 지원자를 선발해야 하는 이유를 기술하세요.(1000자 이내)"입니다. '해당 모집단위'라는 말이 정말 혼란스러웠는데, 쉽게 생각하면 '왜 이 학과에 지원했는지'를 묻는 질문입니다. 많은 지원자 들이 이 질문을 어렵고 난해하다고 생각하는데, 오히려 이 질문은 기회라고 생각합니다. 대다수의 사람 들은 진로가 바뀌기 마련이다. 고등학교 생활 내내 대나무마냥 대쪽같이 한 길만 판 사람은 소수 중 소 수임을 입학사정관들도 잘 알고 있을 것입니다. 많은 변화를 거쳐 어찌되었든 최종적으로 이 학과에 들 어가기로 결정한 것인데, 그 결정의 이유를 설명해달라는 문항입니다. "왜 이 전공을 선택했는지" 어느 누구라도 납득할 수 있을 정도로 기술을 해야 하는 것이 포인트라고 보시면 되겠습니다.

한국교원대의 자율문항은 좀 더 단도직입적으로 물어봅니다. "지원자 본인이 우리대학에 합격해야 하 는 당위성 및 강점에 대해 여러 근거를 들어 자유롭게 기술하여 주시기 바랍니다." 이때의 '당위성 및 강점'이 도대체 뭔지 감이 잡히지 않을 것입니다. 한국교원대는 교원 양성에 전문화된 대학이라는 점을 염두에 두면서 두 가지 키워드를 잡았습니다. 경험을 통해 형성된 교사관과 가르칠 교과에 대한 호기심 을 저만의 강점으로 삼고 구체화를 통해 당위성을 설득했습니다.

[저자의 합격 자소서 복원 내용]

고려대 자율)해당 모집단위에 지원한 동기와 준비과정을 기술해주시기 바랍니다. (1000자이내)

태어나서 처음으로 간 박물관에서 본 금관을 잊지 못합니다. 책에서만 보던 유물들을 직접 보면서 사진과는 다른 색다른 매력에 사로잡히게 되었습니다. 그 후로 박물관은 신기한 것이 많은 놀이터라 는 인식을 자연스럽게 갖게 되었습니다. 덕분에 저는 역사에 거부감을 느끼지 않고 조상들의 옛 자 취를 밟는 것에 즐거움을 느끼게 되었습니다. 하지만 고등학교 3년 동안의 역사 수업시간을 통해 역 사는 모든 학생이 좋아하지 않고 오히려 피하는 과목이라는 사실을 알게 되었습니다. '왜 친구들이 역사의 매력을 느끼지 못하는 것인가?'라는 의문을 품은 저는 친구들이 역사와 친해질 수 있도록 흥 미로운 역사 일화를 들려주기도 하고 함께 역사 관련 영화를 보며 내용을 해설해주기도 했습니다. 그 과정에서 저의 관심사로 누군가와 소통할 수 있는 교사라는 직업에 매력을 느끼게 되었습니다.

전문성 있는 역사교사가 되기 위해 역사와 관련된 다양한 활동을 했습니다. 그 중, 친구들에게 점점 심각해지는 중국의 역사 왜곡에 대한 경각심을 일깨워주기 위해 '동북공정'을 주제로 발표를 한 일 이 가장 기억에 남습니다. 발표 이후 역사 왜곡에 대한 분노에 그치지 않고 학교 친구를 대상으로 올 바른 역사를 알리는 등 작은 것이라도 실천했기에 더욱 의미가 있습니다. 또한, 여유가 생기면 틈틈 이 박물관에 방문하여 교실 안에서 배운 역사적 사실을 두 눈으로 직접 확인하면서 그 시대의 모습 을 그려보았습니다. 박물관을 돌아보는 중에 학생에게 전시물에 대해 설명하시는 선생님과 경청하 는 학생의 모습을 보았고 훗날 박물관에서 학생들과 함께 역사에 관한 얘기를 나누고 있을 제 모습 을 상상해보았습니다.

이러한 상상을 현실로 이루어 내기 위해 고려대학교 역사교육과에 진학하여 제가 고교 시절 경험했던 일들을 바탕으로 누군가를 가르친다는 것에 관한 즐거움을 이어나가고 싶습니다. 고려대의 교육이념인 교육으로 나라를 구한다는 정신으로 역사에 흥미를 잃어가는 학생들이 역사를 가슴으로 느낄 수 있게 해주는 역사교사가 되고 싶습니다.

(997자)

한국교원대 자율) 지원자 본인이 우리대학에 합격해야 하는 당위성 및 강점에 대해 여러 근거를 들어 자유롭게 기술하여 주시기 바랍니다(1,000자 이내)

사람을 바라보는 평등한 시선, 역사교과에 대한 호기심이 제가 한국교원대학교 역사교육과를 지원하게 한 원동력입니다.

중학생 때 배울 점이 많은 담임선생님을 만났습니다. 모든 학생을 동등한 인격체로 대하는 선생님으로부터 교과 그 이상을 가르치는 선생님의 모습을 봤습니다. 선생님 아래서 조금씩 변화하는 친구들을 보면서 어떤 학생이든 바뀔 수 있다는 믿음을 갖게 되었습니다. 그 후 친구를 바라볼 때 장점을 먼저 찾는 습관을 기르려고 노력했습니다. 실제로 자신이 얼마나 뛰어난 장점을 가졌는지 알지 못한 채 자신의 성적만을 기준으로 꿈을 포기하는 친구가 많았습니다. 저는 그 친구들에게 장점을 알려주며 꿈을 포기하지 않도록 격려해주었습니다.

이러한 경험은 훗날 교사가 되었을 때 모두를 동등한 시선으로 바라보며 학생의 장점을 바탕으로 꿈을 응원해주는 멋진 교사가 되는 것에 도움을 줄 것입니다.

태어나서 처음으로 간 박물관에서 본 금관을 잊지 못합니다. 책에서만 보던 유물들을 직접 보면서 사진과는 다른 색다른 매력에 사로잡히게 되었습니다. 그 후로 박물관은 신기한 것이 많은 놀이터라는 인식을 자연스럽게 갖게 되었습니다. 덕분에 저는 역사에 거부감을 느끼지 않고 조상들의 옛 자취를 밟는 것에 즐거움을 느끼게 되었습니다. 하지만 고등학교 3년 동안 역사는 모든 학생이 좋아하는 과목이 아니고 오히려 피하는 과목이라는 사실을 알게 되었습니다. '왜 친구들이 역사의 매력을 느끼지 못하는 것인가?'라는 안타까움에 저는 친구들이 역사와 친해질 수 있도록 흥미로운 역사 일화를 들려주기도 하고 함께 역사 관련 영화를 보고 내용을 해설해주기도 했습니다. 이를 통해 역사로 소통할 때의 즐거움을 경험하게 되었고, 역사 교사가 되고 싶은 열망을 한층 더 돋구어주었습니다.

저는 전문적인 역사지식을 바탕으로 교과를 잘 가르치는 교사일 뿐만 아니라 올바른 인간으로 성장할 수 있도록 가르치는 교사가 되고 싶습니다. 이러한 저의 꿈은 한국교원대의 교육이념인 전인교육을 통해 실현될 것입니다.

(986자)

기본적으로 고려대학교에 낸 자율문항과 한국교원대에 낸 자율문항의 컨텐츠는 같다는 것을 확인하실 수 있겠습니다. 하지만 작성 방향을 조금 더 각 학교의 인재상에 맞추어 작성하였습니다. 이런 식으로 좋은 자기소개서란 바로 없었던 일을 과장되게 지어내는 것이 아니라 자신이 경험한 실제적 사건을 바탕으로 방향성에 맞게 스토리텔링을 해낸 것이라고 볼 수 있습니다.

자기소개서를 작성하는 과정에서 최소 100번은 자기 자기소개서를 읽게 됩니다. 신기하게도 새로 읽을 때 마다 수정할 부분이 나오기 마련입니다. 컴퓨터에서 문서로 작성하는 것을 추천 드리며, 수정할 때 마다 1, 2, 3 번호를 붙여서 최종판엔 (완)을 붙여 저장하는 편이 좋습니다. 이는 갑자기 과거에 썼던 문장이 더 좋다고 느껴질 때 찾아볼 수 있도록 하는 역할을 하는 동시에 나의 문장실력이 나날이 늘어가는 것을 확인할 수 있습니다.

혹시 문서 작성 프로그램 자체에 내장된 맞춤법 검사기가 부족하다고 느끼신다면 아래 사이트를 활용하시면 되겠습니다. 불필요한 외래어 사용이나 문법적인 측면에서 난 오류까지 짚어줘서 안심하고 서류 제출을 할 수 있습니다.

한국어 맞춤법/문법 검사기 - http://speller.cs.pusan.ac.kr/PnuWebSpeller/

Q. 교사 추천서는 어떻게 해야 할까요?
A : 보통은 담임 선생님께서 작성해 주실 것입니다. 하지만 담임 선생님과 교류가 별로 없었다거나 내가 정한 진로에 대해 전혀 이해를 못 하고 계신다면 다른 분을 찾는 것을 추천해 드립니다. 담임 선생님께 양해를 구하고 평소 깊은 관계를 맺고 있는 선생님을 찾아가서 정중하게 부탁드리시면 웬만하면 다 써주십니다. 교사가 학생을 생각하는 마음을 가지고 성실하게 작성한 추천서를 본다면 '이 학생은 괜찮은 학생이었구나'라고 생각하겠지요?

Step4.　　　**자기소개서**

1. 어떻게 준비해야할까?
- 공통사항

면접 양식이나 출제 경향은 대학마다, 전형마다 차이를 보이지만 면접에서 공통적으로 지켜야하는 요소들이 있습니다.

① 예의바른 자세
누구나 알고 있는 요소이지만 가장 어려운 것입니다. 약 19년간의 생활 태도를 바꾼다는 것이 쉬운 것이 아닙니다. 그래서 면접이 다가올 때 반복적인 연습은 필수입니다.
수능을 끝낸 수험생의 체력은 바닥에 가까운데, 10분을 넘어가는 면접시간을 꼿꼿한 자세로 버티려면 운동이 필수입니다. 앉아있을 때 다리에 힘을 줘서 무릎 붙이는 훈련, 아랫배에 힘을 주고 등을 쫙 편 채로 유지하는 훈련, 너무 어색하지 않은 미소 짓기 훈련이 필수로 들어가야 합니다. 세 가지 다 근육을 쓰는 자세이기 때문에 의식하지 않아도 자연스럽게 유지가 가능할 만큼 일종의 '운동'을 하셔야 합니다. 저는 의자에 앉을 때 다리 사이에 책을 끼워 유지하는 연습을 했습니다.
평소에 대화할 때 사람의 눈을 보는 것이 어색하신 분들은 눈을 보고 대화하는 것을 연습해야 합니다. 시선을 다른 곳으로 돌릴 때보다 눈을 보고 얘기를 할 때 더욱 신뢰감과 안정감을 줍니다. 면접관이 여러 명인 면접이 다수일 것인데 골고루 시선을 분배하는 것도 잊어서는 안 됩니다. 보통 면접관이 두 명인 경우에 각각 역할이 있습니다. 한 명은 따뜻한 미소로 수험생을 격려하는 역할, 한 명은 서류만 보고 있거나 뭔가 불만을 가진 표정 짓는 역할을 합니다. 사람이라면 보통 나에게 웃어주고 호응해주는 쪽에 시선이 가기 마련이지만 면접은 보통 상황이 아니라는 것은 다들 알고 계실 거로 생각합니다.

다대다 면접인 경우에는 정말 사소한 부분이지만 많은 분이 실수하는 것이 있습니다. 바로 다른 지원자가 발언할 때 집중하지 않는 것입니다. 특히 교대 면접에서 이 부분이 아주 중요하게 적용합니다. 다른 지원자가 발언하는 시간에 그 사람을 바라보면서, 고개를 끄덕이거나 간단하게 메모하는 모습 정도는 보여주셔야 합니다.

가장 많이 하는 실수는 면접 시간이 끝났다고 해서 긴장이 풀리는 모습입니다. 면접을 본 건물을 벗어날 때까지 계속 면접시간의 연속이라고 생각하시길 바랍니다. "네. 이제 나가주시면 됩니다."라는 말과 동시에 일차적으로 긴장이 풀리고, 문을 닫고 나오는 순간 이차적으로 긴장이 풀리면서 엄청난 후회가 몰려올 것입니다. 정말로 수험생 중에는 문을 닫자마자 "아 망했다." 같은 혼잣말을 하는 경우가 많습니다. 그런데 이 말이 안에 계시는 면접관에게도 들릴 수 있다는 것을 명심하면서 끝까지 긴장하는 편이 좋습니다.

② 자기 객관화 과정은 필수

자신의 말투, 제스처 등 사소한 것 하나하나에서 성격들을 보여줍니다. 그리고 본인은 논리정연하게 말한다고 생각하지만 듣는 사람의 입장에선 정리되지 않는 경우도 있습니다. 면접을 준비하는 것에 있어서 녹화나 녹음을 통해 자신의 습관을 확인하는 것은 필수적인 요소입니다. 실제 면접 장소처럼 꾸민 뒤 삼각대에 카메라를 놓고 면접 장면을 촬영하면 혼자서도 면접 시뮬레이션이 가능합니다. 객관화된 자신의 모습을 수정해가는 방법은 오로지 연습밖에 없습니다. 인터넷에 검색하면 발음 교정법이나 발성법 같은 것이 많이 나옵니다. 저는 허리를 90도로 숙여서 아랫배에 힘주는 연습과 발음을 정확하게 해주는 연습을 많이 했습니다. 아나운서가 되기 위해 대비하는 정도까지는 아니겠지만, 수능이 끝난 후 면접 직전까지 최대한 자주 연습하면서 노력하는 방법밖에는 없는 것 같습니다.

> *** 체크리스트**
> -. 목소리 음량은 적절한가?
> -. 목소리 높이는 적절한가?
> -. 말의 빠르기는 적절한가?
> -. 적절한 말투를 사용하는가? (은어나 비속어를 쓰지 않는가)
> -. 주어와 서술어가 잘 호응되는가?
> -. 하고자 하는 말을 잘 전달하는가?
> -. 보는 사람을 불안하게 하는 요소는 없는가?
> -. 제스처를 너무 과도하게 사용하진 않는가? 너무 정적이지는 않는가?
> -. 시선은 적절하게 두는가?

③ 면접순서

제가 응시한 학교는 수험번호가 곧 면접 순서였습니다. 모집단위가 큰 경우엔 그룹을 2~3개로 나눠서 면접을 실시하기도 하니 어느 순서에 하더라도 잘 해낼 수 있다는 자신감을 가지는 것이 중요합니다. 저는 아무 생각 없이 원서를 제일 처음으로 다 써버려서 모든 수험 번호가 10 이전이었습니다. 따라서 면접을 가장 처음 봤는데, 면접관의 체력이 괜찮을 때여서 그런지 집중도가 높았습니다. 그런 점은 좋았지만 면접을 끝나고 나가면 가장 처음에 나왔기 때문에 모든 학부모들의 관심을 받게 됩니다. '어떤 문제가 나왔느냐.', '잘 대답한 것 같냐' 등등 이런 관심이 부담스러웠습니다. 저는 지방에서 혼자 올라갔기 때문에 쓸쓸함도 컸습니다. 결론은 면접 순서는 각자 다 장단점이 있다는 것입니다. 확실히 맨 처음에 면접 보고 싶다고 생각하시면 가장 처음 원서를 접수하는 것을 추천 드립니다.

④ 답변 요령

면접관의 질문이나 문제에 대해 답변을 할 때 지켜야 할 원칙이 몇 가지 있습니다.

가장 중요한 것은 두괄식으로 답변하는 것입니다. 질문에 대한 직접적인 답변을 먼저 한 다음, 그 답변이 도출된 근거를 설득하는 것이죠. 당연히 근거는 누구나 설득될 만큼 타당성이 있고, 누구나 이해할 만큼 구체적이어야 합니다. 사실 근거를 풍성하게 만들기 위해서는 상식을 어느 정도 알고 있는 것이 중요합니다. 하지만 수능 공부도 해야 하고 수능이 끝난 이후에 그 많은 상식을 근거로 적용할 정도로 습득하기란 불가능합니다. 답은 바로 비문학 지문에 있습니다. 수능 공부도 하고 상식을 늘려나가는 가장 효과적인 방법이죠. 문제만 풀고 넘어가는 것이 아니라, 주제와 내용 정리도 노트에 간결하게 하는 것입니다. 면접이 다가올 때 한번 주욱 읽어보면 도움이 꽤 됩니다. 비문학 지문을 그냥 넘겨버렸다면, 차선책으로 EBS의 논술 대비 상식 강의나 고전 독서 강의를 추천해 드립니다.

다음으론 실전 연습이 필요한데, 역시나 시간이 촉박하기 때문에 최신 시사상식 공부와 일거양득으로 해결하여야 합니다. 각종 포털사이트 뉴스들을 보면서 논쟁이 되는 지점에 대한 견해를 정리하고, 본인은 어떤 관점이 타당하다고 생각하며 그 근거는 무엇인지 말해보는 것입니다.

두괄식 답변으로 주장을 앞서 말하고 뒤에 근거를 채우는 기본적인 틀에 대한 연습이 되었다면 시간 배분이 잘 되고 있는지도 파악하여야 합니다. 면접시간은 한정적이기 때문에 한정적인 시간 내에 자신의 주장을 논리적으로 전달하여야 합니다. 따라서 간결하게 핵심만 전달하는 것이 중요합니다. 실전 연습을 할 때 답변이 쓸데없이 늘어지게 되지 않는지, 그러면서 핵심적인 지점을 놓치지는 않았는지 계속해서 확인해주십시오.

⑤ 면접관의 추가 질문은 기회라고 생각하자

대답을 해나가고 있는데 면접관이 말을 끊고 질문을 하게 된다면 아마 무척 당황할 것입니다. 망했다고 생각하지 마시고 '나의 순발력과 문제 해결력을 보려는 것이구나.'라고 마인드 컨트롤을 하는 것이 중요합니다. 수험생이 문제의 방향을 전혀 못 잡고 엉뚱한 방향으로 대답을 할 때, 면접관이 정말 안타까워서 질문을 통해 기회를 주는 경우도 있습니다. 면접 당시에는 인지하지 못했지만 지금 와서 생각해보면 실제로 면접관의 질문 속에 힌트가 담겨있는 경우가 많았습니다. 합격의 길로 인도할 강력한 기회라고 생각하면 면접관의 추가 질문을 감사하게 생각할 수 있게 됩니다.

결국, 면접에서 이기는 것은 정신력이 강한 사람, 마인드 컨트롤을 잘하는 사람입니다. 진실은 아니더라도 면접 순간만큼은 끊임없이 자기 합리화, 정신승리를 하시면 됩니다. 어렵겠지만 무슨 생각이 떠오를 때마다 긍정적으로 해석하시길 바랍니다.

요소들만 보면 딱딱하고 어려워 보이지만 면접이란 기본적으로 사람과 사람 사이에서 관계를 맺는 일입니다. 사람 사이에서 어떠한 요소가 호감을 만들어 내며, 긍정적인 이미지를 남길 수 있는지를 고민하는 과정은 면접뿐만 아니라 앞으로 사회를 살아갈 때도 꼭 필요한 부분입니다.

그래도 잘 이해가 되지 않고 추상적으로 생각되신다고 하시는 분은 입학처에 대부분 어떻게 면접이 진행되는지 공개하게 되어있습니다. 고려대학교 같은 경우에는 면접 안내 동영상까지 제작한 것으로 알고 있습니다. 하지만 학교마다 면접 진행 방식의 차이가 있으니 입시를 대비하는 목표 대학의 유형을 꼭 확인하시길 바랍니다.

2. 구술면접

제가 대부분 대학에서 보았던 구술면접에 기반해서 설명 드리겠습니다. 꼭 어떤 식으로 문제가 출제되는지 확인하고 가시길 바랍니다. '그냥 내 생각을 말하고 오면 되겠지.'라는 생각으로 해결될만한 문제가 아닙니다. 실전에서 당황하지 마시고 꼭 확인하고 가세요. 말로 푸는 논술이라고 생각해야 할 정도로 지문에 제법 난도가 있습니다.

면접 진행 방식을 말씀드리겠습니다. 수험생은 면접 대기실에서 대기를 하게 됩니다. 본인 순서가 된다면 스태프가 면접 장소로 안내를 해줄 것입니다. 면접 장소 바깥에서 지문을 읽고 문제를 풀게 한 뒤, 준비된 답변을 가지고 면접 장소에 들어가는 방식입니다. 물론 지문을 읽는 시간은 정해져 있고, 답변을 하는 시간도 정해져 있습니다. 자세한 시간은 입학처에 정리해둔 것이 있을 것입니다.

제가 당부하고 싶은 말은 지문을 읽는 시간에 이면지에 미친 듯이 완벽한 답변을 적어가는 경우가 많은데 절대 그러지 말라고 하고 싶습니다. 저도 처음 이대 면접 때 시간은 부족하고 뭔가 면접관을 마주하면 아무 생각도 나지 않을 것 같아서 이면지에 답변을 완벽하게 써서 들어갔었습니다. 면접장에 들어간 순간 이면지만 뚫어져라 쳐다보며 준비된 대답을 읽어 내려가는 것을 좋은 면접이라고 할 수 있을까요? 여러 번 강조하지만, 면접이란 면접관과 사람 대 사람으로 만나 대화를 통해 관계를 맺는 시간 입니다. 대화하는 사람을 바라보며 대화하는 것은 초등학교 교과서에 나오는 기본 중에 기본입니다. 차라리 준비 시간에 지문을 읽고 문항에 해당하는 답안을 머릿속으로 시뮬레이션 해보는 것이 훨씬 도움이 됩니다. 눈을 감고 면접장을 상상하면서 그 가운데 앉아있는 나를 그리고, 내가 어떤 대답을 해야 하는지 그려보는 것입니다. 그리고 이면지엔 꼭 들어가야 하는 핵심 단어만 적어서 들어가야 합니다. 준비한 답변을 말하는 내내 면접관들을 골고루 바라봐주세요.

준비한 답변을 마치고 시간이 남는다면 면접관은 궁금한 지점들을 추가로 물어볼 것입니다. 이때 자기가 준비한 답변을 비판하는 느낌으로 질문을 하는 경우가 있을 수 있습니다. 당황하지 말고 면접관의 지적이 타당하다 생각되면 수용하는 자세를 보이면 됩니다. "~~한 부분에 대해 문제를 지적해주신 것 같은데, 우선 감사합니다. 그 부분에 대해선 미처 생각해보지 못했는데, 지적해주신 것과 같이 00한 문제점이 있는 것 같습니다. 차츰 보완해나가도록 하겠습니다."라는 식으로 자기수정의 자세를 보여주는 것도 아주 중요한 지점입니다. 자기수정은 더 높은 성장을 위한 기본 소양이며, 타인의 의견을 수용하는 자세는 현대 시민적 자세이기 때문입니다. 하지만 면접관의 지적이 별로 설득력이 없다고 느껴진다면 마찬가지로 예의바르게 자신의 생각을 더 구체적으로 전달하면 됩니다. 하지만 최소한의 고민하는 모습은 보여드리는 것이 예의라는 점 잊지 마세요. "(한 4초정도 고민) 음 제시한 지점에 대해 다시 한 번 생각해보았습니다. 면접관님께서는 ~~에서 문제가 있다고 하셨는데, 제가 답변에서 미처 말씀드리지 못한 것 같습니다. 말씀하신 것처럼 ~~의 문제가 발생할 가능성이 있습니다. 그 부분은 00을 통해 보완할 수 있습니다."정도로 대답하면 되겠습니다. 핵심은 예의를 갖추되, 본인의 생각을 드러낼 수 있어야 한다는 것입니다. 무조건적으로 면접관의 말에 동의를 하거나, 부정하는 것이 아닌 타당한 근거와 탄탄한 논리를 바탕으로 대답하는 것입니다. 생각이 바뀌었다면 바뀐 근거는 무엇인지 명확하게 밝히는 것이 중요하며, 기존 생각 그대로 유지된다면 그 근거는 무엇인지를 명확하게 밝히면 됩니다.

슬럼프 대비방법

하루에도 수십번 찾아오는 것 같은 슬럼프이지만 특히 극심하게 '아, 이게 슬럼프였구나!'라고 느끼게 되는 슬럼프가 수험 기간에 한 번 즈음 있을 것입니다. 저도 공부에 아무런 의미부여가 되지 않고 성적도 어느 한계를 기점으로 더 오르지 않았습니다. 무슨 공부를 해도 재미있지 않고 앞으로 혼자 해낼 수 없을 것 같은 느낌에 사로잡혔습니다. 이대로 가만히 있다가 정말 의미 없이 수험생활을 마무리할 수 있겠다는 생각이 들었고 저는 어머니께 사실대로 고려대학교에 다녀와야겠다고 말씀드렸습니다. 그 당시가 정확히 수능 100일 전이었을 겁니다. 남들이 한 참 수능 공부에 열을 올리는 그 시기에 캠퍼스 투어라니, 어머니 입장에선 상당히 황당하셨을 것입니다. 그러나 어머니께서는 다니고 계신 직장에 휴가까지 내시며 저와 함께 서울로 여행을 떠났습니다. 고려대학교 캠퍼스에 들어선 순간 가슴이 두근거리고 '이 학교가 아니면 안 되겠다!'라는 마음이 들었습니다. 결과적으로 서울에 다녀온 건 잘한 일이었습니다. 고대 캠퍼스 투어에서 홍보대사님께 받은 열람실 예약증을 책상에 붙여놓고 다시 한번 마음을 다잡았습니다.

혹시 공부가 안되거나 목표가 불확실해질 때 그냥 딱 하루 자신이 왜 공부해야 하며 내가 진짜 하고 싶은 일이 뭔지 고민해보고, 직접 그 장소에 가보는 것이 좋은 방법인 것 같습니다. 미래에 대한 구체적인 상이 그려지고, 동기부여도 확실하게 된 뒤에 건강한 마음에서 공부하는 것이 어영부영하게 하루하루 보내는 것보다 훨씬 장기적으로 도움이 됩니다. 수험 생활은 마음과 컨디션 관리가 90% 이상을 차지합니다. 몸 관리, 마음 관리 둘 다 잘하셔서 성공적인 입시가 되시기를 바랍니다.

03

학생부 종합전형 실전 가이드

정돈화
(2016학년도 고려대 경영대학 및 성균관대학교 경영대학 수시 최초합격)
-고려대학교 경영대학 2학년 재학 중
-2016학년도 대학수학능력시험 국어B형/수학A형/영어/사회
 탐구(사회문화) 1등급 (한국사-2등급)
-3년간 수학 및 영어 ALL 1등급
-최종 졸업 내신 1.18

학생부종합전형이란?

대입 전형 유형별 비중(2017년)

전형	학생부 종합	학생부 교과	논술	실기	논술
선발비중(%)	23.7	40.1	3.7	8.5	22.8

*출처 : 한국대학교육협의회

학생부종합전형의 비율이 2017년 대입에서 23.7%를 차지하면서 2015년에 비해 약 7%p나 상승하였습니다. 주위에서 "학생부종합전형을 준비해라", "너는 무조건 수시로 가야한다" "정시는 답이 없다"라는 말이 나오는 것에 비해, 생각보다 그 비율은 정시(수능)과 비교할 때 큰 차이점이 없는 것이 의아할 지도 모릅니다. 하지만, 이는 '학생부 교과' 전형을 반영하여 생각하지 않았기 때문입니다. 학생들은 흔히 '학생부 교과' 전형이 오로지 내신만을 평가하는 전형이라 생각하지만, 대부분의 학교는 그렇지 않습니다. 소위 SKY라 불리는, 서울대학교와 고려대학교, 연세대학교만 하더라도 해당 학교에서 실시하는 학생부 교과전형에서는 내신뿐 아니라 생활기록부 및 자기소개서를 요구하고 있습니다. 즉, 학생부 종합 전형과 학생부 교과 전형, 이 둘을 합치면 전체 입시에서 60%를 넘는 비중을 차지하고 있습니다. 그리고 이 둘을 합쳐 주로 "학생부 전형" 이라 일컫습니다. 이를 포기하면 수험생의 입장에서 대입에서 상당히 불리한 위치에 설 수 밖에 없는 것은 당연하겠죠?

 학생부 전형의 중요성을 인식하였지만, 이를 준비하는 것은 막막할지 모릅니다. 주변에서는 "스펙을

쌓아라" 라는 말만하지, 정작 어떤 스펙을 쌓아야 하는지, 어떤 스펙이 중요한 지에 대해서 구체적으로 말해주지는 않습니다. 이제 저는 3년간 학생부 전형을 준비했던 수험생 시절의 경험과, 대학 입학 후의 입시연구소 근무 경험 및 자기소개서 첨삭 사례를 바탕으로 이를 구체적으로 말씀드리고자 합니다. 다만, 이는 단순히 현직 대학생의 입장이 아닌, 입시 연구소 근무 시절, 전·현직 입학사정관들로부터 받았던 교육과 실제 사례를 바탕으로 서술될 내용입니다. 지금 이 글을 읽고 있는 학생이 앞으로 입시를 치루기까지 얼만큼의 시간이 남았을 지는 모르지만, 단 6개월의 시간만 있으면 수시에서 만족할만한 성적을 낼 수 있도록 내용을 구성하였습니다. 그리고 중간중간에 자주 나오는 질문들과 그에 대한 대답을 기술하여 학생들의 이해를 돕고자 하였습니다. 그럼, "학생부 전형 어떻게 준비해야하는가?" 그 구체적인 내용을 A부터 Z까지 살펴보도록 하겠습니다!

1-1) 학생부 전형 준비할 요소들은?

 학생부 전형을 준비하기 위해 필요한 것들은 크게 "생활기록부"(이하 생기부), "내신", "자기소개서" 입니다. 그리고 동아리 및 기타 스펙들은 "생활기록부"에 포함되는 것으로, 이 중 자신이 우수하다고 생각되어 어필하는 것이 "자기소개서"입니다. 그리고 이 둘보다 선행되어야할 것은 "내신"입니다. 여기서, 가장 우선적으로 파악해야할 것은 "과연 위 세 가지 요소를 입학사정관은 어떻게 평가를 내리는가?"입니다. 아무리 학생의 입장에서 완벽해보이더라도 평가하는 사람의 입장에서 부실해 보인다면, 그것은 실패할 확률이 높습니다. 특히나 어떤 부분을 대학에서 많이 보는지, 그에 대한 물음이 선행돼야합니다.

*입학사정관도 사람이다?

 학생이 3년간, 혹은 그 보다 더 적은 시간동안 작성한 서류를 가장 먼저 살펴보는 사람은 입학사정관입니다. 입학사정관이 학생 1명당 담당하는 시간은 적게는 20분, 많게는 1시간으로 그렇게 길지가 않습니다. 고등학교 3학년이 자기소개서를 작성하는 데 걸리는 시간이 수일~수개월에 이르니, 그에 비하면 굉장히 짧지요. 입학사정관도 사람입니다. 수천 명의 지원자들의 서류를 살펴보기에 시간적 제약이 많으니, 남들과 비슷하거나 평범하면 그들의 이목을 끌 수 없습니다. 즉, 학생부전형의 핵심은 "특별함(Speciality)"입니다. 남들보다 달라야 합니다. 누가 봐도 평범하다면, 설령 자신이 보아도 평범하다면, 그것은 입학사정관의 입장에서도 당연합니다. 그렇다면, 어떻게 특별해야하는가? 그게 학생부 전형을 준비하는 데 있어서 가장 중요한 질문이라고 할 수 있겠지요. 이를 밑에서 앞서 언급한 "생활 기록부" "내신" "자기소개서" 세 가지로 구분하여 구체적으로 서술할 것입니다. 특히 가장 중요한 "자기소개서" 에 대해서는 보다 정신을 차려 읽어나가야 할 것입니다!

Step1.   **생활기록부**

생활기록부는 학생이 3년간의 학교생활을 모두 담아 놓은 서류입니다. 여기서 핵심은 "모두"입니다. 학생이 무슨 일이 했는지, 어떻게 했는지, 거기서 무엇을 느꼈는지, 무엇을 배웠는지, 누구와 했는지, 그 동기는 무엇이며 결과는 무엇인지, 그에 대한 기록이 없다면 절대 알 수 없습니다. 학생이 하는 모든 일들을 생활기록부에 담아야합니다. 명심하십시오! 기록이 없으면 평가도 없습니다! 더불어, 자신의 생활기록부를 요약할 수 있는 하나의 키워드를 설정하는 것이 좋습니다. 그 키워드를 설정하기에 선행되어야할 것이 자신이 진학하고자 하는 분야를 설정하는 것입니다. 그 분야를 설정하고, 그와 일관된 내용을 담는 다면 그 결과는 결코 학생을 배신하지 않을 것입니다. 저와 같은 경우, 생활기록부의 키워드는 "중소기업" 이었습니다. 저의 비전은 "중소기업을 돕는 변호사" 이었지요. 이를 위해 "경영학과" 진학을 목표로 스펙을 준비하였습니다. 아래는 생활기록부를 구성하는 요소들입니다. 해당 요소별로 학생이 어떠한 기록을 남기는 것이 좋은 지 살펴보도록 하겠습니다.

Q&A 1. 꿈이 없는데, 어떻게 준비를 할 수 있을까요?

→ 입시연구소 근무 시절이나 자기소개서 첨삭 활동을 하며 가장 많이 받았던 질문입니다. 자신이 무엇을 하고 싶고, 어떠한 대학이나 어떠한 학과에 진학하고 싶은 지도 모르는데 그에 대해 대비를 한다는 것은 어불성설(語不成說)일 것입니다. 따라서 자신이 무엇을 하고자 하는 지에 대한 물음이 선행되어야 합니다. 하지만, 직접 필자가 꿈특강을 기획하여 학생들 앞에서 진행하여도 자신의 미래를 확신하는 학생은 매우 드뭅니다. 설령, 지금 대학을 다니는 학생들 중에도 상당수는 자신의 장래 희망을 모르는데, 고등학생들은 오죽하겠습니까. "꿈이 없으면 준비를 할 수 없으니 얼른 꿈부터 찾아라! " 그게 가장 정석적인 답변이겠지만, 이 질문의 핵심은 '꿈' 이 아니라 '준비' 일 것입니다. 꿈이 없어도 대학을 가기 위해서는 준비를 해야합니다. 여기서 확신에 찬 꿈이 없다면, 그 꿈을 개조해야 합니다. 아니, 창조해야 합니다. 중학교 3년 동안의 경험, 그리고 고등학생 일부 동안의 경험을 바탕으로 자신이 조금이라도 관심이 있던 분야를 정해야 합니다. 이를 정하지 못하는 학생은 거의 없습니다. 사회가 재밌다, 역사가 재밌다, 과학이 재밌다, 정도는 개인별로 누구나 느끼기 때문이죠. 그리고 관심이 조금이라도 있는 분야를 정렬하고, 그 분야를 위한 진로로드맵을 설정해야 합니다. 물론, 이 진로가 자신의 진실한 꿈이 아닐 수 있습니다. 하지만, 그것이 자신의 진실된 진로인 것처럼 보이는 것이 중요합니다. 기본적인 관심분야를 설정하였다면, 자신이 그 분야에 진출했다고 생각하고 무엇을 이룰 수 있을 지를 생각해보아야합니다. 일례로, 자신의 꿈이 없지만 친구들에게 문제를 설명하거나 가르치는 것이 재밌다는 학생은 교사를 목표로 잡았습니다. 그리고, 교사를 통해 이루고 싶은 비전이 "대한민국의 수포자가 없는 세상" 으로 설정하였죠. 혹은 "교육감이 되어 일방향적인 교육제도를 개선하겠다" 라는 비전도 있습니다. 이처럼, 꿈이 없다면 극소의 관심으로라도 꿈을 창조하고 그럴 듯한 비전을 설정해야합니다. 그리고 그 비전에 맞추어 스펙을 구성해야 합니다.

1-1. 수상실적

생활기록부에서 입학사정관이 가장 처음 중요하게 파악하는 부분이 바로 수상실적입니다. 생활기록부의 얼굴이라고 할 수 있죠. 수상실적에서 중요한 것은 당연 수상이라고 말할 수 있겠지만, 단순히 수상을 했다는 사실이 유리하게 작용하는 것은 아닙니다. 자신이 설정한 희망분야에서의 수상이 중요한 것입니다. 상경계열을 희망하는 학생에게 있어서 "경제탐구대회" "교내경제경시대회" 등의 수상이 과학탐구대회나 단순 글쓰기 대회 수상보다 훨씬 중요하게 작용합니다. 사범계열, 특히 이 중 국어교사를 꿈꾼다면, 그 반대로 글쓰기 대회가 중요합니다.

그리고 학교별로 매 학기마다 모범학생표창을 줄 것입니다. 대부분 실장 혹은 부실장에게 주는 경우가 많지만, 학기별로 주는 경우 1학기 2학기 모두 같은 인물에게 주는 경우는 드뭅니다. 즉, 평소 행실을 바르게 하거나 실장 및 부실장 직을 해서라도 모범학생 표창장을 받는 것은 좋습니다. 수상은 다다익선

(多多益善)입니다. 교내에서 주최하는 모든 대회에 출전하십시오.

Q&A 2. 수상이 없는데 어떡하죠?

→ 수상은 대회에 출전하는 학생들 중 약 5등 이내에 드는 학생들이 받지요. 그래서 수상실적이 있다는 자체가 어려운 것은 사실입니다. 결론적으로 얘기하면, 수상이 없어도 괜찮습니다. 다만, 대회에 출전은 무조건적으로 하는 것이 좋습니다. 상경계열을 꿈꾼다, 그런데 수상은 없다. 그러면, 경제 대회에 응시라도 하는 것이 그렇지 않은 것보다 유리합니다. 대학은 결과물을 보고 학생의 능력을 평가하는 것도 사실이나, 그 과정을 보고 학생의 잠재력을 평가하는 곳입니다. 학창 시절, 학생이 해당분야에 충분한 관심이 있다면 충분히 긍정적으로 작용할 수 있습니다.

1-2. 자격증 및 외부스펙

수상 실적란 밑에 바로 있는 것이 바로 "자격증 및 인증 취득상황"입니다. 사실, 고등학생이 취득 가능한 자격증은 많지 않습니다. 설령 취득하더라도 외부스펙에 대해 까다로운 기준으로 인해 기입하지 못하는 경우도 많습니다. 하지만, 학생이 상경계열을 희망하는 문과생이라면 그렇지 않습니다. 무조건적으로 경제이해력검증시험(TESAT)에서 2급 이상을 취득하는 것이 좋습니다. 생활기록부에 등재가 가능할 뿐 아니라, 실제 유리하게 작용하는 경우가 많습니다. 기타 다른 스펙들이 부족하다면 이를 보완하는 요소가 될 수 있고, 다른 스펙도 출중하다면 플러스 @적 요소로 학생의 합격가능성을 높여줄 것입니다. 하지만, 아무래도 고등학생의 신분에서 접근가능한 자격증은 많지 않고 주변에 SKY에 입학한 친구들 역시, 자격증을 취득하지 않은 경우도 많았기에 이 부분에 대해서는 크게 다루지 않고 넘어가겠습니다.

1-3. 진로희망사항

진로희망사항은 학년별로 기입합니다. '특기 또는 흥미', '진로 희망', '희망 사유'로 구성되어 있지요. 여기서 '진로 희망' 에서는 학생과 학부모 란이 나누어져 있습니다. 진로희망사항은 앞서 설정한 비전을 가장 먼저 드러낼 수 있는 곳입니다. 앞서 설정한 자신이 희망하는 분야에 해당하는 직업을 서술하는 것이 좋습니다. 문과생들과 같은 경우, 상경계열을 희망하는 학생이 많은데, 구체적인 직업을 작성하기 어려운 경우가 있습니다. 그럴 때는, 경제부처공무원, 경제 분야 연구원 등으로 광범위하게 서술하는 것도 괜찮고 설령 나중에 수정되더라도 회계사, 경영컨설턴트 등으로 서술해도 괜찮습니다. 일정한 분야라면 그 속에서 구체적인 직업의 수정은 크게 문제되지 않습니다. 더 중요한 것은, '희망사유'입니다. 이 칸에 자신의 비전을 서술해야 합니다. 어떠한 이유로 그 직업(분야)에 관심을 가지게 되었는지 포장해야 합니다. 자신의 진실된 목표가 아니지만, 입시를 위해 설정한 목표라면 이 부분을 더욱 더 신경써서 포장해야합니다. '특기 또는 흥미' 는 학생이 원하는 대로 서술하되, 학술적인 부분을 적는 것을 조금 더 추천합니다. 대표적으로 토론, 독서 등이 있습니다. 물론, 축구나 농구 등 체육활동을 좋아한다면 적어도 무방합니다.

→ 괜찮습니다. 진로가 3학년 때 바뀌는 경우도 괜찮습니다. 같은 분야 내에서 구체적인 직업이 수정된 경우라면 당연히 괜찮고, 아예 다른 분야로 바뀐 경우에도 괜찮습니다. 극단적으로 생명공학 연구원이 법조인으로 진로가 수정된 경우라도 괜찮습니다. 하지만, 해당 직업이 속한 분야가 수정된 경우라면 그 수정된 이유를 잘 서술해야합니다. 3년 내내 진로가 일관된 것도 좋지만, 진로가 중요한 이유로 중간에 수정된 경우도 입학사정관들의 눈길을 끌 수 있습니다.다시 한 번 말씀드리는데, 그 이유가 상당히 개연성이 있도록 구성해야 할 것입니다!

1-4. 창의적 체험활동 (교내 동아리 활동)

창의적 체험활동상황은 크게 자율 활동, 동아리활동, 봉사활동, 진로활동으로 구성되어 있습니다. 여기서 자율 활동은 주로 학교차원에서 실시한 내용이 담겨져 있습니다. 이 네 가지 중 가장 중요한 부분은 '동아리 활동'입니다. 생활기록부에서 가장 중요한 부분입니다!! 학생이 관심 있는 분야에 대한 내용을 가장 잘 드러낼 수 있는 활동입니다. 상경계열을 희망한다면, 경제·경영 동아리를 창설하여 활동하는 것이 좋은 것처럼, 자신이 희망하는 분야에 대해 학술적인 활동을 하는 동아리를 만드는 것이 좋습니다. 거의 필수적입니다. 필자와 같은 경우, 경제경영동아리를 창설하여 상경계열과 관련된 외부대회를 준비하는 것은 물론, 관련 서적이나 논문을 탐독하고 토론활동을 진행하였고, 논문 작성과 같은 R&E 활동까지 하나의 연장선상에서 진행하였습니다.

<예시> 상경계열을 희망하였던 필자의 동아리 활동 중 발췌

(DIFES 경제경영동아리) "지역기업체험한마당" 대회를 준비하며 여러 마케팅 전략을 살펴보며 기업의 운영 및 흐름을 공부하였고, 지역교수를 초빙하여 R&D 및 리더십 이론과 관련된 논문을 탐독하며 토론을 진행함. 더불어, SNS 마케팅 효과를 측정하기 위해 직접 설문 조사지를 작성하여 자료를 수집하였고 "SNS가 기업 마케팅에 미치는 영향" 이라는 논문을 작성하였음.

학생의 관심분야에 맞추어 소재만 다르게 준비하여도 충분할 것입니다. 문과생들 중 상경계열을 희망하는 학생과 같은 경우, 위 예시 자료와 같이 경제경영동아리를 창설하여 동아리 첫 시간에 앞으로의 활동 방향을 설정하고 짧아도 1학기 이상 활동하여 결과물을 내는 것이 좋습니다. 그리고 동아리 활동은 단순히 친구들과 모이는 시간이 아닙니다. 친구들과 모여서 하나의 결과물을 만드는 것입니다. 즉, 생활기록부에 'OOO 동아리에 참가하여 OOO 활동을 하였음. ' 식의 서술보다는, 'OOO논문을 작성하였음', 'OOO에 참가하여 이를 보고서로 작성하였음' 식의 서면화된 결과물이 남아 있는 것이 좋습니다. 설령 친구들과 자료를 수집하여 토론활동을 진행했다 하더라도, 해당 토론에 대한 에세이를 작성하고 이를 모아두는 것이 좋습니다. 필자와 같은 경우, 고등학교 2학년 때의 토론활동 내용을 담아 "말많은 남자들" 이라는 책을 동아리 차원에서 출판한 적이 있습니다.

글의 서두에 언급한 것과 같이 생활기록부에 담길 내용은 남들보다 더 특별해야 합니다. 요즘 대부분의 고등학생들이 자신의 분야에 맞춰 동아리활동을 하고 있습니다. 아직 속해있는 동아리가 없다면, 얼른 동아리에 들어가는 것이 중요하며(물론, 자신이 희망하는 분야와 일맥상통한 동아리에 들어가야 하겠지요!), 동아리에 들어가고 나서도 차별화된 활동을 기획해야 합니다. 차별화된 활동에는 크게 "외부 전문가 인터뷰" "외부기관 답사" "관련 분야에 대한 소논문 작성" "관련 봉사 활동" 등이 있습니다. 물론, 해당 활동들 역시 보편화되고 있는 상황이기에 특별한 주제를 설정하는 것이 좋습니다. 의예과를 지망하는 학생이라면 요즘 중요하게 대두되고 있는 융복합적 인재상과 관련된 "뇌과학과 심리학의 상관관계" 와 같은 내용의 학술활동이나, 경영학과를 지망하는 학생이라면 "AI(인공지능)가 회계업무에 미치는 영향" 식의 주제가 될 수 있습니다. 물론, 이는 하나의 예시일 뿐 학생이 희망하는 분야에 맞추어 특별한 활동을 기획해야겠지요?

동아리 활동에 성실히 참여한다면, 생활기록부의 동아리 활동 칸은 굉장히 풍성해질 것입니다. 글자 수 제한으로 인해 더 이상 적을 수 없는 상황에 이르게 됩니다. 그렇다면, 이를 자율활동이나 진로활동 칸에 서술하여도 무방합니다. 물론, 이 부분은 전적으로 담임선생님의 몫입니다. 자율 활동과 진로활동은 동아리활동과 연계되는 경우가 많으므로, 무조건 자신의 진로와 관련된 동아리에 들어가서 위의 언급한 것과 같이 차별화된 활동을 하는 것이 좋습니다. 그리고 자율활동에서 대부분 서술되는 내용은 학급실장 및 부실장 활동과 관련된 것입니다. 학급 실장 및 부실장으로 활동하는 것이 가장 좋겠지만, 그것이 힘든 경우가 많으므로 학급 총무나 체육부장 등으로 역할이 상대적으로 중요하지 않더라도 맡는 것이 좋습니다. 생활기록부에 1~2줄이라도 더 서술될 수 있다면 무엇이든지 하는 게 나중에 자기소개서를 구상할 때 있어서 유리합니다.

〈입학사정관도 사람이다〉 란에 서술한 것과 같이 입학사정관이 한 학생의 서류를 살펴보는 시간은 짧습니다. 4쪽에 달하는 자기소개서를 다 읽고, 15쪽에 이르는 생활기록부 전부를 정독할 수 없습니다. 생활기록부에서도 중요한 부분을 중점적으로 살펴보는데, 가장 중점적으로 보는 것이 '동아리 활동' 란과 '과목별 세부사항' 란입니다. 어떤 사립대학에서는 생활기록부에서 특정 부분은 아예 지워지고 위와 같이 중요한 부분만 출력하여 읽는 경우도 있다고 합니다. 그러니, '동아리 활동'에서 최대한 자신을 어필해야 합니다!

Q&A 4. 들어갈 동아리가 없어요.

→ 자신이 희망하는 분야와 관련된 동아리가 없을 수 있습니다. 그럴 때는 조금이라도 연관된 기존에 존재하는 동아리에 들어가는 것이 좋습니다. 그렇지 않다면, 직접 동아리를 만들어야 합니다. 사실, 동아리를 직접 만드는 것이 리더십을 어필할 수 있다는 점에서 더욱 좋습니다. 동아리를 만드는 방법에 대해서 간단히 설명해드리겠습니다. 교내 동아리는 동아리 원과 동아리장, 담당 교사, 학교장의 승인이 필요합니다. 즉, 자신이 만들고자 하는 동아리에서 활동할 친구들을 모으고 (최소 3~4명은 되어야할 것입니다) 관련 분야의 선생님께 찾아가 동아리 담임 교사가 되어주기를 부탁드려야 합니다. 이 과정에서 학생이 해당 선생님의 수업 시간의 태도가 중요하겠지요? 평소 행실이 좋지 않다면, 애초에 동아리원들이 모이지 않을뿐더러 선생님들도 학생을 불신할 수 있습니다. 선생님께서 흔쾌히 동아리를 담당해주시겠다고 하시면, 해당 서류를 준비하시고 학교장 승인을 받게 됩니다. 그리고 학교별로 따로 배정된 동아리 시간이 있다면 해당 시간에 활동하면 되고, 그렇지 않다면 학교 정규시간 외에 별도로 시간을 내어 활동을 해야 합니다. 필자와 같은 경우, 동아리 정규 시간에는 기존에 존재하던 토론동아리 활동을 하였고, 경영동아리를 신설하여 토요일 오후1시부터 4시까지 친구들과 따로 만나서 활동하였습니다. 동아리를 신설하거나, 기존에 있던 동아리에 들어가서 가장 중요한 게 앞으로의 활동방향을 정하는 것입니다. 1학기 동안 동아리 활동 목표를 설정하고 구체적으로 어떤 활동을 할지 정하십시오! 방향이 맞다면 목표에 좀 더 쉽게 도달할 수 있을 것입니다.

Q&A 5. 동아리 활동 방향을 잡기가 너무 어려워요

→ 특히 이과 쪽에 해당하는 동아리는 활동방향을 잡기 어려울 수 있습니다. 내용이 문과 쪽에 비해 더욱 학술적이라서 더욱 그렇지요. 특히, 의예과를 희망하는 학생들과 같은 경우 해당 분야에 대한 공부에 대한 접근 자체가 쉽지 않습니다. 활동 방향을 잡기가 힘든 경우에는, 자신이 희망하는 분야의 동향을 파악해보겠다는 생각으로 임하는 것이 좋습니다. 의예과 같은 경우, 의사의 삶에 대해 접근하거나, 사범대 같은 경우, 교사의 삶을 체험해보는 것이지요. 병원을 방문하여 체험활동을 진행하거나, 의사들을 인터뷰하여 고충을 듣고, 관련 에세이를 읽고 서로의 꿈을 나누는 것 역시 훌륭한 활동이 될 수 있습니다. 공학 계열을 희망하는 친구와 같은 경우, 관련 기술 컨퍼런스에 다같이 참관 신청을 하여 듣고 와서 소감을 나누거나 직접 기계를 설계하여 로봇대회를 개최한 친구도 있었습니다. 그러니, 학술적인 내용이 조금 결여되더라도 괜찮으니, 친구들과 의미 있는 활동을 기획해보시기 바랍니다.

Q&A 6. 논문을 작성하고 싶은데, 수준이 너무 낮을 것 같아서 걱정돼요.

→ 요즘 대부분의 고등학교에서는 개인적으로든, 동아리 차원에서든 논문을 작성합니다. 학교 차원에서 시간을 따로 할애하여 논문 작성을 유도하는 경우도 있습니다. 필자의 학교도 그 중 하나였지요. 입학사정관들이나 교수들은 고등학생의 한계를 인정합니다. 그 논문의 수준에 대해서 큰 기대를 하지 않습니다. 논문을 읽어보지도 않습니다. 생활기록부에는 논문의 1~2줄 요약 내용이 들어갈 것이고, 자기소개서에 작성하더라도 1~2줄 내용 설명에 그치기 때문에, 논문을 읽는 것 자체가 불가능합니다. 면접 때 부연설명을 요구할 수 있는 수준이지요. 그러니, 그 수준에 있어서 크게 걱정할 필요 없습니다. 다만, 그 주제 선정에 있어서 더 많은 심혈을 기울이는 것이 좋습니다.

1-5. 봉사활동

봉사활동은 크게 개인적으로 참여한 봉사활동과 학교차원에서 참여한 봉사활동으로 구분됩니다. 봉사활동 란에 장소 또는 주관기관 명에 "(학교)OO고등학교" 으로 기입되는 것은 사실상 의미가 없습니다. 전교생 모두가 참여한 것이기 때문이죠. 개인별 봉사활동이 중요합니다. 그리고 봉사활동은 자신이 희망하는 분야와 연관되어있지 않아도 크게 상관없습니다. 이 봉사활동은 자기소개서 문항 중 3번(학교생활 중 배려, 나눔, 협력, 갈등 관리 등을 실천한 사례를 들고 그 과정을 통해 배우고 느낀 점을 구체적으로 기술하세요) 과 크게 연관이 있습니다. 이는 학생의 인성을 보기 위함이지, 전공적합성을 보기 위한 문항이 아니기에 연관성이 요구되지 않습니다. 이 대신에 요구되는 것은 "진실성"입니다. 그리고 이 진실성을 증명하는 방법이 "지속성" 이지요. 일관된 봉사활동을 오랜 기간 동안 진행하는 것이 좋습니다. 봉사활동 마저 스펙의 일환이 되는 대입 현실이 조금 씁쓸하지만, 일회적인 봉사보다 지속적인 봉사가 훨씬 긍정적으로 작용합니다. 필자의 경우, 고등학교 1학년 여름방학부터 고등학교 3학년 여름방학까지 지역아동센터에서 토론교사로 활동하였습니다. 시간을 다 합치면 약 80시간 정도가 되네요. 단순 시간이 큰 것보다 조금씩 오래하는 것이 좋으니 참고하시기 바랍니다. 개인별 봉사활동에는 대표적으로 지역기관과 연계한 멘토링 활동, 양로원 봉사, 고아원 봉사 등이 있습니다. 단순 봉사라도 그 활동에 대한 이유가 있고, 지속적으로 한다면 상관없습니다.

Q&A 7. 고등학교 3학년 때에도 봉사활동을 해야 하나요?

Q&A 8. 대부분의 봉사가 일회성으로 이루어졌는데, 어떡하죠?

1-6. 과목별 세부 특기 사항

과목별 세부 특기 사항은 해당 교과의 선생님이 적어주시는 부분입니다. 대부분의 학교에서는 1등급 및 2등급에 해당하는 학생들과 그보다 낮은 성적에 해당하는 학생들을 구분하여 다른 내용을 서술하는 경우가 대부분입니다. 그리고 해당 내용은 모두에게 복붙하여 적용되는 일반적인 수준입니다. 일반적인 예시로, " '우리말과 글이 걸어온 길' 단원을 학습하며 훈민정음 제자원리의 자료 조사를 충분히 하였으며 국어의 역사에 대해 발표를 적극적으로 하였음" 등이 대부분일 것입니다. 사실 이런 문장들은 도움이 되지 않습니다. 학생 개인별 세부 특기 사항이 있어야 합니다. 특히 상경계열을 희망하는 학생은 경제나 사회 교과에, 국어교사는 국어에, 역사 교사는 역사에, 공학계열은 물리 등의 과학탐구 교과 세부 특기사항이 좋아야 합니다. 자신이 해당 분야에 대해서 작성하였던 소논문이나, 읽었던 서적이나, 탐구했던 논문이나, 활동들을 해당 교과 선생님께 찾아가 기입을 요청한다면 적어주시는 경우가 대부분입니다. 하지만, 과목별 세부 특기 사항은 기본적으로 해당 교과에 진행되는 활동을 바탕으로 서술되는 것이기에 해당 과목 시간마다 학생이 진행하고 있는 성취물이나, 결과물을 해당 교과 선생님께 어필하는 것이 중요합니다.

필자는 인문학적 교양을 높이기 위해 경희대학교 인문교양서적인 "인간의 가치탐색" 이라는 책을 구하여 각 챕터를 읽고 그에 대한 저의 생각을 적는 활동을 하였는데, 이 활동은 개인적인 학습활동에 불과하였습니다. 생활기록부에 기록이 남지 않으면 아무짝에 쓸모없는 활동이기에, 과목별 세부특기사항 중 문학I 및 문학II에 기입을 요청하였고, 생활기록부에 반영이 되었습니다. 물론, 그 과정에서 제가 작성했던 보고서를 수업시간에 발표를 하기도 하였습니다. 그러기 위해서는 해당 교과 시간에 수업태도가 바르면 더욱 좋겠지요?

1-7. 행동 특성 종합 의견

 행동 특성 종합 의견은 앞서 드러난 내용 중 강조할 점은 한 번 더 서술하거나, 기타 진로나 인성적인 부분을 어필할 수 있는 곳입니다. 학업 성적이 우수하다면 담임선생님이 길게 작성해주는 경우가 많으나, 그렇지 않다면 더욱 신경을 써야할 것입니다. 가정형편에서 대학에서 고려해야할 유의미한 부분이 있거나, 앞서 언급되지 않았던 활동이 있다면 행동 특성 종합의견이 반영될 수 있는 마지노선이 될 것입니다.

Q&A 9. 행동 특성 종합 의견은 담임선생님의 전적인 부분이라 제가 절대 관여할 수 없는데, 어떡하죠?

> → 네, 당연히 맞는 말입니다. 하지만, 생활기록부 앞에 학생이 진행했던 활동이 반영되지 않거나 강조하고 싶은 부분이 있다면 담임선생님이 반영해주기도 합니다. 평소 학생이 개인적으로든 동아리 차원에서든 하고 있는 활동을 담임선생님께 자주 말씀드려 어필하시기 바랍니다. 물론, 그러기 위해서는 평소 생활태도나 학업성적이 우수한 것이 더 도움이 될 것입니다.

1-8. 독서활동

 독서활동 역시 동아리 활동만큼이나 중요하지만 많은 학생들이 간과하고 있는 부분입니다. 서울대학교에서는 4번 항목으로 자신이 읽은 책 3권을 서술하도록 할 만큼 강조하고 있으며, 교수들이 눈여겨 보고 면접 시 질문이 들어오는 부분이기도 합니다. 더불어, 자기소개서를 작성하는 데 있어서 전공적합성 이나 학술성을 보완할 수 있는 부분이기도 하지요. 앞서, 생활기록부나 동아리 활동을 하면서 읽었던 책이 있다면 독서활동에 좀 더 구체적으로 언급하는 것도 좋습니다. 하지만, 독서활동 역시 분량제한이 있기에 자신이 읽은 모든 책을 담을 수가 없습니다. 결국, 중요한 책을 일부 골라야하는 것이지요. 그에 대한 마땅한 해답은 없습니다. 다만, 개인적으로 자신이 희망하는 분야에 대한 서적 3권 교양서적 2권 정도로, 학기당 5권 이상은 읽는 것이 좋다고 생각합니다. 물론, 해당 책을 읽고 그것을 독서기록장으로 작성하여 보관해두는 것은 필수입니다. 주변에 보면, 시간관계상 책을 다 읽지 못하고 앞부분을 읽거나 머리말만 읽고 독서활동에 기입하는 경우가 종종 있습니다. 내신 공부, 모의고사 공부하느라 바빠 독서를 할 시간이 부족하여 그런 불상사가 발생하는 것은 일부 공감하나, 결국 나중에 면접 준비나 자기소개서 작성을 위해 다 읽어야할 것들이니 왠만해서는 다 읽고 서술하는 것이 좋습니다. 설령, 덜 읽고 독서활동에 기입하더라도 나중에 시간날 때는 꼭 읽으세요! 그리고 이것은 대입과 상관없는 말이지만, 정작 대학에 입학하면 교양서적을 읽을 시간이 더 생기는 것이 아닙니다. 고등학생의 신분으로 대입을 위해 독서를 하더라도, 돌이켜 생각해보면 그렇게라도 독서를 하는 것이 참 도움이 되었다는 생각이 듭니다. 즉, 단순히 대입을 위해 독서를 한다고 생각하기보다 장기적인 관점에서 인생을 위해 독서를 한다고 생각하면 좋을 것 같습니다.

Q&A 10. 독서의 수준이 중요한가요? 그리고 고등학교 3학년 때에도 독서를 해야 할까요?

> → 독서의 수준은 크게 상관없습니다. 자신이 희망하는 전공과 관련된 부분은 학술적인 부분이 많아 독서가 힘들 수 있습니다. 책 전체를 이해할 필요는 없습니다. 다만, 책을 읽고 느낀 점이 있으면 충분합니다. 학술적인 부분은 고등학생의 신분 상 모두 이해할 수 없습니다. 다만, 전공과 관련된 부분에 대해서는 이해를 덜하더라도 수준이 있는(명성 있는) 서적을 읽는 것이 더 좋습니다. 그리고 고등학교 3학년 때에도 1권이라도 좋으니 책을 읽고 독서활동에 기입하는 것이 좋습니다.

 필자는 최종 내신 성적은 1.18로(1학년 1.0, 2학년 1.07 3학년 1.48) 3학년 시기의 사회탐구과목 (세계사)에서 3등급을 받아 급격한 성적하락곡선을 그렸으나, 비교과 스펙으로 이를 보완하여 그 조화 속에 고려대학교 경영대학에 입학한 케이스입니다.

 내신은 생활기록부에 표기되기는 하지만, 그 중요성을 고려하여 이렇게 독립적으로 구성하였습니다. 내신은 사실 학생부전형에 있어서 1차적으로 가장 중요하게 고려되는 요소입니다. 아무리 많은 스펙을 가지고 있더라도 내신이 낮다면 대입에는 한계가 있습니다. 그 반대로, 내신이 아무리 높아도 스펙이 없다면 대입에는 한계가 있습니다. 대학은 공부만 하는 학생을 원하지 않고, 활동만 하는 학생을 원하지 않습니다. 공부도 잘하고 활동도 잘하는 학생을 원합니다. 그런 점에서, 내신과 비교과 스펙은 적절히 조화되어야 합니다. 그럼에도 내신에는 하나의 기준과 같이 마지노선이 일부 정해져있습니다. "SKY 대학에 지원하기 위해서는 이 정도 성적은 되어야한다," 대학 수준별로 통설적으로 정해져있는 부분들이 있지요. 이 부분은 학교의 선생님과 상담을 하면 대략적으로 알 수 있습니다. 한 가지 확실한 것은 내신은 무조건 고고익선입니다. 높을수록 좋습니다. 아니, 높아야 합니다. 이미 대입을 위한 최종 성적이 확정된 고등학교 3학년과 같은 경우 어쩔 수 없지만, 고등학교 1,2학년과 같은 경우 내신을 올리는 것을 최우선적인 과제로 하고 비교과 스펙을 준비하는 것이 맞습니다. 내신과 스펙, 둘 중 하나를 고르라면 내신이 더 중요한 것은 사실이기 때문이죠.

 지금 내신이 낮다고 좌절하지 마십시오. 최고의 스펙은 성적상승곡선입니다. 성적이 지금은 낮더라도 앞으로 많이 올리면 됩니다. 그러기 위해서는 밤새 공부하고, 수업을 잘 듣고 피나는 노력이 필요하겠죠. 그 부분은 전적으로 학생의 의지에 달렸습니다. 필자의 동기 중 한명은 1학년 4등급대의 성적을 3학년 때의 1등급으로 올린 경우도 있습니다. 그 과정에서는 교과서를 통째로 외워버리는 피나는 노력이 있었죠. 지나간 성적은 고칠 수 없습니다. 지금 이 글을 읽고 있는 순간도 지나간 과거가 될 것입니다. 그러니 앞으로의 시험에 충실하시기 바랍니다.

Q&A 11. 성적하락곡선을 그리고 있습니다. 괜찮을까요?

 → 성적이 하락하더라도 최종내신이 괜찮다면 상관없습니다. 예를 들어, 내신 변화 추이가 3.0 등급 → 2.0 등급 → 1.0등급으로 최종산출내신이 2.0등급인 학생과, 내신이 1.0 등급 → 2.0 등급 → 3.0 등급인 학생사이에서 전자가 더 유리한 것은 사실입니다. 하지만, 최종 내신에서 큰 차이가 없다면 비교과 스펙으로 충분히 보완할 수 있습니다. 필자와 같은 경우, 2학년 1학기까지 내신이 1.0으로, 모든 교과목에서 1등급을 받았으나 그 이후로 성적이 떨어지기 시작하여 3학년 1학기 내신은 1.5까지 하락했습니다. 하지만, 성적하락곡선으로 그 어떠한 불이익을 받지 않았습니다. 성적이 하락한다면 다시 올리는 것이 제일 우선과제이며, 이를 보완하기 위해 탄탄한 비교과 스펙을 준비하시기 바랍니다.

Q&A 12. 과목별 비중을 다르게 두어도 괜찮을까요?

 → 흔히 학생들은 국영수 과목이 더욱 중요한 것이므로, 해당 과목의 성적이 기타 탐구 및 예체능 과목보다 평가에서 더 높은 비중을 차지할 것이라 생각합니다. 이 부분은 일차적으로 학생이 희망하는 대학의 입시요강을 살펴보아야 합니다. 대학별로 내신을 반영하는 기준이 다릅니다. 고려대학교와

같은 경우(구 학교장추천전형), 문과는 국영수사, 이과는 국영수과만 반영하였고, 서울대학교나 성균관대와 같은 경우 전 과목을 다 반영하였습니다. 예체능과목과 같은 경우, 우수/보통/미흡으로 표시되기에 보통이상만 되면 문제가 없었습니다. 즉, 일차적으로 희망대학의 입시요강을 파악하여 혹시나 내신산출식에 포함되지않는 과목이 있다면 공부하지않아도 무방합니다. 하지만, 이차적으로 고려할 부분은 "성실성"입니다. 학생부 전형과 같은 경우, 학생의 내신 및 스펙을 바탕으로 학생의 잠재력을 평가하는 것입니다. 국영수는 1등급을 맞았는데, 기술가정 및 정보 교과 혹은 일본어 등 제2외국어 교과에서 4등급 혹은, 더 낮은 성적을 받았다면 입학사정관은 학생의 성실성에 의구심을 갖게 됩니다. 그러니 국영수탐구는 잘해야하는 것은 당연하고, 기타 과목들도 큰 차이가 나지 않게끔 성실히 공부해야합니다.

Step3. 자기소개서

자기소개서는 자신을 4개의 문항아래 확실하게 어필해야하는, 잔인하면서도 깔끔한 문서입니다. 입학사정관은 가장 먼저 생활기록부를 보는 것이 아닌, 자기소개서를 먼저 검토하고 자기소개서에 적힌 활동을 중심적으로 생활기록부를 살펴보게 됩니다. 왜냐, 자기소개서는 학생이 생각하기에 가장 자랑할 만하고, 가장 우수하다고 생각되는 점들을 적기 때문이죠.

학생의 얼굴이 되는 자기소개서, 그 작성을 위해서는 평소에 위의 언급된 것처럼 생활기록부 관리를 잘하여 작성에 활용할 수 있는 스펙들을 많이 쌓아두고, 수시접수 약 2달 전부터는 본격적인 작성에 착수해야합니다. 아래에는 필자의 자기소개서 전문과 함께 좋은 자기소개서는 어떤 자기소개서 인지, 그리고 자기소개서는 어떻게 작성해야하는 지를 중점적으로 살펴보겠습니다.

3-1. 좋은 자기소개서란?

-입학사정관은 무엇을 보고 싶어 하는가?

학생부전형의 본질은 학생이 앞으로 대학에 입학하여 잘 활동할 수 있을지를 판단하는 것입니다. 학생이 가진 내신, 생기부 등의 스펙을 바탕으로 잠재력을 평가하는 것이지요. 그래서 자기소개서 문항도 이러한 흐름에 맞추어 구성되어 있습니다. 자기소개서 1번 문항과 같은 경우, 고등학교 재학기간 중의 학습 경험에 대해 묻고 있는데, 이는 '학습 역량'을 묻고 있는 것입니다. 앞서 언급한 앞으로 "대학에 입학하여 잘 활동할 수 있을지"의 기준 중의 하나인 것입니다. 입학사정관들은 대학을 "논문을 작성하는 곳"으로 인식하고 있습니다. 즉, 논문을 작성할 때 필요한 탐구력, 논리력, 작문능력 등 단순히 글을 잘 쓰는 것이 아닌, 깊은 성찰과 탐구를 거쳐 완성된 완벽한 글을 요구하는 것입니다.

학습 역량을 드러내기 위한 고등학생 수준의 스펙은 상당히 많습니다. 그 중 최고는 "R&E 활동" 이라고 생각합니다. 하지만, 논문 작성이라고 다 같은 수준의 스펙이 되는 것은 아닙니다. 필자의 고등학생 시절부터 논문작성은 거의 대부분의 고등학교에서의 보편적인 스펙활동이 되었기에, 남들과 다른 차별화된 논문작성이 필요합니다. 물론, 논문뿐 아니라 기타 보고서 작성 등으로도 충분합니다. 아니면, 위의 생활기록부 편에서 언급한 바와 같이 동아리활동을 하며 의미 있었던 학습활동을 적는 것도 괜찮습니다.

2번 문항에서 입학사정관이 평가하는 부분은 "활동 역량"입니다. 대학은 학문을 탐구하는 곳이기도 하지만, 교내 동아리 활동 및 봉사 활동 등 머리가 아닌, 발로 뛰는 일들도 굉장히 많습니다. 따라서 이런 부분들도 열심히 참여할 수 있는 활동형 인재인지를 추가적으로 판단해야 합니다. 앞서 1번 문항에서는 "머리"로 하는 경험을 서술하였다면, 2번 문항에서는 "발"로 뛰는 경험을 서술해야 합니다. 그리고 자기소개서 문항을 보면 특이한 문구가 있습니다. "배우고 느낀 점을 중심으로" 라는 부분입니다. 이는 단순히 학생이 어떠한 활동을 했는지가 중요한 것이 아니라, 그 활동이 학생에게 어떠한 의미가 있었는 지를 물어보는 부분입니다. 그러니 평소 스펙을 쌓으며 그 스펙이 자신에게 어떠한 의미를 가지는 지를 정리해두면 나중에 훨씬 자기소개서 작성이 수월합니다.

-좋은 자기소개서의 특징은?
 입학사정관도 사람입니다. 하루에도 수십 개, 그리고 평가기간 동안 수백 수천 개의 자기소개서를 읽어봅니다. 평범한 자기소개서, 진부한 자기소개서는 열등한 우위를 점하는 것은 당연합니다. 그래서 좋은 자기소개서는 일단 읽는 사람을 빠져들게 만들어야합니다. 그 방법으로는 첫 번째로, "구체화 전략"이 있습니다. 예를 들어서, 한 사람의 일생을 설명하는 글에서 "1997년 출생, 2003년 OO초등학교 입학, 2009년 OO중학교 입학, 2012년 OO고등학교 입학…" 이런 식으로 단순 나열식으로 글을 구성한다면, 독자들의 이목을 끌기는 쉽지 않을 것입니다. 하지만,"초등학교 입학 전, 악성 바이러스에 걸려 생사를 헤매다, 부모님의 기도가 하늘이 들어주셔 가까스로 완치되어 초등학교에 입학하였지만, 첫 시험에서 15개를 틀려 공부에는 적합한 인재가 아니라는 일차적인 좌절을 겪고…" 등으로 그 사이사이의 과정을 구체적으로 서술한다면, 훨씬 풍요로워 보일 것입니다. 그리고 단순히 구체적으로 서술할 것이 아니라, 활동 과정에서의 갈등과 어려움이 있었으나 그것을 극복한 부분을 추가하면 더욱 좋습니다. 이는 아래의 저의 자기소개서를 바탕으로 다시 한번 살펴보겠습니다.

Q&A 13. 구체화해서 자기소개서를 적고 싶은데, 글자 수 제한 때문에 힘들어요.

> → 아무래도 평소에 스펙을 많이 쌓아둔 학생이라면 고민이 될 수밖에 없는 부분입니다. 적고 싶은 것들은 많고, 거기다가 구체적으로 적어야하니 자기소개서 글자 수 제한을 훨씬 넘게 되지요. 이렇게 되면 버릴 것은 버리고, 굵직한 스펙을 선별해야 합니다. 제가 현역 시절, 자기소개서 2번 문항을 구상하면서 후보로 작성해두었던 스펙은 대략 8가지가 되었습니다. 물론, 저에게 다 의미 있었고 어필하고 싶던 스펙입니다. 그 중 가장 스토리가 참신하고 재밌으며, 저의 역량을 더욱 높게 드러낼 수 있을 것이라 생각되는 스펙을 2가지로 추렸습니다. 스펙을 추리는 과정은 굉장히 안타깝죠. 하지만, 여러 스펙을 서술하는 것보다도 구체적으로 적는 것이 더욱 중요합니다.

 두 번째 방법으로는, "키워드 전략"입니다. 자기소개서는 중구난방의 글이 아닙니다. "자신을 어필하기" 라는 뚜렷한 목적을 가지고 있는 글쓰기입니다. 따라서 자기소개서에는 결론이 있어야합니다. 아무리 학생이 훌륭한 스펙을 가지고 겉보기에 멋있는 자기소개서를 작성하여도, "그래서, 너가 말하고자하는 바가 무엇인데?" 라는 의문점이 생긴다면, 그것은 실패한 자기소개서입니다. 자신이 글을 통해 말하고자 하는 바를 확실하게 드러낼 수 있어야 하며, 그 방법으로 가장 좋은 것이 "키워드"를 정해두는 것입니다. "키워드"를 쉽게 말하면 "비전"입니다. 저의 자기소개서의 결론(키워드)은 "중소기업을 위한 변호사" 였고 각 문항이 이를 유기적으로 드러내고 있습니다. 문항 별로 키워드가 설령 다르더라도, 그 큰 틀에서의 키워드는 같아야 하는 것입니다.
 그래서, 제가 저번 입시 시즌 자기소개서 첨삭멘토로 활동하며 학생들에게 가장 먼저 작성하라고 했던 서류 양식이 있습니다. 자기소개서 작성 처음부터 바로 "오늘 1번 문항 적어야지" "오늘 2번 문항 적어야지" 이렇게 접근하면 큰 흐름이 생길 수가 없습니다. 총론을 세우고, 그 아래 구체적인 각론을 세워야 합니다. 그 방법으로 저는 항상 "자기소개서 초안 작성 기본 틀" 양식을 만들고 학생들이 적도록 하였습니다. 이는 학생의 비전을 확실하게 정하고, 각 문항별로 자신이 쓸 수 있을 법한 스펙들을 정리하는 것이지요. 아래는 제가 작성했던 양식입니다. 여기서는 간략한 말로 모든 내용을 적는 것이 좋습니다. (앞에 항목은 자기소개서 문항을 의미합니다)

〈자기소개서서 초안 작성 기본 틀 예시 - 필자의 작성본 중 일부 발췌〉

항목	활동	스토리	느낀 점/발전된 점
	비전	중소기업 돕는 변호사 -> 경영학 공부 -> 중소기업들의 어려움. 사회로부터의 도움. 기본적 비전, 사회에 공헌되는 사람이 되자. 헌법 119조에서는 시장지배 및 경제력 남용 방지, 경제주체간의 조화를 통한 경제의 민주화, 경제에 관한 국가의 규제와 조정의 권한을 부여 하고 있음에도 현실은 그렇지 않다. 헌법정신, 정의나 평등 등의 가치를 구현하는 사람이 되고 싶다. 그 구체적인 방법이 바로 "중소기업을 돕는 것"	
1-1	'사설 속으로 활동'	빈부격차를 초래한 사회에 관심이 많음->사회에서 일어나는 일들에 대해 공부하고 싶음->경제 교과를 선택했으나 최근에 일어난 일들 위주로 서술된 교과서에 실망하고 확장된 활동을 보색함->한겨레와 중앙일보에서 공동주관하는 '사설 속으로' 활동을 시작함->2학년 초부터 2학년 중말기까지 진행함	생각의 깊이가 깊어지고 글쓰기 능력이 신장됨. 한 쪽에 치우치지 않는 사고가 가능해짐. 생각보다 다양한 사건들이 발생한다는 점에서 사회의 유동성과 다양성을 느낌
1-2	'중소기업 csr 활성화 방안 논문 집필'	'사설 속으로' 활동을 하던 중 '기업의 사회적 책임 의무화' 라는 사설을 접하게 되었고 학교 경제시간에 배운 csr이 떠오르면서 중소기업의 csr은 어떠할지에 대해 의문을 품게 됨->조사 결과 csr의 긍정적 효과에도 불구하고 중소기업 csr이 활성화되어 있지 않음을 발견-> 논문 집필을 결심하고 추가적인 자료를 찾는 과정에서 관련 기사와 논문을 찾아 읽던 중, 중소기업의 현실적 어려움을 느낌->중소기업을 도와주자는 구체적인 진로 형성에 도움이 됨 / 학교 교지에도 올림	중소기업을 도와주자는 구체적인 진로 형성에 도움을 줌. 중소기업의 어려움을 직접적으로 느끼고 본격적인 경영학과 입학 준비를 서두른 계기가 됨.
1-3	'중소기업 인재 경영의 필요성' 소논문 집필	1학년 2학기 일반사회 시간에 배운 실업률 상승에 대해 그 원인이 단순히 사회의 탓인지 의문이 생김->개인의 능력도 큰 영향을 끼치지 않을까? 하는 생각에 실업률과 관련된 조사를 함->조사 과정에서 중소기업은 인력난을 겪는 반면 청년들은 실업의 늪에 빠져있음을 알게 됨->모순적인 현상이 원인이 무엇인지 자료를 찾는 도중 청년들이 중소기업 입사를 꺼려한다는 것을 암->중소기업 입장에서도 그러한 청년들을 적극적으로 유치하려고 노력하지 않음-> 결국, 인력의 빈자리는 중소기업에게 막대한 손해로 다가옴->따라서, 중소기업은 인재 선발(인재 경영법 중 하나)에 더 신경을 써야함을 역설	기존의 논문이나 서적들 역시 기업의 제품, 마케팅 등에만 초점을 맞추었는데 '인재'를 경영한다는 새로운 시각을 얻게 됨. 기업의 수익을 높이기 위해서는 제품에만 신경 쓸 것이 아니라 직원들한테도 상응하는 신경을 써야함을 깨달음. 중소기업 ceo 들에게 건의하는 형식의 논문 서술로 진정성을 갖고 그들의 입장에서 생각해보는 계기가 됨.

2-1	토론동아리 '통' 활동	중1때부터 일찍이 진로가 '변호사' 로 잡혀 있기 때문에 논리적 언어 구사력을 강화시키고 세상을 해석하는 교양을 확장시키는 일의 중요성을 깨닫고 / 콘텐츠 하나를 잡아. ex) 원자력 발전 토론 때, 뛰어난 나의 의견, 키워드 발산 -> 지적 능력 어필 토론동아리에 가입해 부장으로 활동->단순히 희망 진로 분야인 법률, 사회, 경제 뿐 아니라 원자력 발전소 건설과 같은 이과적인 측면에서도 토론활동을 펼침->토론내용을 종합하여 책으로 만들어 대구광역시 교육청 주최 책 축제에 제출하고 직접 그 축제에서 제작과정과 내용들을 안내하고 축제 스태프로 활동하며 ~~ 일을 했다 -> 책 축제에서 우수한 컨텐츠로 선정되어 정식으로 '말 많은 남자들'이라는 제목으로 책이 출간되고 시중에 판매됨 -> 수익금을 활동하던 지역 아동센터에 기부했습니다. 학교축제 동아리 부스 활동에서 토론내용들을 전시하고 먹을거리들을 판매하여 얻은 수익금을 전액 '지역아동센터'에 기부함(재능기부를 매 방학 때마다 가던 곳)	토론동아리 장으로 활동하면서 팀원들을 효율적으로 통솔하는 것이 얼마나 중요한지 절실히 느끼는 계기가 됨. 리더십을 직접적으로 체험하였음. 다양한 토론활동을 통해 생각을 넓힐 수 있는 좋은 경험이 됨. 교내 뿐 아니라 다양한 교외 토론행사와의 연계를 통해 다양한 사람들과 소중한 인연을 쌓을 수 있었음.
2-2	경영학술 동아리 (다이페스)	2학년 초 사설을 통해 접한 csr이 계기가 되어 중소기업 csr 활성화 방안 연구 논문을 작성함 -> 다양한 친구들과 이 분야에 대한 이야기를 나누고 싶어 경영학에 뜻이 있는 친구들을 모아 토론주제로 삼아 다양한 토론을 펼침. 최근 들어 이슈가 되고 있는 '기술 경영' '알앤디' 등 다양한 논문들을 탐독(논문 제목 넣기)하고 요약하면서 경영학에 대한 자신감이 생김->교육청 주최 대구지역기업 체험대회에 참가함->(주) 플랜 푸드에 대한 마케팅 제안서와 발표 PPT를 제작해 발표 -> 최우수상(교육감상) 수상	희망 전공 분야인 경영학에 더 친근하게 다가갈 수 있는 계기가 되었음. 홀로 준비하고 있던 경영을 친구들과 합심하면서 더 큰 시너지 효과를 느낌. 외부 대회에 참가하고 직접 그 기업의 이익을 높이기 위한 방안을 연구하면서 실무자적 입장을 느낌. 또한, 팀워크와 발표력을 신장할 수 있는 좋은 경험이 됨.
2-3	국내명산 종주 프로그램 100KM	중2 이후로 한 번도 산을 탄 적이 없음->교내에 특색프로그램이 생겨 호기심과 더불어 학업으로 인한 스트레스 해소를 위해 참여함->처음 탄 소백산에서 육체적인 극한을 경험하게 됨. -> 두 번째 탄 팔공산에서 정신적인 극한을 경험하게 됨. 거리나 경사도는 소백산에 비해 약했지만 태풍의 영향으로 폭우가 쏟아지고 바람이 강하게 불어서 매우 힘들었음 -> 하지만, 정상에서 맛 본 그 김밥의 맛을 잊을 수가 없음	정상에서의 호연지기, 두려움이란 단순히 개인이 정한 선에 불과하다는 것, 어리석은 요행 따위로 인생은 앞서 나갈 수 없음을 느낌.

3-2.	토론 재능기부 봉사활동	매 방학 때마다 토론재능기부활동을 진행함. (대략 총 70시간 정도)->초등학교 1학년부터 중학교 3학년까지 다양한 연령층이 존재했기에 토론 논제를 설정하기가 어려웠음-> 더불어 찬성과 반대를 나눌 때에도 남자는 남자들끼리 앉고 여자는 여자들끼리 앉으려 해서 진행에 어려움을 겪음-> 또한, 센터 내에서도 기피 같은 것이 있어서 소외된 친구들이 발생하기도 함-> 이 과정들을 하나씩 해결해 나감 : 토론 주제와 같은 경우 초등학교 수준의 논제를 설정하되 논제 배경이나 논거를 제시할 때 심화된 내용이 도출될 수 있도록 유도함, 찬성과 반대를 나눌 때에는 서로가 이의제기를 하지 않게끔 민주적으로 가위바위보로 정함, 왕따성 친구와 같은 경우 토론재능기부단원 선생님들이 그쪽에 더욱 배치하여 그 친구가 발언을 적극적으로 할 수 있게끔 유도한 다음 다른 친구들과 어우러질 수 있게 함.-> 봉사 마지막 날 센터장님과 과일을 먹으면서 인생의 교훈을 들었을 때 아, 역시 더 많은 것을 얻어가구나 라는 것을 느낌. 동아리 수익금을 전액 기부함. 무일복지재단 후원자의 밤에 초대되어 고등학생으로서는 유일하게 그 행사에 참여함.	재능의 나눔과 갈등관리를 동시에 경험할 수 있는 뜻 깊은 경험이었음. 학교에서 접한 토론, 토론의 ㅌ도 모르던 사람이 어느덧 남들에게 토론을 가르칠 만큼 성장했다는 사실에 스스로 자부심을 느꼈고 매시간 성장해가는 센터친구들을 보며 뿌듯함을 느낌.
3-3	네이버 해피빈 기부	2011년부터 진로(변호사)와 관련된 네이버지식IN 활동과 블로그 활동을 통해 얻은 네이버 해피빈 콩을 기부함(내공 3만, 채택답변 300개 가량, 총 답변 400개 가량, 법률분야 TOP20) -> 주로 어르신에 대한 해피빈 기부가 많음(조부모님과 같이 생활을 하다 보니 할아버지,할머니들의 어려움을 직접적으로 느끼게 된 것이 계기가 됨. 더불어 고등학교 1학년 할아버지의 부재가 큰 영향을 끼침)	진로에 대한 조사를 바탕으로 더 많은 사람들에게 얻은 지식을 나누는 계기가 됨. 답변을 하는 과정에서 진로의식이 더 불타는 것을 느낄 수 있었음. 그리고 해피빈기부를 통해 나눔을 경험하게 됨.

이처럼 본격적인 자기소개서 작성에 앞서 위와 같이 큰 틀을 구상해놓고 사이사이 살을 붙이고 문장관계를 다듬으며 자기소개서 초안을 작성하는 것이 좋습니다. 그래야 내용도 구체적이게 되고, 자기소개서가 하나의 키워드에 수렴되게 됩니다. 이제 저의 합격 자기소개서를 바탕으로 구체적으로 살펴보도록 하겠습니다.

[저자의 합격 자기소개서 복원 내용]

정돈화 (서울대학교 경영학과 1차, 고려대학교 및 성균관대학교 경영학과 최종합격)

1. 고등학교 재학기간 중 학업에 기울인 노력과 학습 경험을 통해, 배우고 느낀 점을 중심으로 기술해 주시기 바랍니다. (1,000자 이내)

평소 주변에서 일어나는 일들에 호기심이 많았다. 그래서 2학년 때 시사적인 부분을 재미있게 다룰 수 있을 거라는 생각에 경제 과목을 선택했다. 하지만 교과서는 주로 이론들일 뿐 실제 사회에서 일어나고 있는 일들에 대한 적용이 부족했다. 그래서 확장된 활동을 탐색하다가 한겨레와 중앙일보에서 매주 이슈가 되는 사건의 사설들을 공동으로 기재하는 '사설 속으로' 프로그램을 알게 되었고 매주 이슈에 대한 각 신문사의 사설을 요약하고 나의 생각을 글로 정리하는 활동을 시작했다. '소득주의 성장' 사설을 읽고 공존하기 힘든 성장과 분배 문제의 절충안을 고민하기도 하고 '무상 복지' 사설에선 선별적 복지와 보편적 복지를 공부하다 미국식 모델과 북유럽식 복지 모델을 통해 각 국가들이 개별 복지 정책 모델을 세우는 부분의 근현대사까지 확장해 토미 더글라스, 한손 총리 등의 생각들을 공유했다. 그 외 '관피아 척결' '증세 논란' 등 다양한 주제의 사설들을 읽고 30여 편의 보고서를 작성하며 경제, 경영, 정치 영역에 대한 논쟁적 관점들을 파악할 수 있었다.

그리고 대기업의 사회적 책임(CSR)에 관한 사설을 읽고 중소기업 같은 경우 CSR에 대한 생각이 어떠할지 궁금해졌다. 'CSR이 중소기업 재무성과에 미치는 영향' 등의 논문 속에서 중소기업은 CSR이 활성화 되어있지 않다는 사실을 알게 되어 이 주제에 대한 논문 활동을 계획하고 추가적인 자료를 얻기 위한 인터뷰를 진행했다. 그 과정에서 중소기업이 CSR에 소극적인 이유는 단순히 중소기업들만의 재정 문제가 아닌 근본적으로 상생협력을 꺼리는 대기업 중심의 경제 환경과 헌법 제119조에 명시된 경제민주화를 위한 국가의 규제 권한을 행사하지 않는 정부에도 문제가 있다는 것을 깨달았다. 이런 배경을 조사하는 과정에서 기업 하기는 쉽지만 중소기업 하기는 어려운, 모순된 대한민국의 경제구조를 발견하게 되었고 대기업 위주의 경제 환경에서 중소 '히든 챔피언'들이 경제를 탄탄히 이끌어가는 기업 환경으로의 변화가 필요하다는 결론을 내렸다. -999자

이 부분이 저의 1번 문항 전문이며, 이제 문장별로 세부적으로 살펴보며 자기소개서 작성법을 살펴봅시다!!

평소 주변에서 일어나는 일들에 호기심이 많았다.

→ 이처럼, 광범위한 범주에서 세부적으로 들어가는 방향이 더욱 관심을 끌 수 있습니다.

그래서 2학년 때 시사적인 부분을 재미있게 다룰 수 있을 거라는 생각에 경제 과목을 선택했다. 하지만 교과서는 주로 이론들일 뿐 실제 사회에서 일어나고 있는 일들에 대한 적용이 부족했다.

→ 학교 수업에 충실한 케이스도 물론 좋지만, 학교 수업을 넘어서는 학습 활동이 있었던 경우라면 이와 같이 학교 수업의 한계를 지적하고 더 깊은 학습 활동을 진행하였다고 어필하는 것이 좋습니다. 물론, 학교 수업에서 많은 것을 배웠다면 그 부분도 나쁘지 않습니다. 이런 식의 서술을 하게 되면, 같은 수업을 듣는 학생보다 좀 더 우수해 보이는 효과를 만들게 됩니다.

그래서 확장된 활동을 탐색하다가 한겨레와 중앙일보에서 매주 이슈가 되는 사건의 사설들을 공동으로 기재하는 '사설 속으로' 프로그램을 알게 되었고 매주 이슈에 대한 각 신문사의 사설을 요약하고 나의 생각을 글로 정리하는 활동을 시작했다.

→ 상경계열 지원자라면, 시사적인 이슈를 다루는 것이 좋고 의학 혹은 공학계열이라면 현재 뜨거운 감자인 차세대 기술에 대한 간단한 언급이라도 하는 것이 좋습니다. 자신이 희망하는 전공분야에 대한 짧은 언급만으로도 전공적합성 판단 요소에서 플러스알파가 됩니다. 만약, 이처럼 외부활동을 적는 것이 아니라 교내활동만으로 서술을 하고 싶다면, "학교 수업을 받던 도중, OO프로젝트를 수행하다 OO부분에 관심이 생겨~" 식의 서술이 되면 그 뒤 흐름과 유기적으로 연결될 것입니다.

'소득주의 성장' 사설을 읽고 공존하기 힘든 성장과 분배 문제의 절충안을 고민하기도 하고 '무상 복지' 사설에선 선별적 복지와 보편적 복지를 공부하다 미국식 모델과 북유럽식 복지 모델을 통해 각 국가들이 개별 복지 정책 모델을 세우는 부분의 근현대사까지 확장해 토미 더글라스, 한손 총리 등의 생각들을 공유했다. 그 외 '관피아 척결' '증세 논란' 등 다양한 주제의 사설들을 읽고 30여 편의 보고서를 작성하며 경제, 경영, 정치 영역에 대한 논쟁적 관점들을 파악할 수 있었다.

→그리고 그런 활동을 했다는 사실 언급을 넘어, 위와 같이 구체적인 내용을 언급해주어야 합니다. 이는 필수적인 사항으로 교내 학습 활동을 중심으로 하든, 외부 학습 활동을 중심으로 하든 명심해야할 사항입니다! 그리고 앞서 말씀드린 것처럼 "보고서" "논문" 과 같이 문서화된 결과가 있는 것이 좋습니다. 단순히 "책을 읽었다" 라고 말하는 것보다 "책을 읽고 독후감을 작성하였다고 적는 것이, 지적능력이 더 좋아 보이는 효과는 바로 느껴지죠?

그리고 대기업의 사회적 책임(CSR)에 관한 사설을 읽고 중소기업 같은 경우 CSR에 대한 생각이 어떠할지 궁금해졌다.

→저는 이중 의문구조로 자기소개서 1번을 구상하였습니다. 보통 대부분의 자기소개서는 "OO에 관심이 생겨 OO방법으로 OO을 탐구하였고, OO을 느꼈다" 식으로 관심 혹은 의문점을 가졌던 부분은 1부분만 등장하지만, 저는 시사에 대한 관심이 1부분, 이러한 지적 호기심을 채우는 활동을 하다 파생된 새로운 의문점 1부분으로 총 2군데에서 등장합니다. 쉽게 말해, "의문구조"는 관심-노력-결과, 의 단순한 형식이고 저는 "결과"가 새로운 "관심" 으로 파생되도록 자기소개서를 구상하였습니다. 학생이 적고 싶은 활동을 성찰하고 저와 비슷하다면 이와 같이 구성하는 것도 괜찮습니다.

'CSR이 중소기업 재무성과에 미치는 영향' 등의 논문 속에서 중소기업은 CSR이 활성화 되어있지 않다는 사실을 알게 되어 이 주제에 대한 논문 활동을 계획하고 추가적인 자료를 얻기 위한 인터뷰를 진행했다.

→당연히 관심이 생겼다면 그 노력을 구체적으로 언급해주어야 합니다. 여기서 논문이나 해외자료를 읽거나, 관련 서적을 참고했다는 서술을 추가한다면 학생의 학습 능력에서 더욱 가점이 됩니다. 대학에서 논문 혹은 보고서를 작성하는 것 역시, 위 방법과 다르지 않기 때문이죠.
=학생이 서술하고 싶은 학습 활동의 깊이를 잘 생각해보고 그 과정에서 학생이 심도 있는 고민 혹은 성찰을 했다면 위와 같이 드러내도록 하는 것이 좋습니다.

→그리고 저는 이러한 활동을 통해 얻은 결과를 저의 자기소개서 비전과 일맥상통하게 결부시켰습니다. 그리고 "히든 챔피언"과 같은 하나의 고유어를 사용하였는데, 이런 고유어를 사용하는 것도 좋습니다. 입학 사정관들은 모든 고유어의 의미를 아는 것이 아닙니다. "히든 챔피언"이라는 단어의 의미도 모르겠지요.(이 글을 읽고 있는 학생들도 한번 검색하고 오세요.^^) 그러면 자연스레 검색하여 찾아보게 됩니다. 자기소개서 안으로 입학사정관을 유도하는 것이지요. 여기서 위 학습활동을 자신의 진로나 비전과 무조건적으로 연결시킬 필요는 없습니다. 어떠한 활동을 했고, 거기서 무엇인가를 느꼈다면 그것만으로도 충분한 서술입니다!

2. 고등학교 재학기간 중 본인이 의미를 두고 노력했던 교내 활동(3개 이내)을 통해 배우고 느낀 점을 중심으로 기술해 주시기 바랍니다. 단, 교외 활동 중 학교장의 허락을 받고 참여한 활동은 포함됩니다.(1,500자 이내)

담당자와의 질의응답을 진행하며 부족했던 정보를 얻고 마케팅에서 미흡한 부분들과 해결할 방안들에 대해 친구들과 의견을 나누었다. 그 결과 본 기업이 전단지 방식의 소모적인 홍보들에 집중하고 SNS 등 뉴미디어를 활용한 홍보에 관심이 부족하다는 점과 제품에만 집중해 제작 공정에서의 차별된 우수함들을 부각시키지 않는다는 점이 공통 의견으로 나왔다. 이를 바탕으로 SNS를 활용한 '스토리 마케팅 전략'을 세워 보고서를 대회에 제출했고, 대회 최우수상을 수상할 수 있었다. 이런 과정을 통해 제품 하나가 만들어져 판매되기 위해 기업 담당자의 노력이 얼마나 많이 필요한 지를 체험할 수 있었고 시장 생존을 위한 그들의 진정성을 실감할 수 있는 계기가 되었다. -1497자

이 부분이 저의 2번 문항 전문이며, 이제 문장별로 세부적으로 살펴보며 자기소개서 작성법을 살펴봅시다!!

논리적인 사고를 연습하고 싶어 2년간 토론동아리에서 여러 주제로 토론을 했다.

→이처럼, 어떤 활동을 하게 된 계기를 서술하는 것이 좋습니다. 저는 처음 자기소개서 초안을 작성할 때, 그 동기 부분을 약 2~3줄로 서술하였으나 글자 수 제한으로 인해 반줄로 수정하였습니다. 즉, 2번 문항은 "동기-활동-결과 및 느낀 점" 순으로 서술하는 것이 좋습니다.

처음에 토론은 승패를 가르는 싸움이라 생각했지만 '원자력 발전소 추가 설립'에 관해 토론할 때 내가 제시한 토륨을 활용한 원전 건설안이 절충안이 되는 것을 보며 토론은 문제 해결 과정 중의 하나라는 것을 깨닫게 되었다.

→활동을 하며 기존의 시각이 변한 점이 있다면 언급해주는 것이 좋습니다.

이런 토론 내용과 과정을 후배들과 공유하고 싶은 생각에 자료를 모아 엮어서 교육청 책 축제에 참가했다. 그리고 부스를 설치하고 책 제작과정을 설명하는데 설명을 듣던 출판사 편집자로부터 운이 좋게도 정식 출판을 하자는 제의를 받게 되었다.

→이처럼, 중간중간에도 "동기-활동-결과" 식으로 서술하는 것이 좋습니다. 물론, 하나의 문항아래 이렇게 문단별로 형식이 구성되면 읽는 이에 따라 다르게 느낄 수 있기에 "동기-활동"을 다중으로 구성하고, 마지막 문단을 "결과"에 할애하는 것도 괜찮습니다.

하지만 책을 내는 과정은 그리 쉽지 않았다. 차등벌금제부분에서 사용할 양팔저울사진을 인터넷에서 캡처해 사용하다 저작권법에 위배되어 출판사 분께 꾸중을 듣기도 하고, 양적완화부분에서 놓친 문단 하나가 최종심사과정에서 발견되어 다시 처음부터 편집에 들어가기도 했다.

→활동을 기획하고 노력하고 좋은 결과만을 얻었다고 서술하는 것은 너무나 따분합니다. 그 과정에서의 어려운 점, 갈등 등을 언급하는 것이 훨씬 좋습니다. (물론 그 부분들이 해결되었다는 점도 드러나야겠지요?)

결국 우여곡절 끝에 '말 많은 남자들'이라는 제목으로 책이 출간되고 지역기사에 소개되면서 뿌듯한 마음과 함께 무엇이든 정성을 들일수록 더 만족스러운 결과물이 나온다는 중요한 사실을 확인할 수 있었다.

→1번 문항에도 해당되는 내용인데, 보고서나 논문 혹은 책 등 문서화된 결과물이 나온다면 그 제목을 언급해주는 것이 좋습니다. 구체화 전략의 일환이기도 하고, 전체적인 자기소개서 서술 상의 신뢰성을 보완해주는 역할을 합니다. 그리고 증빙자료를 제출하도록 되어 있는 학교라면 지역기사, 성과물 등을 첨부하는 것도 좋습니다.(필자의 경우, 서울대학교 지원 시 해당 책의 요약본, 지역기사, 상장 이렇게 3가지의 증빙서류를 첨부하였습니다)

> 1학년 때부터 매 방학마다 지역아동센터를 방문해 토론 수업을 진행했다. 초 2부터 중 3까지 다양한 아이들이 있어 모두의 흥미를 사는 일이 어려웠지만 쉬운 주제를 잡되, 고학년 아이들을 위해 난이도 있는 근거를 제시하는 방법으로 활동하며 문제를 해결해 나갔다. 마지막 수업 때는 토론수업이 아닌 꿈 특강을 진행했었는데, 평소 까불기만 하던 6학년 성룡이가 진지한 태도로 군인이 되고 싶다며 성숙하게 자기의 진로를 이야기하는 모습을 보며 꿈 특강 프로그램의 기획자로서 재능기부 활동의 보람과 함께 재능기부란 재능뿐 아니라 꿈을 심어주는 것임을 느꼈다.

→자기소개서 초안을 작성할 때, 토론재능기부봉사활동을 시작하게 된 동기를 2~3줄 언급해주었으나, 글자 수 제한으로 인하여 과감히 생략하였습니다. 앞 부분의 토론 내용이 상당히 많이 언급되는 점에서 재능기부로 넘어가는 과정이 어색하지 않다는 이유에서입니다. 특히 봉사활동 등에서는 더욱 구체적으로 서술해주는 것이 좋은데, 저와 같은 경우 가르쳤던 아이의 실명을 직접 거론하기도 하였습니다.

> 경영학술동아리를 결성해 '중소기업 CSR 활성화 방안' 논문을 작성하고 친구들과 지역기업체험한마당 '아이디어 제안' 부분에 참가했다.

→ 네 그렇습니다. 이 1줄은 자기소개서 1번 문항과 겹치기에 자세한 설명을 생략하였습니다. 제가 가장 비중 있게 어필하고 싶은 스펙이 "경영학술동아리" 였기에, 해당 동아리에서 한 많은 활동을 1번 문항과 2번 문항, 두 문항에서 모두 어필한 것입니다. 즉, 같은 동아리에서 한 활동이더라도 문항을 달리 구성하여 서술하는 것도 괜찮습니다.

> 우리가 맡은 (주)프랜푸드 기업의 마케팅제안서를 본격적으로 작성하기 전 해당 기업과 시장분석이 우선되어야한다는 생각에 SWOT분석을 적용해 기업과 시장분석을 시작했다. 하지만 기업이 인터넷을 통해 공개하는 정보는 연매출이나 제품 종류 등이 전부고 구체적인 재무제표나 기업의 특징 등에 대한 정보를 얻기 힘들었다. 그래서 본사를 방문해 마케팅 담당자와의 질의응답을 진행하며 부족했던 정보를 얻고 마케팅에서 미흡한 부분들과 해결할 방안들에 대해 친구들과 의견을 나누었다.

→상경계열과 같은 경우, 문과에서 상당히 인기가 많은 터라, 자신의 전공적합성을 더욱 잘 드러내야 합니다. 그 방법 중의 하나는 전문적인 용어를 사용하는 것입니다. 절대 면접에서 "재무제표" 의 구성을 묻거나 "SWOT 분석" 외의 다른 경영분석기법, "마케팅"에 관한 이론들을 묻지 않습니다. 기껏해야 "경영학이란 무엇이라고 생각하는가?" 라는 수준이지요. 자기소개서에 서술된 이상의 질문은 들어오지 않습니다. 그러니, 조금이라도 공부하여 전문적인 용어를 사용하는 게 좋습니다. 이는 비단, 상경계열 뿐아니라 모든 계열에 해당하는 내용이지요.

→여기서도 마찬가지고 보고서에 대한 구체적인 이름을 언급하였습니다. 여기서 걱정되었던 게 "대회 최우수상" 이라는 외부 수상에 대한 언급인데, 문과와 같은 경우 거의 대부분의 외부스펙을 적을 수 있다고 생각하면 됩니다. 다만, 입학처에 전화하여 "OOO대회에 참가하였는데, 자기소개서에 기재가 가능할까요?" 라고 물어보면, 친절하게 답변해주니 참고하시기 바랍니다.

→그리고 활동 말미에는 느낀 점을 당연히 서술해야 하는데, "뿌듯했다, 즐거웠다" 에 그치면 임팩트가 상당히 부족합니다. 참신하고 독창적인 느낀 점을 생각하여 서술하는 것이 좋습니다.

3. 학교생활 중 배려, 나눔, 협력, 갈등 관리 등을 실천한 사례를 들고, 그 과정을 통해 배우고 느낀 점을 기술해 주시기 바랍니다(1,000자 이내).

1학년 또래 상담사를 맡아 반 전체를 대상으로 상담을 진행하면서 문제집조차 살 수 없을 만큼 가난한 친구가 있다는 사실을 알게 되었고, 이 친구를 어떻게든 도와주고 싶은 생각이 들었다. 또 환경 쪽의 꿈에 대해 진정성을 보이는 친구의 태도를 보고 더욱 도와줘야겠다고 결심했다. 그래서 학원이나 사교육을 받을 수 없는 친구를 쉬는 시간과 점심시간에 옆에 붙이고 앉아 수학문제를 풀이해주고 영어본문을 해석해주는 등 나의 시간과 지식을 나누어 주었다. 친구에게 투자하는 시간이 많아지면서'이러다 내 성적이 떨어지는 건 아닐까?'하는 불안감과 초조함이 생겨나기 시작했다. 이런 생각이 들기 시작하자 초심은 흔들리고 그 친구와의 만남을 미루기 시작했다. 하지만 1시간 동안이나 붙잡아도 풀리지 않는다고 말하며 수학 문제를 내미는 친구의 열심을 보고, 나는 부끄러움을 느끼며 반성한 뒤 다시 미분문제를 풀어주며 활동을 재개했다. 그러다 문득 친구가 풀이법의 개념을 물었다. 순간 말이 막힌 나는 곰곰이 생각해보아도 답변을 할 수 없었고, 답을 구하는 데만 주력한 나머지 풀이에 기본이 되는 개념을 소홀히 해온 것을 깨닫게 되었다. 그리고 이것이 나의 수학 공부법의 전환점이 되었다. 결국 배운 것을 나누는 활동은 또 다른 배움을 낳는다는 것을 깨달았고 친구를 도와주며 나의 지식도 마음도 함께 성장할 수 있었다.
이런 활동들을 후배와도 하고 싶어 〈선·후배 멘토링 프로그램〉을 만들어 3학년 친구와 함께 같은 과 진학을 희망하는 2학년생 2명을 선발하여 진로·진학상담 등의 활동을 진행했다. 처음에는 대화조차 어색했지만 매주 멘토링을 하며 시간이 지나자 어려운 가정 형편 등 내면에 갖고 있던 고민들을 털어놓는 후배들의 모습을 보고 서로간의 신뢰가 곧 대화의 기본이 됨을 알게 되었다. 먼저 대학탐방을 가자고, 관련분야 종사자를 인터뷰 하자고 말하는 후배들을 보며 한참 진로진학 때문에 고민하던 나의 모습을 보는 것 같아, 짠한 마음에 후배들과 더 많은 정보와 지식들을 공유하기 위해 노력했다.
-998자

이 부분이 저의 3번 문항 전문이며, 이제 문장별로 세부적으로 살펴보며 자기소개서 작성법을 살펴봅시다!!

→사실, 여기서 언급한 "또래 상담사"는 학급마다 있는 유명무실한 제도에 불과했습니다. 하지만, 친구를 도와주고 싶다는 생각이 들었다고 처음부터 서술하면 그 개연성이 부족하다는 생각에 "또래 상담사"를 언급하였습니다. 학생이 자기소개서를 위해 스토리를 구상할 때, 중요한 능력 중 하나가 "개연성"일 것입니다. 설령, 두 활동 사이의 연관성이 없더라도 필요하다면 둘을 짜깁기 하여 논리적이고 개연성 있는 자기소개서를 작성할 줄 알아야합니다.

→여기서 "열심히 도와주고, 그 친구도 열심히 하여 좋은 성과를 내었다"식으로 서술한다면 무난합니다. 그리고 대부분의 학생들이 그런 식으로 서술을 하고 있고요. 자신의 자기소개서는 남들과 달라야 합니다. 활동을 진행하면서의 힘들었던 점을 반드시 언급해주시기 바랍니다.

→이 부분까지가 본래 저의 자기소개서 초안을 작성했을 때의 내용입니다. 하지만, 사실 대부분의 학생들이 3번 문항에 적는 활동들은 비슷합니다. "봉사 활동" "실장 혹은 부실장활동" "재능기부" 등등이지요. 저 역시 크게 다르지 않았습니다. 차별점이 부족했습니다. 그래서 아래에 서술될 내용으로 이를 보완하였습니다.

→3번 문항이 너무 무난하여, 고등학교 3학년 8월, 자기소개서를 작성하던 시기에 바로 활동을 기획하고 담임교사를 정하고, 학교장의 승인을 받아 활동을 시작했습니다. 원서접수를 기준으로 하면 활동기간은 1달밖에 되지 않아 과연 스펙으로 써도 괜찮을 지에 대한 의문이 들지만, 면접 시를 기준으로 하면(11월) 그렇게 짧은 시간이 아닙니다. 실제로, 수시 접수 이후에도 꾸준히 활동을 진행하였습니다.

Q&A 14. 고등학교 3학년 때에도 스펙을 쌓아야할까요?

 지금까지 저의 자기소개서 사례를 바탕으로 1,2,3번 문항을 살펴보았습니다. 그리고 대학별로 4번문항의 유무와 그 내용이 다릅니다. 성균관대학교와 같은 경우 4번 문항이 존재하지 않았고, 서울대와 고려대는 그 4번 문항의 내용이 완전히 상이하였습니다. 이는, 대학마다 중점적으로 보는 요소들이 일부 차이가 있기 때문입니다. 각 대학의 4번 문항만 보더라도 어떤 점을 구체적으로 서술해야하는 지 알 수 있습니다. 고려대학교는 아래와 같이 지원동기와 준비과정을 묻고 있기에, 전공적합성 및 학생의 열정을 중점적으로 보며 서울대학교는 도서 3권을 묻고 있기에, 독서 능력 및 독해력과 사고력을 보고 있습니다. 자기소개서 1번,2번,3번 문항만으로는 학생의 역량을 평가하기에는 부족한 부분이 있기에 4번 문항을 별도로 두는 것이지요.

 그렇다고 4번 문항 작성에 대한 부담감은 1,2,3번 문항보다 덜합니다. 앞의 내용을 그대로 서술하여도 되고(강조하고 싶다면), 기존에 글자 수의 한계로 인해 서술하지 못했던 부분을 이 부분에 적어도 괜찮습니다. 그런 점에서 오히려 4번 문항이 학생의 입장에서 득이 되는 경우도 있겠군요. 아래는 저의 4번 문항 전문이나, 구체적인 분석은 하지 않겠습니다. 앞의 내용을 조금 보완하는 내용이 대부분이고, 앞서 강조하지 못했던 독서능력, 언급하지 못한 논문을 작성하였습니다.

4. 해당 모집단위에 지원한 동기와 준비과정을 기술해 주시길 바랍니다(고려대, 1000자이내)

 면접은 1차를 합격한 사람에 한하여 대부분 이루어지므로, 학생이 지금 면접에 대해 고민하고 있다면 대학입학 문턱에 와있는 것입니다. 대입의 마지막 관문이자, 가장 부담스러운 부분이기도 하지요. 그런 점에서, 지원한 대학의 면접스타일, 면접 후기 들을 꼼꼼히 살펴보고 예상 질문 및 답변을 작성한 다음, 모의 면접을 여러 번 보는 것이 좋습니다. 저와 같은 경우, 생활기록부 및 자기소개서를 보고 예상 질문을 약 60개를 만들었고 그에 대한 답변까지 작성하여 그 전체를 외웠습니다. (예상 질문 및 답변을 정리한 파일만 대략 40쪽을 넘어갔지요)

 그리고 고려대학교 학교장추천전형과 같은 경우, 정성면접이 아닌 제시문면접입니다. 여기서, 정성면접이란 자기소개서와 생활기록부에 기재되어 있는 내용에 대해 물어보는 것이지요. 자신이 직접 작성한 부분에 대한 면접이기에 부담이 덜합니다. 하지만, 제시문 면접은 제시문을 읽고 질문에 답하는 형식으로, 순간적인 독해능력과 질문의 요지를 정확하게 캐치해내는 능력이 상당히 요구됩니다. 학생들이 치를 떠는 면접 유형이지요.

 이 글을 읽고 있는 학생들 중 고려대학교 지원자나 혹은 타 대학이나 제시문 면접을 치르는 학생을 위해 2016학년도 대입 면접 후기를 예시로 보여드리겠습니다. **제시문 (가)~(다)를 12분 동안 읽고 아래의 박스에 적혀있는 3개의 질문을 약 6분 동안 면접관들 앞에서 답하는 방식입니다. 실제 고려대학교 면접이라고 생각하시고 한번 풀어보시기 바랍니다!**

(가) 사람이 살아가면서 이용하는 자원 중에서 에너지 자원은 산업발달과 경제성장에 없어서는 안될 중요한 요소이지만 세계의 모든 지역에 골고루 분포되어 있지는 않다. 예를 들어 석탄은 애팔래치아 산맥, 그레이트디바이딩 산맥 등에 많이 매장되어 있고, 석유는 신생대 제3기 배사구조의 지층에 많이 매장되어 있다. 에너지 자원의 매장과 생산의 지역적 편재성이 클수록 국제적 이동이 활발해진다.

(나) 우리나라는 50여 년 전부터 급속한 경제개발로 인해 이촌향도가 진행되면서 도시인구가 지속적으로 증가하여 일자리, 주택, 각종 시설 등이 부족해지는 문제가 발생하고 있다. 연도별 도시지역 인구비율의 추이는 아래 그래프와 같다.

< 도시지역 인구비율 추이 >

※ 도시지역이란 인구와 산업이 밀집되어 있거나 밀집이 예상되어 그 지역에 대하여 체계적인 개발·정비·관리·보전 등이 필요한 지역을 의미함

(다) 최근 한국영화의 스크린 점유율은 양극화 현상을 보이고 있다. 2015년 8월 현재 세 편의 블록버스터 영화의 점유율은 85%에 가까운 반면, 같은 시기에 개봉한 17편의 영화는 나머지 약 15%를 놓고 경쟁을 벌일 수밖에 없었다. 자금력이 부족한 중소 영화사나 배급사의 영화는 개봉 첫 주 관객몰이에 실패하면 간판을 내리는 것이 일반화되었고 도전적인 영화 제작은 더욱 더 어려워졌다. 이 같은 쏠림 현상은 다양한 소재의 영화를 찾아보기 힘들게 만드는 하나의 원인이 되고 있고, 우리 영화 발전에 걸림돌이라는 비판도 나오고 있다. 우리나라도 미국이나 프랑스처럼 스크린 독점을 정부가 규제하도록 하는 법안을 준비한 적이 있으나 영화계 안팎의 반대로 무산되었다.

> 1. 제시문 (가)~(다)에서 설명하는 쏠림 현상이 지원 전공분야에서 나타나는 예에는 어떤 것이 있는지, 그리고 그것의 부작용은 무엇인지 말해보시오. (※ 자유전공학부 지원자 : 관심 분야에서의 예와 그것의 부작용을 말해보시오.)
>
> 2. 우리 사회에서 쏠림 현상이 가져올 수 있는 긍정적인 효과에는 어떤 것들이 있는지 말해보시오.
>
> 3. 우리나라 외국어 교육에서 쏠림에 의해 나타나는 문제를 제시하고, 그 문제를 해결할 수 있는 정책을 제안해보시오.

 문제를 읽고 답변에 대해서 잘 생각해보셨나요? 사실 제가 현역때 본 2016학년도 면접은 그동안의 면접 기조를 볼 때, 상당히 쉽게 나온 편에 속합니다. 어려운 제시문으로 수없이 연습해온 터라 제시문을 읽고 안도감을 내쉰 학생들이 많았지요. 혹시, 위의 제시문과 질문이 어렵게 느껴졌다면 면접 준비를 탄탄히 하셔야할 것입니다.
 그런데, 저와 같은 경우 제시문에 대한 질문이 약 4분정도로 일찍 끝나버렸습니다. 그래서 약 2분 동안의 시간이 남았는데, 면접관들은 저의 자기소개서에 대한 질문을 하였습니다. 즉, 제시문 면접이라 하더라도 정성적인 질문을 할 수 있으니 그에 대한 대비를 해야 합니다. 아래는 제가 면접장을 나와서 복기하였던 답변내용입니다.

Q : 제시문에서 드러난 쏠림 현상이 전공 영역에서 나타나는 사례는?

A : 현재 (가)에서는 자원의 편재성, (나)에서는 이촌향도현상, (다)에서는 스크린업계에서의 쏠림현상이 드러나고 있습니다. 저의 전공영역에서 비슷한 사례를 찾는다면 대기업의 독, 과점을 예시로 들고 싶습니다. 현재, 대기업과 같은 경우 다양한 분야에 문어발식으로 진출해있으며 한번 진출한 분야에 대해서는 최고의 시장점유율을 자랑하며 시장을 장악하고 있습니다. 제과분야에 대해서는 롯데와 해태, 제조업분야에 대해서는 삼성과 두산, 게임분야에 대해서는 넥슨 등은 그 분야에 대해서 소비자들의 선택들이 쏠림고 있습니다. 이로 인해, 새로이 중소기업들이 진출하려 해도 이미 우월한 위치를 점한 대기업들은 이를 기술력갈취나 적대적M&A 등으로 방해하고 있으며 또한 독, 과점을 하고 있기에 의사결정주체가 한정적이어서 제품CSR 등 소비자들의 편익을 위한 진정성있는 활동이 다소 부족하다는 문제점이 있습니다. (자소서 1번 내용(중소기업들이 힘들다)와 일맥상통하게 답변)

Q : 쏠림 현상의 긍정적 측면을 사례와 함께 제시하시오.

A : 쏠림 현상이 일어나기 위해서는 기본적으로 주위 이해관계자들의 신뢰나 지지가 바탕이 되어야 합니다. 즉, 쏠림 현상이 일어났다는 사실 자체가 튼튼한 지지기반이 형성되었다는 의미이고 이는 곧 '안정성'과 '효율성'과 직결된다고 생각합니다. 단순히 선거만 보더라도 정치인들이 주위로부터 많은 표의 쏠림을 받고, 후에 당선되고나서도 많은 지지를 받는다면 정책을 결정하고 추진하는 과정에서의 불협화음이 줄어들어 보다 안정적인 진행이 가능할 것입니다. 또한, 의사충돌이 적어진다는 사실 자체가 시간 등의 자원낭비를 미연에 방지한다는 점에서도 효율성을 높일 수 있다고 생각합니다.

Q : 외국어 교육에서 쏠림현상이 심각하다는데, 그 문제점과 해결방안을 제시하시오.

A : 현재 우리나라 외국어 교육에서의 문제점은 '영어' 나 유럽의 선진국에 속하는 독일어 혹 불어에 대한 교육에만 치중되어 있다는 것입니다. 이는 곧 강대국의 언어가 중요하고 그 강대국의 언어만을 배워야한다는 인식으로 이어질 수 있다는 문제점이 있습니다. 또한, 한 나라의 문화를 형성하는데 필연적으로 큰 영향을 끼치는 것이 '언어' 이기에 이 '언어'를 먼저 이해하고 알아야 그 나라의 문화를 이해할 수 있다고 생각합니다. 그래서 지금 같이 편중된 외국어 교육은 글로벌 시대에서 경쟁력있는 리더로 성장하기에 큰 걸림돌이 될 것입니다. 이 같은 문제점을 해결하기 위해서는 일단 학생의 입장에서는 '입시'가 가장 중요한 요소이기 때문에 제2외국어를 수능시험평가에 좀 더 체계적이고 확실하게 반영을 하든가 혹, 학교 정규과정에서의 제2외국어수업을 보강해야 한다고 생각합니다. 학생이 아니라 이미 사회에 진출한 사회인에 대해서는 제2외국어의 중요성을 알리는 캠페인과 더불어 무료강좌 등을 개설해야한다고 생각합니다.

Q : 네 수고하셨습니다. 학생의 자소서를 보니 대한민국의 모순된 경제 환경을 바꾸겠다고 하고, 또 보니 나중에 로스쿨 갈거네?? 우리는 경영분야에 대해 깊이 파는 인재를 원하는데 학생과 같은 경우 경영학과 법학, 둘 모두를 해야하자나? 그렇다면 우리가 원하는 인재가 아닌데 우리가 왜 뽑아야 하는지 자기 해명을 좀 해보게.

A : 제가 가지고 있는 비전은 중소기업들에게 단순히 법률적 서비스 제공이 아니라 경영컨설팅도 제공하여 턴어라운드를 시키는 로펌을 설립하는 것입니다. 따라서 학과과정에서의 경영학이 절대적으로 필요합니다. 더불어, 제가 가지고 있는 중소기업을 돕고자하는 비전이 고려대에서 강조하는 공선사후정신과 일맥상통하다고 생각합니다. 공익을 사익보다 우선시하는 삶, 저는 그 삶을 실천하기 위해 고려대 경영대에 진학하고 싶고 이 역시 고려대의 인재상에 부합하다고 생각합니다.

Q : 그럼, 너 이번에 면접온 친구들 다 내신도 좋고 우수한 친구들인 거 알지? 애들이 다 우수하단 말이야, 걔네들과 다른 너의 장점이 있니? 1분안에 너의 장점을 어필해봐

A : 저의 장점은 바로 '소통력' 이라고 생각합니다.(신임 염재호 총장님이 강조하셨던 가치이고, 더불어 현대사회에서 가장 필요한 점이라고 생각해서 말했습니다. 이거 말하는 순간 왼쪽분 오른쪽분 두분 다 갑자기 고개 팍 드심!) 어릴 적부터 사회적 소외계층에 속해있던 터라 산전수전 많은 경험들을 겪어오며 살아왔습니다. 그러다보니 친구들의 고민에 대해 공감력이 생기게 되었습니다. 그렇게 생긴 공감력을 바탕으로 많은 친구들과 학업이나 진로상담 등을 진행하였고 그 결

과 1학년 때는 또래상담사, 또래교사로 발탁되며 좀 더 공식적이고 본격적인 활동을 하였습니다. 지금도, 바로 오늘 면접을 오는 아침까지도 자신의 고민들을 털어놓는 친구들의 모습은 아무래도 절 그만큼 신뢰하고 믿어주기에 가능하지 않았나 싶습니다.

Q : 나가도 좋네->마지막으로 한 마디해도 괜찮겠습니까?->좋아
A : 나의 문화유산 답사기를 저술하신 유흥준 교수는 "사랑하면 알게 되고 알게 되면 보이나니, 그때 보이는 것은 전과 같지 않으리라." 라고 말했습니다. 저는 고1시기만 하더라도 고려대학교에 꼭 진학해야겠다는 의지가 없었습니다. 하지만, 고2시기 평생을 걸어서라도 이루고 싶은 꿈이 생기면서 저는 고려대에 진학하고 싶어졌습니다. 고려대에서 강조하는 공선사후정신, 우수한 인프라와 전폭적인 지원, 그리고 FES와 같은 우수한 경영동아리.. 저는 그 모든 것을 사랑하게 되었습니다. 고려대를 사랑하자 고려대를 더욱 알게 되었고 고려대가 보이기 시작했습니다. 그리고 지금의 제가 바라보는 고려대는 고1시기 멀리 느껴지기만 했던 대학이 아니라, 제 꿈을 펼칠 수 있는 고려대가 되었습니다. 이제 제가 다니고 있는 고려대가 되었으면 좋겠습니다. 감사합니다.

글을 마치며

복기 내용을 읽어보면 알다시피, 면접관들은 학생의 멘탈력을 시험하기 위한 질문들을 종종던지기도 합니다. 만약, 그런 질문을 던졌다면 학생은 1차 합격 점수가 그렇게 높지 않은 편이라고 생각하는 것이 좋습니다. 실제 입학사정관들이나 교수들은 1차 합격 점수가 경계선 상에 있는 학생들에 대해 어려운 질문을 던져 나눈다고 합니다. 그러니, 지원하는 대학의 인재상을 잘 파악하여 변수의 변수까지도 고려하여 면접 준비를 하면 큰 문제가 없을 것입니다. 저 역시 저 질문을 받고 처음에는 당황하였으나, 준비를 했던 부분이기에 무리없이 답변하였습니다. 그리고 마지막으로 하고 싶은 말은 멋있게 구성하여 가는 것이 좋습니다.

지금까지 학생부 전형을 위해 준비해야할 부분들과 1차 합격 후의 면접 준비까지 간단히 살펴보았습니다. 지금 글을 읽고 있는 학생이 몇 학년이든, 절대 늦지 않았습니다. 무스펙으로 단 1달만 있더라도 수시를 지원하기에 충분합니다. 그러니, 절대 수시라는 카드를 포기하지 않으셨으면 합니다.

입시를 준비하는 3년간의 고등학교 시절은, 인생에서 가장 잠재력 있는 시기이고 열정적인 시기입니다. 대학에 들어온 지 2년이 다 되어가는 지금, 지난 고등학교 3년 동안의 시간을 되돌아보면 "내가 어떻게 저렇게 열심히 했지?" 라는 생각이 들만큼, 신기합니다. 그만큼 가장 열심히 사는 시기이고, 가장 열심히 살아야하는 시기지요. 많은 스트레스가 수반될 것입니다. 떨어지는 내신에 눈물을 흘릴지도, 남들에 비해 부족한 자신의 스펙에 한탄을 할지도 모릅니다. 하지만, 그 어떠한 경우라도 자신의 잠재력을 의심하지 마십시오. 대한민국의 고등학생은 무한한 가능성을 가지고 있습니다.

"자신의 한계를 스스로 정하지 마라"

이 말을 가슴에 품고, 절대 주눅 들지 말고 목표를 정해 꾸준히 정진하시기 바랍니다. 그리고 후에 대학에 합격하여 지나간 시간들을 회상하며 추억에 한없이 빠지기를 바랍니다. 그럼 힘들기만 했던 그 때의 기억들이 추억이 되어 여러분들의 입꼬리가 살며시 올라가실 겁니다.

"여러분들, 파이팅!!"

04

학생부 종합전형 실전 가이드

이정민
(고려대학교 학교장추천전형 경영학과 합격, 성균관대학교 성균
인재전형 인문과학계열 합격)

Step1. 생활기록부

생활기록부는 크게 교과와 비교과로 나눌 수 있습니다. 교과는 내신 성적이며 비교과는 봉사활동, 교내 활동 등 교과 외의 활동을 포함합니다.

(1) 교과

〈내신〉

내신은 성실함의 객관적 척도입니다. 정시와 수시 중 한 곳에만 집중하는 것보다 여러 전형을 고려하는 것이 더 유리합니다. 최종적으로 어떤 전형에 지원하게 될지 모르므로, 내신에도 최선을 다하는 것이 좋습니다.

저는 1학년 내신이 좋지 않아서 많이 고생한 케이스입니다. 하지만 2학년, 3학년 때 성적 상승을 하여 자기소개서에 어필할 내용이 더 많아졌습니다. 만약 상승하지 못하고 하락하거나 같았다면, 추천을 받지 못했을 것입니다.

내신 중 주요 과목만 신경 쓰는 경우가 꽤 있는데, 모든 과목에 신경 쓰는 것이 좋습니다. 학교마다 전형이 달라서 반영 비율과 환산 방법이 천차만별이기 때문입니다. 또 어느 학교에 최종적으로 지원하게 될지 모르기 때문에 최대한 모든 것을 준비해 놓는 것이 좋습니다. 입시를 치르면서 느낀 점은 plan B를 많이 세워야 한다는 점이었습니다. 한 전형만 바라보고 준비하는 것은 너무 큰 위험성을 안고 가는 것과 같습니다.

<경험>

앞에서 언급했던 것처럼 1학년 내신이 좋지 않아 고생했습니다. 선배들이 항상 했던 말이 1학년 내신이 반영 비율이 낮을 거라 생각해서 소홀히 했는데, 나중에는 덫이 되어 발목을 잡는다는 것이었습니다.

입학한지 얼마 되지 않았고, 첫 해인데 모든 것을 잘해내기는 사실 쉽지 않습니다. 특히 선생님의 시험 출제 유형을 모르기 때문에 겁을 내게 되기도 합니다. 하지만 내신 성적은 노력에 완벽하게 비례합니다. 쏟은 시간이 많을수록 높은 성적을 받을 수 있습니다. 필자는 1학년 때의 성적을 만회하기 위해 정량적 경험을 쌓으려고 노력했습니다. 쓴 전형의 2학년, 3학년 때의 성적 반영 비율이 높았기 때문에 만회가 가능했습니다

<실제 교과 성적>

1학년		국어	수학	영어	사회	한국사	과학	기술가정
	1학기	1	2	2		2	2.	2
	2학기	2	3	2	2		2	1

2학년		문학2	문학1	수학1	미적분과 통계기본	영어1	영어2	사회 문화	생활과 윤리	물리1	지구 과학1	일본어 1
	1학기		1	2		1		1	2	2		
	2학기	1			2		2	1	1		1	2

3학년 성적 총평점: 1.2

3학년은 수시 기간 때문에 1학기 2학기 성적 중 1학기 성적만 내신 성적에 반영되었습니다.

<과목별 비중은 어떻게?>

공부 시간 중, 주요 과목인 국어, 영어, 수학의 비중을 60% 정도로 잡았습니다. 그 다음 사회 과목을 30% 정도 잡고, 나머지 시간은 과학과 그 외 과목에 배분했습니다. 국영수에 시간 배분을 많이 하는 것이 좋습니다. 하지만 국영수 비중을 60% 정도로 잡은 것은, 그 이상 시간을 배분하면 나머지 과목들(ex. 사회 탐구, 과학 과목)에 투자할 시간이 너무 없었기 때문입니다. 국영수 60% 중 똑같이 20% 정도로 시간을 배분하기 보다는, 세 과목 중 가장 취약한 과목에 조금 더 신경을 쓰는 식으로 융통성 있게 공부하는 것이 도움 됩니다. 예를 들어 저는 수학이 가장 약한 과목이었고, 국어가 강점 과목이어서 국어의 시간을 조금 떼어 수학에 더 많은 시간을 투자했습니다.

 처음에 국어 내신 공부는 수능 공부의 방향과 많이 다르다고 생각했지만, 내신을 위해 문학 작품을 많이 접하고 익숙해진 것이 수능 공부에도 많은 도움이 되었습니다.

사회 탐구는 내신 공부와 수능 공부의 방향이 같아 특히 많은 도움이 되었습니다.

수능에 올인하고, 내신을 소홀히 하는 학생들이 많았는데 내신도 챙기는 것이 결국 수능 준비에도 도움이 됩니다.

(2) 비교과

수시의 비중이 커지면서, 비교과의 중요성이 커졌습니다. 비교과 또한 학교생활에 얼마나 충실했는지를 잘 보여주는 지표입니다.

지원하는 학과에 맞춰서 관련 경험만 하는 것도 좋지만, 후에 어떤 학과에 지원하게 될지 모르므로 최대한 많은 경험을 하는 것이 좋다고 생각합니다. 다양한 경험은 적극적인 모습과 충실함을 잘 보여줄 수 있습니다. 특히 저는 경영학과와 직결된 경험은 없지만, 했던 경험에서 전공 적합성을 뽑아내어 자기소개서를 작성했습니다. 만약 아무 활동을 하지 않았더라면, 이도 불가능했을 것입니다.

비교과 항목

비교과 항목에는 수상 경력, 자격증, 진로 사항, 창의적 체험활동(동아리, 봉사 포함) 등이 있습니다.

저는 생활기록부 장수가 생각보다 많지 않았습니다. 대신 꾸준한 봉사활동 기록이나 동아리 활동 같이 질적인 부분을 강조하려 노력했습니다. 양적 측면도 고려하지 않을 수는 없습니다. 제가 학교에 재학 중일 때, 교내에서 열리는 대회가 정말 적었습니다. 그 와중에도 대회가 열리면 거의 다 참여하며 수상 개수에도 신경을 썼습니다. 학교에서 진행하는 프로그램은 대부분 참가하였고, 와중에도 생활기록부에 기재할 수 있는 활동은 최대한 챙기도록 했습니다. 다양한 활동을 하면 좋은 점은 자기소개서나 면접에서 활용할 수 있는 스펙트럼이 넓어진다는 것입니다. 어떤 분들은 지원하는 학과에 맞는 대회만 나가라고 하지만, 저는 선택적인 활동은 그렇게 좋다고 생각하지 않습니다. 어차피 대학에서 보고자 하는 것은 잠재성이기 때문입니다. 물론 학과에 맞는 활동도 있어야 하지만, 그 외의 활동도 리더십 혹은 인성을 보여주기에 좋은 활동이 될 것입니다.

① 수상 경력

-1,2학년이라면

저학년 때부터, 여러 대회에 참여하는 것이 좋습니다. 수상하지 못한다 하더라도 자기소개서의 소재가 될 수도 있고, 다음 대회의 밑거름이 되기 때문입니다. 1학년 때부터 많은 활동을 한다면 조금 더 탄탄한 생활기록부를 만드는데 도움이 됩니다. 특히 교내 말하기 대회나 영어 관련 경시대회는 글로벌함을 드러낼 수 있는 소재입니다. 또한, 과제탐구보고서대회는 지원하고자 하는 학과에 대한 관심을 드러낼 수 있는 활동입니다. 실제로 대회에 최대한 많이 참여하다 보니, 수상 확률도 높아졌습니다.

-3학년이라면

3학년 때 할 수 있는 활동은 제한적이고, 양을 늘리기 보다는 분석하는 것이 좋습니다. 저 같은 경우, 경제. 경영 지식을 보여주기 좋은 수상 내역이 없었기 때문에 걱정을 많이 했었습니다. 하지만 기존 수상 실적에서도 전공적합성을 끌어낼 수 있음을 알게 되었습니다. 예를 들어 실제 수상 내역 중 '우수 활동 동아리 VANK'는 영어 능력, 글로벌 인재임을 드러내기 좋은 수상 내역이었습니다. 또 과제탐구보고서 대회에서 수상한 것도 도움이 되었습니다. 자유 주제로 보고서를 작성하여 내는 것이었는데, 관심 있던 마케팅 분야를 조사하고 관련 직종을 가진 분에게 인터뷰를 한 것이 전공에 대한 관심을 확실하게 드러내는 데 도움이 되었습니다.

기존에 가지고 있는 수상 내역에서 자기소개서의 소재도 찾을 수 있습니다.

② 진로희망사항

3년간 같은 진로를 적는 것이 진로에 대한 관심을 잘 보여줄 수 있다는 말을 듣고, 브랜드 매니저라는 직업을 적어냈습니다. 실제 면접장에 가서 진로에 대한 추가 질문도 받았습니다. 물론 진로는 계속해서 바뀔 수 있기 때문에 바꾸셔도 괜찮습니다. 하지만 바뀐 이유나, 다른 직업에 관심이 생기게 된 계기가 확실히 있는 게 좋겠죠.

③ 창의적 체험활동상황
창의적 체험활동상황에는 체육대회 같은 다양한 공통 활동이 들어갑니다. 추가적으로 기재할 수 있는 영역인 동아리 활동과 봉사 활동에 좀 더 신경을 쓰는 것이 좋습니다.

-동아리 활동
동아리 또한 진로 상황과 마찬가지로 3년 내내 같은 동아리를 들었습니다. 외부 활동이 많은 동아리였는데, 당시에는 동아리에 쏟는 시간이 너무 많다 생각했지만 생활기록부에 기재된 내용을 보니 하길 잘했다는 생각이 들었습니다. 외부 프로그램이나 특이한 활동이 많은 동아리를 추천합니다. 혹은 관심 있는 과목에 대해 심도 높은 탐구를 하는 동아리도 좋습니다.
특히 동아리를 직접 만드는 것을 추천합니다. 보여줄 스토리가 매우 많아집니다. 2학년 때, 직접 동아리를 만들어 활동하였는데 동아리를 새로 만든다는 것에 어려움을 느끼고 장벽이 높다고 생각했지만 적극성만 가지면 못할 것이 없음을 알게 되었습니다. 부원을 모아 동아리를 만들어 보는 것을 추천합니다. 리더십은 물론이고, 협동심이나 적극성을 보여줄 수 있는 좋은 소재이기 때문입니다. 잘 찾아보면 교육청에서 주관하는 동아리 공모도 있습니다. 이는 교내 동아리활동에 포함되지는 못하지만 다른 과목과 연계하여 과목 세부능력특기사항에 들어갑니다.

-봉사 활동
봉사 활동은 꾸준히 하면 좋은 활동 중 하나입니다. 최대한 같은 곳에서 봉사를 하는 것이 좋습니다. 사실 봉사는 생활기록부에 적기 위해 한다기 보다는 진심을 가지고 해야 합니다. 어차피 스펙을 위한 봉사는 다 드러나게 되어 있습니다.

Step2. 자기소개서

자기소개서는 쓰는 것도 중요하지만 계획이 큰 비중을 차지합니다. 계획이 중요한 이유는 기준을 먼저 잡아야 체계적으로 쓸 수 있기 때문입니다. 준비 과정에서 중요한 것은 '나무보다 숲을 먼저 보는 것'입니다. 기준을 세우지 않고 글을 쓰는 것은 나열하는 것과 별 다를 바가 없습니다. 큰 틀을 잡고 쓰는 과정을 밑에 소개하겠습니다.

1. 인재상 파악하기

첫 번째로, 지원하려는 학교의 인재상을 파악합니다. 인재상은 주로 학교 입학처 홈페이지나, 학생부종합 전형 안내 책자에 수록되어 있습니다. 인재상은 인재를 뽑겠다는 것이 아니라, 인재가 될 바탕의 기준이라는 의미를 가지고 있습니다. 즉, 자기소개서에서 드러나는 특성과 인재상이 일치한다면 잠재성을 잘 드러내는 자기소개서라고 말할 수 있습니다. 억지로 맞추려 할 필요는 없지만, 일치하는 부분을 확장시킨다면 금상첨화입니다.

예를 들어, 고려대학교의 인재상은 개척하는 지성, 창조적 인재, 정의로운 리더, 지혜로운 인재입니다.
여기에서 본인이 가지고 있는 장점과 연결될 수 있는 인재상을 찾습니다.
인재상이 의미하는 바를 알기 어려울 때는 비슷한 단어와 연관시켜보면 됩니다.

개척하는 지성은 도전 정신과 연결될 수 있습니다. 창조적 인재는 창의성을 발휘할 수 있는 잠재성을
가진 인재를 말합니다. 정의로운 리더는 공정함, 옳고 그름을 아는 리더를 말하겠죠. 지혜로운 인재는
말 그대로 탐구하고 새로운 지식에 관심이 많은 인재를 의미합니다.

그렇다면 이런 인재상을 어떻게 자기소개서에 녹일 수 있을까요?
나, 자신을 알아보면 됩니다.

2. 나 알기

계속해서 강조하지만, 나무보다 숲을 보는 것이 중요합니다. 많은 고민을 하지 않은 자기소개서는 나열
하기만 한 글이 될 가능성이 아주 큽니다.
먼저 자신에 대해 연구해 봅니다.
많은 사람들이 '나 자신'을 아는 것이 제일 어렵다고 말합니다.
저는 저를 잘 알기 위해 마인드맵을 그려보았습니다.

***나 마인드맵 만드는 법**

(1) 자신의 특성을 나열해라
모든 사람은 각자만의 성격과 특징을 가지고 있습니다. 이런 것도 성격일까 생각되는 점까지도 한
사람의 개성입니다. 처음부터 마인드맵을 그리기는 힘들기 때문에 본인을 나타낸다고 생각하는 성
격을 나열해봅니다.
예시: 긍정적 적극적 도전 낙천적 집중력 공감능력 배려

(2) 활동과 성격을 연결시켜 보자
본인이 했던 활동을 적고 이 활동이 각각 어떤 장점을 나타낼 수 있는지 연결시켜 봅니다. 억지로 연결시
키기 보단, 본인이 그 활동을 어떤 마음가짐으로 했는지 생각해보고 적어봅니다. 예를 들어 저는 많은 사
람들 앞에서 하는 발표에 자신이 없었지만 이를 극복하고자 외국어 말하기 대회에 참가 했습니다. 그렇다
면 이 활동은 도전과 연결될 수 있겠죠. 도전이라 해서 거창한 일을 해내는 것이 아니라, 본인의 단점을 고
쳐나가고자 하는 의지 또는 해내고 싶은 일을 해보는 것 같은 작은 부분도 도전이 될 수 있습니다.
공부법과 공감능력은 어떤 상관관계가 있어서 연결시켰을까요? 어릴 때부터 문학 작품을 많이 접하
고 또 좋아했던 저는 고등학교 공부를 할 때도 암기식 공부 보다는 공감하며 공부하는 공부를 했습
니다. 이는 자기소개서 1번과도 연결되는데요, 합격 자기소개서 1번 문항을 참고해주세요. 여기서
중요한 점은 따로 떨어뜨려 보았을 때 연결되지 않을 것 같았던 요소들도 충분히 자기소개서의 작성
방법에 따라 합쳐지면, 장점을 나타낼 수 있다는 것입니다.

 이처럼 자기소개서 작성의 시작은 '나 알기'입니다. 본인을 알고, 생활기록부를 분석하는 것이 자기소개서 작성의 시작입니다.

(3) 인재상과 장점을 연결해보자

고려대학교의 인재상:
미래 세계의 새 지평을 열어가는 개척하는 지성
통념에서 벗어나 새로운 길을 여는 창조적 인재
인류 평등과 공영에 이바지하는 정의로운 리더
새로운 지식과 진리를 탐구하는 지혜로운 인재

마인드맵에서 나열했던 장점과 인재상을 연결해보면
미래 세계의 새 지평을 열어가는 개척하는 지성: 도전 적극성
통념에서 벗어나 새로운 길을 여는 창조적 인재: 창의성
인류 평등과 공영에 이바지하는 정의로운 리더: 배려 공감능력
새로운 지식과 진리를 탐구하는 지혜로운 인재: 도전 집중력
이렇게 짝지을 수 있습니다.

중요한 것은 자기소개서에 억지로 인재상을 담으려고 하면 안 된다는 것입니다. 각 인재상이 나타내는 것이 무엇인지 파악하고 자기소개서에 자연스럽게 녹여내는 것이 중요합니다. 인재상의 의미는 이미 완성된 인재를 뽑겠다는 것이 아니라, 인재가 될 잠재성을 가지고 있는 사람을 뽑겠다는 뜻입니다. 즉, 뛰어나거나 눈에 띄는 경험을 꼭 갖고 있지 않더라도, 인재가 될 잠재력을 보여준다면 학교에 부합하는 인재임을 보여줄 수 있습니다.

3. 문항을 분석하자 & 활동과 문항을 연결하자

자기소개서에 작성하고 싶은 활동과 장점을 분석했다면, 자기소개서를 쓰기 전 문항을 먼저 분석해봅니다. 기준을 잡지 않고 쓰게 되면, 문항에서 요구하는 내용을 적지 않을 가능성이 큽니다. 중요한 것은 쓰고 싶은 것을 쓰는 것이 아니라, 문항에서 요구하는 것을 쓰는 것입니다.

〈고려대학교 자기소개서 문항 분석〉

1번 문항

고등학교 재학기간 중 학업에 기울인 노력과 학습 경험에 대해, 배우고 느낀 점을 중심으로 기술해 주시기 바랍니다.

이 문항의 포인트는 배우고 느낀 점입니다. 학업에 기울인 노력과 학습 경험을 통해 무엇을 배우고 느꼈는지를 작성하면 됩니다.

※학업에 기울인 노력, 학습 경험으로 기재될 수 있는 내용
-공부에 어려움을 겪었던 경험과 그 극복 과정, 방법

-과목 심화 학습 경험

※point
-노력을 통해 얻은 긍정적인 결과는 무엇인지(before노력/after노력)
-나열하지 않기
-학습 경험 구체적으로 작성하기

※예시
Good case:
*공부를 할 때 가상의 친구에게 학습 내용을 설명해주듯 공부하는 저만의 '가상 멘토링 학습법'을 만들었습니다.
-> 공부법에 이름을 붙여 소개하였습니다. 어떤 공부법인지 그냥 설명하는 것보다, 이름을 붙여 설명함으로써 좀 더 창의적인 자기소개가 되었습니다.

*가장 어렵게 느껴졌던 확률 단원을 배울 때에는 지식채널 e에서 도박에 관한 확률이나 확률의 배경에 대한 영상을 찾아보며 흥미를 붙였습니다.
-> 구체적인 경험을 들어 서술했습니다. 어떤 단원이었고, 무슨 영상이었는지 기재함으로써 진솔함이 잘 드러납니다.

*지리적 특성이 전통의상에 영향을 주는 것이 신기했고, 이후 기후를 공부할 때는 기후와 생활방식 간의 인과관계를 이해하려고 노력했습니다.
 -> 역시 과목의 어떤 부분에서 흥미를 느꼈고, 그것을 통해 어떤 공부를 했는지 구체적으로 잘 드러납니다.

Bad case:
*평소 어려움을 느꼈던 국어 과목을 공부하기 위해 열심히 노력 했습니다
-> 구체적이지 못합니다.

*가상 멘토링 학습법을 통해 성적 상승을 경험할 수 있었습니다.
-> 무슨 과목의 성적 상승인지, 또 상승을 위해 어떤 노력을 했는지 구체적으로 드러나 있지 않습니다.

2번 문항

> 고등학교 재학기간 중 본인이 의미를 두고 노력했던 교내 활동을 배우고 느낀 점을 중심으로 3개 이내로 기술해 주시기 바랍니다. 단, 교외 활동 중 학교장의 허락을 받고 참여한 활동은 포함됩니다.

생활기록부 분석이 가장 큰 효과를 발휘할 수 있는 항목입니다. 활동을 나열하기만 하는 것은 좋지 않습니다. 이 문항도 역시 배우고 느낀 점이 중심입니다. 본인이 각각의 활동을 통해 무엇을 얻었는지 생각해보고 적어봅니다. 주의해야할 점은 교내 활동이라는 것입니다. 학교장의 허락을 받은 외부 활동은 기재할 수 있지만, 허락을 받지 않은 활동은 기재할 수 없습니다. 당연한 것 같지만 기재하다 보면 당연한 점도 그냥 지나쳐서 나중에 수정하는 경우가 많이 있으므로 주의하는 것이 좋습니다. 모의 유엔 참가와, 고려대학교 주최 논술대회 수상 이력이 있었지만 교내 활동이라는 제한으로 기재

하지 못했습니다. 1장에서 말했던 것처럼 교내 활동을 충실히 하는 것이 좋다고 한 이유이기도 합니다.

point
-3개 이내 꼭 지키기
-교외 활동을 기재한다면 학교장의 허락을 받은 활동인지 꼭 확인하기
-활동을 하면서 어떤 노력을 했는지
-배우고 느낀 점이 중심이다! 단순한 활동 나열은 좋지 않다.

3번 문항

학교생활 중 배려, 나눔, 협력, 갈등 관리 등을 실천한 사례를 들고, 그 과정을 통해 배우고 느낀 점을 기술해 주시기 바랍니다.

꼭 배려, 나눔, 협력, 갈등 관리 모든 점을 다 드러내려고 할 필요가 없습니다. 오히려 여러 장점을 쓰려 하다 보면, 나열에 가까운 자기소개서가 될 확률이 큽니다. 사실 진솔한 경험을 쓰다 보면 자연스럽게 여러 장점을 드러내게 됩니다.

예를 들어, 배려와 나눔은 봉사활동을 통해 드러낼 수 있습니다. 협력과 갈등관리는 동아리 혹은 팀으로 활동했던 경험을 통해 나타낼 수 있습니다. 한꺼번에 많은 경험을 보여주려 하면, 본인의 장점이 무엇인지 알기 어려워집니다. 1개에서 2개 정도의 경험을 구체적으로 솔직하게 서술하는 것이 좋습니다.

point
-형식적으로 적지 않기
-진솔한 경험을 통해 장점을 드러내기
-너무 많은 것을 담으려 하지 않기

4번 문항

해당 모집단위에 지원한 동기와 준비과정을 기술해 주시기 바랍니다.

학과에 지원하게 된 동기와 준비과정을 적습니다. 아직 학교에 입학하기 전이므로 애교심 보다는 과를 사랑하는 마음을 표현해봅니다. 지원하는 학과에 어떤 관심이 있는지, 왜 지원했는지를 생각해 봅니다.
역시 구체적인 경험이 있을수록 좋습니다. 단순히 '열정이 있어서 지원했다'보다는, '이러한 경험을 통해 학과에 관심을 가지게 되었고, 지원하게 되었다'같이 유기적인 관계가 드러나는 동기가 좋습니다.
사실 입시에서는 관심 있는 학과만 지원하기가 어렵습니다. 혹은 아직 진로나 관심 있는 것이 무엇인지 몰라서 어떤 내용을 적어야하는지 어렵게 느껴지는 경우도 많습니다.
그럴 때는 학교는 이미 재능이 있는 학생 뿐 아니라 잠재력을 가지고 있는 사람을 뽑는다는 것을 기억합니다. 잠재성을 가지고 있는 학생이란 와서 공부를 잘 해낼 수 있는 학생입니다. 꼭 학과와 직접적으로 연관이 있는 경험이 아니더라도, 그 학과의 공부를 하기 위해 필요한 잠재성을 가지고 있다면 충분합니다.
경영학과를 예로 들자면, 꼭 경제나 경영에 관련된 동아리 경험이 있어야만 하는 것은 아닙니다. 경영학과 전공에 적합한 인재라는 것을 보여줄 수 있는 경험을 보여주면 됩니다.

[저자의 합격 자기소개서 복원 내용]

합격 자기소개서 1번_ 이정민 (고려대학교 학교장추천전형 경영학과 합격, 성균관대학교 성균인재전형 인문과학계열 합격)

1. 고등학교 재학기간 중 학업에 기울인 노력과 학습 경험에 대해, 배우고 느낀 점을 중심으로 기술해 주시기 바랍니다.(1000자)

고등학교에 입학하고 중학교와 가장 크게 달랐던 점은 학습의 양과 단계였습니다. 단순 암기식 공부만으로는 많은 양과 높아진 단계에 적응할 수 없었습니다. 달라진 상황에서 고심하던 중, 학습 내용을 암기가 아니라 이해해야겠다고 생각했습니다. 공부를 할 때 가상의 친구에게 학습 내용을 설명해주듯 공부하는 저만의 '가상 멘토링 학습법'을 만들었습니다. 가상의 상대에게 설명을 해주기 위해서는 제가 풍부한 지식을 갖추어야 했습니다. 이를 위해 수업시간에 필기를 최대한 꼼꼼하게 했습니다. 선생님의 설명을 자세히 적는 것이 융통성 없는 일이 아닌가 걱정이 들기도 했지만 세밀하게 필기하는 습관은 수업의 핵심을 깨닫는 데 큰 도움을 주었습니다. 방과 후 집에 와서 필기 내용을 바탕으로 '가상 멘토링' 학습을 했습니다. 이 방법으로 학습한 후, 학습 내용의 핵심까지 이해를 할 수 있었고 같은 시간 안에 훨씬 더 효율적으로 공부할 수 있게 되었습니다.

한편 국어의 시 작품은 다른 과목과는 달리, 추상적이고 상징적인 내용이 주를 이루어 가장 힘든 영역이었습니다. 고민 끝에 '시 스토리텔링 노트'를 고안했습니다. 시를 산문처럼 풀어 써서 소설을 쓰듯 노트에 정리하였습니다. 그러자 시 전체의 맥락이 눈에 들어왔고, 시인이 말하고자 했던 바를 파악할 수 있었습니다. 외우지 않아도 시 작품 자체를 오래 기억할 수 있었습니다. 그 결과 국어에서 가장 자신 없었던 시 파트가 가장 자신 있는 파트가 되었습니다. 특히 수업시간 '몽혼'이라는 한시를 배울 때 저도 모르게 눈물이 나올 정도로 문학을 마음 깊이 느낄 수 있게 되었습니다. 외우면 시간이 덜 걸릴 수 있는 시 작품을 이야기로 풀어 쓰는 것이 힘들었지만 노트 정리 후, 시인의 감정을 이해할 수 있게 되면서 국어 과목 전체에 대한 애착이 커지고 특히 몰입감이 크게 높아지는 것을 경험할 수 있었습니다.

무엇보다도, 갑자기 달라진 학습 환경에서 제 스스로 고안해 낸 방법으로 학습한 것이 꾸준히 성적이 상승할 수 있었던 원동력이었습니다.

2. 고등학교 재학기간 중 본인이 의미를 두고 노력했던 교내 활동을 배우고 느낀 점을 중심으로 3개 이내로 기술해 주시기 바랍니다. 단, 교외 활동 중 학교장의 허락을 받고 참여한 활동은 포함됩니다 (1,500자 이내).

바른말 사용을 알리기 위해 창설된 '겨레말 지킴이'라는 누리단 동아리 활동에서 부장을 맡았습니다. 여러 행사가 있었지만 '바른말 사용 서명운동'이 인상에 남습니다. 서명 운동을 준비할 때 염두에 둔 것은 '참여율'이었습니다. 그런데 단순한 홍보만으로는 많은 참여가 이루어지지 않을 것 같아, 홍보 방법에 대해 고심했습니다. 학교 생활을 관찰해보니 친구들끼리 무리지어 다니는 모습이 눈에 띄었습니다. 학교에서는 주위 사람의 입소문으로 큰 홍보 효과를 올리는 홍보 활동이 적합할 것이라 생각했습니다. 저는 부원들이 각각 아는 후배, 친구, 선배에게 행사 홍보를 하도록 이끌었습니다. 서명 운동 당일, 반응은 전교생이 참여할 만큼 폭발적이었습니다. 서명운동 이후 많은 친구들이 서명을 하나의 약속으로 여기고 바른 말을 사용하려 노력하는 모습을 볼 땐 흐뭇하기까지 했습니다. 상황을 분석하고 그에 부합하는 홍보 전략을 사용하는 것이 얼마나 중요한지 깨달았습니다.

VANK동아리에서 참여한 다문화 축제인 '2013년 global gathering'도 뜻깊은 활동이었습니다. 축제의 문화적 취지에 맞게 우리 문화를 알리는 '식혜 시식 행사', '전통 오방색 팔찌 만들기' 등의 행사와 VANK 홍보 활동을 진행했습니다. 행사를 진행하다가 VANK 부스에 오는 사람들 중 많은 사람들이 다른 부스 참가자라는 것을 알게 되었습니다. 그것을 보고 저는 상대 부스의 니즈를 충족시키는 동시에 우리 부스의 목적을 달성하는 전략을 생각해냈습니다. 단순히 우리 부스에 와 달라고 하는 것 대신 홍보팀을 이끌고, 다른 나라의 부스에 가서 그 나라의 전통 음식을 먹어보고, 전통의상을 입어 보는 등 다른 부스의 행사에 적극적으로 참여했습니다. 영어로 다른 나라 참가자들에게 질문도 하고 그들의 질문에 대답을 하면서 자연스럽게 VANK를 홍보할 수 있었습니다. 축제 참가는 매체에서 간접적으로 알았던 다른 나라의 문화를 직접 즐기고 교류하는 동시에, VANK를 다양한 사람들에게 효율적으로 알릴 수 있는 방법을 찾아서 직접 활용하여 본 귀중한 경험이었습니다.

마지막으로 교내 과제 탐구 보고서 대회에 '마케팅의 원리와 과정은 무엇인가?' 라는 주제로 참가한 것도 의미 있는 활동이었습니다. 저는 마케팅에 대한 관심은 많았지만 구체적으로 알지 못했습니다. 기초적으로 '바이럴 마케팅', '핀셋 마케팅' 등 마케팅 전략을 조사하는 것부터 시작하여, 관련 서적을 읽으며 마케팅의 실제 사례를 수집하고 탐구하였습니다. 생생한 적용 사례를 알고 싶어서, 수소문한 끝에 쇼핑몰 마케팅 이사로 종사하시는 분을 인터뷰했습니다. 인터뷰를 통해 마케팅은 제품 출시 초기에 드는 비용이 가장 많고 중후반으로 가면서 비용이 감소한다는 '시간의 흐름에 따른 마케팅 비용의 추이'를 알게 되었고, 소비자들의 인식도가 변함에 따라 마케팅의 효과도 달라진다는 사실 등도 새로이 알게 되었습니다. 이론과 사례가 균형을 이룬 보고서가 수상을 하게 되자, 이 부야에 대해 시간이 주어진다면 좀 더 깊이 있게 공부하고 싶은 열정이 생겼습니다.

3. 학교생활 중 배려, 나눔, 협력, 갈등 관리 등을 실천한 사례를 들고, 그 과정을 통해 배우고 느낀 점을 기술해 주시기 바랍니다(1,000자 이내).

학교 선생님의 소개로 장애인 복지 시설인 영광재활원에서의 봉사활동을 시작했습니다. 처음 재활원에 도착하여 봉사를 하려 할 때, 재활원 상황을 잘 알지 못해 난처했습니다. 그런데 저보다 어려보이는 장애인 동생이 다가와서 '어느 방에 무엇이 있는지', '점심시간이 언제인지' 등 많은 것을 가르쳐 주었습니다. 어눌한 말투였지만, 친절하게 설명해주었습니다. 저는 "동생~ 고마워, 이제 내가 할게"라고 말을 놓고 고마움을 표현했습니다. 그런데 그 동생이 갑자기 화난 얼굴로 돌아섰습니다. 어안이 벙벙했습니다. '도대체 쟤가 왜 저러지?'하며 저도 기분이 나빠졌습니다. 그런데 게시판을 둘러보다가 하나의 글이 눈에 들어왔습니다. '아무리 어려 보이는 분들이라도 나이가 많을 수 있으니 말을 조심해주세요'. 알고 보니 그 장애인 동생은 제 언니뻘이었고, 그것도 저보다 한참이나 나이가 많았습니다. 저는 제 잘못을 깨닫고 언니에게 바로 용서를 구했습니다. "언니, 죄송해요. 언니가 너무 어려 보여서 몰랐어요."하며 응석을 부렸더니 그 언니는 웃으면서 저를 안아주었습니다.

재활원에서의 경험을 통해 타인을 겉모습만으로 판단한 채, 그 판단대로 행동하는 것이 참 위험한 일이라는 것을 깨닫게 되었습니다. 또한 제가 대수롭지 않게 하는 행동이 상대에게 큰 상처가 될 수 있다는 것도 알게 되었습니다. 사실 처음 봉사활동을 갔을 때에는 '내가 도와주는 입장이니까'하는 자기중심적인 생각을 조금 가지고 있었습니다. 하지만 이 일이 있고 난 뒤, 그런 생각을 버렸습니다. 똑같은 실수를 하지 않기 위해 복지사 분들께 장애인 분들의 나이와 관심사, 그리고 각별히 주의해야 할 점을 먼저 물어보았습니다. 그리고 그 점들을 토대로 장애인 분들을 돕기 위해 노력했습니다. 봉사활동을 하며 상대가 불편함을 느끼지 않게 세심하게 그들을 대하는 것이 진정한 배려라는 것을 깨달았습니다. 그리고 윤리 시간에 배웠던 유교의 서(恕)사상처럼 다른 사람의 마음을 내 마음같이 헤아리는 태도를 계속 실천하려 노력하고 있습니다.

4. 해당 모집단위에 지원한 동기와 준비과정을 기술해 주시기 바랍니다. (1000자)

저에게는 마케팅과 관련한 아주 특별한 경험이 있습니다. 어렸을 때 제가 모 백화점 홍보 모델을 했었기 때문입니다. 저는 백화점 홍보물에서 '붉은 악마' 컨셉으로 활기찬 어린이의 모습을 보여주는 역할을 했습니다. 어렸을 때 자세히는 몰랐지만 2002년 월드컵의 분위기와 홍보물 속 저의 모습이 잘 맞는 것을 느낄 수 있었습니다. 고등학교 1학년 때, 백화점 홍보물을 보며 가족과 다시 이야기를 나눈 적이 있습니다. 부모님께서는 제 이미지가 당시의 분위기와 잘 어울려서 사진이 여러 번 활용되었다고 말씀하셨습니다. 저는 제가 좋아하는 홍보 활동에 일조를 했다는 사실이 왠지 뿌듯했습니다. 홍보는 거창한 것이 아니라 소비자의 상황과 니즈에 잘 부합할 때 그 효과가 극대화 된다는 일반적인 예가 바로 "나"였다고 생각하니, 홍보나 마케팅 같은 용어가 멀지 않은 친숙한 용어로 다가왔습니다. 이러한 경험이 토대가 되어 마케팅 경영과 광고 전략에 대해 관심을 가지게 되었고, 경영학 전반으로 관심이 커지기 시작했습니다. 학교에서 경제 과목을 배우지 않았기 때문에, 저는 직접 책을 통해 경영학, 마케팅에 관한 지식을 쌓아가야만 했습니다. 특히 마케팅 전략과 이론을 익히기 위해 마케팅 경영에 관한 책을 많이 읽었고, 독서를 통해 '니치 마케팅', '코즈 마케팅' 등 다양한 마케팅 전략의 장점과 효과에 대해 공부했습니다. 그리고 마케팅이 긍정적 효과를 낸 사례와 부정적 효과를 낸 사례를 비교해보며 효과적인 마케팅의 원리를 공부했습니다. 예를 들어 대부업체의 감성적인 마케팅이 사람들에게 반감을 키우는 현상을 분석하기도 했습니다. 직접 마케팅 업무를 해볼 기회는 없었지만, VANK동아리와 누리단 동아리에서 홍보조로 활동하며 책에서 배운 이론적인 홍보 전략을 실생활에서 적용해 볼 기회를 가졌습니다. 경영학, 마케팅 등을 혼자서만 공부해 왔기 때문에 고려대학교 경영대학에 입학하여, 저명한 교수님들로 부터 국제 마케팅론, 인터넷 마케팅론, 광고론등을 보다 심도 있게 배우고 싶습니다.

[저자의 합격 자기소개서 복원 내용]

-성균관 대학교 성균인재 전형 인문과학계열 합격 자기소개서

[당시 고려대 자기소개서 항목과 성균관대학교 자기소개서의 항목이 유사하였기 때문에, 2번 문항만 조금 더 인문과학계열에 맞게 고쳤습니다. 가장 가고 싶은 학교의 자기소개서를 먼저 쓰고 다른 학교의 문항에 맞게 고치면 시간을 좀 더 아낄 수 있습니다. 대신, 각 학교의 인재상과 과에 맞추어 고치는 것을 명심하도록 합니다.]

2. 고등학교 재학기간 중 본인이 의미를 두고 노력했던 교내 활동을 배우고 느낀 점을 중심으로 3개 이내로 기술해 주시기 바랍니다. 단, 교외 활동 중 학교장의 허락을 받고 참여한 활동은 포함됩니다 (1,500자 이내).

바른 우리말 사용을 알리기 위해 창설된 '겨레말 지킴이'라는 누리단 동아리에서 부장을 맡아 활동했습니다. 부장으로서 동아리를 이끌어 가는 것에 대한 부담은 있었지만, 부원들의 적극적인 협조로 1년 동안 많은 활발한 활동을 하여 교내에서 폭발적인 반응을 불러일으켰습니다. 모두 성공적이었지만, 그 중 '순우리말 문제 맞히기'와 동시에 진행된 '바른말 사용 서명 운동'이 가장 기억에 남습니다. 행사는 친구들에게 순우리말의 아름다움을 되새길 수 있는 시간이 되었고, 준비 과정에서 저도 여태 몰랐던 순우리말을 새로이 알 수 있었습니다. 또한 서명운동 이후 친구들이 서명을 하나의 약속으로 생각하고 바른말을 쓰려고 노력하는 모습이 눈에 띄게 많아져 기뻤습니다. 제가 가장 좋아하는 국어 과목과 관련된 동아리 활동을 하면서 국어에 대한 애착이 더욱 더 강해짐도 느낄 수 있었습니다.

VANK동아리에서 참여한 다문화 축제인 '2013년 global gathering'도 뜻깊은 활동이었습니다. 축제의 문화적 취지에 맞게 우리 문화를 알리는 '식혜 시식 행사','전통 오방색 팔찌 만들기' 등의 행사와 VANK홍보 활동을 진행했습니다. 부스를 홍보하기 위해 단순히 우리 부스에 와 달라고 하는 것 대신 홍보팀을 이끌고, 다른 나라의 부스에 가서 그 나라의 전통 음식을 먹어보고, 전통의상을 입어보는 등 다른 부스의 행사에 적극적으로 참여했습니다. 또한 영어로 다른 나라 참가자들에게 그들의 문화에 대해 궁금한 점을 물어보았습니다. 그러자 그들은 한국의 문화와 VANK에 대해 관심을 가지고 여러 가지를 물어보았습니다. 그들의 질문에 대답을 하면서 자연스럽게 동아리 홍보를 하고, 한국의 문화를 알릴 수 있었습니다. 축제 참가를 통해 매체에서 간접적으로만 알았던 다양한 나라의 문화를 직접 즐기고 교류할 수 있었습니다. 또한 타문화에 대한 보다 개방적이고 수용적인 시각을 갖출 수 있었고 동시에 우리나라의 문화를 여러 나라 사람들에게 알리는 기회를 가졌습니다.

고등학교 1학년 때, '존경하는 인물'을 주제로 교내 외국어 말하기 대회에 참가한 것도 의미 있는 활동이었습니다. 저는 원래 사람들 앞에 나서서 발표하는 것을 두려워했습니다. 그래서 대본을 준비하는 동안 많은 걱정을 했지만, 그 걱정을 철저한 준비로 이겨내려고 노력했습니다. 특히 이전에 있었던 영어 인터뷰 평가에서 구성력 면에서 최상등급을 받았던 것을 상기하며 대본의 구성에 심혈을 기울였습니다. 대회 날, 앞 순서에 발음도 좋고 발표 내용도 훌륭한 친구들이 많아서 긴장이 되었습니다. 하지만 저는 다소 부족한 유창함을 차분함과 대본의 논리적 구성으로 대신하려 했고, 청중으로부터 좋은 반응을 얻고 수상까지 하게 되었습니다. 이 대회를 계기로 남 앞에서 하는 발표에 자신감이 생겼고, 더 이상 두려워하지 않고 제 생각을 논리 정연하게 말할 수 있게 되었습니다. 또한 어떤 어려운 일도 철저한 준비와 나의 노력만 있다면 충분히 극복할 수 있다는 확신을 가지게 되었습니다.

[저자의 합격 자기소개서 복원 내용]

합격자기소개서 2번_강OO (고려대학교 학교장추천전형 경영학과 합격, 한양대학교 경영학과 합격)

1. 고등학교 재학기간 중 학업에 기울인 노력과 학습 경험에 대해, 배우고 느낀 점을 중심으로 기술해 주시기 바랍니다.

'저개발국가 투자유치 전문가'라는 꿈을 갖고 경제 과목을 공부하던 중, 저는 미적분이나 등비수열 같은 수학적 개념에 대한 완전한 이해가 필요하다는 것을 깨달았습니다. 타 과목에 비해 수학을 못해 '수학 허당'이라는 별명을 가지고 있던 저는 꿈을 위해 수학을 이겨내기로 결심했습니다.

우선 수학에 흥미를 가지기 위해 다양한 자료들을 통해 학습하였습니다. 특히 가장 어렵게 느껴졌던 확률 단원을 배울 때에는 지식채널 e에서 도박에 관한 확률이나 확률의 배경에 대한 영상을 찾아보며 흥미를 붙였습니다. 이 외에도 극한을 배울 때에는 '발 없는 말이 천리 간다.'는 속담과 접목시키며 관심을 키웠고, '피타고라스에 의해 익사를 당한 히파소스'의 일화를 통해서 도형에 대한 흥미를 높일 수 있었습니다. 이렇게 다양한 자료들을 통해 미리 수학을 접해보면서, 지루하고 어렵다는 선입견 없이 수학을 공부할 수 있었습니다. 또한 학습에 있어서 흥미의 중요성을 깨달을 수 있었고, 암기 위주의 방식에서 벗어나 이해를 통해 수학을 공부할 수 있었습니다. 수학과 친해진 후에는 문제 풀이에 걸린 시간을 비교해보며 단원에 따라 효율적으로 시간을 분배해 공부했습니다.

이런 노력으로 수학 시험과 교내 수학 경시대회에서 우수한 성적을 거둘 수 있었습니다. 수학 조별 수업에서는 1년간 '감독' 역할을 맡아 수학 교과서의 문제를 친구들에게 설명해주며 제 실력을 점검할 수 있었습니다. 상승한 수학 실력을 바탕으로 '삼성 TV 시장 점유율'과 같은 도표나 수학이 활용된 경제 기사도 수월하게 이해할 수 있었습니다.

2. 고등학교 재학기간 중 본인이 의미를 두고 노력했던 교내 활동을 배우고 느낀 점을 중심으로 3개 이내로 기술해 주시기 바랍니다. 단, 교외 활동 중 학교장의 허락을 받고 참여한 활동은 포함됩니다.

1.축제 장터 계획 및 운영(2013.5~7)

학생회 총무부였던 저는 장터 관리를 맡게 되었습니다. 작년에 부주의로 인한 식중독이 발생했었기 때문에 이번에는 위생에 대한 주의를 기울이며 장터를 성공적으로 이끌어야 했습니다.

문제점을 개선하기 위해 저는 장터 위생법을 제안하여 '위생장갑 필수착용'이나 '정시마다 식재료 상태 확인' 등 위생에 중점을 둔 조항을 꼼꼼히 개설했습니다. 위반하면 벌금을 부여해 규칙의 실효성을 높였습니다. 더불어 식중독 우려가 없는 '청결함'을 주제로 장터를 홍보하고, 쿠폰제도를 실시하여 많은 학생들이 걱정 없이 편리하게 장터를 이용할 수 있도록 노력했습니다.

문제점의 개선과 성공적인 장터라는 두 가지 목표를 이루는 것은 쉽지 않았지만, 포기 않고 총무부를 이끌며 장터를 개선하는 과정을 통해 리더십을 키울 수 있었습니다. 또한 장터의 이미지를 개선하고, 직접 마케팅을 해보며 교내에서 작은 시장경제를 경험할 수 있었습니다.

2.사회참여 동아리 활동(2013.7~11)

'불만제로'나, 매점에 관한 기사를 통해 매점이 학생들의 건강과 소비습관을 위협한다는 것을 깨달았습니다. 따라서 이에 대한 변화를 모색하고자 친구들과 자율동아리 '가리사니'를 만들었습니다.

교내외의 여러 매점 식품을 분석하는 과정에서 저희는 저원가의 식품들의 영양 부족과, 가격 거품 문제를 확인했습니다. 그래서 이를 토대로 '건강매점'을 추진하는 서울시 관계자 분과 교장선생님과의 면담을 통해 해결책을 고민했습니다. 또한 '매점, 알고 즐기자'는 내용의 교내 캠페인도 진행해 큰 호응을 얻었고, 학생들의 태도변화를 이끌었습니다.

교내 매점의 협조로 몇몇 위험 식품이 대체되고, 할인 행사가 진행되는 것을 통해 희망을 보았습니다. 물론 최고 입찰제 때문에 모든 매점의 근본적인 변화는 불가능했지만, 작은 변화를 위한 노력을 통해 사회 구성원으로서의 주체성을 느꼈습니다. 직접 뛰며 얻은 결과를 통해 '할 수 있다'는 자신감도 얻을 수 있었습니다.

3. 3학년 학급 반장 (2014.3~)

3학년 학급 반장으로 선출된 저는 우수한 친구들에게 초점을 맞춘 수업 때문에 다른 친구들이 어려움을 겪는 사실을 알게 되었고, 담임선생님께 학급 멘토링을 건의했습니다.

저는 수업시간 5분 전에는 놓친 부분이나 모르는 문제를 친구들의 눈높이에서 설명해주었습니다. 자습 시간에는 전체적인 시험 범위를 정리해 주고, 독특한 암기방법이나 유용한 정보를 알려주었습니다. 특히 수학을 가르쳐 줄 때에는 해답지의 풀이가 아닌, 좀 더 쉽고 간단하게 접근할 수 있는 방법을 고민하여 가르쳐 주는 노력을 기울였습니다.

그 결과 2번의 시험에서 저희 반은 1등을 해냈고, 친구들도 성적 향상으로 원하는 대학이나, 꿈에 다가갈 수 있게 되었습니다. 친구들의 고맙다는 한마디를 통해 반장으로서의 보람을 느낄 수 있었습니다. 또한 고3 생활에서 학급 친구들은 경쟁자가 아닌, 동반자라는 생각을 가질 수 있었습니다. 함께 공부하는 즐거움을 배우고, 수업 분위기도 활기차게 바꿀 수 있었습니다.

3. 학교생활 중 배려, 나눔, 협력, 갈등 관리 등을 실천한 사례를 들고 그 과정을 통해 배우고 느낀 점을 구체적으로 기술하세요.

배우 차인표 씨가 나온 '힐링캠프'라는 프로그램을 본 적이 있습니다. 마실 물과, 음식 없이 고된 노동을 하는 아이들에 대한 안타까움 때문에 '컴패션' 후원을 시작하셨다는 말을 들었습니다. '저는 어떤 부분에서 도움이 될 수 있을까'를 고민하다 후원자님과 후원아동 사이의 편지를 번역하는 봉사를 접하게 되었습니다.

처음에는 서투른 실력 때문에 번역 장수를 채우는 데만 급급했고, 늘 질문게시판을 이용하며 힘겹게 번역을 완료했습니다. 하지만 포기하지 않고,

번역을 계속하면서 많은 교훈을 배울 수 있었습니다. 특히 아버지가 돌아가셨음에도 좌절하지 않고, 열심히 공부하는 남아공의 '사룬'을 통해 저의 학업에 대한 태도를 돌이켜 볼 수 있었습니다. 또한 아프지 않고 학교를 다닌다는 사실에 행복해하는 페루의 '안젤린'을 통해서는 사소한 것에 감사하는 방법을 배우게 되었습니다. 이 외에도 어려운 가정형편 속에서 희망을 잃지 않는 아이들의 편지를 읽고 번역하며 긍정의 중요성도 깨달을 수 있었습니다.

아이들의 글을 통해 행복을 느끼게 되면서, 저는 아이들의 순수한 진심이 번역 과정에서 훼손되지 않고 잘 전달되도록 단어 하나마다 최선을 나해 번역했습니다. 또한 '안셀린'이나 '사룬'과 같은 아이들의 목소리에 더욱 귀 기울였습니다. 아이들의 진심을 전달받고, 번역을 통해 그 사랑을 후원자님과 나누는 과정은 제게 있어 잊지 못할 따뜻한 경험이었습니다. 또한 타인을 이해하고 배려하는 성숙한 제가 될 수 있는 전환점이 되었습니다. 친구들에게도 번역봉사를 소개해주면서 함께 따뜻한 마음을 느낄 수 있도록 노력했습니다.

평소 '경제' 과목에 흥미와 관심이 있었던 저는 자연스럽게 아이들의 나라에 투자를 유치해 저개발 국가의 발전을 이루고, 삶의 질을 높여 아이들의 행복을 지켜주고 싶다는 생각이 들었습니다. 자연스럽게 저는 '저개발국가 투자유치 전문가'라는 꿈을 갖게 되었습니다. 이 꿈을 실현해 많은 행복을 만들어내는 일을 실질적으로 할 수 있도록 저는 오늘도 최선을 다해 노력하고 있습니다.

4. 해당 모집단위에 지원한 동기와 준비과정을 기술해 주시기 바랍니다.

경제 시간에 지니계수가 0.5 이상으로 높게 나타나는 국가들에 대해 배운 적이 있습니다. 이 후, 관련된 내용으로 수행평가를 발표하며 '저개발 국가 투자유치 전문가'라는 꿈을 더욱 뚜렷이 하였습니다. 또한 이 꿈을 더욱 확장하여 전문적인 투자 유치 기업을 경영하고 싶다는 생각이 들었습니다. 그래서 체계적인 교육과정과 다양한 분야에 진출한 선배님들, 철저한 관리 등 경영학도로서 다양한 장점을 누릴 수 있는 고려대학교 '경영학과'에서 꿈을 키우기 위해 망설임 없이 지원하게 되었습니다.

'경영학과'에 입학하기 위해 저는 꾸준히 경영·경제에 관련된 기사를 읽고 댓글을 달아보았습니다. 원조의 우선순위와 관련된 기사에서 저와 생각이 다른 네티즌과 논쟁하기도 했고, 삼성이나 애플 등 세계적인 기업들의 경영 방식에 대한 기사를 읽으며 깊이 있게 경영에 관련된 내용들을 배웠습니다. 댓글을 달기 전에 생각을 정리하고, 관련된 내용을 찾아보며 생활 속 경제상황이나, 다양한 경영 전략 등을 어려움 없이 이해할 수 있었습니다. 또한 타인의 의견과 제 생각을 비교하며 균형 잡힌 시야와 분석력을 키웠습니다.

경영학도로서 필요한 자질은 리더십이라고 생각하였기 때문에 다양한 리더십을 경험했습니다. 교내 축구대회에서는 팀장으로서 팀을 우승으로 이끌며 통솔력을 발휘했습니다. 3학년 때는 반장을 맡아

친구들의 대학 진학을 돕는 헌신적인 리더십을 경험할 수 있었습니다. 멘토링 활동에서는 친구들의 실력을 파악하고, 수준에 맞는 수업을 계획하는 준비성을 갖춘 리더십을 키웠습니다.

경영학도로서 경제적 지식이 뒷받침 되어야 한다고 생각했기 때문에 질문 형식의 교내 심화보충에 참여하는 등 열심히 공부하여 경제 과목에서는 한 문제도 틀리지 않을 정도로 노력을 기울였습니다. 또한 경제 신문을 꾸준히 구독하여 교내 사회과학 경시대회에서도 우수상을 수상하였습니다. '경영학과'에 들어오기 위해 공들인 시간들을 통해, 저는 대학교의 심화 과목도 수월하게 학습할 수 있다는 자신감과 꿈에 대한 열정을 갖고 있습니다.(998)

[저자의 합격 자기소개서 복원 내용]

합격 자기소개서 3번_김OO (고려대학교 학교장추천전형 지리교육과 합격)

1. 고등학교 재학기간 중 학업에 기울인 노력과 학습 경험에 대해, 배우고 느낀 점을 중심으로 기술해 주시기 바랍니다.

초등학교 1학년 때 크리스마스실 속 12나라 캐릭터마다 다른 전통의상에 호기심이 생겼습니다. 네덜란드캐릭터는 국토가 갯벌로 이루어져 발이 젖지 않도록 나막신을 신은 것이었습니다. 지리적 특성이 전통의상에 영향을 주는 것이 신기했고, 이후 기후를 공부할 때는 기후와 생활방식 간의 인과관계를 이해하려고 노력했습니다. 산토리니의 하얀 가옥과 여름의 고온 건조한 지중해성기후, 우크라이나의 밀농사와 스텝기후를 연결하여 이해했더니, 기후의 조건을 나타내는 복잡한 수치를 암기하려고 하지 않아도 세계의 다양한 기후가 저절로 이해되었습니다. 그래서 지리를 공부할 때면 백지도를 그린 뒤 지역의 특징을 색연필로 그리면서 공부했습니다. 이렇게 재미있게 공부를 하다 보니 3년간 사회과목과 지리과목에서 1등을 놓치지 않았으며, 더 나아가 교내 지리경시대회와 전국지리올림피아드 부산지역 대회에서도 수상하였습니다.

 지리를 배우며 갖게 된 다른 국가에 대한 관심은 다른 국가의 언어와 문화에 대한 관심으로 이어졌습니다. 평소 영어 서적과 영자 신문을 즐겨 읽고, 교내영어에세이대회와 외국어말하기대회에서 수상하면서 영어에 대한 자신감을 길렀습니다. 중국어와 한자 과목도 흥미롭게 공부했는데 한자를 공부하니 우리말과 중국어 공부가 수월했고 한시와 중국문화에 대해서도 배우게 되었습니다. 고3 여름방학에는 부산교육청 글로벌 어학캠프에 참가하여 평소에 배우고 싶었던 불어를 배웠습니다. 기초 문법과 회화뿐 아니라 프랑스 지리와 샹송을 비롯한 문화 전반에 대해 재미있게 배웠고, 제가 후원하고 있는 아프리카의 대부분의 나라가 프랑스어권이라서 불어를 통해 아프리카를 더 잘 이해하고 도울 수 있을 것 같아 더욱 의미 있었습니다.

 지리와 외국어를 배우다보니 세계 각국의 정세와 현안에도 관심을 갖게 되었습니다. 특히 세계 곳곳의 분쟁과 가난한 나라가 처한 현실이 안타까웠고, 지역별 문제의 근본 원인을 지리적으로 접근하여 찾아내고, 지리정보시스템(GIS)을 활용하여 근본적인 해결방안을 모색하고 싶습니다.

2. 고등학교 재학기간 중 본인이 의미를 두고 노력했던 교내 활동을 배우고 느낀점을 중심으로 3개 이내로 기술해 주시기 바랍니다. 단, 교외 활동 중 학교장의 허락을 받고 참여한 활동은 포함됩니다.

 1학년 때 지리연구반 동아리에서 1년간 '세계의 분쟁과 지역사회의 이해'라는 주제를 가지고 활동했습니다. 영화 '호텔 르완다'를 보면서 르완다 학살의 이면에 벨기에가 종족을 무시한 채 국경선을 긋고 후투족과 투치족의 갈등을 조장한 역사를 알게 되었고, 과거에 지리학이 침략과 약탈의 도구로 쓰였다는 사실이 안타까웠습니다. 하지만 1854년 런던에서 콜레라가 창궐했을 때, 환자의 분포를 나타낸 지도 한 장으로 발병의 진원을 파악해 전염병을 물리친 존 스노의 '콜레라지도'처럼 인간을 이롭게 하는 지리학의 힘에 대해서도 배우게 되었습니다. 또한 동아리 친구들과 함께 우리 고장 부산의 구(舊)도심을 탐방하였습니다. 한국전쟁 후 부산항에서 나온 미군물자를 매매하면서 형성된 국제시장을 통해 전쟁과 가난도 무너뜨리지 못한 피난민들의 삶에 대한 강한 의지를 엿볼 수 있었습니다. 또, 영화 '국제시장' 개봉 이후 국제시장이 활기를 되찾는데서 영화와 같은 문화가 지역발전에 끼치는 영향을 볼 수 있었고, 땅이란 단순한 물리적 공간을 넘어서서 역사와 문화가 지층처럼 쌓여 만들어진 공간임을 깨닫게 되었습니다.

 2학년 때는 문학독서반 반장을 맡아 교실에서 책만 읽지 말고 도서관을 활용하여 문학 고전의 시대적 배경이나 작가의 인생 등 도움 자료를 찾아 공유하자고 제안하였습니다. 문학 작품의 배경지식을 알고 책을 읽고 소감을 나누다보니 저와 부원들의 문학 독서는 더욱 심오해졌습니다. 뿐만 아니라 저는 더 알고 싶은 내용은 RISS 사이트에서 논문을 찾아보았고, 한 작품에 대한 다양한 해석을 통해 문학 작품을 읽는 다양한 시각을 배웠습니다. '마담 보바리'를 이상과 자유를 추구한 인물상으로 해석한 논문을 읽으면서 과한 욕망으로 인해 파국에 이른 여인으로 해석한 저의 관점과 다른 새로운 해석이 신선했습니다. 이후 적과 흑, 파리의 노트르담 같은 문학 책을 역사와 시대 상황과 관련지어 재해석하여 독서포트폴리오대회에서 수상하였습니다.

 3학년 때 NIE동아리에서 지역 현안에 대해 조사해보고 기사로 작성하는 활동을 했습니다. 저는 동남권 신공항 건설사업에 대한 기사를 썼습니다. 후보지인 밀양과 가덕도의 입지와 경제성에 대한 연구결과를 분석해보고, 나리타공항이나 네덜란드 스히폴 공항과 같은 세계적 허브공항을 조사하여 신공항이 갖추어야 할 조건에 대해 정리했습니다. 또 지역개발에서 밀양지지자들의 균형개발논리와 가덕도지지자들의 거점개발논리에 대해 분석하고, 신공항을 유치하기 위해 적합한 지리적 여건과 접근성과 같은 보완할 점에 대해 기사를 작성하여 동아리에서 발표하였습니다. 또한 부산신항개발이나 혁신도시와 같은 지역 현안 관련 기사를 작성하면서 지리적 특성을 활용한 개발의 중요성을 깨달았고, 하나의 현상에 대한 다양한 이해집단의 개발논리에 대해서도 배웠습니다.

3. 학교생활 중 배려, 나눔, 협력, 갈등 관리 등을 실천한 사례를 들고 그 과정을 통해 배우고 느낀 점을 구체적으로 기술하세요.

2학년이 되면서 단짝 친구가 사회복지사의 꿈을 위해 열심히 공부를 해 보겠다는 의지를 보였습니다. 하지만 1주일도 되지 않아 매일 책상에 엎드려 잠만 자고 있었습니다. 알고 보니 중학교 과정의 공부가 되어있지 않아 수업을 따라가기가 어려웠던 것이었습니다. 저는 친구의 또래교사가 되기로 결심했고 가장 부진했던 영어 과목의 선생님이 되기로 했습니다. 친구에게 매일 50개씩 단어를 외우자고 했고, 제가 만든 문제지로 시험을 보고, 매일 문법 정리 자료를 만들며 함께 공부했습니다. 그 결과 친구는 석 달 만에 3,000개의 단어를 외웠으며 1년이 지나자 학력평가 성적도 5등급에서 2등급으로 향상되었습니다. 친구를 가르치는 것은 저의 배움으로도 이어져 저 역시 어휘, 문법, 독해 실력이 늘어 3학년 영어 내신 1등급을 받을 수 있었습니다. 이제 그 친구는 또 다른 친구의 영어 멘토가 되었습니다. 또래교사 활동을 통해 나눔은 또 다른 나눔으로 이어질 수 있다는 것을 알게 되었습니다.

 3학년 때 학생회 부회장으로서 급식지도와 학교 행사를 준비하고 진행하였습니다. 급식지도를 하면서 식사 후 잔반량과 급식에 대한 불평불만이 늘어나는 것을 감지했습니다. 부회장으로서 학생들에게 식사 시간의 즐거움을 돌려주기 위해 어떻게 도울지 고민했습니다. 먼저 영양사 선생님을 찾아가서 상황을 말씀드리고 식재료와 조리법에 대해 여쭈어보았습니다. 새로 부임하신 교장선생님께서 학생들의 건강을 위해 튀김이나 볶음요리를 줄이라고 해서, 조리방법이 달라져 학생들의 입맛에 맞

4. 해당 모집단위에 지원한 동기와 준비과정을 기술해 주시기 바랍니다. (1000자)

2학년 때 KBS '세계는 지금'에서 밥 굶지 않는 것이 유일한 꿈이라는 캄보디아 톤레삽 호수의 가난한 아이들 이야기를 시청했습니다. 앙코르와트로 유명한 여행국가인 캄보디아의 어두운 그늘을 보며 아이들이 꿈조차 가질 수 없는 근본적 원인이 궁금했습니다. 그러던 중 '빈곤의 연대기'를 읽으며 가난한 나라가 가난하게 된 이유와 과정을 알게 되었습니다. 한 예로, 영국은 식민지 스리랑카에서 땅을 고려하지 않고 단일작물을 재배하는 플랜테이션 농업으로 노동력을 착취하며 실론티를 재배했습니다. 그 결과, 스리랑카는 지력이 감소해 곡물 재배가 어려워지고 식량작물을 구하지 못해 경제적으로도 어려움에 빠졌습니다. 하지만, 책의 마지막에서 볼리비아 카르카스 대통령의 자원과 토지를 올바르게 활용해 경제를 성장시키는 정책을 보면서 지리학적인 지식을 올바르게 활용하면 울퉁불퉁한 세상도 평평해질 수 있다는 희망을 엿보게 되었습니다.

지리학의 힘에 대해 더 알아보고 싶어서 '살아있는 지리교과서' 저자인 김지현 선생님을 만났습니다. 선생님을 통해 지리가 정치, 경제, 문화에도 영향을 준다는 것을 알게 되었고 추천해주신 책들을 읽으며 지리에 대해 더 알아가게 되었습니다. '누들로드'를 읽으며 국수라는 보편적 음식이 특수한 지형 속에서 변화하는 것을 보며 지역이 음식을 비롯한 문화에 끼치는 영향에 대해 발견했습니다. 또, '공간의 힘'을 읽으며 국제정세와 관련된 지도를 통해 세계 분쟁과 갈등을 분석해보고 지리학의 효용과 가치에 대해 깨닫게 되었습니다. 책을 읽으면서 지리학의 다양성을 발견하는 즐거움을 느꼈고 대학에서 더 깊이 배우고 싶은 열망을 갖게 되었습니다.

저는 지리교육과에서 저명한 교수님들로부터 문화지리학과 사회지리학을 공부해 문화갈등과 사회문제를 지리학적 관점에서 살펴보고, 경제지리학을 배워 평소 관심이 많던 개발도상국 발전을 위한 해법을 찾고 싶습니다. 또 만들어진 지도를 보는 것에서 더 나아가 지리정보를 지도와 접목하여 사람들을 유익하게 하는 저만의 지도를 만들어보고 싶습니다.

Step3. **면접**

1. 준비

성균관 대학교 성균인재 전형은 면접이 없는 전형이었습니다. 고려대학교 학교장추천 전형은 수능 직후에 면접을 치루는 전형이었습니다.

준비할 시간이 얼마 되지 않습니다. 사실 제시문 면접이기 때문에, 준비 과정에서 막막한 것은 사실입니다. 제가 면접 전에 준비해 갔던 부분을 소개하려 합니다.

2. 태도

최대한 대비해 갈 수 있는 것은 태도나 말투 같은 부분이라고 생각합니다. 사실 가서 최대한 공손하게 만 말하면 되지 않을까 싶지만, 긴장하면 본인의 습관이 나올 수 있습니다.

> ***주의할 점**
>
> 1. 다리를 떤다던지, 손을 움직이는 태도는 좋지 않습니다.
> 2. 면접관의 눈을 쳐다보고 답변하도록 합니다.
> 3. 말끝을 흐리지 않고 정확하게 답변합니다.
> 4. 면접관이 질문을 마치기 전에 말을 끊고 답하지 않습니다.
> 5. 구부정한 태도는 좋지 않습니다.

3. 가상 면접

준비할 당시에 예상 질문 자료가 많이 부족했습니다. 그래서 일반적인 예상 문제로 대비를 했습니다. 학교의 도움을 받았는데, 담임 선생님께 모의 면접을 부탁드리는 것도 좋은 방법입니다. 그런 준비가 제시문 면접에 직접적으로 도움이 된 것 같지는 않으나, 문장의 흐름과 구조 같은 부분에 간접적으로 도움이 되었던 것 같습니다. 학교의 도움이 어렵다면, 가족들과 함께 준비하는 것도 좋은 방법입니다.

4. 실전

15학년도 학교장추천 전형(지금은 전형 이름이 바뀌었습니다.) 면접은 제시문 면접이었습니다. 12분 동안 제시문을 보고, 답변을 준비한 후 6분 정도 면접관과 면접을 보는 형식이었습니다. 제시문은 밖에서 면접 도우미 분이 초시계로 시간을 재고, 책상에 앉아 준비합니다. 사실 분위기도 굉장히 적막하고 시간을 잰다는 부담감이 있어, 시간 내에 모든 문장을 준비해 가기는 어렵습니다. 문제 별로 '키워드'를 생각해가는 것이 좋습니다. 키워드는 사례가 될 수도 있고, 이론이 될 수도 있습니다.

> **2015학년도 고려대학교 학교장추천전형 면접 제시문**
>
> ### 제시문 〈가〉
>
> 프로크루테스는 그리스 아티카의 강도로, 아테네 교외의 언덕에 집을 짓고 살면서 강도질을 하였다. 그의 집에는 철로 만든 침대가 있었는데, 지나가는 사람을 잡아와 자신의 침대에 누이고는 행인의 키가 침대보다 크면 그만큼 잘라내고, 침대보다 작으면 억지로 침대 길이에 맞추어 늘여서 죽였다.
>
> ### 제시문 〈나〉
>
> 세계 금융위기의 여파로 국내 경제가 침체되어 공장폐업이 늘고 실업자가 증가하는 상황에서 모 항공은 사용자와 노조 사이에 고용유지와 임금동결에 합의하여 사용자와 노동자가 모두 윈윈(win win) 했다는 평가를 받고 있다. 회사 측에서는 비용절감을 위한 감원을 포기하고 고용안정을 약속하면서 실습사원의 계약기간을 1년 더 연장하기로 했고, 노조 측에서는 올해 임금을 동결하고 여러 가지 경영성과

급 지급 유보에 대해 합의했다. 그래서 서로 간에 양보 교섭을 한 사실을 노동부에 신고하여 국가로부터 고용유지 지원금을 받고, 휴업수당도 지원받게 되었다.
*WinWin 전략: zero sum과는 달리, 둘 다가 이익을 얻을 수 있는 전략

제시문 〈다〉

유럽에서 가장 많은 이슬람교도가 사는 나라는 프랑스이다. 프랑스 정부는 1994년부터 머리에 두르는 스카프를 포함한 종교적 상징을 공립학교에서 착용하는 것을 금지하였다. 2010년에는 모든 공공장소에서 모슬렘 두건의 일종인 부르카의 착용을 금지하는 법안을 상정하였다. 프랑스는 이른바 '툴레랑스'의 나라로 불리어왔다. 그러나 소수 이민자들에게 복장의 자유를 인정하지 않기로 한 이 법률의 제정으로 프랑스 정부는 외국인 끌어안기를 거부하고 있다는 비판을 받았다.

문제 1번)

제시문 〈가〉에서 나타나는 가치추구를 했을 때, 그에 대한 귀결을 개인적 차원과 국가적 차원으로 나누어 설명하시오.

문제 2번)

제시문 〈다〉에서 결여된 태도가 제시문 〈가〉 상황의 원인이 될 수 있는 이유를 설명하고, 그것이 일관적으로 적용되기 어려운 한계를 말하시오.

문제 3번)

제시문 〈나〉에 나타난 사례처럼 자신도 갈등상황을 해결한 사례를 말하시오.

[저자의 실제 답변]

Q : 문제 1번 답변해보세요.
A : 먼저, 개인적 차원에서는 제시문 〈가〉에서 나타나는 가치추구를 했을 때 자신의 기준과는 맞지 않는 타인을 배척하게 됩니다. 국가적 차원에서는 국가 전체의 기준과 법, 규제에 반대하는 사람들을 억압하는 것을 초래하게 됩니다.

[제일 아쉬웠던 답변이었습니다. 긴장하여 1번을 잘 답하지 못해, 뒤의 답에는 사례를 들어 구체적으로 대답하고자 했습니다. 실제 면접에 갔을 때, 앞의 질문에 답을 잘 하지 못했더라도 뒤의 질문에 답변을 충실하게 하면 만회할 수 있습니다.]

Q : 문제 2번 답변해보세요.
A : 제시문 〈다〉에서는 관용의 태도가 결여되어 있습니다. 제시문 〈다〉에서 결여된 태도가 제시문 〈가〉 상황의 원인이 될 수 있는 이유는 관용의 부족은 타인의 차이점을 수용하려 하지 않게 하기 때문이라고 생각합니다. 관용이 일관적으로 적용되기 어려운 이유는 모든 사람들이 인정하는 절대적인 기준에 벗어나는 행동은 관용으로 포용하기에 문제점이 있기 때문이라고 생각합니다. 예를 들어 아프리카의 여성 할례 같은 경우, 인류의 절대적 기준에서 벗어나는 행동이기에 무분별적으로 포용해서는 안 될 것입니다.

[조금은 세다고 할 수 있는 소재인 여성 할례 사례를 들자, 면접관이셨던 교수님 두 분 중 한 분이 놀라셨습니다. 답변을 할 때, 알고 있는 사례를 통해 답변한다면 조금 더 구체적인 답을 할 수 있습니다. 사실 사례를 아는 것은 쉽지 않지만, 평소의 지식이나 책을 읽는 습관이 이를 통해 드러난다고 생각합니다. 실제 답변이었던 여성 할례로 당시 공론화되어 신문에 크게 보도되었던 사례입니다. 면접 대비는 단기간에 마무리한다는 자세보다는, 평소에 교과 외의 지식을 쌓는 데에서 시작합니다. 독서 활동은 생활기록부에 기록되므로, 미리 책을 읽는 습관을 들이면 좋을 것이라 생각합니다.]

Q : 그다음 문제 답변하세요.
A : 동아리 부장을 맡았을 때, 서로 의견이 맞지 않는 친구의 요구를 충족시키면서 동아리를 원활하게 운영했던 사례를 말씀드렸습니다. 인성 문제라고 생각합니다. 생활기록부 파트에서 강조했던 동아리 활동은 자기소개서의 소재도 될 수 있지만, 경험을 묻는 면접 질문에서도 많은 도움이 되었습니다.

(추가질문)
Q : 3년 동안 희망 진로가 브랜드 매니저인데, 브랜드 매니저가 어떤 직업이라고 생각하나요?
A : 브랜드 매니저는 브랜드의 이미지를 관리하는 직업이라고 생각합니다. 홍보 뿐 아니라, 기획, 광고 같은 일도 담당하는 것으로 알고 있습니다.

[생활기록부에 기재하는 진로가 3년 내내 똑같았던 점을 보시고 물어보셨던 질문입니다. 경영학과라는 과에 대한 관심과 평소 꿈에 대한 열정을 보여드릴 수 있는 질문이었습니다. 하지만 답할 때, 대학교는 학문을 위한 터이지 직업양성소가 아님을 주의했습니다]

Q : 어릴 때, 백화점 모델을 했다고 했는데, 어느 백화점이었는지?

[이 질문은 궁금하셔서 물어보신 것 같았습니다. 자소서를 다 읽어보셨다는 것을 알 수 있었습니다.]

Q : 마지막으로 하고 싶은 말이 있으면 말해보세요.

05

학생부 종합전형 실전 가이드

조혜영
(고려대학교 수학과 학교장 추천 전형 합격 서강대학교 생명과학부 학생부 교과 전형 합격 연세대학교 원주캠퍼스 의예과 학생부 종합 전형 1차 합격)

Step1. 내신에 대하여

내신은 학교에서 배웠던 범위 내에서 암기식으로 공부를 하여 내가 얼마나 성실한지를 보여주는 시험이다. 하지만 내신을 포기하는 고등학생이 정말 많다. 특히 고3은 거의 매달 모의고사를 보고 수능준비를 하느라 바쁘므로 내신을 챙길 마음의 여유와 시간이 없다. 그러나 내신 공부는 수능의 기본기를 다져주고 나중에 입시에서 전형, 학교 선택에 있어서 더 많은 기회를 얻을 수 있다.

먼저, 나의 3년간의 내신 등급을 공개하겠다.

[1학년]

과목	1,2학기 평균 등급
국어	1
수학	1
영어	1
사회(사회·문화)	2
세계지리	3
한국사	2
화학1	3
생명과학1	1
기술·가정	2
체육	1학기 보통, 2학기 우수
미술	우수
음악	우수

[2학년]	과목	1,2학기 평균 등급
	국어	1
	수학	1.5
	영어	1.5
	물리1	3
	지구과학1	3
	가정과학	3
	중국어	2.5
	미술	우수

[3학년]	과목	1학기 평균 등급
	국어	1
	수학	1
	영어	1
	경제	2
	화학2	3
	생명과학2	3
	체육	우수

- 대체로 국어, 수학, 영어 의 성적은 우수하지만 과학의 성적이 현저하게 낮은 것을 볼 수 있다.

각 대학교 마다 성적을 반영하는 방법이 다르다. 주요 대학을 간략하게 살펴보도록 하자. 고려대학교의 경우에는 원점수, 평균, 표준편차, 석차등급이 기재된 모든 교과를 성적에 반영하고 1학년 성적은 20%, 2·3학년 성적을 40%씩 반영한다. N수생이 아닐 경우, 3학년 성적은 1학기만 반영되기 때문에 결과적으로 3학년 1학기 성적이 제일 중요하다. 많은 학생들이 3학년 1학기 내신을 포기하곤 하는데, 어느 정도 2학년 때 까지 내신을 챙긴 학생들은 절대 포기하지 말았으면 좋겠다. 3학년의 반영비율이 크기 때문에 엄청난 차이를 불러일으킬 수 있다.

교과 성적 산출방법도 학교마다 다르다. 고려대학교는 학년별 석차 등급점수를

$$\frac{\sum (\text{과목별 석차등급 점수} \times \text{이수단위})}{\sum \text{이수단위}}$$

으로 매긴 후 총 학교생활 기록부 성적을

$\sum$ (학년별 석차등급 점수 × 학년별 반영비율) 로 반영한다.

연세대학교의 경우를 살펴보자. 우선 과목들을 반영과목 A와 반영과목B로 구분하여 반영한다. 반영과목A는 총 70점으로 국어,영어,수학,사회,과학 관련 과목을 반영하고, 반영과목B는 30점으로 반영과목A이외의 과목, 석차등급 9등급인 경우에 한하여 최대 5점까지 감점한다. 반영과목 A는 표준점수(Z점수)와 등급점수를 각각 50%씩 반영하게 된다.

즉, 이과라고 해서 사회 과목을 반영하지 않는 것이 아니기 때문에 아예 버리면 안된다. 음악 미술 체육 같은 경우는 아주 망치지만 않으면 될 것이다.

이제 내신을 공부할 때 가져야 할 마음가짐에 대하여 써보겠다.

<기본 마음가짐>
- 내신은 수능공부의 연장선이다!

많은 학생들이 수능과 내신을 아예 별개의 것으로 인식하곤 하는데, 내신은 수능 공부의 연장선이다. 대부분의 내신 문제는 쪼잔하다. 문제를 조금이라도 꼼꼼히 읽지 않는 경우에는 선지에 속아 틀리게 된다. 경쟁이 치열한 학교에서는 1-2점 차이가 엄청난 등수 차이를 만들기 때문에 상위권 학생들은 한 문제를 더 맞히기 위해 시험문제를 정확하고 꼼꼼하게 푸는 연습을 한다. 따라서 꾸준하게 내신 공부를 한다면, 꼼꼼함이 몸에 배게 된다. 이러한 꼼꼼함을 계속 키우는 것은 수능에서도 실수를 줄이는데 큰 도움이 된다.

수능은 평가원에서 지정한 범위 내에서 사고력을 바탕으로 풀어야 하는 시험이다. 내신 시험 준비는, 수능에 비해 적은 범위를 깊게 공부할 수 있는 기간이 될 수 있다. 그런 과정에서 수능에 필요한 사고력을 차곡차곡 쌓아 가는 것이다.

- 내신 시험 문제는 학교 선생님들께서 출제한다!

높은 내신 등급을 받기 위해 항상 명심해야 할 것이 있다. 바로 '시험 문제 출제자는 학교 선생님'이다. 각 과목 선생님의 문제 출제 스타일에 맞게 공부해야 원하는 점수를 얻기가 쉬워진다. 따라서 학교 수업에 정말 집중하고 수업시간을 잘 활용해야 한다. 기본적인 것인데 많은 학생들이 지키기 어려워한다. 대부분의 선생님들께서 수업시간에 수업을 한 내용을 바탕으로 출제를 하시고, 중요한 내용을 강조하신다. 똑같은 내용이지만 선생님들께서 중요하게 생각하시는 부분들이 다르기 때문에 강조점을 잘 찾아야 한다.

수업시간의 집중을 위해서는 어느 정도의 예습이 필요하다. 모든 내용을 다 이해해 놓고 수업에 참여하라는 것이 아니라 쉬는 시간에 2-3분 정도만 투자해도 충분하다. 오늘 배우는 진도를 눈으로 훑으면서 대략 어느 내용을 수업시간에 배울지 알아두는 것 만 해도 충분하다. 또한, 수업시간에 모르는 부분을 기억해 두었다가, 수업 후 선생님께 질문을 하면 궁금증도 바로바로 해결 할 수 있고 선생님 눈에도 열심히 하는 학생으로 비춰질 수 있다.

막상 내신 공부를 열심히 하려고 하면, 방대한 양으로 인해 시간에 쫓기기 마련이다. 이때, 수업시간에 집중한 것이 빛을 발하게 될 것이다. 일단 최선을 다해 수업시간에 집중을 해서 수업의 내용을 이해하도록 노력하자. 그러면 집에서 혼자 공부하면서 힘들게 이해해야 하는 시간이 줄어들게 된다. 또한 나 같은 경우, 전체 범위를 공부하기에 시간이 부족하면 수업시간에 선생님께서 강조하신 부분을 깊게 공부하고 나머지 부분은 개념만 보고 시험을 봤었다. 고1때 한국사 시험공부를 할 시간이 도저히 나질 않아서 전날 수업 필기만 외우고 갔는데 반에서 1등을 했던 기억이 있다. 그만큼 수업시간이 중요한 것이다.

-학교 선생님들과 친하게 지내자!

학생부종합전형으로 대학을 갈 생각이 있는 친구들은 최대한 선생님들과 가까이 지내는 것이 중요하다. 학생부 종합전형 지원 시 선생님의 추천서가 필요하다. 추천서의 항목을 대략 살펴보자. 고려대학교 학교장 추천전형의 추천서 문항을 예시로 살펴보자.

> 1. 지원자의 학업과 관련된 평가에 고려할 사항을 기술해 주세요. (250자)
> 2. 지원자의 인성 및 대인관계에 대하여 기술해 주세요. (250자)
> 3. 지원자를 평가하는데 도움이 되는 내용을 기술해 주시기 바랍니다. (1000자 이내)

꽤 많은 분량을 선생님께서 쓰셔야 한다. 평소에 선생님과 친하게 지낸다면 선생님께서 본인을 파악하기에 더 쉬울 것이다. 선생님들께 좋은 모습만 보이려 노력하라는 것은 아니다. 학생의 성장과정을 선생님께서 알고 계셔야 선생님께서 학생의 장점과 단점을 잘 파악할 수 있다. 그것들을 구체적으로 뒷받침 할 사건들을 추천서에 써주신다면 조금이라도 더 차별화된 추천서가 될 수 있을 것이다. 특히 담임선생님께서는 생활기록부 마지막 란에 행동특성 및 종합의견을 적으시기 때문에 좋은 관계를 유지하는 것이 좋다. 평소 수업시간에 집중해서 잘 듣고 학업에 열의를 보이도록 노력하자. 수업이 끝난 후에는 모르는 내용을 질문하거나 미리 칠판을 지워놓는 등 수업에 열심인 태도로 임하면 선생님과 좋은 관계를 유지하지 않을래야 않을 수 없다.

- 수업시간에 필기는 어떻게 하면 좋을까?

가끔 수업시간에 필기를 너무 예쁘고 꼼꼼하게 하느라 정작 선생님께서 강조하시는 부분을 놓치고 필기가 산으로 가는 친구들이 있다. 1학년 때, 선생님이 농담하신 부분까지 모조리 필기를 하라는 어느 칼럼을 읽고 선생님께서 하시는 말씀을 모조리 다 필기를 하려고 했지만 전혀 도움이 되지 않았다. 필기 내용이 너무 많아 정리하는데 시간이 더 걸렸고, 정리 할 때에도 뭐가 중요한 것인지 감이 잡히질 않았기 때문이다. 수업시간에 내용을 이해하기보단 필기에 집중했기 때문에 내용을 다시 보는데 시간이 또 걸렸다. 내가 생각하기에 가장 이상적인 필기 법은 수업시간 내용을 다 이해하며 필기 하는 것이다. 너무 필기에만 집중하지 말고, 수업의 내용을 충분히 이해하고 곱씹으면서 필기를 해야 한다. 너무 많은 색깔 펜을 사용하지 말고, 몇 가지 색을 정한 후 나만의 규칙을 정해보자. 예로, 나는

빨간색: 학교 선생님께서 강조하신 부분

노란색: 학원 선생님, 자습서, 문제지에서 중요하다고 한 부분

초록색: 몇 번 생각해봐도 이해가 가지 않는 부분-> 초록색 부분만 나중에 모아 질문을 했다.

이렇게 대략 3가지 색을 사용해 필기했다. 규칙을 정해 놓으면 나중에 복습하기도 쉽고 수업시간의 느낌이 더 잘 떠올라 공부가 한결 쉽게 되었다.

-잠을 충분히 자자!

가끔 평상시 공부를 열심히 안 하다가 갑자기 공부한다고 하면서 밤 늦게까지 공부하는 친구들이 있다. 또는 스마트폰을 하다 새벽에 잠드는 친구들도 있다. 물론 휴식이 필요하지만 새벽에 휴식을 취하지는 말자! 이유는 다들 알고 있듯이 다음날 수업에 영향을 주기 때문이다. 수업시간에 졸면 마음도 불편하고 몸도 불편하다. 차라리 엎드리거나 누워서 자는 것은 몰라도 졸면 목이 아프고 피곤도 완전히 풀리지 않는다. 따라서 악순환이 반복 될 수 있다. 되도록 규칙적인 생활습관을 갖고, 충분한 숙면을 취하자.

-시간을 아끼자

정말 중요한 내용이다. 공부 양은 너무 많아서 정말 시간을 쪼개고 쪼개야 모든 과목을 골고루 챙길 수 있다. 따라서 균형 잡힌 시간 분배를 바탕으로 시간을 아끼고 쪼개어 생활을 해야 한다. 시간을 조금이라도 더 확보하기 위해 이동 시간을 활용하고자 했다. 영어 공부 편에서 말하겠듯이 mp3에 영어 교과서를 녹음해서 이동하는 시간에 들으면 저절로 영어 공부가 되고, 나중에 따로 영어 공부할 시간을 아낄 수 있다.

-휴식시간과 체력

반드시 휴식시간은 필요하다. 우리의 뇌도 쉬어줘야 나중에 집중도 더 잘 된다. 하지만 그냥 무작정 쉬면 시간이 너무 아깝다. 쉴 때 체력을 보충하자. 나는 시험이 끝난 당일을 제외하고는 정해진 시간에 쉬려고 노력했다. 우선 학교에서 점심을 먹고 난 후에는 졸음이오고 몸이 나른해졌다. 그래서 그냥 점심시간에는 친구들과 운동장을 걸으며 수다를 떨고 산책을 했다. 본인에게 맞는 운동을 하는 것도 좋다. 나는 체력이 정말 약한 편이었기 때문에 휴식 시간에 나가서 달리기를 했다. 달리기를 하면 불안한 마음도 가시고 답답했던 마음도 풀린다. 간단한 스트레칭은 공부 중에 틈틈이 해주자.

-나 자신에게 솔직해지자

공부에 있어서는 본인 스스로 솔직해야 한다. 개념 공부를 하다가 모르는 것이 있는데 귀찮다고 그냥 넘어가면 안 된다. 이전에 배운 내용을 까먹었는데 나중에 다시 보면 기억이 날것이라는 생각을 가지고 복습을 안 하면 안 된다. 본인이 모르는 내용을 정확히 모른다고 인지하고 자신의 실력에 솔직해지자. 스스로 합리화 하려 하지 말고, 겸손한 자세로 공부를 하자!

- 시험기간 계획 세우기

위에 설명한 마음가짐을 토대로 본격적으로 계획을 세워보자.
수능 공부의 밑바탕이 내신이다. 1,2학년 때부터 내신공부를 꾸준히 하면서 차근차근히 실력을 쌓아놓아야 3학년 때 덜 힘들다.

그림 고2 시절 계획표. 위쪽에 시험기간 디데이를 적어놓았고 꼭 해야 할 공부는 형광펜으로 칠해놓았다.

-시험 계획 짜기

	월	화	수	목	금
6주 전	-자신의 수준에 맞게 : 선행학습, 부족한 내용 보충 중 선택				
5주 전					
4주 전	-시험 범위 내 개념 이해				
3주 전					
2주 전	-시험 범위 내 문제 풀이, 심화 학습, 외우기				
1주 전					
시험기간					
1주 후	-선행학습, 부족한 내용 복습 (반복)				

1. 시험4-5주전

 보통 개학 후 한 달 반 정도 후에 시험을 보곤 한다. 시험 한 달 반~ 한 달 전 까지는 자신의 수준에 맞는 공부를 해야 한다. 선행 학습을 하는 친구도 있을 것이고, 이전에 꼼꼼히 공부를 하지 않아서 복습을 해야 하는 친구도 있을 것이다. 중요한 것은 자신의 실력에 맞는 공부를 해야 한다. 이전 내용도 제대로 숙지를 못했으면서 선행학습을 하면 안 된다. 수학을 예로 든다면, 다음 시험범위가 미분파트인데, 삼각함수 부분이 잘 기억이 나지 않는다면 다시 수학1을 펴놓고 삼각함수 공부를 해야 한다. 다음 시험범위에 대해 개념을 한-두바퀴 돌렸다면 그 다음 시험범위가 될 적분을 미리 공부하는 것이 좋다. 다음 시험범위에 특별히 두려워하고 있는 부분이 있다면 그 부분을 집중적으로 공부해야 한다. 만약 내가 수학에서 '지수,로그' 파트를 어려워하고 힘들어한다고 하자. 그런데 이번 중간고사에 지수,로그 파트가 있다면 수학 공부하기가 싫어질 것이다. 그렇다면 이때부터 '아, 내가 지수 로그 파트를 힘들어 하니까 미리부터 이 부분에 집중을 둬서 공부를 해야겠구나'라고 생각하며 극복하고자 노력을 해야 한다. 물론, 시험기간 전에도 지수-로그파트를 공부 하겠지만, 이런 마음 가짐을 갖고 있지 않으면 내가 하기 싫은 부분이 공부이기 때문에 대충 설렁설렁 할 가능성이 크다. 미리 '아 이 부분을 내가 제대로 끝내지 않으면 이것 때문에 좋은 성적을 받기가 어려워 질 것이다. 지금부터 열심히 노력해야겠다.' 라고 마음을 먹을 수 있어야 한다.

수학,과학의 경우 방학 때 그 다음 학기 시험 범위 내용을 미리 예습을 했다. 그래서 시험 한 달전 쯤에는 학교에서 중간고사 범위의 내용을 수업하기 때문에 수업시간을 활용하여 방학 때 미리 공부해 놓은 중간고사 범위를 복습 했다. 하교 후 혼자 공부 할 때는 선행학습을 해 미리 진도를 빼 두었다. 학교 수업의 진도 나가는 상황을 보면서 앞으로 시험 범위를 예측함과 동시에 공부 방향을 계속 수정하면서 공부를 해야 효율적인 공부가 될 수 있다. 개념 공부를 할 때는 너무 많은 문제집을 풀려고 하지 말고 같은 문제집을 2-3번 반복해서 풀어 기본 유형들을 완벽히 익히는 것이 좋다. 개념을 익힌 후에는 다양한 유형이 들어있는 문제집을 사서 풀었다.

국어의 경우 문학, 비문학의 문제집을 사서 모의고사의 감을 잃지 않기 위해 노력했다. 특히 비문학은 틈틈이 많이 풀어봐야 독해 능력이 떨어지지 않는다.

영어는 기본 실력이 어느 정도 있어야 내신 시험 공부를 하기도 편해진다. 이 시기에 나는 TEPS 공부를 했다. 요즘은 영어가 절대평가가 되어 영어의 중요성이 많이 떨어졌지만, 내가 수험생이던 시절만 해도 영어시험이 무척 어렵게 나왔고 난이도가 높았다. 그래서 기본적인 영어 실력을 올리기 위해 텝스 공부를 했는데 난이도가 꽤 있는 시험이라 듣기,독해,문법,단어 실력을 키우고 싶다면 텝스를 강력하게 추천한다. 영어 기본실력을 쌓아 놔야 내신에서도 외부지문에서 시험 문제가 나오는 것을 대비 할 수 있다.

2. 시험 3-4주 전

시험 3-4주 전에는 본격적으로 주요 과목들에 대한 시험 범위의 내용을 꼼꼼히 공부하기 시작해야 한다. 이 시기에는 주요 과목들의 시험 범위 내의 개념에 대한 기본적인 이해가 되어있어야 한다. 시험 1-2주 전에는 기본 원리의 이해를 토대로 문제풀이에 들어가고 심화 학습을 해야 하기 때문에 이 시기에 개념에 대한 완벽한 이해가 되어있어야 한다. 따라서 나는 이 시기에는 선행 학습을 멈추고, 개념 다지기에 들어갔다. 학교 선생님들께서 수업하시는 교재나 교과서로 개념 공부를 하고, 다른 문제집이나 참고서를 참고해가며 기본 내용을 완벽하게 이해하기위해 노력했다. 영어를 예로 들면 시험 범위에 해당하는 지문에서 내가 몰랐던, 어려운 단어들은 꼭 사전에서 찾아봐 옆에 뜻을 써놓고, 몰랐던 문법 내용은 문법서를 찾아가서 다른 예문까지 읽어 보는 등의 심화 학습을 하였다.

중요한건 '완벽하게' 이해하는 것이다. '아 이 부분은 다음에 이해해야지' 라는 마인드는 버려야 한다. 모르는 내용, 이해가 안가는 내용은 어떻게든 해결해야한다. 학교 선생님께 여쭤보거나 친구들한테 물어봐도 좋다. 여유가 된다면 학원을 다니는 것도 추천하지만 인터넷 강의를 듣는 것도 추천한다. 인터넷 강의는 내가 모르는 부분만 선택해서 들을 수 있기 때문에 시간이 절약 될 수 있다.

3. 시험 1-2주 전

공부 한 기본 개념을 바탕으로 심화 내용 학습을 하고 실전 문제를 푸는 시기이다. 아무리 개념을 완벽히 이해해 봤자 문제에 적용을 못하면 말짱꽝이다. 또한 시험 시간표에 맞처서 공부해야 한다. 시험 시간표가 다음과 같이 나왔다고 가정하자.

월요일은 영어와 과학, 화요일에는 수학과 사회를 수요일은 국어와 기술가정을 목요일에는 한국사 하나만 시험을 본다고 하자.

그럼 나는 시험 일주일 전, 이 시간표의 역순으로 공부를 할 것이다. 무슨 말이냐면

	월	화	수	목	금	토	일
1주 전	기본공부 좀 많이	기본공부 좀 많이	기본공부 좀 많이	기본공부 한국사 공부 조금하기	기본공부 국어 공부시 간 좀 늘리기 기술가정 내 용 조금 보기	기본공부 사회 내용 조 금 보기 수학 공부시 간 좀 늘리기	영어 과학 공부
시험 기간	영어,과학 시험	수학 사회 시험	국어 기술가정 시험	한국사 시험			

이런 형태로 공부를 하는 것이다. 수학,영어,국어,과학(문과의 경우 사회)과 같은 주요 과목은 적은 양이라도 매일 꾸준히 공부 해야한다. 따라서 위의 기본 공부는 다음과 같은 것을 말한다: 수학 수열 한단원 풀기, 영어 5지문 쓰고 외우기, 국어 3작품 보기, 과학 1단원 풀기. 이 기본 공부에 더불어, 남은 시간에 시험 시간표의 역순으로 공부를 하는 것이다.

 모든 시험의 하루 전날에는, 다음 날 시험 과목의 기출문제들을 진짜 시험처럼 시간을 재고 풀었다. 특히 수학의 경우에는 다른 학교 기출도 찾아서 풀었다.

나는 이과였기 때문에 아무래도 수능에 들어가는 수학, 과학, 영어, 국어 위주로 공부를 했다. 따라서 자연스럽게 기타 과목들은 소홀히 하곤 했다. 시험 일주일 전에는 다음과 같이 계획을 짰다. 나는 시험 기간에는 거의 밤을 새다시피 해서 공부했고, 특히 시험 하루 전에는 밤을 꼬박 샜다. 한국사는 마지막에 혼자 보기 때문에 시험 1주전까지만 개념공부를 하고 바로 전날 밤을 새서 공부를 할 것이다. 밤을 새서 최소 2등급 이상 받을 수 있는 이유는 바로 평상시 수업시간 집중이다. 본인이 다른 시험 공부에 바빠 시험기간 내에 특별히 많은 시간을 투자 할 수 없는 과목들이 있을 것이다. 나 같은 경우는 주요 과목 외의 사회, 기술가정 같은 과목들이었다. 하지만 내신 성적에 들어가기 때문에 포기할 수 없는 과목들이다. 따라서 최대한 수업시간에 집중을 해서 기본적인 내용은 평소에 이해하고자 노력했고, 틈틈이 개념을 외우고 그 전날에 초집중을 해서 외워가는 식으로 공부했다.

과목별 공부 방법은 어떻게 했을까. 시험 1-2주전 본격적으로 내신 공부를 하면서 내가 한 과목 별 공부를 대략적으로 소개를 해보겠다.

- 국어 : 수능 국어와 내신 국어의 시험문제는 많이 다르다. 내신 국어는 보통 암기 위주이거나, 터무니없게 문제를 꼬아서 낼 수도 있다. 나는 수업시간에 선생님께서 필기를 해주신 것, 주시는 프린트물을 아예 통째로 외웠다. 범위 중 중요하게 다룬 부분, 선생님께서 밑줄 치라고 하신 부분은 써 있는 문장 전체를 그대로 읽으며 외웠다. 선생님들께서는 시험 문제를 프린트나 교과서에 있는 문장을 가져오시면서 조금씩 단어를 바꿔서 냈기 때문이다. 그 과정에서 국어의 감이 잡히기 시작한다.

예를 들어 ' 이 시는 수미상관의 방식을 통해서 구조적 안정감을 형성하고 있다.' 라는 문장에서는 . 단지 이 시가 수미상관의 구조를 띄고 있다를 외운 것이 아니라, 수미상관->구조적 안정감을 한 세트로 외웠다. 이런 방식으로 프린트나 교과서를 정말 닳도록 읽다보면, 시험 볼 때 '어 여기서 이 단어가 들어가는 것이 뭔가 어색한데' 라는 감각적인 느낌을 발휘 할 수 있다. 이렇게 1,2학년 때 엄청난 암기를 통해서 내신공부를 차근차근히 탄탄히 해놓아서 3학년 때도 모의고사와 수능까지 높은 점수를 계속 유지 할 수 있었다.

- 영어 : 영어도 국어와 마찬가지로 거의 모든 지문을 외웠다. 내신 범위에 있는 교과서,프린트의 지문은 모두 손으로 5번 이상 써가면서 통재로 외웠다. 그냥 중요한 문장만 외운 것이 아니라 지문 전체를 외웠다. 물론, 글 전체를 외우기는 힘들고 손도 많이 아프지만 그만큼 영어 실력도 늘고 내신에서는 이만큼 좋은 방법이 없다.

시간이 없을 때는 본문을 녹음해서 mp3에 넣고 등하교 길이나, 이동할 때 계속 들었다. 많이 들으면 무의식중에 외워진다. 보통 영어 내신 시험문제는 암기식이다. 서술형문제 같은 경우는 본문의 문장들에 빈칸을 뚫어 놓고 단어를 준 다음, 문법에 맞게 재배열 하라고 하거나 아님 문법의 변형이 필요하면 변형을 해서 답을 적으라 한다. 그런 상황에서 내가 녹음한 본문 파일을 수 도 없이 들으면 자연스럽게 답을 적는 나를 발견할 수 있을 것이다. 만약 ebs 교재가 시험범위라면, ebs 일부 수능 교재는 ebs 홈페이지에 가면 mp3 파일을 다운받을 수 있으니 활용하면 유용할 것이다.

영어 내신은 문법이 아주 중요한 요소로 작용한다. 문법을 묻는 내신 문제가 아주 많을 것이다. 내신 공부할 때 모르는 문법 내용이 있으면 찾아보고, 필기하고, 추가할 부분 있으면 추가해서 공책하나에 단권화를 해 놓았다. 그래서 고1,2학년 때 내신 공부하면서 필기 해놓았던 문법 내용들을 고3 수능 때까지 참고했다.

- 수학 : 시험 1-2주전에는 수학의 감을 계속 살리고 유지하기 위해 수학 문제를 닥치는 대로 풀었다. 이 때 중요한 것은 실수를 잡는 연습을 해야 한다는 것이다. 시험문제가 쉽게 나오면 실수 하나가 더 치명적일 수 있기 때문에, 실수를 잡는 연습을 해야 한다. 나는 실수노트와 오답노트를 합쳐서 한권에 만들었다. 노트에 들어가는 내용은

1. 생각하지 못했던 테크닉이 들어간 문제 (처음 보는 테크닉)

2. 실수 할 수 있는 개념 말장난

3. 자주하는 계산 실수

4. 문제 풀다가 얻은 문제 풀이의 팁

5. 잘 까먹는 공식

등이다.

오답을 정리할 때는 풀이를 다 적지 않고 문제를 복사해서 붙이거나 적은 뒤 아래에 간단하게 내가 틀린 이유, 이 문제를 푸는 과정 중 핵심 포인트만 적어 놓았다.

자주 틀리는 문제나 중요하다고 생각되는 문제들은 다른 문제집에서 비슷한 유형을 찾아 그 뒤에 함께 적어 놓았

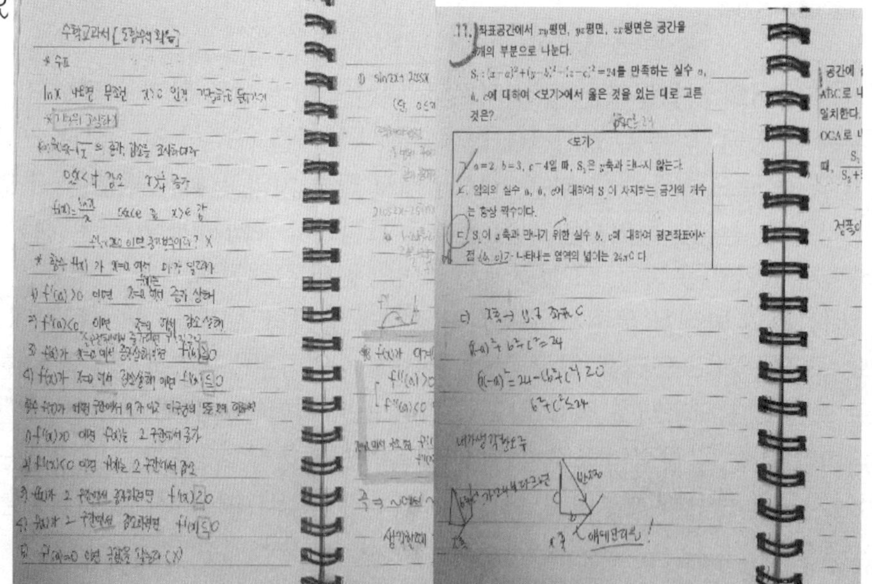

+추가 공부 법 팁+

-질문 노트를 만들자!

나는 질문이 정말 많은 학생이었다. 수업을 듣거나, 혼자 공부를 하다가 모르는 부분이 생겨서 참고서를 찾아도 답이 나오지 않는 경우에는 꼭 질문을 하자! 나는 질문이 너무 많아서 따로 질문노트를 만들었다. 포스트잇을 가지고 다니면서 순간순간 모르는 부분이 나오면 포스트잇에 적어 두었다가 수첩에 붙여 수업 후 선생님들께 여쭤보았다.

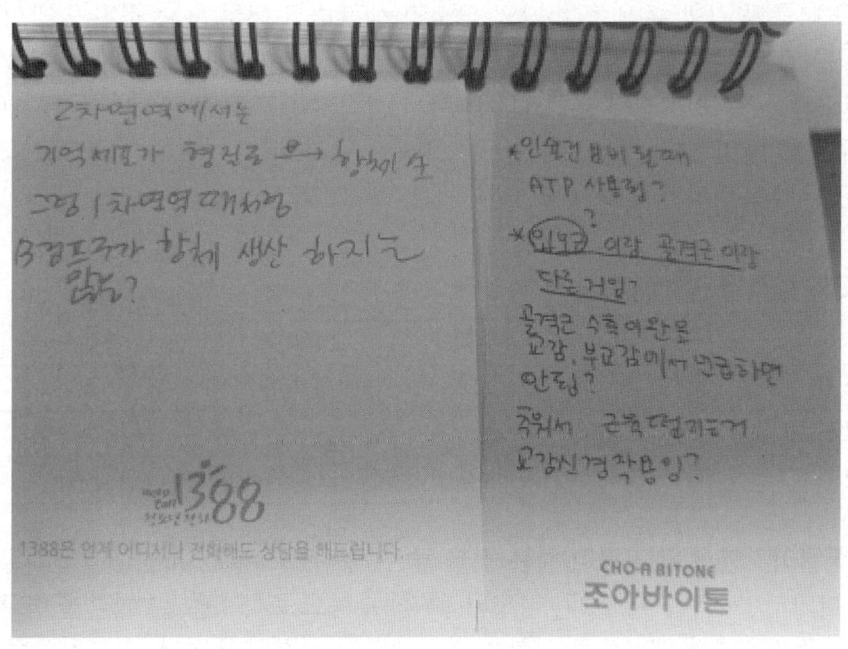

그림 질문노트

+ 고3 때는 어떻게 할까?

1,2학년 때와 3학년 때의 내신 준비과정은 다르다. 1,2 학년 때는 내신을 준비할 기간이 꽤 충분하지만 3학년은 수능과 내신준비를 동시에 해야 하기 때문에 내신 준비에 쏟을 시간도 없고 정신적 여유도 없다. 그래서 고2 겨울방학이 정말 중요하다. 고2 겨울방학은 정말 터닝 포인트가 될 수 있는 중요한 기회이다. 고등학교 2년 생활하면서 내가 부족했던 과목을 보충 할 수 있는 마지막 시간이다. 앞으로 고3 생활은 정말 눈 코 뜰 새 없이 바빠서, 어떠한 한 과목을 집중적으로 오래 분석 하고 공부할 수 있는 시기는 거의 없을 것이다. 부족한 과목을 집중적으로 공부하되, 다른 과목들도 꾸준히 공부하며 감을 살려 놓아야 한다. 고2 겨울방학 때 열심히 해놓아야, 3학년 때 모의고사와 내신을 함께 챙기기가 수월할 것이다.

고3이 되면 거의 한 달에 한번 씩 모의고사를 보고, 거기에 플러스로 내신 시험도 본다. 거기에 내신 시험범위가 내가 수능 때 보지 않을 과목인 경우도 많다. 그래서 많은 학생들이 3학년 내신은 포기하고, 일부 상위권 학생들도 내신을 포기하곤 한다. 그런데 앞에서 봤듯이 3학년 1학기 성적은 전체 성적에 40%가 들어간다. 1,2학년 때 어느 정도 내신을 챙겼던 학생이면 절대 포기하지 말고 끝까지 포기하지 말라고 하고 싶다. 내신에서 손을 떼는 친구들이 많아서 등급 받기가 의외로 쉬워질 수 있다. 최대한 시간을 아껴가며 공부하고, 먼 후에 과거를 회상했을 때 고3때처럼 열심히 산 적 없다고 자부할 만큼 공부를 해보자.

고3이 되고 새로운 반에 적응할 무렵에 3월 모의고사를 본다. 고3 학생들은 대부분 3월 모의고사에 큰 의미를 두며 시험을 잘 못 볼까 걱정을 많이 한다. 하지만 모의고사 점수에 일희일비 하지 말자. 정말 중요한 건 수능이다. 고3때는 거의 매달 모의고사를 보고, 매달 시험을 보기 때문에 잘못하다가는 '시험을 위한' 공부를 할 수 있다. 하지만 수능을 생각하면 개념을 심도 있게 이해하고 활용해서 내 것으로 만들 줄 알아야 한다. 그래야 수능에서 활용능력이 생기고 아이디어가 떠올라 문제를 생각해서 풀 수가 있다. 결론은 [모의고사에 목숨 걸지 말자]이다. '수미잡' 이라는 말이 있다. '수능 미만 잡이다' 의 줄임말로 수능을 제외한 모의고사는 큰 의미가 없다는 뜻이다. 3월 모의고사 뿐만 아니라 6월 9월 모의고사도 마찬가지로 나를 평가할 수 있는 하나의 요소라 생각하고 너무 목숨 걸지 않았으면 좋겠다. 재수생이나 N수생들은 수능에 중점을 두고 공부하는 학생들이 많은데 모의고사에 목숨을 거는 현역 학생들이 많다. 모의고사를 못 보면 깊은 슬럼프에 빠져서 정작 수능까지 힘을 내서 공부해야하는데 중간에 지쳐버리는 친구들을 많이 봤다. 모의고사는 말 그대로 모의고사일 뿐이다. 앞으로 대학 진학에 진짜 영향을 미치는 것은 수능이다.

나의 고3 모의고사 성적을 공개해 보도록 하겠다.

	국어	수학	영어	화학1	생물1
3월 모의고사	1	1	1	2	1
6월 모의고사	1	2	1	4	2
9월 모의고사	1	3	1	3	2

갈수록 처참하게 떨어지면서 왔다 갔다 하는 것을 볼 수 있다. 고1-고3 초반(3월모의고사)까지는 모의고사가 정말 잘 나와서 (백분위 98-99가 나오곤 했다) 수능으로 대학을 갈 생각을 하고 있었지만 갈수록 떨어지는 모의고사 점수에 내신으로 대학을 가야겠다는 생각이 들었다. 결과적으로 수능에서는 국어-수학-영어-화학-생물: 1-2-1-3-2 가 나왔다. 그래서 수시 최저등급을 맞추어 고려대학교 수학과, 서강대학교 생명과학부에 합격했다. 정시보다는 점수가 위인 대학에 합격한 것이다. 다행히 고1때부터 3학년 때까지 내신을 열심히 챙겨놓아서 수시로 대학을 갈 수 있었다.

Step2. 학교 생활 기록부

학생부 종합 전형의 기본, 필자의 학교 생활 기록부를 공개하겠다.
-총 12쪽
+학생부 종합전형으로 합격하는 학생들 치고는 많은 양이 아님.
+내용이 많으면 좋겠지만, 생기부를 양으로 승부한다고 생각하면 안 된다. 질이 중요함!

[출결상황]
3년 개근

[수상경력]

[1학년]

2012 입학성적 우수상 2위

2012 목동고 교내 토론대회 장려상 3위

2012 1학기 생활모범학생

6월 전국연합학력평가 우수상

2012 1학기 학업성적 우수상(국어,수학,영어)

11월 전국연합학력평가 우수상

2012 2학기 학업성적 우수상(국어,수학,영어,생명과학)

[2학년]

2013학년도 교내 학생 발명품 경진대회 장려상(3위)

2013학년도 1학기 학업성적 우수상(문학,영어)

2013학년도 교내수학과학 경시대회(수학부문) 장려상 4위

2013학년도 2학기 생활모범학생

2013학년도 2학기 학업성적우수상(문학,수학)

2013학년도 교내 독서경시대회 장려상 3위

[3학년]

2014학년도 1학기 생활모범학생

2014학년도 1학기 과목별학업성적우수상(화법과 작문, 적분과통계, 기하와 벡터, 영어)

2014학년도 2학기 과목별성적우수상(적분과통계, 자연수학)

[진로희망사항]

학년	특기 또는 흥미	진로희망	
		학생	학부모
1	노래부르기, 음악감상	정신과 의사	정신과 의사
2	노래부르기	정신과 의사	정신과 의사
3	노래부르기	수학과 교수	수학과 교수

+TIP+ 초반의 나의 꿈은 명확히 정신과 의사였다. 하지만 공부하는 과정에서 과학보다 수학이 더 재미있고 흥미 있었다. 성적도 항상 수학이 과학보다 훨씬 안정적으로 높은 점수가 나왔다. 결국 상위권 대학은 수학과를 쓰기로 결심을 했고 그 결과 진로희망사항에 정신과 의사보다 수학 쪽 관련된 진로를 쓰면 좋을 것 같아 진로희망사항에 수학과 교수를 적었다. 갑자기 꿈을 바꾸게 된 계기도 자기소개서에 언급을 했다.

+TIP+ 진로 희망 사항은 변화 가능하기 때문에 진로 희망의 변경으로 인하여 평가에 불이익을 받지 않는다고 한다. 진로희망이 변경 된 경우에는 동기 및 사유를 자기소개서에 언급하면 좋다. 진로 희망과 희망 학과가 동일한 경우에는 진로 희망 사항, 창의적 체험활동이 진로 활동 항목등을 함께 고려하여 자기소개서에서 활용 할 수 있다.

[진로희망사항]

〈동아리활동〉

[1학년] : (수학경시반) 동아리 조별 편성은 학생들 스스로 수학의 수준, 단원의 선호도 조사표를 만들어 3-4명으로 자유롭게 편성하고 단원별 발표준비를 하였다. 각 조별로 집합에서 함수까지 문제를 다양한 문제풀이가 될 수 있도록 학생들 개인이 선택하여 해법을 찾고 학생들이 서로 비교 분석하였다. 문제풀이의 우선수위를 정하고 우수한 풀이를 정하고 이를 보완하여 발표하였다.습자가 수학을 공부하는데 기본 개념을 쉽게 이해할 수 있도록 하였고, 제시된 해결방향에

[2학년] : (수학문제만들기반:수제들) 개념 설명마다 학습 보충자료를 적절하게 제시하여 학맞는 적용범위가 넓은 예제 문제들을 선별해서 잘 배치함. 문제를 직접 만들어 봄으로써 문제 출제자의 의도를 파악할 수 있는 능력이 향상되었고 단원에 대한 개념,원리,법칙 등을 더욱 깊게 이해할 수 있는 계기가 되어 수학의 가치 이해 및 수학에 대한 긍정적인 태도를 기름. 유추, 연역, 일반화와 같은 수학적 추론능력, 수학적 문제 해결력, 수학적 창의성이 뛰어나 이런 유형에 맞는 문제들을 잘 수집해 자신의 수학적 능력을 잘 이용하여 난이도가 높은 문제들을 적절히 잘 제시함. 수학 교과에 대한 학업성취도가 뛰어나고 관심이 많아 진로에 대한 고민을 스스로 해결하기 위해 노력하고 연구함. 해가람 학술제를 통하여 1년 동안 동아리에서 활동한 수학적인 내용들을 소개함으로써 수학 문제를 출제자 입장에서 깊이 생각할 수 있는 게기가 됨. 1년 동안 초등학생들 수학 학습지도 봉사를 꾸준히 함으로써 수학에 대한 관심과 열정을 보여줌.

[3학년] : (수학문제만들기반:수제들) 2014학년도 학술제에서 동아리 부원들과 함께 수학과 관련된

모형 전시를 위해서 도형제작과 전시장 꾸미기 등 동아리 학술제 활동에 많은 도움을 줌. 학술제를 통해 후배 부원들과 함께 본교 학생들에게 수학 동아리 활동을 통해 탐구한 결과를 상호 교류하며 수학적 흥미와 자신감을 높일 수 있는 특별한 시간을 마련해 주었음.

> **+TIP+** 나는 3년 내내 수학과 관련된 학술동아리에서 활동을 했다. 의도하지는 않았지만 결국 수학과와의 전공적합성을 판단하는 데에 도움을 준 부분인 것 같다. 동아리 활동을 하면서 수학에 대해 새롭게 느낀 점과 활동 과정 중 깨달은 부분들을 자기소개서에 언급을 했다.

> **+TIP+** 동아리 활동 과정이 나타날 수 있도록 동아리 일지를 활용하여 꾸준히 기록하는 것이 좋다. 자기소개서를 쓸 때 갑자기 활동을 하면서 느낀 점을 떠올리려고 하면 어렵다. 짧더라도 꾸준히 기록을 해놓는 습관을 기르자.

[자율활동]

[1학년] : 축제 도우미 학생으로서 교내 청소 및 행사 진행보조 활동을 함. 1학기 학급학습부차장으로 담임이 항상 학급분위기를 알 수 있도록 학급 상태를 잘 전달하고 면학 분위기를 잘 관찰해서 개선할 수 있는 좋은 아이디어를 제공하는 등 책임감을 갖고 성실하게 자신의 역할을 수행함. 교내 체육대회에서 적극적인 자세로 응원에 동참하고 반대항 경기에서 협동심을 보여 줄다리기에서 1위를 입상했음. 수련활동을 맞이하여 천안 소재의 국립중앙청소년수련원에 입소함. 이곳에서 리더십, 문제해결능력, 성취동기, 갈등조절, 시민성, 대인관계 등을 높일 수 있는 다양한 활동을 체험하고, 목동고등학교 구성원으로 책임감 있는 모습으로 활동함. 사생대회 및 백일장을 맞이하여 월드컵 경기장에서 다양한 창작 활동을 펼침. 궂은 날씨 속에서도 성실하게 활동에 참여해서 완벽한 작품을 완성시킴. 독서경시대회를 맞이하여 다양한 책을 읽고 이에 대해 논리적으로 자기 생각을 표현할 수 있는 능력을 함양함. 선후배의 만남을 통해 본인의 진로에 대한 고민을 해보고 선배의 진로경험을 들으며 향후 나아갈 자신의 진로에 대해 설계를 해볼 수 있는 계기를 만듦. 한자 능력과정 수업을 성실하게 이수함.

[2학년] : 창의적 체험활동 시간에 매시간 열심히 활동하였으며 특히 기본적인 체력과 스피드가 좋고 배드민턴에서 네트 앞에 놓는 드롭샷을 잘하여 좋은 경기력을 보였다. 교내 체육대회에서 급우들의 경기에 열정적인 응원을 하여 학급응원상을 수상하는데 기여하였으며, 질서 정연한 태도로 체육대회를 더욱 빛나게 함. 2학기 정부회장선출에서 급우들로부터 평소 모범적인 생활과 리더십을 인정받아 부회장으로 당선됨. … 해가람제(축제)에 참여하여 교내의 다양한 동아리 활동에 대해 이해함. 질서 있는 모습으로 학교행사에 참여하며 행사가 활성화 될 수 있도록 적극적인 태도로 공연과 전시를 관람함. … 교내 문예 창작 대회에 참가하여 우정을 소재로 하여 개성이 돋보이는 재미있는 글을 창작하였음. 야외에서 진행되는 행사가 질서 있게 마무리 될 수 있도록 성실한 태도로 참여하였음.

[3학년] : 경제현상분석을 통한 표현력 기르기를 이수함. 생활경제 강의를 통해 현실 경제의 움직임과 경제 이론의 관계에 관심을 가지게 됨. 모든 학생들이 꺼리는 1학기 학급 환경부 부장을 자원하여 쓰레기 분리수거를 관리하는 등 학급 환경정화 활동을 성실하게 수행함. 2학기 학급 부회장으로 리더십을 가지고 자신이 맡은 임무를 성실히 수행하여 매사에 적극적으로 학교 행사 및 활동에 임함. 교내 환경미화심사를 대비하여 늦게까지 학교에 남아 학급 시간표를 만들고 커튼을 발아오고 게시판을 꾸미는 등 교실 미화를 위해 적극적으로 활동하였음. 평소에는 면학 분위기 조성을 위해 힘썼으며 수업에 필요한 기자재 준비, 프린트 배부, 아이들에게 전달 사항을 전달하는 등 수업이 원활하게 이루어지는 데 도

움을 주었음. 국어 의사소통능력 기르기 삶의 맥락에 실제적으로 닿아있는 국어 화법과 작문 교육을 통해 의사소통능력을 기르고 능동적이고 창의적인 국어활동이 가능하도록 함.

> **+TIP+** 대부분 학급에서의 역할을 토대로 담임 선생님께서 써주신 것 같다. 내용 중 반장, 부반장, 환경부 부장으로 활동했을 때 내용이 의미가 있었던 것 같다.

> **+TIP+** 단순한 참여기록은 의미 있는 평가 자료로 활용되기 어렵다. 학생 개인의 능동적이고 적극적인 참여와 공동체 활동의 협력적인 태도, 지속적인 참여 과정을 바탕으로 진정성 있는 활동을 확인하고 학생을 이해하는 근거로 활용한다고 한다.

[봉사활동] 괄호 안에 시간

[1학년]
- 교내봉사
  봉사활동 사전교육(2)
  양천공원 환경정화활동(8)
  단체봉사활동 평가회(2)
  해가람제 축제 도우미로 교내 청소 및 행사 보조(4)
  안양천 주변 청소(6)
  봉사활동 평가회(2)

[2학년]
- 교내봉사
  봉사활동 사전교육(2)
  신트리공원 환경정화활동(7)
  봉사활동 평가회(1)
- 교외봉사
  제 7회 양천구 청소년 그림엽서 및 ucc공모전(3)
  교육지원(학습지도 등) (2)
  UN아동권리협약에 근거한 도시빈민아동의권리교육, 아프리카 빈곤국을 위한 희망키트 (4)
  다문화 인식 개선 교육 및 사랑의 필통 제작, 기부(4)

[3학년]
- 교내봉사
  교실 환경정화 및 에너지 절약을 위한 분리수거 활동(20)
  봉사활동 사전교육(2)
  계남공원 환경정화활동 및 자연보호(7)
  봉사활동평가회(1)
  교실 환경정화 및 에너지 절약을 위한 분리수거 활동(20)

> **+TIP+** 학생부 종합전형으로 합격 한 사람 치고는 봉사 시간이 매우 적다. 나는 2학년 때 저소득층 아이들을 대상으로 한 교육 봉사를 제외하고는 거의 학교 내에서 할 수 있는 봉사로 봉사시간을 채웠다. 자기소개서에는 2학년 때 저소득층 아이들을 대상으로 수학을 가르쳤던 경험을 썼다.

> **+TIP+** 단순한 일회적인 봉사활동 보다는 지속적인 참여가 가능한 봉사활동이 긍정적으로 평가된다. 동아리 활동과 마찬가지로, 봉사를 하고 난 후 봉사내용, 소감을 일지로 정리하여 놓으면 나중에 자기소개서 쓸 때 도움이 된다.

[세부능력 및 특기사항]

국어 : 문학부장으로서 책을 읽은 후 결과를 정리용 노트에 요약하기, 글 내용에 관하여 다른 학생과 토론하기, 중요한 내용을 간추려 구조화하기 … 등 여러 가지 활동에 적극적으로 임하는 학생임.

수학 : 차분하고 성실한 학생으로 수업에 의욕적으로 참여하고 문제를 창의적으로 쉽게 해결함. 서로 다른 수학적인 표현들을 연결하여 해석하는 능력, 새로운 기호에 대한 해석력, 논리적으로 추론하는 능력 등이 돋보임. 수학적 패턴, 구조, 관계, 그리고 연산에 대한 지각과 일반화 하는 능력이 뛰어남. 2012년 3월 30일, 수학 발표수업에서 복소수의 상등 문제를 두가지 방법으로 풀어서 학생들의 호응을 높였다. 첫 번째는 복소수가 서로 같을 조건을 이용하였고, 두 번째로는 켤레복소수의 성질을 이용하였다. 설명하는 중에, 한 학생이 어떻게 복소수의 상등이 성립하는지 질문하였을 때, 문제의 조건을 따져가며 예를 들어 설명해주었다.… 항상 밝은 얼굴로 수업에 임하며 수업시간 교사의 질문에 가장 먼저 대답하는 적극성을 보여줌. 어떻게 하면 조금 더 수학을 잘 할 수 있을까에 대하여 계속해서 스스로 고민하고 고찰하는 모습을 보여 향후 발전가능성이 돋보임.

영어 : 수업시간에 억양을 살려 읽는 능력이 우수하고 표현력도 좋아 학습 분위기를 활기차게 이끌며 학습 활동이 왕성하고 단문에서 주제나 핵심 어구를 파악하는 능력이 뛰어남.

과학 : 2012년 한국기초과학연구원에서 주최하는 융합사이언스 프로그램에 참가하여 HPLC,UV-VIS를 직접이용하여 한약재에 들어있는 유효성분의 정성분석과 정량 분석을 통해 원산지를 추적할 수 있고, 유해성분을 검출해보는 탐구활동을 통해 과학적 탐구력을 신장함.

> **+TIP+** 나의 생활기록부의 대부분의 페이지는 여기서 작성 되었다. 나는 수업시간에 최대한 선생님과 친하게 지내려 노력했고, 수학에 있어서는 방과 후 수업도 듣곤 했다. 선생님과 친하게 지내고 과목에 대한 의지와, 열심히 공부하는 과정, 본인의 능력을 선생님들께 많이 보여줘야 이 부분에서 다른 학생들과 차별화 된 긍정적인 내용이 많이 담길 수 있다.

> **+TIP+** 수업시간에 참여하는 학생에 대한 평가 뿐만 아니라, 생활기록부의 다른 항목에 담기 어려운 다양한 교내 활동에 대한 내용을 써주신다.

> **+TIP+** 세부능력 및 특기사항은 학업의 성취 수준과 노력을 바탕으로 학업 역량을 가늠하여 학업 수월성 및 전공 기초 소양을 확인하는 항목이다. 학생이 수업에 임하는 태도와 심화학습과정, 학생과 교사의 상호작용, 교가 담임의 평가를 알 수 있기 때문에 매우 중요한 항목이다. 교사와의 상호작용이 잘 들어나는 항목이므로 평소 수업준비를 충실하게 준비하고 적극적인 태도로 수업에 참여할 필요가 있다.

Step3　　　**자기소개서**

자기소개서를 공개하기에 앞서, 과 선택에 대해 잠깐 말해보자 한다.

-과 선택에 대하여

과 선택에 혼란을 겪는 학생들이 많을 것이다. 물론, 수시나 정시에 그 과를 선택한다고 100% 합격 하는 것이 아니지만, 본인의 미래에 영향을 끼치는 것이므로 신중히 선택해야 한다. 학생부 종합전형으로 수시 원서를 쓰게 된다면 자기소개서를 써야하고 자기소개서에는 미래의 나의 꿈에 대한 열정과 그 준비과정을 담는 것이 중요하다.

나는 어렸을 때부터 가지고 있던 꿈이 있다. 바로 '정신과의사'라는 꿈이었는데, 정말 그 꿈만 생각하면 가슴이 뛰었다. 그러나 나의 내신 성적은 높은 편이었지만 우수한 의대에 쓰기에는 무리가 있었고, 의대에 가기 위해서는 논술을 엄청난 경쟁률을 뚫거나 정시를 공략해야만 했다. 그러나 나의 고등학교 생활을 보면 의대와는 방향이 맞지 않는 것처럼 보였다. 내신과 모의고사 성적은 수학은 높은데 과학 성적은 낮았다. 생명과학 이외의 과학은 공부하기가 너무 싫었고 이해도 잘 가지 않았다. 반면 수학은 공부하기는 힘들지만 늘 흥미롭게 공부했고 문제도 많이 풀고 싶은 욕심이 생기곤 했다. 또한, 동아리도 내가 하고 싶었던 수학문제를 만드는 동아리에 들었었다. 그래서 고3시절 수시를 쓰며 과를 선택할 때 고민이 많이 되었다. 담임선생님과 상의하고 부모님과 상의한 결과 수시 6개를 의대로 다 쓰는 것은 무리인 것으로 판단이 되었다. 모의고사 성적이 계속 나오지 않는 상태에서 점점 불안감은 커지고 수시에 기댈 수밖에 없는 상황이 되었다. 그래서 의대 말고 무슨 과에 가면 내가 적응을 잘하고 미래에 즐겁게 나의 일을 할 수 있을까 라는 생각을 해봤는데 답은 '수학과'였다. 의대 말고 다른 길은 아예 생각해 본 적이 없는 나였기 때문에 내가 잘하고 즐겨 할 수 있는 수학을 좀 더 공부해도 재밌을 것 같다는 생각이 들었다.
그래서 나는 수시 6개를 다음과 같이 썼다.

1. **고려대 수학과(학교장 추천전형)**
2. **연세대 수학과(학생부 종합전형)**
3. **서강대 생명과학과(학생부 교과전형)**
4. **연세대 원주캠퍼스 의예과(학생부 종합전형)**
5. **고려대 의예과(논술 전형)**
6. **이대 의예과(논술전형)**

 이대 의예과는 수학 논술만 봤기 때문에 과학에 자신이 없던 나에게 맞을 것 같다 생각하여 썼고, 고려대는 다른 의대에 비해 최저등급이 낮았기 때문에(언수외 합 4였던 걸로 기억한다) 쓰게 되었다. 결과적으로 둘다 떨어졌다.(이대 의대는 최저를 맞추지 못하였다)

 결과적으로 고려대 수학과/ 서강대 생명과학부에 합격하고 고려대학교 수학과에 진학해 학교 생활을 하며 전공공부를 해보니, 나와 잘 맞고 즐겁게 공부하며 다니고 있다. 통계학을 이중으로 전공하면서 점점 통계학의 매력에도 빠지고 있기도 하다. 의대에 떨어지고 다시 반수나 재수를 해서 의대를 준비할까도 많이 생각해봤지만, 학교 전공공부를 해보니 재밌고 적성에 잘 맞아서 과를 잘 선택했다 라는 생각이 많이 들어 점점 의대의 꿈이 잊혀졌다.

본인이 즐거워 할 수 있고 잘 맞을 수 있는 과를 선택해야 한다. 뻔한 얘기지만 어쩔 수 없다. 대학교 와서 과가 적성에 맞지 않아서 방황하는 친구들이 꽤 있다. 본인이 원하는 과를 선택하기 위해서는 우선 그 과를 갈 수 있는 성적이 되어야 하니까 공부를 열심히 하자! 고등학교 성적이 안타깝지만 대학과 과를 결정하고 미래에 영향을 끼치니까 말이다.

〈자기소개서에 대하여〉

고3 여름방학, 본격적으로 수시를 선택하면서 학생부 종합전형을 쓰는 친구들은 자기소개서를 써야 한다. 나는 각기 다른 과를 3개 썼기 때문에 다 다르게 써야 해서 자기소개서를 준비하는 데에 시간도 많이 뺏겨 스트레스를 많이 받았다. 자기소개서에 시간을 투자하다가 수능 최저등급도 못 맞춰 떨어지는 건 아닌지 하는 불안감도 많았다. 하지만 그만큼 시간을 쪼개어 생활하고 주위 분들의 도움도 많이 받았다.

〈자기소개서를 본격적으로 쓰기 전에 해야 할 일〉

1. 고등학교 생활하면 교훈을 얻은 사건
2. 자신의 인생에서 나의 꿈 결정에 도움을 준 사건
3. 본인이 선택한 과를 가기 위해 노력한 과정

을 마인드맵으로 그리거나 최대한 많은 내용들을 먼저 생각해 본 후, 하나하나씩 연결고리를 맞추고 하나의 스토리로 만들어야 된다.

초반에는 막막하고 무슨 말을 써야할지도 몰랐는데, 가족들과 담임 선생님의 첨삭을 받으며 갈피를 잡고 나름 괜찮은 자기소개서를 쓸 수 있게 되었다.

시중에 나와 있는 책이나 인맥을 통해 다양한 자기소개서를 구해서 읽어보는 것도 도움이 많이 된다. 너무 많은 분들의 첨삭을 받지는 말고, 본인을 잘 알고 진짜 조언을 해줄 수 있는 분들의 첨삭을 받는 것도 좋은 것 같다.

나는 고등학교 2,3 학년 때 반에서 회장과 부회장을 했다. 그때의 기억을 떠올리면서 사소하지만 나에게 의미 있었던 일, 교훈을 얻었던 일을 생각해 보았다. 또한 생활기록부를 보면서 내가 했던 교내 활동에 있어서 하나의 연결고리를 잡고 이어가고자 노력했다.

[저자의 합격 자기소개서 복원 내용]

[1] 고려대학교/연세대학교 수학과

1.고등학교 재학기간 중 학업에 기울인 노력과 학습경험에 대해, 배우고 느낀점을 중심으로 기술해 주시기 바랍니다.

고등학교 입학 시 성적이 좋아 상위권을 유지해야 한다는 압박감이 컸습니다. 무조건 많은 시간을 공부해야 한다는 생각에 화장실에서도 길에서도 공부했습니다. 하지만 저의 공부방법에는 근본적인 문제가 있었습니다. 암기식 공부방법에 체질화 되어 있어 조금만 이해를 요하면 쉽게 포기하곤 했습니다. 원리를 심도 있게 공부하지 않고 문제만 많이 풀었고, 이해가 가지 않으면 깊게 생각해보지 않은 채 무작정 선생님께 질문을 했습니다. 나름 상위권이지만 친구가 원리적인 부분을 물어보면 당황하기 일쑤였습니다. 이런 습관은 쌓여 갔고 이과를 선택하여 공부 양이 많아진 2학년 때부터 성적이 떨어지기 시작했습니다. 특히 과학 과목 성적이 하락하기 시작했고 가장 자신 있던 수학도 2등급이 나오면서 점점 공부에 회의가 들었습니다. 곰곰이 생각하며 반성해보니 제 공부 방법에 문제가 많다는 것을 알게 되었습니다. 그래서 수학부터 공부 방법을 바꾸기로 했습니다. 기존의 양치기식 공부방법을 버리고, 고등수학부터 기하와 벡터까지 교과서에 있는 모든 증명을 하루에 한 개씩 공부했습니다. 특히 어려워하던 기하와 벡터 과목에서 공식을 증명으로 도출하는 과정을 통하여 심화 문제 풀이에 대한 접근을 다양하게 할 수 있었고 이해력도 같이 높아졌습니다. 풀이에 확신이 없던 확률의 경우, 수업시간에 풀 문제를 미리 다양한 방법으로 풀고 선생님의 풀이와 비교하여 어느 부분에서 제 논리가 잘못되었는지 파악하였습니다. 또한 심도 있는 공부를 위해 기출된 대학별 수리 논술을 공부했습니다. 제시문에 있는 수학적 원리를 우선적으로 이해하려고 노력했고 그런 이후에 문제를 풀며 사고를 확장했습니다. 기존의 수학문제를 다른 방법으로 변형된 문제로 만들어 보기도 하였고 이 과정에서 직관적으로 넘어가는 부분도 정확하게 이해하게 되었습니다. 풀리지 않던 문제가 이러한 과정을 통해 풀리게 되었을 때 기존에 느꼈던 수학의 즐거움과 또 다른 즐거움이 더해져 수학 공부가 더욱 좋아졌습니다.

2. 고등학교 재학기간 중 본인이 의미를 두고 노력했던 교내 활동을 배우고 느낀점을 중심으로 3개 이내로 기술해 주시기 바랍니다. 단, 교외 활동 중 학교장의 허락을 받고 참여한 활동은 포함됩니다

1학년 때, '원자력 확대 이대로 괜찮은가?'라는 논제로 교내 토론대회에 참여했습니다. 저는 사람들 앞에서 발표할 때 많이 긴장하는 면이 있어 토론 대회를 통해 이를 고치고자 노력하였습니다. 조원들에게 이를 솔직히 말하였고 조원들이 저에게 집중적으로 질문을 하고 제가 답변하는 연습을 반복하여 토론에 자신감 있게 임할 수 있었습니다. 지금도 발표할 때 긴장하지만 예전처럼 크게 부담스럽진 않습니다. 예선에서는 인터넷상에 잘 알려진 원자력의 장단점을 평범하게 발표하지 않고 연극에서 배우가 대사를 하듯이 호소력 있는 화법을 사용하고 기존의 통념에 반론을 제기하는 차별화된 시도를 하였습니다. 본선에서는 조원이 가지고 있는 토론의 강, 약점을 파악하고 그에 맞는 전략을 사용했습니다. 앞으로 무언가에 도전할 때 제가 열심히 노력한다면 목적한 바를 이룰 수 있다는 자신감을 얻었습니다. 또한 논문 쓰기반에서 '집단 별로 달라지는 착시현상'이라는 논문을 작성하였습니다. 약 100명의 실험 대상자를 뽑아 2개의 착시가 포함된 그림을 보여주고 어떤 착시가 먼저 보이는지 설문조사를 하였습니다. 공통된 특성을 가진 집단끼리는 동일하게 착시를 느낄 것이라 예상했지만 데이터를 수집하고 분석한 결과는 모집단내에서 차이가 없는 것으로 나타나 매우 흥미로웠습니다. 이후 통계가 마케팅, 여론조사 등에서 다양하게 사용되는 것을 확인하면서 수학이라는 학문이 매력적으로 다가왔습니다. 특히 논문 주제를 선정하는 단계에서 의견차이가 컸으나 어떤 주제가 우리에게 가장 의미가 크며 역할 분담이 쉬울 것인지 토론하여 공감대를 가지게 되자 논문 쓰기가 한층 쉬워지고 잘 마무리하게 되었습니다. 고등학교 기간 중 가장 재미있었던 활동은 수학동아리 활동입니다. '수학문제집을 직접 제작해보자!' 라는 취지로 시작하였으나 직접 문제를 만드는 과정은 생각보다 어려웠습니다. 아직 수1을 배우지 않은 1학년도 참여했기에 기본개념을 먼저 가르쳐야 했습니다. 처음에 원리에 대한 설명 없이 공식만 설명하고 문제를 풀어 주었지만 이해하지 못하는 1학년생을 보고 다시 한 번 원리의 중요성을 깨달았습니다. 동급생끼리 심화문제를 만들 때, 어떤 유형의 문제를 만들 것인지 합의하는 과정도 쉽지 않았습니다. 한명 한명의 의견 깊이 생각해 보았더니 제 생각의 틀을 뛰어넘는 의견도 많았습니다. 특히 각자 만든 문제를 서로 바꿔 풀어보는 과정에서 제가 문제를 만들 때 의도하지 않은 방식으로 문제를 접근 하는 것을 보고 저의 부족함을 발견하였고, 최대한 이해가 쉽도록 풀이과정을 작성하다 보니 저절로 실력이 늘고 있는 저를 발견하였습니다. 또한 기존의 증명에서 벗어난 다양한 증명을 공부했는데, 가장 기억에 남는 것이 피타고라스의 증명입니다. 원을 이용한 증명, 삼각형 닮음을 이용한 증명, 톨레미의 정리를 이용한 증명 등 다양한 방법으로 증명이 가능한 것이 신기하고 흥미로웠습니다. 동아리 활동은 제가 가지고 있던 사고의 틀에서 벗어나서 새로운 시각에서 수학을 접근하게 해주었던 의미 있는 시간이었습니다.

3.학교 생활 중 배려, 나눔, 협력, 갈등 관리 등을 실천한 사례를 들고, 그 과정을 통해 배우고 느낀점을 기술해 주시기 바랍니다.

1학년 때 정신적으로 장애가 있는 친구가 있었습니다. 친구를 때리거나 할퀴는 등 공격적인 행동으로 기피 대상이었습니다. 처음엔 저도 무서웠지만 그 친구와 짝이 되면서 관심과 애정이 부족하여 공격적이라는 것을 알게 되었습니다. 그래서 수업 중 과제에 도전 하려 하면 잘한다고 칭찬하거나 예쁜 양말을 신고 오면 '어디서 이런 예쁜 걸 샀어?' 라고 관심을 보였습니다. 그 친구가 우리와 조금 다를 뿐이고, 우리가 먼저 따뜻하게 대하면 폭력성은 감소하리라 생각했습니다. 그 친구가 면학 분위기를 방해한다는 주장이 많았던 학급회 때 그 친구가 나쁜 의도로 한 행동이 아니므로 우리가 먼저 그런 행동을 하는 이유를 알아보고 주의를 기울여야하며, 친구 탓만 하는 우리의 태도를 먼저 반성하자고 하였습니다. 그 후 큰 변화는 없었지만 친구들은 조금이나마 그 친구를 이해하려고 하였으며 그 친구도 폭력적인 행동이 줄어들면서 남은 기간은 큰 갈등 없이 지나갔습니다. 이 사건을 통하여 정상인이나 장애인 모두 개인 차이는 있지만 부족함을 가지고 있으며, 선입관을 갖지 말고 서로의 부족함을 채워가는 이해와 배려가 필요하다고 생각하였습니다. 2학년 땐 상습적인 지각을 해결하려고 담임선생님이 지각 시 벌금을 내게 하였습니다. 이후 벌금액수가 부담이 될 정도로 커지자 불만이 많아져 학급 분위기가 좋지 않았습니다. 저는 부회장으로서 회의를 소집하여 불만과 의견을 얘기하는 대화의 장을 만들었습니다. 친구들에게는 벌금제도의 취지를 설명해주고 우리가 먼저 지각을 줄이려는 성의를 보이자고 설득했고, 선생님께는 다른 방법을 사용하자고 제안 하였습니다 그러나 이후에도 감정의 골이 깊어져 친구들은 쉽게 협조하지 않았고 선생님도 제도를 바꾸지 않고 학기가 끝났습니다. 이를 통해 리더로서 무언가를 추진할 때 구성원과 소통하고 마음을 얻는 것이 매우 중요함을 깨닫게 되었습니다. 이를 위해서는 문제 상황에 대한 구성원들의 인식을 이끌어내고 시간이 걸리더라도 충분한 대화를 통해 합의를 거쳐야 함을 알게 되었습니다.

4.해당 모집단위에 지원한 동기와 준비과정을 기술해 주시기 바랍니다.

수학은 초,중등학교 시절부터 공부하는 것도 재밌고 성적도 곧 잘 나와서 다른 과목보다 늘 좋아했던 과목이었습니다. 막연하게 의대 진학을 목표로 삼았지만 고교 진학 후 수학을 집중적으로 파고들고 수학과 관련된 교내 활동을 하면서 수학에 관심과 흥미가 높아졌습니다. 먼저 원리를 완벽히 이해한 다음에 문제를 푸는 방법으로 공부 방법을 전환한 이후에 성적이 향상되면서 공부에 대한 성취감과 자신감을 느끼게 되었습니다. 특히 시험성적만을 위한 공부를 하지 않고, 수학공부부터 원리를 깨달아 가는 즐거움을 느끼면서 공부하려고 노력하자 기본 개념의 충분한 이해를 요구하는 다른 과목의 성적도 같이 오르면서 전반적인 공부가 재밌어졌습니다. 잠시 2등급으로 하락했던 수학성적은 1등급으로 회복하였고 계속 1등급을 유지하기 위하여 수리 논리적인 사고를 할 수 있도록 노력하였습니다. 수학경시반에서 문제를 발표를 꾸준히 하였고, 교내 동아리 활동, 수학과 관련된 논문 도전 등 다양한 기회를 통하여 수학을 접할 수 있도록 활동했습니다 초등학생 수학 학습지도 봉사활동을 꾸준히 하였고 교내 발명품 경진에서 논리적인 사고를 통하여 페달의 원리를 변기 뚜껑에 적용한 좌변기, 전기료를 절약하는 분리형 냉장고를 발명품으로 출품하여 수상하였습니다. 이러한 과정에서 생활 주변의 현상을 수학적으로 관찰하게 되었고 수학이 어렵다는 편견은 사라지면서 앞으로 수학은 시간이 지날수록 점점 더 친근해지고 사회에 적용할 부분도 많은 학문이 될 것으로 생각되었습니다. 이러한 기대와 흥미를 가지고 수학을 전공으로 선택하게 되었습니다. 시골의사 박경철의 아름다운 동행을 읽고 난 이후 사회의 존경을 받는 한 분야의 전문가이면서 남을 배려하고 도와주는 인간미를 갖춘 사람이 되어야겠다는 꿈을 갖게 되었습니다. 제가 고려대학교 수학과를 이수한 이후에는 수학이 다양한 실생활에 접목하는 분야에서 공부를 계속하고 싶고 기회가 되면 수학교수가 되어서 수학의 대중화에 기여하고 싶습니다.

[2] 서강대 생명과학부

4.지원자의 환경적 특성이 지원자의 삶에 미치는 영향에 대하여 기술하여 주시기 바랍니다.

초등학교 때에 어머니가 초등학교 때에 어머니가 갑상선 암 진단을 받아 오랜 시간 투병하였습니다. 당시 어머니 몸 속에 암이 있다는 사실에 가족 모두 큰 충격을 받았습니다. 갑상선 암은 예후가 좋다고 하였지만 첫 수술 이후에 재발하였고, 3년간 3번 수술을 하는 등 어머니와 가족 모두 오랫동안 힘든 시간을 보내었습니다. 이러한 과정에서 저의 가정을 힘들게 한 질병은 왜 발생하는 것이며 사람마다 질병이 왜 다르게 나타나서 각기 다른 삶과 죽음을 맞이하게 되는 것인지 깊이 고민하게 되었습니다. 저는 인간은 누구나 질병을 얻게 되며 죽음을 맞이하게 되는 보편적 특성을 가진다고 생각하게 되었고, 보다 높은 삶의 질을 영위하기 위해서는 질병이 왜 발생하며 어떻게 이를 예방하고 치료해야 하는 지를 알고 싶어졌고, 이를 위하여 생물의 구조와 가능부터 차근차근 공부하고 싶어졌습니다. 이를 위하여 이과를 선택하였고 생물,화학 등 자연과학을 공부하면서 제가 궁금했던 생명과학 분야를 선택하면 보다 폭넓은 지식을 얻게 될 것이라 생각하여 생명과학을 전공으로 선택하게 되었습니다. 또한 3대에 걸쳐 기독교 집안에서 성장하여 어렸을 때부터 교회에서 많은 교인들과 자연스럽게 관계를 형성하여 감정과 생각을 나누고 어려움도 공유하면서 성장하였습니다. 그래서 처음에는 실패한 것 같지만 나중에 그것을 딛고 성공할 수 있으며 오늘은 성공했지만 내일은 실패할 수 있다고 생각하며 늘 겸손하고 최선을 다하는 긍정적인 사고방식을 갖게 되었습니다. 그래서인지 주변에서 저에게 사회성이 좋다는 얘기를 자주 듣게 되었고 지금도 어려운 상황에 있는 친구들을 위로하며 도움을 줄 때 정신적으로 큰 만족감을 느낍니다.또한 저의 아버님은 삼성에서 23년간 직장인으로 생활하는 것을 늘 지켜보면서 주말에도 쉬지 못하고 직장에 얽매여 있는 것에 대하여 늘 안타깝게 생각하였습니다. 그래서 저는 전문적인 영역에서 확고한 경쟁력을 갖추어 제 생활과 제 삶을 주도적으로 결정하고 행동할 수 있는 연구원이나 교수와 같은 직종을 선택할 예정입니다.
마지막 자기소개서는 연세대학교 원주캠퍼스 의예과이다. 서강대와 마찬가지로 1,2,3번은 동일하게 작성을 하였다.

4 .고등학교 재학기간 중 진로 선택을 위해 노력한 과정 또는 개인적인 어려움이나 좌절을 극복한 과정을 사례를 들어 구체적으로 기술해 주시기 바랍니다.

초등학교 때에 어머니가 갑상선 암 진단을 받았습니다. 어머니 몸 속에 암이 있다는 사실에 가족 모두 큰 충격을 받았습니다. 갑상선 암은 예후가 좋다고 하지만 3년간 3번이나 수술을 하여 어머니와 가족 모두 오랫동안 힘든 시간 을 보내었습니다. 저는 이 과정에서 환자와 그 가족들이 얼마나 두렵고 절박한 상황 속에 놓이기 되는지를 직접 경험하게 되었습니다. 담당의사가 어머니와 우리 가족에게 어머니의 상태와 치료과정을 설명해주고 안심시켜 주었을 때 병원과 의사가 얼마나 소중하고 고마운 존재인지 머리속 깊이 인식하게 되었습니다. 또한 저의 외삼촌과 외숙모가 정신과 전문의 부부로 어린 시절부터 저의 가족과 가까이 생활합니다. 저는 두 분이 상대방과 대화 시에 항상 성의있게 들어주며 그 사람의 심리를 깊이 이해하려는 태도에 늘 감동을 받아 왔습니다. 특히 오랜 치료과정으로 우울증이 있는 어머니에게 가족들이 채워 주지 못한 심리적 회복과 삶의 용기를 얻도록 도와주는 모습을 통하여 정 신과 의사에 대한 깊은 존경심을 갖게 되었습니다. 저는 어머님의 암 투병과정에서 어려움을 겪었지만 이 과정에서 의사라는 직업에 소망을 갖게 되었고 외삼촌 부부를 통하여 저의 롤 모델을 발견하고 정신과 의사로 진로를 결정 하게 되었습니다. 의학공부 수행에 문제가 없도록 수리, 언어, 영어 등 어느 한 과목도 소홀하지 않도록 교과과정을 충실히 수행하고, 수학 동아리 활동, 심리 관련 논문 참여, 과학 발명품 내회 출품 등 수리 과학적인 사고를 키울 수 있는 교내 활동에 적극적으로 참여했습니다. " 시골의사 아름다운 동행" 이라는 책을 읽고 실력 있는 전문가로의 자격 못지않게 어려운 사람을 배려하는 태도 또한 의사가 갖추어야 할 덕목으로 생각하여, 학급 부회장으로 공동체 의식을 가지고 솔선수범 하고, 초등학생 대상 학습지도 등 봉사활동도 꾸준히 하였습니다. 학업이 힘들거나 지칠 때마다 외삼촌 부부에게 의사로의 삶과 보람을 전해 듣고 용기를 얻으며 의사가 되어 있는 제 모습을 상상해 왔습니다.

+TIP+ 자소서를 완성하고 제출 할 때 정말 주의해야할 것이 있다. 나는 방학 내내 자소서를 쓰다 너무 지쳐서 빨리 제출하고 공부에 집중하고 싶다는 생각이 강했다. 그래서 자기소개서를 완성 하고 나서 제출하고 난 후 수정 기간이 있지만 '설마 잘못 쓴 게 있겠어?' 라는 안일한 생각으로 다시 읽어보지 않았다. 그런데 10월 쯤 제출한 자소서를 다시 읽어봤는데 아뿔사, 큰 실수를 하고 말았다. 고려대학교와 연세대학교의 자기소개서 항목이 완전히 동일해서 연세대학교 자기소개서를 고려대학교에 제출한 것을 복사해서 붙여넣기를 했었다. 그런데 마지막 항목에 내가 '고려대학교 수학과를 이수한 이후에는…'라고 써놓은 것이다! 연세대학교 항목에! 그 날 수시 하나를 버렸다는 죄책감과 후회에 엉엉 울었던 기억이 난다. 꼭 그 이유로만 떨어졌다고 생각하지는 않지만 어느 정도 영향을 미쳤다고 생각한다.(1차에서 떨어졌다.) 아무튼, 이 글을 읽은 여러분들은 그런 멍청한 실수는 하지 않기를 바란다. 최근에 연세대학교 입시 설명회를 들어보니 그런 사례가 꽤 많다고 한다. 꼭, 자기소개서를 제출하고 난 후 수정기간 마감 전까지 한번 꼼꼼히 천천히 읽어보길 바란다.

내가 쓴 수시 원서 중에서 연세대, 고려대학교는 면접이 수능 후였고 서강대학교는 면접이 없는 전형이었다. 연세대 원주캠퍼스 의예과가 수능 전에 면접이었다.

연세대 원주캠퍼스 의예과는 면접이 수능 약 2주 전이어서 혹시 1차를 합격 할 것을 대비해 자기소개서를 쓴 이후부터 틈틈이 면접 예상 질문을 만들고 연습하곤 했다. 면접 예상 질문을 만들 때는 부모님과 학교의 도움을 받았다. 10월에 에 합격자 발표가 났고 1차 합격을 했다. 면접 1주일 전부터 본격적으로 면접 준비를 했다. 수능 2주전이어서 정말 부담이 많이 되었고 이거 준비하다가 수능 최저를 못 맞추면 어쩌지 라는 생각이 많아 정말 불안했던 나날들이었다. 그래도 1차 합격을 한 것에 감사하고 면접 준비를 하였다. 수능 전에 면접을 보는 전형이 있으면 신중히 생각을 해야 한다. 보통 수능 직전에 면접을 볼 텐데 수능 준비와 면접 준비를 둘 다 할 수 는 있겠지만 마음의 부담이 커지고 정신적으로 스트레스를 많이 받을 것이다.

다양한 사회적 이슈에 대해서 입장을 정리했었고 그중에서도 생명, 인권 등의 이슈에 대해서 기사를 많이 읽었다. 의사의 자질에 대해서도 많이 생각해 보았다.

일부 면접 예상 질문들은 다음과 같다.

> • 실제 국가내 사회적 약자를 충분히 보호하기 위해서는 증세를 해야 하는 등 다른 구성원의 부담이 증가한다. 이러한 문제를 어떻게 해결 해야 하는가?
> • 정신과 의사인 외삼촌의 외형적인 화려한 의사의 모습만 동경해온 것은 아닌지? 의사 직업의 어려움은 무엇이라고 생각하는가?
> • 희귀병, 유전병 등은 아직도 의술로 해결되지 못하고 있다. 이처럼 현대 의술로 치료되지 못하는 환자는 어떻게 해야 하는가?
> • 안락사에 대한 본인의 입장은?

학교에서 해주는 몇 번의 예행 연습을 통해 실전처럼 연습을 하였고, 그 과정이 나에게 도움이 많이 되었다.

면접장에 들어갈 때 노크를 한 후 '들어가도 되겠습니까?'라고 말한 뒤 들어가고, 면접장에 들어가서 의자에 앉기 전에 '앉아도 되겠습니까?' 라고 말한 뒤 앉는 것이 좋다. 얼굴 표정은 밝게 최대한 웃으면서 면접관들에게 좋은 인상을 심어 주는 것이 좋다.

결과적으로 면접은 굉장히 잘 봤었다. 면접관들이 그 자리에서 칭찬을 많이 했다. 하지만 최저를 맞추지 못했다. 슬프지만 현실이었다. 면접은 인성면접이었다. 제시문을 주고 생각을 말하는 형식이었다. 도덕성을 판단하려는 제시문이었던걸로 기억한다. 면접에는 그 주제와 직접적인 관련은 없지만, 인권이나 권리에 대한 신문 기사나, 글들을 읽은 것을 활용해 대답을 하였다.

고려대학교 수학과의 면접은 의예과 면접을 준비했던 경험이 있어서 상대적으로 수월하게 준비할 수 있었다. 우선 자기소개서를 바탕으로 면접관님들께 질문을 받을 것 같은 부분을 예상문제로 만들어 연습을 했다. 또한 수학과를 선택했다보니 수학자들에 대해 공부했고, 수학에 대한 나의 자세, 마음가짐을 정리했다. 또한,

> - 수학은 수, 양, 구조, 공간, 변화, 함수 등 의 개념을 연구하는 기초 과학이다.
> - 수학의 논리 체계와 대상을 바라보는 방법은 모든 과학의 언어가 되어 자연과학, 공학등에 광범위하게 응용된다.

> - 수학은 이 세상을 이해하는 언어입니다. 언어는 사람들 마다 다른 경우가 있어서 대화하는데 어려움이 있을 수 있지만, 수학은 모든 것을 추상화해서 대화하기 때문에 편견없이 세상을 이해할 수 있기 때문이다.

이런 문장들을 외워가서 써먹었다.

면접은 인성면접이 아닌 기초적인 통계학적 지식을 묻는 면접이었다. 항목은 총 4문항이었는데 마지막 문항에서 인이 통계를 활용한 실제적인 사례가 있는지 말해보라는 질문이 있었다. 학교에서 소논문을 쓸 때 통계를 활용해서 데이터를 도출한 경험이 있었기 때문에 상대적으로 수월하게 답변을 할 수 있었다. 한 면접관님께서 굉장히 공격적으로 질문을 하셨고 표정이 매우 좋지 않아 나는 속으로 매우 당황했지만 그래도 생글생글 웃으며 최대한 내 생각을 많이 말하고자 노력했다. 면접관님들 표정에 너무 쫄지 말아야 한다! 일부러 그런 표정을 지으시는 분들도 많다. 본인의 기량도 다 못 펴고 나중에 후회하지 말고 최대한 나의 학교에 대한 열망과 포부를 다 드러내고 오자!

최대한 면접관님들의 눈을 맞추며 말하고, 눈을 피하지 말자. 예의 없는 행동은 금물이며 용모도 단정하게 하고 가자. 말은 또박 또박 크게 말한다. 혼자 연습할 때 카메라로 촬영해가며 나의 문제점을 발견하기도 했다. 포기 하지 말자!!

글을 마치며

고등학생 시절을 최대한 떠올리며 많은 정보를 담고자 노력했지만 전달이 잘 되었는지는 모르겠다. 이 책을 읽은 수험생 친구들 모두 후회 없는 고등학생 시절을 보내고 원하는 대학에 합격하는 기쁨을 맛보면 좋겠다. 스스로에게 부끄럼없이 공부한다면 결과는 필히 좋을 것이다.

진인사대천명 [盡人事待天命]
사람이 할 수 있는 일을 다 한 후 결과는 운명에 따름

모두들 화이팅!!

06

학생부 종합전형
실전 가이드

권태형
(서울대학교 경제학부 학생부 종합전형 합격)

Step1.　　　　**자기 소개서**

1. 좋은 자기소개서란?

좋은 자기소개서란 무엇일까요? 이에 앞서, 읽히는 자기소개서는 어떤 자기소개서일까요? 제가 수험생이었던 당시에, 학생부 종합 전형 전문가분이 오셔서 이런 말씀을 해주신 적이 있습니다.

"대학교 입학 사정관들의 말을 들어보면, 모든 자기소개서가 마치 로봇처럼 똑같아서 변별이 되지 않는다고 한다. 대개 재미가 없고, 게중에 잘쓴 자기소개서 몇몇만이 눈에 띌 뿐이라고 말한다."

셀 수도 없이 많은 자기소개서 중 읽히는 자기소개서만이 추가적인 점수를 받을 수 있겠죠. 결국 자기소개서로 변별 점수를 얻으려면, 남들과는 다른, 곧 차별화된 자기소개를 써야한다는 겁니다.

종합해보자면, 잘쓴 자기소개서 = 차별화된 자기소개서 => 개성이 있는 자기소개서가 되겠죠.

ㄱ. 좋은 자기소개서란 스토리가 있는 자기소개서이다.

자 그렇다면 개성있는, 차별화된 자기소개서는 무엇일까요? 자신만의 스토리가 있는 자기소개서가 좋은 자기소개서입니다. 하지만 이런 말을 들으면 다시 한 번 의문을 가지시겠죠.

어떤 자기소개서에든 다 자신의 스토리가 담기는 것이 아닌가?

결론부터 말씀드리자면, 아닙니다. 모든 학생들이 자신의 자기소개서에 자신의 스토리를 담아내지는 못합니다. 왜냐하면, 스토리라는 개념을 자기소개서에 잘 쓰지 않기 때문이죠.

아래의 〈글 1〉과 〈글 2〉를 읽어보세요.

〈글 1〉

홍길동은 몇 가지 일들을 겪자마자 나라를 바꿔야겠다는 생각을 했다. 홍길동은 순식간에 여러 검술과 도술을 익혔다. 그는 자신의 강함을 알고,   무엇을 어떻게 해야 나라가 바뀔지 알았다. 그는 순식간에 나라를 뒤집어 놓았고, 온 나라의 영웅이 되었다.

〈글 2〉

홍길동은 어려서부터 호형호제 하지 못하고 목숨에 위협을 받는 자신의 상황에 대해 비통함을 느꼈다. 하지만, 그는 무엇을 어떻게 해야할 지 알 수 없었다. 아니, 설령 알았다해도, 그럴만한 용기도 힘도 부족했다. 그는 계속해서 몸과 마음을 수련하고 어떤 길로 나아가야 할지 스스로에게   물었다. 자신이 가야할 길을 정한 후에도 계속 자신이 가는 길이 맞는 길인지 의심해보았다. 하지만 결국 그 길은 맞는 길이었고, 그 앞에 닥친 수많은 시련들과 방해를 견뎌내고 결국 나라를 바꾸는데 성공했다.

두 개의 글 중 어떤 쪽이 더 재미있나요? 제가 글을 재밌게 쓰는 재주는 없어서 둘 다 재미없었을 수도 있지만, 〈글 2〉가 더 서사적이고 굴곡이 있죠! 이것에는 모두 동의하실겁니다.

그렇다면 어떤 점에서 두 글의 차이점이 생기는 것일까요? 첫번째 글은 목표를 향한 직진형 이야기라면, 두번째 글은 목표를 향해 가지만 그 목표가 맞는 목표인지 의심도 해보고, 여러 굴곡이 있는, 곡선형 이야기라고 볼 수 있겠죠. 그렇다면 우리가 써야 할 자기소개서는 둘 중 무엇일까요?

눈치채셨겠지만, 바로 후자입니다. 대부분의 학생들은 전자에 가깝게 쓰려고 안간힘을 쓰죠. 많은 사람들이 원인과 결과, 목표만을 중시하면서, 중간에 있는 굴곡들은 무시합니다. 물론 분량의 제한 등 여러 요인들 때문에 어쩔 수 없이 그렇게 글을 써야 하는 상황일 수도 있겠지만 여러분이 항상 명심해야 할 건 결국, 자기소개서도 하나의 이야기라는 것입니다. 자신을 소개하는 이야기라는거죠. 이야기에서 중요한 것은 굴곡입니다. 여러분께 닥치고 재밌는 소설을 쓰라는 것이 아닙니다. 여러분의 갈등과 고민, 여러분 자신의 이야기를 녹여낸 소개서를 쓰라는 것입니다.

제가 대학교에 온 후 모교에서 멘토링을 하던 때였습니다. 한 학생이 저에게 묻더군요.

"저는 신경 경제학을 전공하고 싶은데, 어떻게 해야할지를 모르겠어요! 사실 얼핏얼핏만 알지 신경 경제학이 제가 배우고 싶은 걸 공부하는 학문인지도 모르겠어요!"

아주 좋은 고민입니다. 사실, 학부생인 저조차도 저의 전공에 대해 아직 모르는게 많습니다. 근데 입시를 준비하는 고등학생이 그에 대해 다 안다? 그게 더 이상한거죠. 여러분이 해야할 것은 직접 고민해보고 찾아보고, 다 알지 못하는 것에 대해 의문을 갖는 것입니다. 여러분의 미션은 다 아는 게 아니죠. 만약 여러분이 전공하고자 하는 분야에 대해 다 안다면 대학에서 굳이 그 과를 전공할 필요가 없겠죠! 여러분은 공부를 하기 위해 대학을 가는거니까요. 그러니까 여러분은 모르는 것에 대해 모른다고 적는 것을 부끄러워하면 안되고, 자신이 모르기 때문에 오는 불확실함과 고민에 대해 적는 것을 두려워해서는 안됩니다.

오히려 그러한 고민들과 확신하지 못함이 여러분을 더 단단하게 만들고, 여러분의 전공에 대한 열망을 더 강렬하게 만드는, 설득력 있는 도구가 될 것입니다.

여러분은 그 학문을 전공하기 위해 태어난 사람이 아닙니다. 그 전공을 선택하기까지의 고민과 갈등, 흔들림은 당연한 것입니다. 교수님들 중에서도 자신이 자신의 전공의 길을 가는 것이 맞는 것인지 고민하셨던 분들이 많으시니까요! 이러한 고민들을 녹여낸다면 좋은 자기소개서가 되겠죠?

다음은, 제 이야기입니다. 아주 스펙타클한 갈등은 아니었지만, 친구와 일종의 갈등을 겪은 적이 있습니다. 이를 자기소개서에서 풀어썼는데요, 다음은 제 자기소개서 중 일부입니다.

> **3. 학교생활 중 배려, 나눔, 협력, 갈등 관리 등을 실천한 사례를 들고, 그 과정을 통해 배우고 느낀 점을 기술해 주시기 바랍니다. (1,000자 이내)**

… (전략) … 저는 반장에 당선되었지만, 부반장에 당선된 친구가 "나는 반장만 해봐서 부반장 일은 못할 것 같다"며 저에게 반장 자리를 양보해달라고 했습니다. 저는 그 이야기를 들으면서 당황스러웠고 어떻게 해야 할 지 난감했습니다. 스펙을 위해 반장을 하려던 것이 아니라 고민을 통해 얻은 깨달음을 살려 친구들이 행복할 수 있도록 반을 위해 헌 신하고 그들을 섬기는 반장이 되려던 것이었기 때문입니다. … (중략) … 그 순간 두 가지 생각이 떠올랐습니다. 하나는 한국사 시간에 일제 강점기를 전후해 리더들 간 통합의 실패와 갈 등으로 빚어진 결과를 배울 때 느꼈던 생각 즉, 마음가짐이 중요하지 자리가 중요한 것은 아니라는 생각이었고, 다 른 하나는 그 요구를 받아들이지 않을 경우 발생할지 모를 파장에 대한 염려였습니다. … (중략) … 이렇게 사명감을 가지고 부반장으로 일을 했지만 계속해서 아무데나 쓰레기를 버리고 모든 일을 저를 시켜서 해 결하려는 몇몇 친구들 때문에 힘들기도 했습니다. 그 친구들이 자꾸 저를 이용하려는 것처럼 생각되었기 때문입니 다. 하지만 진정한 섬김의 리더가 되려면 그런 것까지도 수용할 수 있어야한다고 여기고 이겨냈습니다. 이런 경험을 통해 제 자신에게 뿌듯함을 느꼈고, 진정한 협력과 배려는 내가 양보하고 나를 포기하며, 소중한 것과 귀중한 시간까지도 희생할 수 있을 때 가능하다는 것을 깨달았습니다.

누군가와의 갈등이 있는 것. 여러분은 이것이 부끄러우신가요? 물론 부끄러우실 수도 있고, 당연히 갈등을 자랑처럼 말 할 수는 없겠죠. 하지만 그러한 갈등을 겪고 해결하는 과정에서 여러분이 한 단계 성장했다면, 그리고 자기소개서에 그런 모습을 보여줄 수 있다면 충분히 적을 만한 소재가 됩니다.

가끔 학생들의 자기소개서를 보면, 성인군자같은 친구들이 있습니다. 물론 완벽한 모습을 보이려 했다기보다는, 좋은 모습을 우선적으로 쓰다보니 글이 그렇게 쓰여진 것이겠지요. 아무래도 상관은 없지만, 좋은 스토리를 위해서는 때로는 부족한 부분이 발전되는 모습, 갈등이 해결되는 모습을 보이는 것도 중요합니다.

ㄴ. 키워드가 있는 자기소개서가 좋은 자기소개서이다.

아무리 많은 고민들과 갈등들, 그리고 그걸 극복해나가는 화자가 있어도, 중구난방한 글이라면 독자에게 와닿지 않겠죠? 결국 하나의 키워드가 자기소개서 전체를 관통해야 좋은 자기소개서가 됩니다.

또 다시 예를 들어 볼까요? 이번엔 영화로 예를 들어 보겠습니다. 그래도 많이 보셨을법한, 건축학 개론으로 예를 들어보죠.

영화에는 승민(엄태웅, 이제훈), 서연(한가인, 수지), 납뜩이(조정석), 재욱(유연석) 등이 등장합니다. 그들은 각자의 스토리를 가지고 건축이라는 소재로 첫사랑이라는 하나의 키워드를 관통하는 전체적인 스토리를 이루죠. 만약 이들이 자신의 개성을 가지고 각자 다른 스토리를 만들었다면 좋은 영화가 될 수 있었을까요?

예를 들어, 승민은 건축에만 집중하고, 서연은 승민에게는 관심도 없고, 납뜩이는 공부만 하고, 재욱은 서연에게 추파를 던지는데만 집중하고. 만약 그랬다면, 국민 첫사랑으로서의 수지와 국민 첫사랑 영화 건축학 개론은 없었겠죠. 실제 영화에서는 각자의 전공과 재수생활도 조금식 보여지기는 하지만, 모든 이야기들과 인물들이 그 사이에서 하나의 키워드, 결국 첫사랑 이야기로 집중이 되죠.

결국, 여러개의 이야기들이 한 데 어우러져 종합되는 자기소개서가 좋은 자기소개서입니다. 매 항목 별로 각기 놀게 되는 스토리는 종합적으로 봤을 때 좋은 자기소개서가 될 수 없습니다.

그렇다면 어떤 기준으로 키워드를 정해야할까요?

뻔한 얘기겠지만, 자신을 잘 보여줄 수 있는, 자신이 "어떤" 사람이다를 키워드로 정해야 합니다.

가령, 제가 경제학부이니만큼, 경제학부 지망생이라고 가정해보겠습니다.

> 1. 고등학교 재학 기간 중 학업에 기울인 노력과 학습 경험에 대해, 배우고 느낀 점을 중심으로 기술해 주시기 바랍니다.
>
> 2. 고등학교 재학 기간 중 본인이 의미를 두고 노력했던 교내 활동을 배우고 느낀 점을 중심으로 3개 이내로 기술해 주시기 바랍니다. 단, 교외 활동 중 학교장의 허락을 받고 참여한 활동은 포함됩니다.
>
> 3. 학교생활 중 배려, 나눔, 협력, 갈등 관리 등을 실천한 사례를 들고, 그 과정을 통해 배우고 느낀 점을 기술해 주시기 바랍니다.

공통 1, 2, 3번 문항을 가지고 와봤는데요. 보통 많은 학생들이 1번 문항에는 자신이 지원하는 학과 과목에 대해 쓰곤 하죠. 그렇다면 우리도 1번에 경제 공부에 관한 내용을 썼다고 합시다. 2번에는 경제 동아리를 했던 경험을 쓰고, 3번에는 나눔, 협력을 경제와 연관시켜 썼다고 해봅시다.

결국 "경제"라는 키워드로 하나의 자기소개서를 완성한 것이죠. 적어도 이렇게 하나의 키워드로 묶인다면, 중구난방 식의 자기소개서보다는 훨씬 높은 완성도로 느껴질 것입니다. 다만 이렇게 될 경우, 너무 뻔하고 재미없는 자기소개서가 될 가능성이 큽니다. 물론, 고등학교 시절동안 경제 공부를 하면서 스펙타클한 일들이 많았다면, 경제에 관한 자신의 이야기만으로도 엄청나게 재미있고 내용이 많은 자기소개서를 쓸 수 있겠지만, 실상 그러기는 쉽지 않죠.

자 그렇다면 이렇게 해보는 건 어떨까요?

1번 내용에는 역시 경제를 썼다고 해봅시다. 그리고 2번 내용에는 봉사 활동을 썼다고 해봅시다. 그리고 마지막 3번에는 어떤 조직의 장으로서 겪었던 어려움을 헤쳐나가는 과정을 썼다고 하겠습니다.

자 이제 이것들을 한 데 모아 "나는 봉사활동과 갈등 관리를 일을 해내가면서 어떤 사람이 되고 싶다고 생각을 했고, 그런 사람이 되기 위해서는 경제를 공부해야 겠다는 생각이 들었다" 라고 묶는다면, 결국 경제를 공부하고 싶어하는 사람으로서의 여러분을 잘 나타낼 수 있겠죠?

이렇듯, 하나의 키워드로 묶이는 자기소개서가 좋은 자기소개서라고 할 수 있습니다.

ㄷ. 자기소개서 종합

자, 지금까지 좋은 자기소개서란 무엇인지 살펴봤습니다. 개성있는, 자신만의 스토리를 가진 자기소개서, 그리고 그런 스토리들이 하나의 키워드로 관통되는 자기소개서가 좋은 자기소개서입니다.

이 책을 읽고 있는 고등학교 1, 2학년생 또는 중학생 여러분들은 앞으로 저런 스토리를 만들어내기 위해 고민해야겠죠. 인위적으로 만들어내라는 뜻이 아닙니다. 뒤에 생활기록부 파트에서도 얘기하겠지만, 책을 읽고 생긴 의문점, 고민이라든지, 위에서 예시를 들었던대로 다른 친구들과의 갈등이라든지 그런 여러가지 자신의 이야기들을 기록해놓고, 그 이야기들을 어떻게 하면 설득력 있게 풀어 쓸 수 있을 것인지 고민해봐야합니다.

3학년, 또는 N수생의 경우라면, 이미 지나간 이야기들을 되돌릴 수는 없으니, 자신이 공부해왔던 과정, 살아왔던 과정, 인간관계의 과정들을 한번 잘 살펴보시기 바랍니다. 아무리 어리다고 하더라도 삶의 변곡점은 크거나 작게 있기 마련이죠. 그렇기에 자신의 삶을 훑어보면 그 변곡점이 보이게 될 것입니다. 그 부분들을 잘 살려서 좋은 자기소개서를 쓰시길 바랍니다.

[저자의 합격 자기소개서 복원 내용]

1. 고등학교 재학 기간 중 학업에 기울인 노력과 학습 경험에 대해, 배우고 느낀 점을 중심으로 기술해 주시기 바랍니다. (1,000자 이내)

저는 중학교 때부터 경제학과 진학을 꿈꿔왔지만 수요공급곡선도 모르는 채로 고등학교에 입학했습니다. 그래서 1학년 초부터 경제동아리에 들어가 경제 이슈에 대해 보고서를 작성 발표했고, 경제 신문을 구독하면서 경제 현상을 이론으로 이해하는 법을 익혔고, 경제학 책들을 읽으면서 여러 이론들을 접했습니다. 공부를 하다 보니 '인간은 정말 합리 적일까?'라는 궁금증이 생겼습니다. 마침 학교에서 소논문 쓰기 행사가 있어서 저는 조장으로 팀을 꾸려서 이 의문을 탐구해보는 논문을 쓰기로 했습니다. 조사를 해보니 '인간은 비합리적이다.'라는 사실을 주장하는 논문은 이미 많았기 에 비합리적인 존재가 되는 이유를 밝혀보기로 했습니다. 설문지를 만들어서 설문을 하고, 그것을 이론으로 설명하는 방식으로 진행했습니다. 처음 써보는 논문이다 보니 부족한 점이 많았지만, 경제적 선택을 할 때 대인관계나 친분은 영향을 작게 미치고, 가격이나 자아 성취욕 등은 영향을 크게 미친다는 사실을 확인했습니다. 그 후 경제학을 더 깊이 배우고 싶어 SNUON앱을 통해 이준구 교수님의 '경제원론'강의를 들어봤는데 이해하기 어려웠습니다. 마침 경제경시 대회 준비반이 개설되어 선생님의 도움을 받으며 개론 수준의 경제학을 공부하면서, 고등학교 경제의 바탕이 되는 심화된 이론들을 배웠습니다. 그러던 중 경제학을 정말 원해서 하는 것인지 아니면 성적이 받쳐줘서 경제학과에 진학하려는 것인지가 혼란스러워 경제학과 진학에 대한 회의에 빠졌고, 이는 3학년이 되어서도 해결되지 않았습니다. 제 관 심사는 '행복'인데, 경제학은 행복과 안 어울려 보이기도 했습니다. 그러던 중 행복을 경제학적으로 다룰 수는 없을까 하는 생각이 들어서 행복을 다루는 경제학에 대해 찾아봤고, '행복경제학'이라는 분야를 접하게 되었습니다. 그에 관 한 책과 논문들을 읽어보면서, 그것은 아직 발전이 덜 되었으며, 긍정심리학, 행동경제학, 그 밖의 여러 사회과학들을 통섭하여 다룬다는 것을 알게 되었고, 제가 진정으로 공부해야 할 분야라는 확신이 생겼습니다.

2. 고등학교 재학 기간 중 본인이 의미를 두고 노력했던 교내 활동을 배우고 느낀 점을 중심으로 3개 이내로 기술해 주시기 바랍니다. 단, 교외 활동 중 학교장의 허락을 받고 참여한 활동은 포함됩니다. (1,500자 이내)

제 삶의 모토는 훗날 돌아봤을 때 후회하지 않는 삶입니다. 그래서 저는 고등학교 3년을 학교 공부도 열심히 하되, 주 어진 틀에 매이지 않고 다양한 경험과 활동을 하면서 보내자고 결심했습니다. 그 중 가장 기억에 남는 것이 1, 2학년 때 한 봉사동아리 활동입니다. 독거노인 분들을 찾아가 청소도 하고 말동무와 심부름도 해드리는 일이었는데, 자발적으로 하는 것일수록 책임감이 필요하다고 생각해 성실하게 봉사했습니다. 그 때 저에게 가장 큰 울림을 줬던 것은 저 희들의 방문을 달가워하지 않으셨던 한 할머니의 이야기입니다. 할머니께서는 냉난방도 잘 안 되는 집에 사셨는데, 도우미 분도 자주 오시지 않아 진지도 제대로 잡수시지 못하셨습니다. 자식들이 같이 살자고 했지만, 할머니께서는 폐가 될까봐, 또 도시가 무섭고 적응하기 힘들 것 같아 가지 못했다고 하셨습니다. 그 이야기를 들으면서 제 딴에는 부모님께 효도를 하겠다고 하고, 할머니께 봉사를 하겠다고 해도, 받아들이는 사람에게는 그것이 전혀 도움이 되지 않고 오히려 짐이 될 수도 있다는 것을 배웠습니다. 이 경험을 통해 다른 사람을 위해 뭔가를 할 때는 그 사람의 처지와 입장 을 충분히 이해하고, 어떻게 하는 것이 최선의 방법인지 신중하게 검토해서 해야 실질적인 도움이 될 수 있다는 것을 깨달았고, 국가 역시 어떤 정책을 시행할 때는 국민에 대한 충분한 이해를 바탕으로 실질적인 도움이 되도록 해야 한 다고 생각했습니다.

또 하나는 3학년 때 점심시간을 활용해 원어민 선생님과 매일 점심을 같이 먹으며 영어회화 실력을 쌓은 일입니다. 1, 2학년 때에도 수업시간에 나누는 짧은 대화는 가능했지만 긴 대화 또는 깊은 내용을 다루는 대화를 할 때는 제 회화 능력의 한계를 느꼈습니다. 저는 고등학교를 졸업하기 전에 이 문제를 해결해야겠다고 생각해서 이 활동을 시작하게 되었습니다. 처음에는 듣기는 쉬웠지만 말하기는 힘들고 두려웠습니다. 주변 사람들의 눈치도 보였고, 또 능동형과 수동형의 경우처럼 동일한 뜻을 지닌 단어나 문장이어도 맥락에 따라 달리 사용해야 하는데 그렇게 적절하게 어휘를 선택하고 문장을 구성하는 것이 어려웠기 때문입니다. 그럴 때마다 선생님에게 'How can I say ?'라고 물으면서 하나 하나 익혀갔습니다. 그러면서 my father라 하고 our father라고는 안 하는 것처럼 언어는 문화의 영향을 받는다는 것을 알게 되었습니다. 그런 노력 끝에 대화의 어려움이 많이 해결되었고, 지금은 영어로 토론도 하고 외국 영화를 함께 보면서 감상도 나누게 되었습니다. 더욱이 처음 시작할 때 이 활동이 얼마나 지속될 수 있을까 하는 의구심도 있었는데, 지금까지 거의 하루도 거르지 않고 이어왔다는 사실에 제 자신이 기특했고, 회화실력이 크게 향상되고 우리나라와는 다른 미국의 문화에 대해서도 많은 것을 알게 되어 성취감과 보람을 크게 느꼈습니다. 그리고 무슨 일이든지 하고자하 는 열의가 중요하다는 것과 발전을 위해서는 실수를 두려워하지 않는 용기와 오래 참고 견디는 인내심이 필요하다는 것을 깨달았습니다.

3. 학교생활 중 배려, 나눔, 협력, 갈등 관리 등을 실천한 사례를 들고, 그 과정을 통해 배우고 느낀 점을 기술해 주시기 바랍니다. (1,000자 이내)

저는 1, 2학년 때 반장에 출마했었고, 모두 떨어졌습니다. 그 때마다 반장이 된 친구가 일하는 것을 보며 제가 반장이었다면 어떻게 일을 했을지 상상해봤고 반장은 어떻게 일하는 것이 바람직한지 고민을 해봤습니다. 3학년이 되어 저는 반장에 당선되었지만, 부반장에 당선된 친구가 "나는 반장만 해봐서 부반장 일은 못할 것 같다"며 저에게 반장 자리를 양보해달라고 했습니다. 저는 그 이야기를 들으면서 당황스러웠고 어떻게 해야 할 지 난감했습니다. 스펙을 위해 반장을 하려던 것이 아니라 고민을 통해 얻은 깨달음을 살려 친구들이 행복할 수 있도록 반을 위해 헌 신하고 그들을 섬기는 반장이 되려던 것이었기 때문입니다.

그 순간 두 가지 생각이 떠올랐습니다. 하나는 한국사 시간에 일제 강점기를 전후해 리더들 간 통합의 실패와 갈등으로 빚어진 결과를 배울 때 느꼈던 생각 즉, 마음가짐이 중요하지 자리가 중요한 것은 아니라는 생각이었고, 다른 하나는 그 요구를 받아들이지 않을 경우 발생할지 모를 파장에 대한 염려였습니다. 그래서 저는 친구의 요구를 받아들여 반장 자리를 양보하게 되었습니다. 반장을 하려던 동기가 스펙이 아니라 반을 위해 일하겠다는 것이었으 므로 양보할 수 있었습니다. 그리고 이것을 발표할 때도 혹시 그 친구가 비난을 받을까봐 적절한 이유를 찾다가 제가 반장 경험이 없기 때문에 중요한 시기에 친구들이 피해를 입지나 않을까 염려돼서 반장자리를 양보하게 되었다고 말했습니다.

이렇게 사명감을 가지고 부반장으로 일을 했지만 계속해서 아무데나 쓰레기를 버리고 모든 일을 저를 시켜서 해결하려는 몇몇 친구들 때문에 힘들기도 했습니다. 그 친구들이 자꾸 저를 이용하려는 것처럼 생각되었기 때문입니다. 하지만 진정한 섬김의 리더가 되려면 그런 것까지도 수용할 수 있어야한다고 여기고 이겨냈습니다. 이런 경험 을 통해 제 자신에게 뿌듯함을 느꼈고, 진정한 협력과 배려는 내가 양보하고 나를 포기하며, 소중한 것과 귀중한 시간까지도 희생할 수 있을 때 가능하다는 것을 깨달았습니다.

Step2.   생활기록부

1. 좋은 생활기록부란?

앞의 좋은 자기소개서 부분을 읽으셨다면, 대체적으로 어떻게 생활기록부를 작성해달라고 부탁드려야 하는지 감을 잡으셨을 것 같습니다. 선생님과의 많은 대화를 통해 자신이 녹아있는 스토리를 써내는 것이 중요하겠죠! 결국 생활 기록부도 이 학생이 어떻게 생활했나를 기록해야 하는 것이기 때문에, 자소서와 다를바가 없습니다. 더 자세한 얘기는 차차 하도록 하고, 제가 여러분께 가장 말씀드리고 싶은 부분 먼저 써내려가도록 하겠습니다.

ㄱ. 통섭이 있는 생활기록부가 좋은 생활기록부다.

여러분의 경우 이미 문이과가 통합되어 있지만, 저희 때만 해도 그렇지 않았습니다. 그래서 저희 때는 특히 더 통합형 인재, 통섭형 인재가 강조를 받았는데요.

사실 제가 강조하고 싶은것은 어떤 한 쪽에 치우치지 않고 여러가지 모습을 보여주라는 쪽에 속합니다. 자신의 이야기이든, 학문적인 부분이든 말이죠.

자기소개서 파트에서 말한 하나의 관통하는 키워드랑 배치되는 말이 아닌가 하시는 분들도 계실겁니다.

생활기록부에서도 하나의 관통하는 키워드가 필요합니다. 분명히요. 하지만, 하나의 키워드로 관통되는 이야기가 필요하다고 했지, 하나의 소재만을 쓰라고 하지는 않았습니다. 주제와 소재는 다르니까요.

다시 한 번 예를 들어보겠습니다.

자기소개서 파트에서 들었던 예시대로, 자기소개서 1, 2, 3번 문항을 모두 경제에 관한 얘기로 통일시켰다고 해봅시다. 기억이 안나실텐데 가령 1번 문항에서는 경제 공부를 해온 과정, 2번 문항에서는 경제 동아리 활동, 3번 문항에는 나눔과 협력을 경제와 연관시켜 쓰는거죠. 그렇다면 소재도 경제, 키워드(주제)도 경제가 됩니다.

만약, 1번 문항에는 경제를 공부하면서 전공에 대한 회의감과 내적 갈등을 겪었고, 2전 문항에는 봉사활동을 하면서 경제적인 사고로 따뜻한 사회를 만들 수 있을까 하는 생각을 했고, 3번 문항에서는 동아리의 수장으로서 자신의 동아리와 다른 동아리의 상생을 연구하면서 사회에서 말하는 경제적 상생에 대해 썼다고 해봅시다. 이렇게 되면 소재는 경제 공부, 봉사 활동, 그리고 동아리 수장으로서의 경험이 되지만, 키워드는 결국 경제가 되는 것이죠. 이렇듯 소재와 키워드는 다릅니다. 그리고 여러가지 소재의 이야기로 하나의 키워드를 관통할수록 더 다양한 자신의 모습을 보여주면서 핵심적으로 자신이 어떤 사람인지 보여줄 수 있겠죠.

생활기록부도 마찬가지입니다. 생활기록부 교과기록란에 있는 다양한 교과들, 우리가 생활하면서 이야기로 풀어쓸 수 있는 다양한 소재들을 한데 어우러져 쓰면, 그것이 곧 좋은 생활기록부가 됩니다.

자 다시 본론으로 돌아와서 통섭에 대해 얘기해보도록 하겠습니다. 여러분은 결국 다양한 종류의 책과 이야기들로 여러분이 어떤 사람인지 보여줄 수 있어야 합니다. 가장 좋은 방법은 분야를 가리지 않고 다양하게 독서를 하고, 그 내용 사이를 결합하며, 자신의 학문적 키워드를 녹이는 것입니다.

저로 예를 들어 보자면, 사실 저는 경제학부이면서도 행복에 관해 가장 궁금했습니다. 그래서 저의 생활기록부와 자기소개서의 키워드는 행복이라고 할 수 있는데요. 행복을 공부하는데는 여러가지 방법이 있죠. 심리학, 생물학, 뇌 과학, 사회학, 철학 등등. 이 모든 것을 보여줄 수는 없었지만 제가 만약 생물 과목에 대한 책을 읽거나 공부할 때 그 분야가 행복에 어떻게 작용하는지, 예를 들어 아드레날린은 어떻게 분비되는지 책을 통해 공부한다든지 그런 방법을 쓸 수 있었겠죠. 심리학적으로 행복은 어디서 오는지 공부할 수도 있었겠고요. 물론 모든걸 하나의 키워드에 짜맞추려고 하다보면 오히려 어색해질 수 있습니다. 그런 부분들은 적당히, 그냥 자신이 어떤 사람인지 보여줄 수 있을 정도로 서술해주는 편이 좋겠죠. 물론 하나의 키워드로 종합되는 글이 좋은 글이지만, 생활기록부라는 여건상 여러 과목들과 여러 생활들을 적다보면 당연히 그럴 수 없는 부분들이 생길 것이고 그런 부분들까지 일종의 조작을 하는 건 별로 좋은 방법은 아닙니다. 다음 챕터인 진정성에서 조금 더 다뤄보도록 하겠지만요.

키워드에 대해 첨언하자면, 사실, 키워드라는 것이 그렇게 어렵지는 않을 것입니다. 여러분은 각자의 가치관을 가지고 살아가겠죠. 그리고 대개, 그 가치관이 여러분의 꿈과, 그리고 이루고자 하는 전공과 밀접한 관련이 있을 것입니다. 꿈이나 전공은 여러분이 어떻게 살아가겠다는 의지를 내포하고 있기 때문이죠.

미래의 꿈과 전공이 여러분의 가치관과 관련이 있듯이, 현재 여러분의 생활도 당연히 여러분의 가치관과 관련이 있을 수 밖에 없습니다. 여러분의 가치관과 반하는 삶, 또는 가치관이 혼란을 겪고 있는 삶이라면 그대로 자신의 삶에 대한 자신의 고민이 묻어날 것이고, 가치관대로 살고 있는 삶이라면 확신 또는 오히려 오는 불안 등이 있을테죠. 그런 생활의 모습들을 기록하는 것이 생활기록부이기 때문에, 여러분의 가치관이라는 키워드, 그리고 그 가치관에서 오는 꿈과 목표라는 키워드로 묶어서 선생님과 얘기를 나눠보면 좋은 생활기록부가 나올 것입니다.

학문적 통섭에 대해서도 말씀을 드려야겠죠. 사실, 한 과목만 잘해야하는가, 아니면 여러 과목을 다 어느정도 잘해야하는가는 대학별로, 심지어 교수님별로도 다 다를 것이라고 생각이듭니다. 하지만 여러분의 현재 교육과정인 문이과 통합 과정의 목적은 통합형 인재 양성에 어느정도 맞춰져 있다고 봅니다. 그렇기 때문에 더욱 통섭이라는 것이 중요한데요.

결국 포인트는 어느 한 과목에만 집중하지 말고, 조금 더 다양한 과목들을 접하고 공부하고, 그에 관해 고민해보라는 것입니다. 저 같은 경우, 문과임에도 불구하고 수학과 과학, 그리고 예술쪽으로 많은 독서를 했고, 모두 다 기록으로 남겼습니다. 한 학문과 다른 학문을 연결하는 능력, 자신이 재능있는 분야가 아니더라도 공부하는 의지 등은 분명히 가산 요인이 될 것입니다.

ㄱ. 진실성 있는 생활기록부

진실성, 진정성이란 말은 뉴스든 책에서든 많이 보셨을 것입니다. 진정성 있는 사과가 필요하다, 진정성 있는 글이어서 호소력이 짙다. 많이 쓰이는 말이죠. 생활기록부와 자기소개서에서도, 특히 생활기록부에서 중요한 얘기인데요. 바로 예를 들어보며 시작하도록 하겠습니다.

여러분 본인과 친구들의 생활기록부 희망진로란을 봐보시면, 대부분의 학생들이 본인, 부모, 1, 2, 3학년 진로가 모두 동일할 것입니다. 진실이든 거짓이든, 중학교 3학년, 또는 늦어도 고등학교 1학년 때 생긴 꿈이 변하지 않고 3년이나 지속되었다는 것이죠. 물론 긍정적입니다. 확고한 목표를 가지고, 그 목표를 향해 달려간다는 것은 멋진 일이니까요. 하지만, 때로는 (본인들이 생각하는) 완벽한 생활기록부를 위해 거짓말을 하기도 하죠. 자신의 꿈이 부모님이 원하시는 진로와는 다를 수도 있고, 꿈이 중간에 바뀔 수도 있습니다. 진정성있게 하나의 꿈을 향해 달려간 것이라면 모를까, 만약 위에서 말한 것처럼 자기 기준에서의 완벽한 생활기록부를 위해 거짓말을 한 것이라면, 진정성도, 스토리도 잡지 못하게 되는 생활기록부가 되겠죠.

예를 들어 볼까요?

	학생	부모
1 학년	요리사	공무원
2 학년	요리사	공무원
3 학년	호텔 경영학자	호텔 경영학자

  이런 생활기록부가 있다고 해볼까요? 여러분은 이걸 보자마자 무슨 생각이 드나요? "이 학생은 꿈에 대한 줏대가 없구나, 꿈에 대한 확신이 없는 학생이구나." 이런 생각부터 드나요? 물론 그럴 수 있지만, 저는 그것보다는 이 학생의 꿈에 대한 서사부터 그려지네요. 학생이 요리사가 되고 싶었던 이유와 부모님이 학생이 공무원이 됐으면 하는 마음에서 생겼던 갈등, 학생이 했을 고민, 그리고 대화와 타협을 통해 얻어진 새로운 꿈, 이런 것들이 보입니다. 이 학생의 생활기록부가 꾸며진게 아니라면, 굳이 저기서 더 꾸미지 않아도, 부모님과 했던 얘기들, 자신이 혼자 했던 꿈에 대한 고민들, 선생님과 나눴던 이야기와 타협하기 위해 기울였던 노력들, 이런 것들을 종합해서 좋은 생활기록부를 쓸 수 있겠죠. 하지만 아까 말씀드렸던 대로, 많은 학생들이 본인의 기준에서의 완벽한 생활기록부를 위해 진정성을 잃고 내용도 잃기도 합니다. 무조건 3년 내내, 부모님과의 갈등 없이 동일한 꿈, 또는 3년 내내 갈등 없었던 착한 삶이 나쁘다고 말하는 것이 아닙니다. 다만, 그렇게 꾸미기 위해 진정성을 잃는 경우가 생길 수 있으니 주의하라는 것이죠!

반대의 경우도 있죠. 하지 않았던 고민, 읽지 않았던 책들을 기록하기도 하는데요. 특히 그 중에는 읽지도 않은 책을 기록하는 친구들이 많았던 것으로 기록합니다. 하지만 그런 진정성 없는 고민들과 독후감은 결국엔 악영향으로 끼칠 가능성이 큽니다. 일단 일부 전형의 경우 실제로 생활기록부의 내용을 물어보기도 하며, 직접 물어보지 않는 전형에서도 돌발 질문을 하기 때문이죠. 그리고 결국 그런 내용들은 자기소개서 자체의 진실성과 신뢰성을 크게 떨어뜨려 전체적인 학생에 대한 평가가 하락될 수 있습니다.

느끼셨겠지만, 제가 적어놓은 내용을 종합해보자면 결국 하나의 스토리를 만들라는 것입니다.

지금 고3 수험생이신 분들은 보실 수 있겠지만, 고등학교 3학년이 되어 모의고사를 볼 때가 되면 모의고사 성적별 배치표가 나옵니다. 한 배치표에 이렇게 써져있더군요.

"나의 첫 소설, 대입 자기소개서. OOO과 함께해봐."

처음에는 부정적으로밖에 생각할 수가 없었습니다. 소설은 말 그대로 fiction, 허구로 이루어져 있기 때문이지요. 하지만 이제와서 생각해보면, 광고 카피가 무엇을 의미했는지 알 수 있을 것 같습니다. 소설과 같은 이야기의 굴곡을 만들라는 것이었겠죠.

결국 여러분은 여러분의 고민과, 갈등과 행복과 우울, 그 모든 걸 녹여서 여러분의 스토리를 만들어내고, 그 스토리를 잘 전달해야 합니다.

그렇다고 거짓 이야기를 꾸며내는 걸 추천하지는 않습니다. 진정성 있는 글이 호소력 있는 법이니까요. 가장 좋은 방법은 그러한 내적 외적 갈등이 있을 때마다 적어놓고 더 고민하고 미리 글로 써보는것이겠지만, 만약 그렇지 못했다면, 자신의 어릴적 성장환경부터 자신을 이루는 가능한 한 모든 것을 써보세요. 그리고 그 속에 녹아있는 자신의 가치관과 그것이 세상과 부딪히는 것을 보며 이야기를 만들어보세요. 이 책을 읽을 정도의 여러분이라면 대개 공부에 가장 소질이 있고, 적어도 공부로 좋은 대학을 가고 싶어하는 학생일 가능성이 크겠죠. 그렇다면, 남은 기간 동안 이 악물고 조금만 더 버텨보고 열심히 하시길 바랍니다. 공부에 왕도는 없고, 공부를 하면서 모르는 것이 생기는 것은 너무나도 당연한 것입니다. 그러니 여러분, 항상 자신감을 가지고 본인의 길로 공부하셔서, 원하는 결과를 얻으시길 바랍니다. 항상 응원하겠습니다.

07
학생부 종합전형 실전 가이드

신대한
(서울대학교 사범대학 영어교육과 일반 전형, 고려대학교 사범대
학 영어교육과 학교장 추천 전형 합격)

안녕하세요. 서울대학교 사범대학 영어교육과에 재학 중인 신대한이라고 합니다. 저는 2017학년도 대학입시에서 수시 일반전형으로 서울대학교 사범대학 영어교육과 그리고 학교장추천전형으로 고려대학교 사범대학 영어교육과에 합격했습니다. 제가 고등학교 시절 수시, 그 중에서도 특히 학생부종합전형을 준비하면서 가졌던 마음가짐과 참여했던 많은 활동들을 여러분과 나누려고 합니다. 이 책을 읽는 여러분들께서 학생부종합전형을 준비하는데 저의 경험이 조금이나마 도움이 되었으면 좋겠습니다.

Step1. 학생부종합전형 대비를 위한 마음가짐

학생부종합전형 준비를 위한 여러 가지 내용을 본격적으로 말하기 전에 「학생부종합전형 대비를 위한 마음가짐」이라는 주제로 이야기하려고 합니다. 그런데 사실 여기서 말하려고 하는 마음가짐이라는 것은 단순히 학생부종합전형을 준비하기 위한 것에만 해당하지는 않습니다. 고등학교 생활 전반에 있어서 여러분이 마음에 갖고 생활하면 좋은 마음가짐과 태도에 관해서 말하려고 합니다. 그러니 잘 읽어보고 학교 생활하는데 참고하시면 많은 도움이 되리라 생각합니다.

우선, 학생부종합전형이라는 입시전형은 독자 분들도 다들 알다시피 '교과활동'과 '비교과활동'이 맞물려 돌아가는 톱니바퀴와 같습니다. 물론 세부적으로는 '자기소개서'와 '면접' 등의 평가요소도 있지만, 기본적으로는 학생부종합전형으로 대학을 진학하기 위해서는 교과활동과 비교과활동에 집중하는 것이 중요합니다. 왜냐하면 대학 입시에 필요한 자기소개서와 면접은 결국 학교에서 여러분이 참여했던 교과활동과 비교과활동에서 탄생하는 것이기 때문입니다.

그리고 저는 그러한 교과활동과 비교과활동을 위한 학교생활 전반의 키워드로 '성실성', '꼼꼼함', 그리

고 '관심' 3가지를 꼽고 싶습니다. '성실성'은 그 말 그대로 꼼수를 부리지 말고 성실하게 학교생활을 해야 한다는 말입니다. 그런데 성실하다는 것이 단순히 아무거나 열심히 하라는 말은 아닙니다. 여러분 혹시 학습플래너나 다이어리를 쓰고 계십니까?

제가 말씀드리는 '성실성'이란 자신이 스스로 계획을 수립하고 그에 맞추어 최선을 다해 열심히 하라는 말입니다. 그리고 계획을 수립하고 이를 실천하기 위해서는 플래너 혹은 다이어리를 가지고 자기주도적으로 자신이 해야 할 일을 판단하고, 무엇을 해야 하는지 결정해서 열심히 할 일에 임해야겠지요.

'꼼꼼함' 역시 자신이 해야 할 일을 꼼꼼히 하라는 말입니다. 여기서도 앞서 '성실성'처럼 꼼꼼함의 의미가 중요합니다. 학생부종합전형을 위한 활동 — 소위 스펙 — 을 학교나 부모님들이 신경써주실 수도 있습니다. 하지만 활동의 절대적인 부분은 자신이 스스로의 힘으로 관리해야 합니다. 그래서 평소에 학습플래너 등에 꼼꼼하게 자신이 스스로 공부를 어떻게 하고 있는지 관리하고, 어떻게 공부를 해야 할지 계획하는 것이 중요합니다. 더불어, 자신이 참여할 자격이 되는 교내활동에는 무엇이 있는지 꼼꼼하게 체크해서 이를 놓치지 않고 참여하는 것 또한 중요합니다.

방금 눈치를 챈 친구들도 있겠지만, 성실성과 꼼꼼함이라는 키워드에 공통으로 등장한 소재가 '학습플래너'입니다. 네, 저는 무엇보다 학습플래너가 매우 중요하다고 생각하고 또 그 영향력을 직접 경험한 많은 사람들 가운데 한 명입니다. 저는 중학교 1학년이던 2014년부터 학습플래너를 쓰기 시작해 지금까지 7년째 학습플래너를 거의 매일 기록하고 있습니다. 학습플래너를 사용하며 제 스스로 매달의 계획을 미리 세우고, 매일의 계획을 세우고, 이를 스스로 점검하며 하루를 마무리 합니다.

물론 처음에는 학습플래너를 쓰는 일이 무지 귀찮고 싫을 수도 있습니다. 저 역시도 그랬으니까요. 하지만 학습플래너를 쓰는 것이 한 번 습관으로 자리 잡고 나면, 그것만큼 좋은 학생부종합전형을 위한 기록도 없습니다. 여러분이 매일 무슨 공부를 어떤 방식으로 했고, 무슨 대회를 어떤 방식으로 참가했는지 모든 기록이 여러분의 학습플래너에 남아있기 때문입니다.

학습플래너를 쓰는 데 있어서 반드시 따라야 하는 정석은 없습니다. 그러나 한 가지만 말씀을 드리자면 학습플래너는 〈시간계획 + '공부의 양'을 중심으로〉 쓴다는 것을 명심하고 학습플래너를 쓰시라는 것입니다. 절대로 시간의 양이 아니라 여러분이 달성하고 싶은 공부의 양으로 계획을 짜셔야 그저 시간을 때우는 공부를 하지 않을 수 있습니다. 여러분도 어렵겠지만 조금씩 학습플래너를 생활화하면서 여러분만의 학습플래너를 만들어 멋진 학교생활을 해보기 바랍니다.

다시 본론으로 돌아와서 마지막 '관심'은 무엇에 대한 관심을 말하려고 하는지 여러분들도 아시겠죠? 바로, 자신이 진학하고자 하는 전공분야에 대한 관심 그리고 학교에서 개최하는 대회 및 비교과활동에 관한 관심을 말하는 것입니다. 학생부종합전형은 기본적으로 해당 전공에 지원한 학생이 얼마나 전공분야에 적합한지를 판단해 선발하는 전형입니다. 그리고 이를 보여주기 위해서는 평소에 지망하는 전공에 관심을 갖고 공부를 하는 것이 필수적입니다. 평소에 지망하는 전공에 관해 많이 찾아보고 검색해보십시오. 해당 분야에서 논의되고 있는 많은 이슈들을 배울 수 있습니다.

저는 고등학교 생활을 하며 실제로 '성실성', '꼼꼼함', 그리고 '관심'이라는 말들을 마음에 새기고 그에 따라 생활하려고 노력했습니다. 제가 말씀드린 세 가지 단어에 초점을 맞추셔도 좋고, 학교생활을 위한 자신만의 새로운 키워드를 찾으셔도 좋습니다. 열정을 갖고 학교생활을 해보십시오.

그럼 이번엔 좀 더 자세하게 들어가서 학생부종합전형을 위한 고등학교 각 학년별로 가장 큰 과제 그리고 마음가짐이 무엇인지 살펴보겠습니다. 여기서 제가 각 학년별로 단계를 제시하는 것은 혹여 진로를 결정하지 못한 친구가 있거나, 진로는 결정했으나 구체적인 계획이 없는 친구들을 위한 조언입니다. 이미 자신만의 구체적인 진로계획을 확립한 친구가 있다면 제 이야기는 참고정도만 하고 여러분이 계획한 로드맵을 착실히 따라가는 것도 좋을 것 같습니다.

학생부종합전형을 준비하기 위해서 고등학교 1학년은 자신의 관심 분야를 탐색하고, 본격적인 고등학교 공부를 시작하기 위한 디딤돌의 시간으로 삼아야 합니다. 고등학교 1학년 때는 중학교와는 다른 고등학교의 환경 그리고 수업 및 시험 방식 등으로 혼란스러운 친구들이 많을 겁니다. 여러분이 초등학교에서 중학교로 올라갈 때 느꼈던 것처럼 말입니다.

또한 아직 자신의 길을 찾지 못해 힘들어하는 친구들도 있을 것입니다. 그래서 1학년 때는 다양한 책을 읽어보고, 다양한 경험도 해보면서 자신의 흥미와 적성을 찾을 수 있도록 해야 합니다. 가능한 빠르게 자신만의 공부법, 시험 준비 스타일 등을 찾아야 빠르게 고등학교라는 환경에 적응할 수 있고, 대학입시도 준비할 수 있습니다.

무엇보다 여러분의 흥미와 적성을 파악하는 것이 중요한 이유는 학생부종합전형은 지망하는 구체적인 학과가 있을 때와 없을 때 준비 과정의 차이가 많이 나기 때문입니다. 지망하는 학과는 여러분의 학교생활과 입시 준비를 위한 구심점이 될 수 있습니다. 그러니 가능하면 고등학교 1학년 시기에 이를 확립하는 것이 좋습니다.

그렇게 고등학교 1학년을 보냈다면, 2학년은 교과 활동과 비교과 활동의 진정한 시작과 노력의 단계라고 할 수 있습니다. 물론 1학년 때도 다양한 교내외 대회에 참여해서 훌륭한 실적을 거둘 수도 있습니다. 하지만 진정한 학생부종합전형 준비의 시작은 2학년이라고 할 수 있습니다. 그리고 공부도 가장 많이 해서 성적도 가장 많이 올려야하는 시간이기도 합니다. 고등학교 3학년 때는 모든 친구들이 열심히 하는 시기이기도 하고, 올린 성적을 유지하는 것이 최우선 과제인 시기이지 성적을 올리는 것이 최우선 과제인 시기가 아닙니다. 따라서 2학년 때 정말 공부도 많이 해야 하고, 스펙도 열심히 쌓아야 합니다. 지금 글을 쓰고 있는 저도 고등학교 시절을 돌이켜보면 2학년 한 해가 고등학교 3년 가운데서 가장 열심히 많은 일을 했던 시간이었습니다. 공부시간도 가장 많았고, 학업 성적도 가장 많이 올랐고, 그리고 가장 많은 비교과 실적도 얻었던 시간이 고등학교 2학년이었습니다. 이는 아마 2학년이 되면 1학년에 비해 학교생활에 어느 정도 적응도 되고, 나름대로 일들을 어떻게 해야 하는지 눈에 보이기 때문이리라고 생각합니다. 그래서 여러분들도 고등학교 2학년이 되었을 때 교과활동과 비교과활동에 정말 적극적인 자세로 임하는 것이 중요합니다.

마지막으로 고등학교 생활의 가장 하이라이트라고 할 수 있는 고등학교 3학년에 대해 말하고자 합니다. 아마 많은 친구들이 다가오는 고등학교 3학년이라는 시기에 대해 기대와 두려움을 모두 품고 있으리라 생각합니다. 우선 만일 그런 걱정을 마음속에 가지고 있다면 하나하나 열심히 하는 게 최선의 답이라고 말해주고 싶습니다. 본론으로 돌아와서 마음가짐에 대해 이야기 해보겠습니다.

고3은 막바지 준비를 해야 할 때입니다. 1학년이나 2학년처럼 많은 대회를 참여하고 그럴 때가 아니라 핵심적인 교내활동 한두 가지만 참여하고, 공부에 전념하는 것이 무엇보다도 중요합니다. 그렇게만 해도 자기소개서와 면접 준비 등으로 공부 시간을 확보하기 어려워 1학년과 2학년 때 기껏 올려놓은 성적을 유지하기 쉽지 않기 때문입니다. 더군다나 요즘 많은 학생부종합전형에서 수능최저성적을 요구하고 있고, 요구하는 수준도 호락호락하지 않은 경우가 많기 때문에 고3이 되어서도 공부를 절대 손에서 놓아서는 안 됩니다.

특히 수시 서류 접수를 마치고 나서는 모든 것을 기억에서 지우고 공부에 집중하십시오. 서류 접수를 마친 것이지 입시가 끝난 것이 아닙니다. 이를 망각하시면 안 됩니다. 요약해서 말씀드리자면 고3 때는 어느 때보다 내신과 수능을 위한 공부에 더욱 신경을 써야 한다는 것입니다.

아! 그리고 혹시나 모르는 친구들이 있을까봐 덧붙여 말하자면, 3학년은 3월부터 시작되는 것이 아니라 한 해 위 선배들이 수능이 끝난 그 시점부터 3학년이 되는 것입니다. 그래서 11월 말 늦어도 2학년 2학기 기말고사가 끝난 시점부터 고3 생활이 시작된다고 봐야합니다. 그 때부터 단단히 마음먹고 고3 생활 시작하기 바랍니다. 제가 이렇게 말씀드린 학교생활 전반의 마음가짐, 학년별 마음가짐과 과제들을 한 번 살펴보고 학생부종합전형, 더 나아가 학교생활에 도움이 되기를 바랍니다.

앞서 말씀드렸던 것처럼 학생부종합전형은 교과활동과 비교과활동이 맞물려 돌아가는 톱니바퀴와 같습니다. 그래서 Step2에서는 「학생부종합전형을 위한 교과활동 준비」에 관해 이야기해보고자 합니다. 교과활동에 대한 이야기는 크게 공부 방법과 관련된 내용 그리고 학생부종합전형을 위한 기록 및 스펙으로서 교과활동에 대해 이야기 해 나갈 겁니다.

먼저, 공부 방법부터 이야기 해보도록 하겠습니다. 그런데 저는 여기서 보다 효율적인 공부를 위한 조건들을 말씀드리고자 하는 것이지, 특정 과목의 구체적인 공부 방법을 이야기하고자 하는 것이 아니라는 것을 말씀드립니다. 공부에는 왕도가 없다고 생각합니다. 물론 학업 성적이 높은 다른 사람의 공부 스타일을 참고해서 적용해보는 것이 도움은 될 수 있습니다. 하지만 그게 여러분에게 완벽하게 맞는 공부법은 아닙니다.

따라서 진정으로 중요한 점은 여러분 자신에게 맞는 '자신만의 공부 스타일'을 찾는 것이라는 점을 알아두셨으면 좋겠습니다. 그러기 위해서는 다양한 방법을 다양한 방식으로 시도해 보셔야 합니다. 시행착오를 통해야만 여러분만의 새로운 공부스타일이 만들어질 수 있기 때문입니다.

그럼 본격적인 내용으로 들어가 보겠습니다. 먼저, 여러분은 주로 어디에서 공부를 하십니까? 학교가 될 수도 있고, 도서관이 될 수도 있고, 혹은 집 근처 독서실이 될 수도 있겠지요. 저의 경우, 고등학생 때 주로 학교 자습실이나 평일에 제가 공부하는 교실에서 공부를 했습니다. 학기 중 평일에는 적어도 2~3시간, 주말이나 방학 중에는 5~6시간에서 많을 때는 10시간 이상을 학교 자습실에서 공부를 했었습니다. 봉사활동이나 집안일 같은 특별한 일이 없으면 평일이건 주말이건 항상 학교에 있는 제 자리에 가서 공부를 했습니다. 2학년, 3학년 때는 설이나 추석 같은 명절 연휴 때에도 명절 당일을 제외하고는 연휴 내내 학교를 나갔던 기억이 납니다.

여러분들께서도 어디가 되었던 자신만의 공부공간을 정하셨으면 좋겠습니다. 불가피한 일이 아니라면 습관처럼 토요일이건 일요일이건 그곳에 가 공부하도록 하십시오. 다만, 집에서 공부하는 것은 추천하지 않습니다. 저 또한 집에서도 공부가 잘 되리라 생각하고, 학교가 괜히 이유 없이 마음에 들지 않는 날에는 집에 일찍 가서 공부하려고 시도하기도 했습니다. 물론 그 결과야 굳이 말씀드리지 않아도 여러분들께서 아시겠지요. 아무래도 집이라는 공간 자체가 여러분께 워낙 편한 공간이다 보니 자기 스스로 통제할 수 있는 힘이 강하지 않으면 공부에 집중할 수 없습니다. 그러니 집이 아니라 다른 곳에 여러분만의 학습 공간을 마련해서 공부에 집중하시기 바랍니다.

다음으로는 공부 시간으로 넘어가보겠습니다. 공부에는 질도 중요하지만, 공부 시간도 그 못지않게 중요합니다. 당연히 아무 것도 하지 않고 책상 앞에 앉아있는 시간을 말하는 것은 아닙니다. 그냥 단순히 책상 앞에 앉아 있는 시간이 아니라 정말로 집중해서 공부하는 시간 말입니다. 처음부터 책상 앞에 앉아 몇 시간씩 집중해서 공부를 하는 일이 쉽지는 않을 겁니다. 공부도 결국 훈련이니까요. 공부를 안 해본 친구가 곧바로 몇 시간씩 집중하기란 무척이나 힘든 일입니다.

하지만 공부양은 천천히 늘려 나가시면 됩니다. 매일 아침 그날 여러분이 무슨 공부를 얼마나 많이 할지 계획 — 시간이 아니라 분량을 중심으로 — 을 세우세요. 그리고 자투리 시간과 자율학습 시간 등 온전히 여러분만의 공부 시간을 가능한 많이 확보해서 공부해 보세요. 특히 주말이나 공휴일, 방학 등 하루가 온전히 여러분에게 주어지는 경우, 시간을 정말 소중하게 활용하셔야 합니다. 하루 중 자기주도학습을 했던 시간뿐만 아니라 아침에 일어나서 공부하기 위해 책을 처음 펴기까지 얼마나 시간이 걸렸는지도 생각해보세요. 토요일이나 일요일 아침 공부하러 가기 싫을 때, 그 시간을 생각하면 스스로를 움직여 공부하러 가는데 도움이 되리라 생각합니다.

또 한 가지 덧붙이자면 저는 종이를 옆에 두고 늘 쓰면서 공부를 했습니다. 쓰면서 공부하게 되면 공부에 더 집중하게 되고, 자신이 공부를 얼마나 했는지 물리적인 결과로 볼 수 있기 때문에 성취감도 더 높습니다. 시험 서술형 문항을 대비할 수 있다는 사실은 말 할 필요도 없는 장점입니다. 사실 쓰면서 공부하는 것의 효과는 제가 강조하지 않아도 이미 많은 매체에서 다룬 바 있기 때문에 굳이 여기서 더 자세히 적지는 않겠습니다. 다만, 저 역시 쓰면서 공부하는 것이 정말 많은 도움이 된다는 사실을 많이 느꼈기에 여러분께서도 쓰면서 공부해보기를 추천합니다.

아무리 학생부종합전형이 여러분의 활동을 평가하는 입시전형이라고 해도 기본적인 내신성적과 수능성적이 뒷받침되지 못하면 서류전형과 수능최저성적을 통과하지 못하게 됩니다. 그러니 너무 스펙을 쌓는 데만 치중한 나머지 공부를 소홀히 하지 마시고, 공부도 비교과활동과 균형을 맞춰서 열심히 하시기를 바랍니다. 언제나 학생의 최우선 과제는 공부라는 사실을 명심하십시오.

이제 학생부종합전형과 관련해서 교과활동을 말해볼까 합니다. 학교생활기록부에서 여러분의 학업적인 능력이나 교과에 대한 흥미를 가장 잘 드러내어 보여줄 수 있는 영역이 어쩌면 '세부능력 및 특기사항'이 아닐까 생각합니다. 이 항목은 그 이름을 통해서도 잘 알 수 있듯이 특정 교과에서 학생의 세부능력과 특기사항을 500자 이내로 기록하는 곳입니다. 그러므로 어떤 과목의 수업시간에 여러분이 얼마나 열심히 참여했는지, 교과목의 내용을 기본적으로 얼마나 잘 이해했는지, 그리고 이해된 내용을 바탕으로 스스로를 성장시키기 위해 이를 응용해 얼마나 노력했는지를 보여줄 수 있어야 합니다.

특히 평소에 공부하면서 관심 있었던 부분이나 의구심이 생겨 더 공부해보고 싶은 부분, 여러분이 지망하는 전공 분야와 관련된 주제를 여러 가지 구상해보고 그 가운데 하나를 선택해 간단한 수준이라도 짧게나마 보고서를 써보는 것이 많은 도움이 됩니다. 생활기록부에 기재하기 위해서 가치도 있겠지만, 그보다도 여러분의 역량을 키우는데 정말 여러모로 가치가 있는 활동입니다.

사실 이 항목에 들어갈 내용을 결정하는 것은 전적으로 교과 담당 선생님의 고유 권한입니다. 하지만 한 분의 선생님께서 수업시간에 만나는 모든 학생의 세세한 특징을 기억하시는 데에는 한계가 있기 때문에 대부분의 선생님들은 학기말이 되면 특기사항에 기재할 만한 내용을 적어서 제출하라고 하십니다. 이 때, 여러분이 한 학기 동안 그 과목을 공부한 방식과 내용, 그와 더불어 한 단계 더 발전시켜 자신만의 방법으로 연구한 내용이 있다면 적어서 제출하면 됩니다. 해당 교과목에 대한 자신의 관심을 보여준다고 생각하는 겁니다. 자신이 희망하는 전공과 관련된 과목이라면 그 내용을, 전공과 관련 없는 과목이라면 그 과목을 공부한 내용과 추가로 자기 전공과 공부를 연관 짓는 것도 좋습니다.

말로만 설명을 드리면 너무 어려울 테니, 예시를 들어서 보여드리겠습니다. 지금 보여드리는 예시는 실제 학교생활기록부 기재 사례를 바탕으로 제가 다시 적은 내용입니다. 어디까지나 참고만 하시길 바랍니다.

> 학급의 실장으로 면학 분위기 조성에 힘쓰며 성실한 수업 태도가 돋보이는 학생임. 신라의 삼국 통일, 고려의 대몽항쟁 등을 학습하며 동아시아사 그리고 세계사적인 관점에서 여러 나라의 역사적 상황과 한국사를 관련지어 더욱 폭넓게 이해하려는 모습을 보임. 평소 역사드라마와 역사영화와 같은 역사재현물을 통해 역사를 만나기를 즐겨해 역사에 대한 흥미도가 높음. 수업시간에 학습한 사실과 지금까지 드라마 및 영화에서 시청한 내용을 사실과 허구로 비교 분석하여 비판적으로 그 내용을 수용하는 태도가 인상적임. 사범대학에 진학하기를 희망하는 학생으로 삼국시대부터 고려시대, 조선시대, 그리고 개항 이후 교육기관 및 교육과정의 변천과정에 대해 공부해보고, 이를 통해 현대교육이 어떻게 발전할 수 있을지 고민해 봄. 또한 그에 대한 학술보고서를 작성해 교내 소논문 발표대회에서 이를 발표함. 한국사에 대한 이 같은 관심을 바탕으로 2017학년도 제3차 교내 학력경시대회 한국사 부문에 응시하여 좋은 성적을 거둠. (『한국사』 세부능력 및 특기사항)

다시 한 번 말씀드리지만 제가 보여드린 저 내용은 실제 기재 사례 중 하나를 각색한 것입니다. 절대 저 내용을 그대로 제출하시면 안 됩니다. 제가 설명 드린 내용과 예시로 보여드린 내용을 함께 살펴보면 무슨 말씀인지 보다 더 잘 와 닿으리라 확신합니다. 세부능력 및 특기사항은 여러분이 실제로 했던 것들 가운데서 취사선택한 뒤, 그 활동내용을 요약 정리해서 제출하셔야 합니다. 내용을 잘 참고해서 교과담당선생님과 상담한 후 세부능력 및 특기사항 기재에 참고하시길 바랍니다.

그리고 마지막으로 드릴 말씀은 학생부종합전형에 있는 수능최저등급을 대비해 수능 공부도 열심히 하시라는 것입니다. 그리고 수능최저등급 뿐만 아니라 입시 최후의 보루인 정시를 위해서도 수능 공부 열심히 하셔야 합니다. 실제로 수시에서 하향지원해서 무조건 합격할 것 같으니 수능 최저 등급만 맞춰서 대학을 가겠다고 결심한 많은 학생들 가운데서 몸이 아프다거나 지나치게 긴장했다거나 하는 등의 예상치 못한 변수로 인해 수능 최저 등급을 맞추지 못하고 대학 진학에 실패한 경우가 매년 있습니다. 이 경우, 수시합격이 날아간 것은 물론이고 정시로도 원하는 수준의 대학에 진학하기는 어렵겠지요. 그러니 수능 최저 등급이 아니라 그냥 수능시험에서 가능한 최고의 성적을 얻으리라 다짐하시고 공부에 임하시는 것이 좋습니다. 수능 시험 공부가 결국 내신 시험공부의 연장선상에 있기 때문에 두 가지가 다르다고 생각하지 않고 공부하시면 좋을 것 같습니다.

그리고 3학년 9월이 되어 수시지원을 모두 끝마치면 '수시지원'이라는 단어 자체를 여러분 머릿속에서 지우십시오. 수시에 관한 내용은 모두 잊어버리고 수능 준비에 착실하게 몰두하십시오. 그래야 수능에서도 후회하지 않을만한 성적을 거둘 수 있습니다. 인생에 한 번 뿐인 수능인데 좋은 성적 받으면 좋지 않겠습니까? 꼭 수시뿐만 아니라 수능에서도 여러분 스스로 만족할 만한 좋은 결과 거두시기를 바랍니다.

Step3. 학생부종합전형을 위한 비교과활동 준비

그럼 지금부터 학생부종합전형의 꽃이라고 할 수 있는 '비교과활동'을 어떻게 준비할 수 있을지 이야기해보도록 하겠습니다. 학생들이 참여할 수 있는 비교과활동에는 정말 다양한 것들이 있지만, 여기서는 학교생활기록부에 있는 영역들, 즉 창의적 체험활동과 독서활동 등을 중심으로 살펴보도록 하겠습니다. 여러분이 충실한 학교생활을 바탕으로 학생부종합전형 입시를 준비할 수 있도록 말입니다. 학교생활기록부에 기재되는 이 항목들도 기본적으로 담임선생님 또는 교과담당선생님께서 기재하시는 항목입니다. 그러니 원하는 내용이 있거나 선생님께서 적어서 제출하라고 하실 경우, 다음 내용을 참고해 제출하셔서 남들과는 다른 여러분만의 스토리가 담긴 생활기록부를 만드시면 됩니다.

우선, 창의적 체험활동 중 '자율활동'을 알아보겠습니다. 여러 친구들이 알고 있듯이 수학여행, 현장학습 등 학교의 주요 행사가 자율활동에 해당합니다. 학급회나 학생회 등의 학생자치활동 역시 자율활동에 해당하는 비교과활동입니다. 그런데 학교생활을 하다보면 느끼겠지만 1년 동안 학교에서는 정말 많은 행사가 이루어지게 됩니다. 3월 신입생들이 처음 교정에 발을 디디는 입학식부터 3학년들이 졸업을 하게 되는 졸업식까지 모두가 다 학교의 행사입니다.

그런데 그 많은 행사들을 과연 자율활동에 모두 빠짐없이 빼곡하게 적는 것이 관건일까요? 아니, 과연 모두 다 적을 수 있기나 할까요? 경제학 또는 경영학을 전공하고 싶은 생각이 없는데 금융교육을 자세하게 적는 것이 큰 도움이 될까요? 절대적으로 아니라고 할 수는 없지만 큰 도움이 되지는 않을 것 입니다. 그렇게 하는 것은 오히려 정말 여러분 자신에게 필요한 활동을 제대로 적지 못하는 결과를 가져오게 됩니다. 차라리 4~5가지 주요 활동을 길고 자세하게 기술하는 편이 훨씬 낫습니다. 그러니 자율활동에 적을 내용을 구분할 때는 그 활동들이 여러분에게 중요한 의미를 가지는 것인지, 학교에서 실시하는 중요한 행사인지, 그리고 정말로 여러분이 배운 것이 있는 활동인지 등에 초점을 맞추어 생각해보셔야 합니다.

자, 그리고 어떤 내용을 적을지 판단했다면, 그 내용을 어떻게 적는 것이 좋을지 이야기해보도록 하겠습니다.

> - 입학식(2017.03.01.)에서 선후배간의 만남을 통해 교칙을 지키고 예의바르게 학업에 매진할 것을 다짐함.

어떻습니까? 입학식에 참가했다는 사실 말고는 아무런 재미도 감동도 없는 그런 내용입니다. '입학식을 참석했는데 그래서 뭐?' 정도에서 끝입니다. 전형적으로 생활기록부 기재에서 지양해야하는 모습입니다. 그렇다면 아래는 어떻습니까?

> - 2017학년도 1학기 학급회 반장으로서 경기도 용인 일대에서 진행된 간부수련회에 1분임 팀장으로 참가하여 학급임원이 갖춰야 할 리더십을 기르고 1년간 전교학생회를 어떻게 운영하면 좋을지 회의에 적극적으로 참여함. 1분임의 토의 안건이었던 '학교폭력 근절 및 흡연 예방 빙안'에 대해 팀장으로 토론을 주도하고 이에 대한 결과보고서를 다른 임원들 앞에서 발표함.

물론 글자의 수는 전체 글자 수와 다른 항목들을 고려하여 조정해야 합니다. 제가 드리고 싶은 말씀은 주어진 분량 안에서 가능한 이렇게 자세하게 적으셔야 한다는 것입니다. 생활기록부 자율활동이 글자 수가 적어서 많은 활동을 담을 수가 없습니다. 그래서 다시 말하지만 중요한 내용을 선별하고 그에 대해 보다 더 자세히 담으려고 노력하셔야 합니다. 그리고 사실 어떤 활동을 정확히 자율활동 혹은 진로활동으로 구별하려고 애쓰는 것은 크게 중요하지는 않습니다. 그러니 어떤 활동이 어느 항목에 들어가는 행사인지 잘 구별이 가지 않는다면 선생님께 여쭤보되, 여러분의 상식선에서 구별해서 적절히 분량을 분배해 적으셔도 괜찮습니다.

창의적 체험활동에는 '동아리활동'도 있습니다. 생활기록부에 기재 가능한 동아리에는 두 가지 종류가 있습니다. 학교 동아리활동 시간에 이동해서 참여하는 정규동아리와 뜻이 맞는 친구들이 함께 조직하고 지도선생님을 초빙해서 허가를 받은 자율동아리로 말입니다. 저는 워낙 여러 가지 활동을 하는 것을 좋아했던 터라 정규동아리를 포함해 보통 3~5개 정도의 동아리에서 활동을 했었습니다.

1학년 때는 교내 Compassion 봉사동아리에서 기획을 맡아서 활동했었고, 2학년부터는 제가 친구들과 조직한 영어토론동아리에서 회장으로 졸업 때까지 활동했습니다. 그 이외에도 또래상담반, 교내 환경미화 봉사동아리, 국토답사동아리, 플로어볼 스포츠동아리 등의 자율동아리에서 많은 것들을 공부하고 배울 수 있었습니다.

아마 이 책을 읽으시는 여러분들의 학교에도 수많은 동아리들이 있으리라 생각합니다. 며칠 전, 뉴스에서 한 학교에 운영되고 있는 동아리의 수가 100개가 넘는 경우도 있다는 사실을 봤습니다. 그래서 학생부종합전형을 고려해봤을 때, 어떤 동아리에 가입해 활동하는 것이 좋을 지부터 살펴보겠습니다. 먼저, 스펙을 위한 욕심으로 지나치게 많은 동아리에 가입해서 활동하시는 것은 절대 금물입니다. 그래서 일반적으로 필수로 하는 정규동아리 1개와 자율동아리 2~3개 정도가 적당합니다. 물론 굳이 자율동아리에 가입해서 활동하실 필요는 없습니다. 하지만 본인의 성장에 도움이 되는 동아리가 있다면 가입해서 활동 하는 것을 추천합니다.

정규동아리는 여러분이 지망하는 전공과 관련된 동아리를 선택해서 들어가시는 것이 좋습니다. 이를 통해 전공적합성을 보여주거나 자기소개서에 쓸 만한 에피소드를 만들 수 있기 때문입니다. 꼭 학생부 종합전형 때문만이 아니라도 여러분이 들어가고 싶어 하는 학과에 관심이 있는 다른 친구들과 함께 공부할 수 있기 때문에 많은 도움이 되는 일입니다. 지망하는 학과가 없다면 여러분의 학업적인 흥미를 따라서 동아리에 들어가는 것도 좋습니다.

자율동아리의 경우 지망 전공과 관련되어서 정규동아리를 보충해줄 수 있는 동아리를 선택하시면 됩니다. 인문학이나 고전 연구, 독서토론 등 학교 수업에서는 배울 수 없는 것들을 배울 수 있는 동아리나 축구나 농구, 영화감상, 요리실습 등 예체능과 관련된 동아리가 좋습니다. 입시 준비에도 정말 많은 도움이 되고, 입시를 떠나 보다 재밌고 다양한 분야를 접해볼 수도 있기 때문입니다.

동아리에 가입하고 나서는 열심히 활동하셔야 하는 점은 당연하고, 활동하신 내용을 평소에 기록으로 자세하게 남겨두셔야 합니다. 그렇게 남긴 기록을 바탕으로 학기말 또는 학년말에 담당선생님께 활동 내용을 정리해서 제출하셔야 생활기록부에 기재가 가능합니다. 동아리활동 란은 500자 정도의 분량으로 기재가 가능한데 동아리 하나 당 500자가 아니라 모두 합쳐서 500자이므로 분량 조절을 잘 하셔야 합니다. 분량을 조절해서 각 동아리의 활동 가운데서 가장 내세울 만한 활동을 중심으로 특기사항을 작성합니다. 활동 내용은 간략하게 적고 해당 동아리를 통한 자신의 성장 과정을 적어주셔야 하는데, 자신만의 특색을 보여줄 수 있는 색다른 내용을 적어야 합니다. 가령, 해당 동아리 운영에 자신이 어떤 안건을 내서 변화를 가져왔다거나 하는 이야기 말입니다. 그리고 생활기록부에 적지 못한 내용도 후에 자기소개서 등에서 활용할 수 있으므로 잘 간직해두시기 바랍니다.

다음 '봉사활동' 란은 여러분이 1년 동안 했던 봉사활동에 관한 특기사항을 기재할 수 있는 자리입니다. 사실 봉사활동에 관한 내용은 생활기록부보다 자기소개서에서 더 크게 활용이 가능합니다. 그래도 봉사활동에 관해 이야기하자면, 먼저 자신의 전공과 관련된 봉사활동이 있다면 당연히 참여하시는 게 도움이 됩니다. 영어교육을 전공하고 싶었던 저의 경우 사회복지법인 한국컴패션에서 편지번역봉사활동을 다 년간 했었는데, 이 활동이 입시는 물론이거니와 영어공부에도 많은 도움이 되었습니다.

그런데 자신의 전공과 관련이 있는 봉사활동을 찾는 것이 쉬운 일은 아닙니다. 따라서 여러분은 한, 두 가지의 봉사활동을 꾸준히 하는 것에 더욱 집중하셔야 합니다. 그리고 봉사활동수기발표대회나 스피치 대회 등이 있다면 친구들 앞에서 자신의 봉사활동 경험을 발표해보는 것도 색다른 스펙이 될 수 있습니다. 많은 학생들이 자신이 봉사활동을 하는 데에는 집중을 하면서도, 그런 좋은 봉사활동을 많은 친구들에게 전달해보는 일은 드물기 때문에 색다른 경험이 될 수도 있습니다.

그 후, 자신이 봉사활동을 하게 된 자신만의 이야기, 어떤 봉사활동을 했는지 구체적인 이야기, 봉사활동을 통한 자신의 성장(전공과 관련이 있는 성장이라면 더 좋겠지요?) 등의 이야기를 생활기록부에 기록으로 남겨주셔야 합니다. 결국 학생부종합전형은 여러분 손에 남아있는 3년의 기록을 바탕으로 다른 학생들과 경쟁하는 것이기 때문입니다.

창의적 체험활동의 마지막은 '진로활동'입니다. 진로활동 역시 학교의 행사를 중심으로 적는 칸인데, 그 여러 활동 가운데서도 여러분의 진학 및 진로와 관련된 활동을 적는 칸입니다. 예를 들어, 명사초청강연, 국토답사, 교내학력경시대회, 학술대회 등이 이에 해당한다고 할 수 있습니다. 그런데 진로활동에 여러분의 특기사항을 적을 때는 다른 어느 항목보다 여러분의 변화를 중심으로 적어주셔야 합니다. 그런데 일반적으로 많은 학생들이 비슷비슷한 활동을 많이 하기 때문에 행사에 참여해서 어떤 활동을 했는지, 그 행사에서 무엇을 발표했는지 등의 준비과정과 참여내용은 핵심적인 내용을 중심으로 간략하게만 적으시면 됩니다. 하지만 그에 대한 소감은 모든 학생들이 다르게 나올 것입니다. 따라서 가능한 진솔하면서도 독창적인 여러분의 소감을 적어주시는 게 관건입니다. 이는 선생님께 제출하기 전에 오랫동안 고민해보고 적으셔서 제출하셔야 하는 부분입니다.

진로활동 자체가 여러분의 진로·진학에 연관된 내용을 적다보니 전공적합성을 직간접적으로 드러낼 수 있는 매우 좋은 공간입니다. 전공과 관련된 학술보고서를 적어서 발표했다거나 어떤 교내대회에 참여해서 무엇을 배웠다고 말하는 것이 바로 그에 해당합니다. 그러므로 진로활동에 들어갈 내용을 적을 때는 여러분의 여러 활동을 보다 깔끔하게 정리해서 주요 내용을 중심으로 기재하시기 바랍니다.

저의 경우, 교내경시대회와 학술제, 그리고 참여했던 다양한 규모의 토론대회들을 중심으로 생활기록부에 기재했었습니다. 특히 학술제에서 제가 작성한 학술보고서와 토론 부문, 골든벨 부문을 중심으로 서술했던 내용들은 후에 자기소개서와 면접 준비에도 많은 도움이 되었습니다. 수상 기록만을 내세우는 것도 하시면 안 됩니다. 수상 실적 보다 그 내용과 과정, 배운 점들을 더욱 강조해서 적으십시오.

그런데 창의적 체험활동 말고도 여러분이 신경 써야 할 내용이 한 가지 더 있습니다. 바로, 여러분의 독서경험을 가장 잘 보여줄 수 있는 '독서활동 상황'입니다. 학생부종합전형 초창기보다는 입시에서 이 부분의 중요성이 다소 떨어지기는 했지만, 그래도 여전히 학생부종합전형에서 매우 높은 중요성을 차지하고 있습니다.

여러분이 고등학교 시절 읽게 되는 책은 크게 두 종류로 구분할 수 있습니다. 교양도서들과 전공분야 관련 도서들입니다. 생활기록부에 기재하는 책의 양은 교양도서와 전공분야에 관련된 도서들을 모두 합쳐서 10~15권 정도면 충분할 것 같습니다. 그 이상의 책을 읽는 것은 여러분의 선택이지만, 그 이상의 책을 생활기록부에 '기재'하는 것은 허용된 분량을 고려할 때 오히려 좋지 못합니다.

교양도서의 경우 이 때, 관심 있는 분야의 교양 도서들을 중심으로 읽되, 다른 여러 분야의 책도 정말 다양하게 읽어보시는 편을 권합니다. 역사, 문학, 철학, 과학 등 여러 분야의 베스트셀러와 스테디셀러를 읽어보는 것이 여러분의 성장에 많은 도움이 됩니다. 학생부종합전형 면접 문항 준비에 도움이 되는 것도 당연하겠지요. 그리고 무슨 책을 읽어야할지 모르겠다면 책을 파는 온라인서점이나 대학교 홈페이지에 들어가 보십시오. 요즘은 사람들이 어떤 책을 많이 읽는지 그리고 주로 많은 사람들이 읽는 책은 무엇인지 찾아보십시오. 대학교 홈페이지에서는 해당 대학 학생들이 많이 읽는 책은 무엇인지 또는 해당 대학 지원자들이 많이 읽어본 책은 무엇인지 알 수 있습니다.

전공분야에 관련된 책도 여러 권 읽어봐야 하는데 쉬운 수준의 책에서 어려운 수준의 책으로 나아가면서 읽어보면 도움이 됩니다. 특정 분야의 책을 인터넷 검색만으로 찾기는 어려울지도 모릅니다. 이럴 때는 여러분이 지망하는 대학의 지망하는 학과, 아니면 어느 대학이던 지망하는 학과의 홈페이지에 들어가 교수님들의 프로필을 살펴보시면 교수님들께서 쓰신 책들을 볼 수 있습니다. 그 책들 가운데에서 여러분 수준에 맞는 책을 골라 읽어나가십시오. 그리고 중간에 진로희망이 바뀌어도 괜찮습니다. 새로운 분야의 책을 읽어나가면 됩니다. 전공 관련 분야의 책을 읽는 것은 입시 스펙 준비와 전공탐색의 측면 모두에서 도움이 되는 일이니 꼭 전공 분야 책을 접하셨으면 합니다.

생활기록부 독서활동 상황은 책을 골라서 읽는 것도 중요하지만, 읽은 책을 생활기록부에 어떻게 입력할 것인가 하는 문제도 중요합니다. 독서활동 상황에는 '공통' 영역과 '교과별' 영역이 있는데 적고자하는 책이 특정한 교과목과 관련짓기 어려운 경우나 일반적인 경우에는 '공통' 항목에 1000자 이내로 기재하면 되고, 특정 교과목과 관련이 있다면 해당 교과목 영역에 독서활동 상황을 기록하시면 됩니다.

기록할 내용을 담임선생님 또는 교과담당선생님께 제출할 때는 책의 제목과 저자를 기록하고, 반드시 책의 줄거리가 아닌 여러분의 이야기를 적으셔야 합니다! 왜 그 책을 읽었으며, 무엇을 배웠고, 책을 읽고 어떤 특색 있는 활동을 했다면 — 예를 들어 그 책을 바탕으로 학술보고서를 썼다거나 독서토론대회에 참가했다고 하는 내용 — 그것까지 기재하시면 됩니다. 서류를 검토하는 대학 관계자분들은 여러분의 이야기가 궁금하지 책의 줄거리가 궁금한 분들이 아닙니다. 여러분이 무엇을 배웠는지를 알고 싶어 하시는 것입니다. 특히 전공 관련 도서의 경우 잘못된 내용을 절대로 적지 않도록 내용을 기재할 때 신중을 기해서 작성하시기 바랍니다.

그런데 무엇보다 독서는 다른 모든 것을 떠나서 그 자체로 여러분을 성장시켜줄 수 있는 스승입니다. 저는 고등학교 시절 평균적으로 한 달에 적게는 2권 많게는 3~4권 정도의 책을 읽었던 것 같습니다. 읽은 책의 숫자가 중요한 문제는 아니지만, 지금 돌이켜보면 너무나 적은 숫자가 아닐 수 없습니다. 그래서 지금은 제가 만나는 많은 동생들과 후배들에게 책을 많이 읽으라는 이야기를 해줍니다. 물론 저역시도 가능한 책을 많이 읽으려고 노력합니다. 그러니 여러분들께서도 많은 책을 접하고 읽어보셨으면 합니다.

Step4. **학생부종합전형을 위한 자기소개서 및 면접 준비**

학생부종합전형으로 신입생을 선발하는 전국의 많은 대학에서는 지원하는 학생들에게 자기소개서를 요구합니다. 그리고 1차 서류전형이 통과되면 마지막 시험으로 면접을 보게 만드는 대학도 많습니다. 저 역시도 서울대학교와 고려대학교에 각각 자기소개서를 적어서 제출했고, 시간과 절차는 상이하지만 마지막 시험으로 면접을 봤었습니다. 물론 면접시험이 없는 대학교도 여러 곳 있습니다.

자기소개서 준비부터 이야기하겠습니다. 맨 먼저 자기소개서는 절대로 한 번에 완성되지 않는다는 것을 알아두십시오. 십 수번을 고치고 또 고쳐야 대학에 제출 할 한 편의 자기소개서가 만들어집니다. 자기소개서를 한 번 적고 나면, 담임선생님과 여러 분이 지원하려는 학과와 관련된 과목의 교과담당선생님을 비롯해 여러 선생님들께 첨삭지도를 받고, 선생님들의 수정사항을 취사선택해서 계속해서 자기소개서를 수정해나가면 됩니다. 여러분도 쉬는시간이나 점심시간처럼 틈틈이 시간이 날 때마다 자주 자기소개서를 읽어보셔야 이상한 부분이 눈에 들어옵니다. 그리고 컴퓨터로 자기소개서를 적을 때는 계속 덮어 쓰기해서 적지 말고, 버전1, 버전2 이런 식으로 새로 저장해 나가십시오. 그렇게 하면 쓰다가 막힐 때 다시 앞부분 버전으로 돌아가서 참고할 수 있습니다. 저도 이런 방식으로 9월에 최종 제출할 때까지 17번째 버전까지 적었습니다.

자기소개서는 결국 여러분의 학교생활의 기록을 바탕으로 해서 주어진 문항에 맞추어 스토리를 누가 얼마나 더 잘 짜느냐하는 문제입니다. 자기소개서 1번부터 3번까지 각 문항의 핵심은 '배우고 느낀 점'을 중심으로 기술하기를 문항에서 요구한다는 사실입니다. 1번 항목은 학업에 기울인 노력과 학습 경험입니다. 그런데 그렇다고 해서 절대로 학교 성적을 어떻게 올렸고, 무슨 공부를 어떻게 했는지 적으라는 말이 아닙니다.

1번 항목은 지원하는 전공과 관련된 교과를 지원자인 여러분이 어떻게 공부했는지 '간단하게' 적고, 그 교과목을 공부하며 얻은 호기심을 발전시켜 자신만의 공부를 한 경험을 적으셔야 합니다. 여기서 자신만의 공부는 학술보고서도 좋고, 토론도 좋고, 친구들을 가르쳐 본 경험도 좋습니다. 교과서에서 벗어난 자기만의 공부를 했다는 것을 보여주라는 말입니다. 다음은 실제 저의 자기소개서 1번 항목의 한 대목입니다.

- 다른 세상을 보여주는 '창'이자 다른 나라의 문화를 만날 수 있는 '문'인 영어를 좋아합니다. 그래서 영어학습에 집중하여 능숙한 회화가 가능하며 번역봉사와 영어일기쓰기를 통해 쓰기실력까지 겸비하고자 노력하고 있습니다. Grey's Anatomy 등의 미국드라마를 반복해 시청하고, 여러 영어원서를 읽고 감상문도 써보면서 다양한 표현을 익히고 즐겁게 영어실력을 키우고 있습니다. 또 주한미국대사관 Youth Leadership Camp 등에 참가해 영어권 국가의 문화를 체험하고 있습니다.

왜 '영어'라는 과목을 좋아하게 되었는지 비유적으로 제시하면서 1번 항목을 시작했습니다. 그리고 간략하게 제가 영어 공부를 어떻게 했는지 적었습니다. 그런데 평범하게 학교에서 영어공부를 어떻게 했다고 말하는 것이 아니라 '나'라는 사람이 어떻게 영어공부를 했는지를 제가 봤던 미국드라마 등 실제 사례를 들며 보여주었습니다. 실제 사례를 구체적으로 언급해주는 것도 중요합니다.

그리고 그 다음으로 나에게는 '영어'라는 과목이 이처럼 즐겁게 공부할 수 있는 과목인데 왜 다른 학생들은 그렇지 않은지 의구심을 가져 더 고민해본 결과를 제시했습니다. 교내 학술제에서 발표를 했던 '우리나라 영어읽기교육의 문제점 및 개선방안에 관한 연구'라는 제목의 학술보고서를 통해서 말입니다. 어떤 과정을 통해 학술보고서를 썼는지 보여주었습니다. 또한 단순히 그 곳에서 그치는 것이 아니라 학술보고서에서 연구한 내용들을 실제로 적용한다고 가정했을 때, 어떻게 교실수업에 적용할 수 있을지 생각해봤다는 내용도 보여주었습니다.

단, 한 가지 유의할 점은 너무 많은 소재를 가져와서 1번을 채우면 글이 산만해보이고 오히려 이도저도 안 된다는 것입니다. 제가 처음 자기소개서 1번 항목을 쓸 때 그런 식으로 적이 학교 선생님께 엄청난 혹평을 받았던 기억이 납니다. 적어도 1번 항목 전체의 70%는 한 가지 주제에 초점을 맞추어 자세히 적는 것이 더 좋습니다. 그리고 1번은 마무리도 중요합니다. 자신이 전공분야와 관련해 공부한 다른 소재를 한 줄 정도 간단하게 적거나, 전공 관련 캠프나 장학금 등 여러분만의 내세울 만한 스펙 및 앞으로의 짤막한 각오로 마무리하면 읽기 좋습니다.

다음 2번 항목은 고교시절 여러분을 대표할 만한 의미 있는 활동 3가지를 적는 항목입니다. 어떤 경우에는 한 가지 활동만으로도 1500자를 채울 수 있을 정도로 많은 노력을 기울인 활동이 있는 경우도 있을 겁니다. 하지만 정말 불가피한 경우가 아니라면 3개의 각기 다른 활동을 각각 어느 정도 비율을 맞추어 2번을 만드는 것이 좋습니다. 그래야 지원하는 대학에 여러분의 보다 다채로운 모습을 자기소개서에서 보여줄 수 있습니다. 3년 동안 고등학교를 다니며 여러 가지 다양한 활동을 했을 텐데, 그 중에서 하나만을 보여주기에는 너무 아까우니까 말입니다.

2번 문항에 들어갈 활동을 고르는 것도 중요하지만 이를 배열하는 것도 그만큼 중요합니다. 활동을 고를 때에는 단기적인 활동보다는 중장기적인 활동을, 전공과 관련이 높아 전공적합성을 보여줄 수 있는 중요도가 높은 동아리활동이나 대회 등을 중심으로 선정하는 것이 좋습니다.

2번에 담고자 하는 3가지 활동을 모두 골랐다면 그것을 어떻게 나열할 것인가 하는 것도 고민해 봐야 합니다. 활동을 나열할 때는 시간 순서대로 나열하거나 활동의 규모에 따라 나열해 여러분의 성장이 어떻게 이루어졌는지 보여줄 수 있도록 하는 것이 좋습니다. 그리고 내용을 적을 때는 전달하고자 하는 내용에 비해 글자 수가 적은 경우가 훨씬 많으므로 특별한 미사여구 없이 직접적인 내용으로 바로 들어가는 편이 좋습니다. 활동의 내용을 바로 적고, 그 활동이 여러분이 지망하는 전공과 관련해 여러분에게 어떻게 도움이 되었는지 적어주어야 합니다.

제가 자기소개서 2번 항목에 첫 번째로 적었던 내용입니다. 2년간 회장으로 활동했던 'Objection'이라는 교내 영어토론동아리를 소재로 적었습니다. 동아리 활동을 하며 회장으로서 어떤 어려움이 있었는지, 그리고 이를 고치기 위해 학교에서 배운 것들 가운데 무엇을 활용했는지 구체적으로 적었습니다. 또한, 앞서 말씀드렸던 것처럼 실제 활동내용(토론 주제)을 언급해주는 것도 매우 좋습니다.

뒤에 첨부한 제 자기소개서를 읽어보면 아시겠지만 2번의 세 가지 항목들이 모두 교육자로서 능력을 기르는데 어떤 도움이 되었는지 서술되어 있습니다. 자기소개서에서 전공적합성을 보여주는 것이 매우 기초적인 부분이라고 할 수 있지만, 의외로 이를 빠트리고 자기소개서 적는 학생들이 매우 많습니다. 여러분들은 자기소개서를 적을 때 이런 점을 절대로 잊지 않고 전공에 대해 여러분이 준비된 사람이라는 것을 보여주기 바랍니다.

학교생활 중 배려, 나눔, 협력, 갈등 관리 등을 실천한 사례를 적으라는 3번 항목에서 많은 학생들은 주로 봉사활동이나 임원활동을 했던 경험을 적습니다. 그런데 문제에서도 볼 수 있듯이 사례를 잘 들어주는 것이 '굉장히' 중요합니다. 그리고 3번에 들어가는 내용은 대부분의 학생들이 유사한 내용을 적으므로 가능하다면 독특한 여러분만의 모습을 보여줄 수 있는 것들로 적어주는 것이 좋습니다.

봉사활동을 적는다면 색다른 봉사활동을 또는 봉사활동을 하면서 겪은 일화에서 얻은 가르침을 적는 식으로 말입니다. 그리고 이 항목 역시 여러분의 전공적합성과 관련지을 수 있으므로 전공과 3번의 내용을 잘 엮을 수 있도록 노력해보십시오. 또는 자신의 배경에 대한 진솔한 이야기를 적는 것도 좋습니다. 저는 3번을 적으며 저의 가정환경에서 이야기를 끌어왔고, 봉사활동을 하며 배운 것들을 토대로 제가 꿈꾸는 교사상을 어떻게 세우게 되었는지 적었습니다.

마지막 4번 항목은 대학자율문항으로 대학마다 자신들이 지원자들에게 궁금한 다른 내용을 물어볼 수 있도록 되어 있습니다. 이 항목을 적을 때에는 대학에서 요구하는 인재상을 중심으로 개요를 구성해서 적어주면 됩니다. 그러기 위해서는 물론 지원하고자 하는 대학의 홈페이지에 게시되어 있는 입시요강부터 꼼꼼하게 살펴봐야겠지요. 만일, 대학에서 국제적인 인재상을 요구한다면 이에 걸맞게 어떠한 공부를 해서 어떤 사람이 되겠다고 적는다거나, 다른 사람과 함께 공부하는 인재를 요구한다면 그에 걸맞은 내용으로 4번 항목을 채워주시면 됩니다. 자기소개서는 가능하면 합격자들의 사례를 보지 않는 것을 권장하지만, 4번 항목의 경우 어떻게 적어야 할지 감이 오지 않는다면 여러분이 지원하고자 하는 대학에 합격한 선배들의 사례를 한 두 번 쯤 읽어보는 것도 괜찮습니다.

자기소개서를 적는 처음부터 너무 글자 수에 맞춰 적으려고 하지 마십시오. 처음에는 개요를 구성해서 하고 싶은 말을 다 적으십시오. 그렇게 하면 대략 허락된 분량의 2배 이상의 글이 나올 겁니다. 그 때부터 말을 다듬고 순서를 수정해나가면 보통 5~6번째 버전을 적을 때쯤 분량이 맞춰지게 됩니다. 그리고 만일 학교장의 허가를 받은 어떤 교외활동을 여러분의 자기소개서에 적고 싶은데 적어도 괜찮은지 잘 모르겠다면 여러분이 지원하려는 대학의 입학처에 전화해서 물어보시면 됩니다. 어색하고 힘들겠지만 그게 가장 빠르고 정확하며 안전한 방법입니다. 그런 지원자의 궁금증을 해결해주라고 있는 기관이 대학 입학처이니 어려워하지 마시고 적극적으로 활용하시기 바랍니다.

지금까지는 자기소개서에 관한 이야기를 했고, 이제는 면접 준비에 관한 이야기로 넘어가 보겠습니다. 솔직히 말씀드리자면 면접 준비는 하루 이틀 만에 할 수 있는 것이 절대로 아닙니다. 이는 평소 학교 다니면서 하셔야 합니다. 학교에서 반 친구들을 상대로 또는 전교생을 상대로 발표할 기회가 있다면 무조건 도전하십시오! 그리고 토론 활동에도 적극적으로 참여하십시오, 동아리활동을 하던 토론대회에 참여하던 여러분의 생각을 말로 표현할 수 있는 경험을 많이 해보면 해 볼수록 면접 준비에 도움이 됩니다.

저도 처음 다른 친구들 앞에서 발표할 때는 무척이나 떨렸습니다. 물론 그 당시 1학년과 2학년 전교생 앞에서 프레젠테이션을 하는 대회라 눈앞에 약 700명이 넘는 학생들이 있었기에 그랬던 것도 있겠지만, 등에서 식은땀이 줄줄 흐를 정도로 긴장을 했었습니다. 이런 경험을 3~4번만 해보면 말을 하면서 겪는 긴장감은 어느 정도 극복할 수 있습니다. 연습이 완벽을 만드는 것입니다.

면접 문제에서 맞닥뜨리게 될 문제는 평소 독서와 뉴스기사를 많이 접해보면서 대비하시면 됩니다. 그래서 제가 앞서 평소 다양한 분야의 교양도서를 읽어보라고 말씀드린 것입니다. 여러분이 독서를 통해 쌓은 지식이 모두 결국 면접에 대비할 수 있는 밑거름이 되는 것입니다. 그리고 면접을 앞두고는 지원하는 대학의 면접 기출문제나 다른 여러 대학의 면접 기출 문제들을 살펴보고, 면접을 준비하는 다른 친구들과 함께 생각을 주고 받으며 면접을 준비하시면 많은 도움이 되리라 생각합니다. 인터넷에 조금만 검색해보면 여러분이 지원한 대학에 합격한 전년도 합격생들의 수기도 찾아볼 수 있으니, 찾아보시면 이 또한 면접 준비에 많은 도움이 되실 것입니다.

아마 면접 당일 그리고 면접을 볼 때 열 명 중 아홉 명의 학생들은 엄청 떨게 되어 있습니다. 저 역시도 마찬가지였습니다. 이 때, 긴장을 해소하는 방법은 간단합니다. 계속해서 심호흡 하십시오. 긴장이 풀립니다. 또한 여러분이 하는 그 싸움을 혼자서 한다고 생각하지 마십시오. 정말 뜬구름 잡는 소리 같지만 여러분이 혼자서 외롭게 싸우고 있는 것이 아니라고 생각하는 것만으로도 심적인 부담감을 조금은 덜 수 있을 것입니다.

그리고 혹시나 너무 긴장 되어서 답이 떠오르지 않거나 문제가 이해되지 않는다면 정중하게 면접관님께 잠시 생각할 시간을 달라고 하시면 됩니다. 어느 면접관님도 이를 거부하시지는 않으실 겁니다. 아울러 제가 대학에 제출했던 자기소개서를 마지막에 첨부하도록 하겠습니다. 자기소개서를 쓰실 때 참고하시되, 참고만하고 여러분만의 자기소개서를 만드시면 좋겠습니다. 자기소개서와 면접 모두 준비 잘 하셔서 학생부종합전형에서 좋은 결과 얻으시길 바랍니다.

[저자의 합격 자기소개서 복원 내용]

합격 자기소개서 신대한 (서울대학교 사범대학 영어교육과 일반 전형, 고려대학교 사범대학 영어교육과 학교장 추천 전형 합격)

Q1. 고등학교 재학 기간 중 학업에 기울인 노력과 학습 경험에 대해, 배우고 느낀 점을 중심으로 기술해 주시기 바랍니다. (1,000자 이내, 띄어쓰기 포함)

다른 세상을 보여주는 '창'이자 다른 나라의 문화를 만날 수 있는 '문'인 영어를 좋아합니다. 그래서 영어학습에 집중하여 능숙한 회화가 가능하며 번역봉사와 영어일기쓰기를 통해 쓰기실력까지 겸비하고자 노력하고 있습니다. Grey's Anatomy 등의 미국드라마를 반복해 시청하고, 여러 영어원서를 읽고 감상문도 써보면서 다양한 표현을 익히고 즐겁게 영어실력을 키우고 있습니다. 또 주한미국대사관 Youth Leadership Camp 등에 참가해 영어권 국가의 문화를 체험하고 있습니다.

그런데 문득 '이렇게 재밌는 영어를 무엇 때문에 흥미를 잃고 어렵게만 느끼는 친구들이 많을까?'하는 문제의식이 생겼고, 어떻게 해야 더 재밌는 영어수업을 할 수 있을지 고민하게 됐습니다.

이를 풀기 위해 영어교육학 책도 읽고 영어선생님과 대화도 나누며 고민한 결과 독해 및 문법 중심의 영어교육이 가장 큰 문제점이라는 생각이 들었습니다. 해결방안 마련을 위해 '우리나라 영어읽기교육의 문제점 및 개선방안에 관한 연구'라는 주제로 탐구했고, 그 결과를 제6회 교내 자기성장 漸步학술제에 제출했습니다.

이를 연구하며 입시 위주의 영어교육으로 인해 평가에 용이한 독해와 문법 중심의 교육이 이루어지고 있다는 점을 재삼 확인하게 되었습니다. 그래서 2018학년도 수능부터 시행되는 영어절대평가를 기점으로 영어가 평가의 부담을 벗어야 한다고 생각습니다. 그리고 학생들의 영어읽기에 대한 흥미를 위해 크라센 교수의 자율독서이론과 인근 중학교의 적용사례를 찾아봤고, 이를 토대로 자율독서를 적용한 교실수업을 구상하여 선생님과 토론해봤습니다.

그 외에도 교육학에 대한 관심을 바탕으로 교원양성체제 개선방안 등에 관한 학술보고서를 썼습니다. 영어와 교육에 대한 그동안의 열정과 노력이 결실을 맺어 한국장학재단 인문100년 장학생에 선정되었고, 진정으로 학생들을 아끼며 학창시절 선생님들께 받은 사랑을 돌려줄 수 있는 마음과 영어교사로서의 지식과 실력을 고루 갖춘 교육자가 되도록 노력하자는 각오를 다졌습니다. (1,000자)

Q2. 고등학교 재학 기간 중 본인이 의미를 두고 노력했던 교내 활동을 배우고 느낀 점을 중심으로 3개 이내로 기술해 주시기 바랍니다. 단, 교외 활동 중 학교장의 허락을 받고 참여한 활동은 포함됩니다. (1,500자 이내, 띄어쓰기 포함)

영어회화능력을 기르고 영어로 사고하는 연습을 하고자 교내 영어토론동아리 'Objection'을 만들고 회장으로서 동아리를 위해 힘썼습니다. 그런데 의도와 달리 회원들 간의 영어실력차가 큰 걸림돌이 되었습니다. 원어민 수준의 실력을 갖춘 회원이 있는 반면, 기본적인 토론표현조차 간신히 구사하는 회원이 있을 정도로 실력 차가 컸기 때문입니다.

어떻게 하면 이를 극복하고 더 재밌는 토론을 할 수 있을까 고민을 거듭했습니다. 그리고 국어시간에 접한 CEDA토론방식을 변형시켜 3~4명씩 팀을 만들고, 총 6팀이 찬성/반대 측의 각 입론과 질의응답, 최후변론을 분담하도록 했습니다. 각 팀에서도 구성원들이 역할을 나누어 더 체계적이고 원활한 토론을 할 수 있었는데, '전면 무상급식 실시'라는 주제를 비롯한 여러 주제로 토론하며 동아리의 취지를 잘 살릴 수 있어 보람이 컸습니다. Objection에서의 경험은 후에 제가 구상하는 영어토론수업을 실현하는데 큰 도움이 될 거라고 생각합니다.

교사에게 논리적인 사고력과 의사전달력이 중요한 자질이라고 생각했고, 이를 위해 영어토론동아리의 경험을 살려 제2회 경상남도 고교생 토론대회(경남교육청), 제1회 흥사단 전국 중고등학생 토론대회 등에 학교대표로 참가하며 그 능력을 길렀습니다.

그 중 '학생대표의 학교운영위원회 참여를 보장해야 한다'라는 주제로 흥사단 토론대회에 참여하며 학교운영위원회에 관해 배울 수 있었습니다. 또한 학생자치의 현주소를 점검하며 엄연한 교육주체인 학생의 목소리가 학교운영에 잘 반영되지 않는다는 것을 알게 됐고, 학생대표의 학교운영위원회 배석과 학생회 예산집행권 부여 등 실질적인 학생자치를 위한 방안을 제시하며 학생자치의 중요성을 인지하게 되었습니다. 그 외 여러 토론대회에서 입상하며 능력을 인정받아 경남교육청이 주최한 대학진학박람회에 초청토론시연을 보였습니다. 이를 통해 사고력과 표현력은 물론 팀장으로서 팀의 의견을 조정하며 다른 사람의 의견도 수용할 줄 아는 균형 잡힌 시각을 갖게 되었습니다.

교내 솔리언 또래상담반 멘토링제 멘토로 활동했습니다. 제가 담당한 멘티는 영어읽기와 듣기능력이 부족했고, 독해 속도도 느려 수업을 따라가기 힘들어 했습니다.

소리 내어 말할 수 없는 단어는 들을 수 없기에 멘티의 영어읽기실력 향상을 목표로 같은 지문을 반복해 읽히고, 글의 구조와 표현, 문법요소를 분석해주었습니다. 글의 구조를 분석하는 능력을 키워줌으로써 독해의 정확도와 속도를 향상시킬 수 있었습니다. 거기에 드라마를 활용한 제 공부법을 적용해 쉬운 드라마를 반복해 보며 듣기학습을 즐길 수 있도록 했습니다. 다행히 멘티도 적극적으로 임해주었고 영어성적을 올리는 성과도 보였습니다.

더 나은 멘토가 되기 위해 아는 것을 점검하고 가르치며, 누군가를 가르치는 일이 내가 배우는 것만큼이나 즐겁고 뿌듯하다는 것을 깨달았고, 가르치는 사람은 늘 배우는 사람의 입장에서 내용을 이해해야하는 것이 중요하다는 점도 확실히 느꼈습니다. 멘토링 경험을 마음에 새기고 더 좋은 교사가 될 것이라고 다짐했습니다. (1,500자)

Q3. 학교생활 중 배려, 나눔, 협력, 갈등 관리 등을 실천한 사례를 들고, 그 과정을 통해 배우고 느낀 점을 기술해 주시기 바랍니다. (1,000자 이내, 띄어쓰기 포함)

1:1 아동결연기구 컴패션을 통해 니카라과의 Wendy를 후원하고 있습니다. Wendy를 후원하며 지구상에는 도움이 필요한 아이들이 많다는 것을 실감하게 되었고, 저의 능력을 발휘하여 그 아이들을 도울 수 있는 방법은 없을지 생각해봤습니다.

그러던 중 한국컴패션의 후원자와 결연아동의 편지를 번역해주는 봉사활동을 알게 됐고, 번역메이트에 자원해 틈틈이 시간을 내어 지금까지 봉사활동을 하고 있습니다. 2년이 넘는 시간동안 약 500통의 편지를 번역하며 다양한 표현을 배우고 영어쓰기실력을 키움과 동시에 후원자님의 따스한 사랑을 늘 접하고 있습니다.

결연아동의 지진 소식에 혹여 다치지는 않았을지 걱정하는 편지, 고사리 손으로 멀리 있는 친구를 보고 싶다고 쓴 편지를 만나며 세상에는 아무런 조건 없이, 대가 없이 사랑을 실천하는 분들이 아직 많다는 사실에 깊은 감명을 받았습니다. 나중에 저 역시 학생들 앞에 서게 됐을 때 아무 조건 없이 학생들을 대해야겠다는 마음을 갖게 되었습니다.

다리가 불편하신 아버지를 보고 자라며 장애인들에게 관심을 가졌고, 중증장애인복지시설 '행복한 남촌마을'에서의 장애이해교육을 계기로 정기봉사활동을 하고 있습니다. 처음에는 제게 거부감을 느끼는 분들이 많았고, 저도 중증장애인분들은 겪어본 적 없어서 힘들었습니다. 그래도 틈나는 대로 자주 방문해 그분들과 친해지려고 노력했습니다.

하루는 한 분과 산책을 하며 이야기를 나누었습니다. 휠체어를 타시는 그 분을 보며 제 아버지도 걸음이 불편하시고 그래서 어릴 때는 같이 뛰어놀지 못해 속상했다고 말씀을 드렸습니다. 그러자 그분께서도 당신의 딸 이야기를 해주셨습니다. 지금은 큰 딸이지만, 어릴 때는 같이 놀아줄 수 없어 가슴 아팠다고 말입니다.

이야기를 나누며 어릴 적 함께 놀아줄 수 없어 마음 아프셨을 제 아버지를 이해할 수 있었습니다. 그리고 장애인도 비장애인과 같은 감정을 느낀다는 점을 되새기고, 신체적인 한계로 인해 그분들이 포기하셨을 많은 일들을 그분들의 입장에서 바라보게 되었습니다. (1,000자)

이제 마지막으로 고등학교 생활 전반에 관해서 드리고 싶은 말씀을 몇 자 적어보고자 합니다. 첫 번째로 평소에 운동 조금씩 하시면서 체력관리 잘 해두셔야 합니다. 이는 제 경험을 바탕으로 말씀드리는 것입니다. 입시를 준비하는 일은 생각보다 여러모로 힘들고 고된 일이 될 것입니다. 최종 목적지가 눈에 보이기는 하지만 그렇다고 입시가 빨리 끝나지도 않습니다. 고등학교 3학년이 되어 스트레스와 정신적 압박까지 더해지면 몸이 아플 수도 있습니다.

고등학교 3학년 학생들뿐만이 아니라 여름이 되면 체력이 중요하다는 사실을, 여러분들도 조금은 실감하실 것이라고 생각합니다. 고등학생 때는 무더운 여름에도 많은 공부를 하는데 아무래도 날씨가 더우면 지치고, 짜증나고, 퍼지기 마련입니다. 이런 때에는 체력과 정신력이 좋은 학생들이 결국 더위를 이겨내고 공부를 할 수 있습니다.

사실은 이 글을 쓰고 있는 저도 고등학교 3학년 때 학교를 가지 못할 정도로 심한 몸살을 몇 차례 했었습니다. 수능시험을 약 한 달 앞둔 10월에 가장 심했었습니다. 그러니까 여러분들은 1학년 때부터 평소에 조금씩 시간을 내서 운동을 해두어 그런 일을 미연에 방지하시길 바랍니다. 평소에 체력 관리를 잘 해둔다면 그렇지 않은 학생들보다 체력적으로 훨씬 수월하게 공부하고 입시를 준비할 수 있으리라 확신합니다.

두 번째로 말씀드릴 것은 절대로 계산적으로 학교생활을 하지 말고 정말 착실하게 여러분 스스로의 성장을 위해 학교생활을 하셨으면 한다는 것 입니다. 가령, 학교생활을 하다보면 반장이나 부반장 또는 학생회 임원처럼 그 활동이 의미는 있지만 여러분의 시간을 써야하는 일을 해야할 때도 있을 것이고, 입시에서 활용할 수 없는 교외활동이지만 학교를 대표하여 참가할 기회가 생길 수도 있을 것입니다. 그럴 때마다 너무 계산적으로 입시에 도움이 되는 일이면 하고, 아니면 하지 않는다는 식의 생각으로 움직이지 마시고, 해볼 만한 가치가 있는 활동이면 해보셨으면 좋겠습니다.

그렇다고 여러분의 체력이나 시간을 버려가면서 희생하라는 말은 아닙니다. 다만, 어떤 활동이 입시에서는 활용할 수 없을지라도 여러분이 성장하는 데에 도움이 된다면 시도해보라는 말씀을 드리는 것 입니다. 결국 그런 값진 경험들이 쌓여서 대학에서의 여러분의 역량을 결정하게 되니까 말입니다.

그리고 바쁜 고등학생 생활 가운데에서도 틈틈이 시간을 내어 책을 많이 읽으시길 바랍니다. 어릴 때부터 책을 많이 읽은 학생과 그렇지 않은 학생들은 고등학교에서도 그렇지만 대학교에 와서도 글을 쓰거나 공부를 하는데 있어서 큰 차이가 나는 것 같습니다. 그래서 저는 시간이 있을 때 보다 다양한 책들을 읽어보지 않았던 것을 후회하고 있고, 지금이라도 틈틈이 책을 많이 읽으려 노력하고 있습니다. 여러분은 책을 많이 읽어 저처럼 후회하는 일이 없으시길 바랍니다.

끝으로 고등학생이라는 시간이 얼마나 소중한 시간인지 잘 모르시겠지만 지금 여러분께 주어진 시간이 얼마나 귀중하고 값진 순간인지 그리고 지금 여러분의 옆에 있는 친구들이 얼마나 소중한 친구인지 한 번쯤 생각해보셨으면 합니다. 사실 저도 아직 고등학교를 졸업한 지 얼마 되지는 않았습니다. 하지만 대학교에 와 공부하다가 힘들 때면 고등학교 때 추억이 문득문득 떠오르고, 서울에 올라와 있다 보니 타지에 있는 고등학교 친구들과 전화통화를 하며 스트레스를 풀고는 합니다.

여러분 옆에서 함께 공부하고 있는 그 친구가 정말 소중한 사람으로 여러분께 남습니다. 특히 고등학교 친구가 말입니다. 그러니 너무 공부 또는 스펙에만 몰두해서 무미건조한 고등학교 생활을 하거나 자신의 이익을 위해 주변 친구들에게 상처를 주는 행동을 하지는 않으셨으면 좋겠습니다.

물론 고등학교가 대학을 가기 위한 전 단계인 것은 맞습니다. 그래서 공부를 하며 대학에서 공부할 수 있는 역량을 기르기도 해야 하고, 원하는 대학의 지망하는 학과에 입학할 수 있도록 스스로를 갈고 닦아야하는 것도 사실입니다. 하지만 동시에 다시는 돌아오지 않을 값진 시간입니다. 그러니 학교생활을 열심히 하는 것과 더불어 이따금씩 시간을 쪼개서 친구들과 영화도 보러 가고, 좋은 곳 구경도 하러 가면서 오랫동안 기억에 남는 고등학교 시간이 되기를 바랍니다. 그리고 학생부종합전형 준비도 잘 하셔서서 원하는 대학의 원하는 학과에 진학하시기를 바랍니다!

08

학생부 종합전형 실전 가이드

이택림
(서울대학교 기계항공공학부 일반전형 합격, KAIST 일반전형
합격, GIST 일반전형 합격)

Step1. 학종 개요

흔히 '학종'이라 불리는 '학생부종합전형'은 현재 수시 전형의 대부분을 차지하고 있다. 서울대학교의
경우 수시에서 '일반전형'이라는 명칭의 '학생부종합전형'으로만 학생들을 선발하고 있고 다른 대학교
들도 점차 '학종'의 비율을 높이고 있다. 그렇다면 오늘날 입시의 대세가 되어버린 학종은 무엇일까?
학생부종합전형은 학교생활기록부를 통해 학생의 고등학교 생활을 전체적으로 평가하여 합격자를 선
발하는 방법이다. 내신 성적, 교내활동, 교내수상경력, 봉사활동, 특기사항 등 생기부에 드러난 것들이
평가요소가 된다. 대부분의 학교는 9월에 원서를 접수하고 수능전후로 1차 합격자를 발표하여 11월,
12월에 2차 면접을 진행한다. 정시전형보다 일찍 접수하기 때문에 고등학교 3학년 2학기 전까지 학종
준비의 80% 이상이 끝난다. 1차 서류심사에서는 자기소개서, 생활기록부, 교사추천서를 원서와 함께
대학교 측에 제출하는데 이 때 학생의 교외활동에 대한 수상 정보는 평가요소가 되지 않는다. 오히려
마이너스 요소로 작용할 수 있으니 주의해야한다. 2차 면접에서는 주로 지원자의 인성이나 학업능력,
서류의 진위여부를 확인한다. 학교마다 반영비율이 다르지만 보통 1차와 2차 결과를 합하여 신입생을
선발하게 된다. 결국 학생부종합전형에서 가장 중요한 것은 학생이 학교생활을 어떻게 하였는가이며
대학에서도 이 부분에 집중한다. 학종의 의미를 알았다면 이제부터 학종을 어떻게 준비해야 하는지를
키워드 몇 가지로 나누어 살펴보자.

공부를 어떻게 해야 하는지는 정말 중요한 문제지만 뭐라고 말하기가 굉장히 애매한 주제이다. 누군가가 궁금해 할지도 모르는 필자에 대한 정보를 먼저 공개하자면 필자는 자사고를 다녔고 내신등급은 1학년 1.8, 2학년 2.4, 3학년 1.3정도로 받았다. 등수로 보자면 가장 밀려났었던 2학년 때에도 전교 30등 이내에 들었고 대학교에 지원할 때 3년 종합 내신 성적은 5등 이내였다. 성적에 관한 이야기는 평소에 친구에게도 거의 하지 않는 편이라 부끄럽지만 이런 정보를 포함한 전체 글이 누군가에게 도움이 되길 바라며 본론으로 들어가도록 하겠다.

과학고, 영재고에 다니고 있는 고등학생이 아니라면 대부분의 학생들은 입시를 위해서 '내신'과 '수능', 이렇게 크게 두 종류의 공부를 한다. 이 둘은 방향성이 꽤 다르기 때문에 공부하는 많은 학생들은 어느 것에 집중해야할지 갈등을 하게 된다. 학생부종합전형의 경우, 전자가 합격여부에 미치는 영향이 훨씬 크기 때문에 학종을 준비하는 학생은 내신공부에 몰두해야 한다는 편견이 있는데 이는 잘못된 것이다. 내신에 모든 것을 걸 수는 없다. 내신이 높으면 학생부종합전형에서 유리한 것은 사실이지만 그것이 대학의 합격을 보장해주지 않는다. 학생부종합전형과 같은 수시는 서류와 면접을 통해 정성적으로 학생을 평가하기에 숫자로 평가하는 정시보다 불확정성이 더 크다. 또한 어떤 대학교는 '최저학력기준'이 존재한다. 이는 수시 합격자의 입학을 위한 최소한의 수능성적을 본다는 뜻이다. 기준이 낮다고는 하지만 매년 이 기준을 충족하지 못해서 탈락하는 사례가 있으니 방심해서는 안 된다. 따라서 학종을 준비한답시고 내신에 올인하기보다 내신공부와 수능공부의 적절한 병행이 필요하다. 하지만 이 둘을 모두 챙기는 것은 분명히 어렵다. 따라서 머릿속에서라도 공부 계획을 세워서 내신과 수능을 위한 적절한 시간분배를 해야 한다. 필자의 경우 내신공부는 시험기간 약 3주 전부터 시작해 집중했고, 정시공부는 내신 기간 외 자습시간을 이용했다. 사람마다 분배 비율은 조금씩 다를 수 있겠지만 수시와 정시를 모두 포기하지 않고 앉고 가는 마음가짐 하나는 공통되어야한다. 그래야 나중에 후회할 일이 생기지 않으니까.

학생부종합전형이 학생을 종합적으로 평가한다고 하지만 가장 바탕이 되는 건 탄탄한 내신 성적이다. 그렇기에 내신관리는 학종을 준비하는 학생에게 절대적으로 필요하다. 내신관리라는 것이 뭔가 거창하게 느껴지지만 그냥 공부를 할 때 최선을 다하고 성적을 최대한 잘 받으라는 뜻이다. 그렇다면 내신을 잘 따기 위한 방법은 무엇일까. 일단 첫 째는 학교 수업을 잘 듣는 것이다. 정말 간단하고 많이 들어봤을 법한 말이지만 이것이 기본이 되어야한다. 이미 어디선가 배워서 아는 내용이라면 복습이 되고, 모르는 내용이라면 그 때 알아갈 수 있다. 뿐만 아니라 수업은 시험의 힌트를 얻을 수 있는 좋은 루트이다. 학교 시험은 학교 선생님이 출제하시고 특정 과목을 제외하면 수업을 바탕으로 시험 문제가 만들어진다. 결국 수업만 잘 들어도 어느 정도 시험대비가 좀 더 수월해진다. 둘 째 방법은 '반복'이다. 내신시험은 수능과는 달리 주로 시험에 나오는 내용이 정해져 있다. 범위가 많을 수는 있어도 무한한 경우는 거의 없다. 공부해야하는 부분을 알고 있으므로 그 부분만 계속 반복해서 본다면 내용이 머릿속에 남게 되어 시험을 볼 때 기억나는 경우가 많다. 필자의 경우 시험기간에 공부 자료를 3회 이상 정독하는 것을 목표로 하고 공부했다. 수학과 과학과목을 제외하면 내용을 기억하는 것만으로 시험을 볼 수 있기 때문에 기억에 남을 때까지 반복적으로 읽었다. 한 가지 작은 팁이 있다면 꼭 기억해야할 내용은 말하면서 읽는 것이다. 확실히 머릿속에 오래 남길 수 있다.

과목별로 내신 공부법을 굳이 나눈다면 필자는 이과이기 때문에 수학, 과학과 그 외의 과목으로 나눌 수 있다고 생각한다. 내신 수학은 다른 과목에 비해 수능과 가장 근접해있다. 같은 개념이 출제되고 문제 유형도 크게 다르지 않아서 수학만큼은 수능준비와 내신공부를 동시에 할 수 있다. 따라서 필자는 고등학교 1, 2학년 때 내신기간을 제외한 공부시간 대부분을 다음 학기 수학공부에 투자했다. 예를 들어 현 학기에 수1을 배우고 있으면 수2개념책으로 수2의 개념을 공부했다. 어차피 수능을 볼 텐데 고등학교 3학년 때에는 문제풀기에 바쁠 것이라 생각해 수1, 수2, 미적분1, 미적분2, 확률과 통계, 기하와 벡터 이 여섯 분야를 2학년 때까지 건드려보겠다는 마음에서였다. 이런 방법이 필자에게는 많은 도움이 된 것 같다. 과학과목의 경우에는 내용이해가 가장 중요하다. 수업 때 들은 내용은 그 자리에서 이해하겠다는 마음가짐이 필요하다. 필자는 이해가 되지 않는 것들은 항상 수업이 끝나고 선생님께 여쭈어 보곤 했다. 수학과 과학은 둘 다 내용을 알았다고 해서 문제가 술술 풀리지 않는다. 문제의 스타일이 다양하고 많기 때문에 여러 문제를 접해보아야 한다. 그리고 그것을 통해 하나씩, 하나씩 배운 것을 완벽히 자신의 것으로 만드는 작업이 필요하다. 이것이 수학, 과학을 공부하는데에 있어 다른 과목과 다르게 해야 하는 점인 것 같다.

가끔 비주류 과목들을 두고 이 과목들도 공부를 해야 하는지 고민하는 경우가 있는데 당연히 공부하는 것이 좋다. 대학 지원자들 중에 주요 과목의 내신이 높은 사람들은 이미 정원이상 존재한다. 그렇다면 기왕 선발하는 거 모든 과목에서 좋은 성적을 거둔 학생을 뽑는 것이 대학입장에서 더 좋지 않을까? 뿐만 아니라 같은 시간을 공부한다 했을 때, 주요 과목의 경우 몇 점이 오를까 말까 하지만 비주류 과목은 몇 등급이 올라간다. 대학도 이를 어느 정도 알고 있기 때문에 아무리 비주류 과목을 적게 본다고 하더라도 성적이 바닥을 치면 지원자의 이미지가 나빠질 수밖에 없다. 따라서 학생부종합전형을 노린다면 어느 정도의 점수는 확보하는 것이 유리하다. 조금이라도 시간을 투자해 공부하도록 하자.

Step3.　　　　**생기부**

학교생활기록부(생기부)는 고등학교 생활의 대부분이 담겨있는 문서이다. 개인신상정보는 물론이고 내신 성적, 특기사항, 수상내역, 자격증 정보, 봉사활동, 종합의견 등 이 문서를 통해 학생을 떠올릴 수 있을 만큼의 많은 정보가 들어있다. 그렇기 때문에 학생부종합전형 1차 서류평가에서 생기부가 차지하는 비율은 그 무엇보다 높다고 할 수 있다. 그렇다면 생기부는 어떻게 관리해야하는 것일까. 사실 생기부는 선생님께서 모든 권한을 갖고 계시기 때문에 학생이 관리 할 수 없는 것이 정상이다. 하지만 현실 여건상 모든 학생이 어떻게 생활했는지를 모두 기억하여 기록하는 것이 불가능하기 때문에 여러 선생님들께서는 학생들의 힘을 빌리신다. 물론 그러지 않는 선생님들도 계신다. 후자의 경우 학생의 활동을 꼼꼼히 기록해주시면 큰 상관은 없지만 잘 적어주시지 않으면 학종을 준비하는 학생은 굉장히 곤란한 상황에 놓이게 된다. 그래서 지금부터는 학생이 조금이라도 개입할 수 있는 전자의 경우를 가정하고 글을 쓰도록 하겠다. 내신 성적을 제외하고 생기부의 중요한 항목을 살펴보자.

일단 첫째 이야기할 항목은 진로희망이다. 생기부에는 앞 쪽에 학생의 진로희망과 이유 그리고 부모의 진로희망을 적게 되어있다. 이 부분에서 자주 나오는 질문이 '부모와 학생의 진로희망이 달라도 괜찮은가?', '학생의 진로희망이 학년마다 바뀌어도 괜찮은가?'이다. 일단 첫 번째 질문에 대한 필자의 생각은 학생과 부모의 진로희망이 같으면 더 좋다는 것이다. 부모와 학생의 진로희망은 충분히 다를 수 있다. 하지만 3년 내내 다를 경우, 대학은 '혹시 학생이 해당 학과 진학에 있어서 부모와 마찰이 있는 것은 아닌지', '소통의 부재가 있는 것은 아닌지' 의심할 수도 있다. 따라서 되도록 부모님과의 대화를 통해서 자신의 꿈을 지지해달라고 설득하는 것이 좋을 것 같다. 두 번째 질문에 대한 답은 '괜찮다'이다. 입시설명회를 다니며 들은 내용에 따르면 대학은 학생의 꿈이 바뀌는 것을 충분히 이해한다고 했었다. 그러나 꿈이 바뀌는 것에 이유가 있어야 하고, 바뀐 진로와 관련된 활동이 있어야 설득력이 있다고 했다. 이 말을 다시 생각해보면 대학에서는 꿈 자체보다는 꿈에 대한 열정을 높게 평가한다는 뜻이 된다. 따라서 초점은 어떤 진로를 희망하느냐가 아니라 그것을 위한 학생의 노력에 맞춰져야 한다.

생활기록부를 앞에서 읽다 보면 또 하나 중요해 보이는 것이 수상목록이다. 수상은 정말 많을수록 좋다. 교내에서 자신의 능력을 보여주는 요소로서 작용하기 충분하다. 그래서 필자는 자신의 관심분야와 관련된 대회라면 일단 참여해보는 것을 권한다. 수상까지 하게 된다면 더할 나위 없이 좋은 것이고 그러지 못하더라도 경험을 쌓을 수 있기 때문에 시간을 제외하면 손해보지는 않는 도전이다.

세부특기사항(세특)은 학종에서 핵심이 되는 항목이며 생기부 관리에서 가장 신경써야할 부분이다. 대학에서 이 내용을 통해 지원자의 뛰어난 점을 파악할 수 있기 때문이다. 그래서 내용이 풍부하고 독특할수록 플러스가 된다. 세특은 최대한 구체적일수록 좋다. 정확히 어느 것이 궁금해서 질문했었는지, 어떤 내용을 담아 어떤 주제로 보고서를 썼는지, 어떠한 질문에 어떻게 대답했는지 등등 글을 읽고 충분히 상상할 수 있도록 해야 한다. 학기마다 생기부를 읽으며 쓸 만한 내용이 있음에도 두리뭉실한 내용이 적혀있는 것은 아닌지 확인하고 있다면 선생님께 말씀드려보자. 필자는 학기 말 담당 교과선생님께서 생기부에 쓸 만한 내용을 갖고 오라고 하시면 한 학기를 되돌아보며 필자가 했던 활동을 적어갔었다. 정말 특별한 것이 없었던 과목이면 수업을 통해 배운 내용과 그에 관한 생각을 적기라도 했다. 세특을 쓰다보면 아주 약간의 가감이 들어갈 수도 있는데 이것은 본인의 자유에 맡긴다. 새빨간 거짓말은 생기부에 올리지 말도록 하자. 고민되는 경우 가슴에 손을 얹고 생각해보면 답을 알려줄 것이다.

독서활동도 생활기록부에 들어가는 요소이다. 학년별, 과목별로 독서활동을 기록할 수 있어서 꽉꽉 채운다면 상당한 양이 된다. 독서활동이 막막한 사람을 위한 팁이 있다면 중학교 때 생기부에 있는 책을 고등학교 생기부에 적어도 아무런 문제가 되지 않는다는 것이다. 필자가 입시에 대해 잘 몰랐었던 고1일 때, 담임선생님께서 해주셨던 말씀이었다. 혹 이 글을 읽는 독자중, 자신이 고1이고 책을 잘 읽지 않아서 막막하다면 과거에 읽었던 책을 바탕으로 글을 써보자. 독서활동 란을 빈 칸으로 놔두는 것보다 훨씬 좋은 선택일 것이다. 또 다른 팁은 과목별 독서를 잘 이용하라는 것이다. 한 학년에서 독서활동은 '공통'독서와 '과목별'독서로 나뉜다. 공통독서는 담임선생님께 제출하며 많은 글자가 들어갈 수 있는 반면 과목별독서는 각 과목선생님께 제출하며 공통독서에 비해 쓸 수 있는 내용이 적다. 생기부에 쓰여있는 모든 과목 즉 '물리실험'이나 '과제연구'같은 과목에도 독서활동을 기록할 수 있다. 그렇기에 교과목과 관련된 내용의 책을 읽었다면 과목별 독서에 기록하여 공통독서 칸을 아끼는 방법으로 다양한 책이 생기부에 적히도록 하자.

생기부의 바탕은 충실한 학교생활이다. 이것저것 도전해보면서 경험과 기록을 쌓다보면 생기부가 완성되는 것은 물론이고 자신의 능력도 기를 수 있을 것이다.

Step4.　　　　자기소개서

자기소개서는 대학교에 자신과 관련된 중요한 정보를 추가로 알려주는 기능을 한다. 생활기록부로부터 많은 것을 알 수 있다고 하지만 여러 내용이 간략하게 들어있어 대학교에서 그것만으로 학생이 어떤 활동을 했는지 판단하기에는 역부족이다. 그래서 대학들은 자기소개서를 통해 많은 정보 중 어느 것을 집중적으로 봐야할지를 결정하고 지원자들의 생각을 본다. 필자는 자소서가 그 이상의 기능은 하지 않는다고 생각한다. 즉 자소서가 내신이나 생활기록부에 비하면 중요도가 크지 않다고 본다. 따라서 자기소개서에 너무 많은 시간을 투자하지 않는 것을 추천한다. 절대 대충 쓰라는 뜻이 아니라 최소한의 시간을 들여 완성도가 높을수록 좋다는 뜻이다. 필자의 경우 글을 잘 못써서 오래 붙들고 있었는데 투자한 시간에 비해 그다지 나아지지 않았기에 하는 말이다. 그래서 2학년 겨울방학과 3학년 초에 자신이 했던 활동을 돌아보며 어떤 내용을 자소서에 담을지 대충의 개요를 갖고 3학년 여름 방학 때 쓰는 것이 좋은 방법이라 생각한다. 아무리 빨리 쓴다고 하더라도 완성하기까지 생각보다 시간이 많이 들기 때문에 공부하는 시간을 뺏길 각오를 해야 함을 명심할 것.

 그렇다면 생각만 해도 쓰기가 싫어지는 자기소개서를 잘 쓰려면 어떻게 해야 할까? 우선 자신만의 활동을 구체적으로 자소서에 담아내는 것이 중요하다. 비슷비슷한 수많은 자소서를 검토해야하는 대학교입장에서 어떤 학생의 자소서에 독특한 활동이 있다면 그 학생이 기억에 남을 확률이 높다. 입학사정관들도 사람이기 때문에 새로운 자극을 받을 때 좀 더 집중해서 보게 된다. 또한 자세히 쓸수록 신빙성과 몰입도가 높아져 좀 더 매력적인 글이 될 것이다. 다만 주의할 점은 자소서에 적힌 활동이 생기부에도 기록되어 있어야 한다는 점이다. 자기소개서는 학생이 쓰기 때문에 거짓으로 꾸며내는 것이 가능하다. 대학에서도 이를 알고 있기에 생활기록부를 통해 자소서 내용의 진위여부를 검증하는 것이다. 그러므로 특정 교내활동을 했지만 생기부에 기록되지 않은 것들은 선생님께 부탁드려 기록하거나 자소서에 언급하지 않는 것이 좋다.

 두 번째로 선생님이나 부모님께 첨삭 받는 것을 추천한다. 자신이 자소서를 쓸 때 '이정도로 풀어쓰면 이해되겠지.'라고 생각한 것들이 다른 사람이 읽을 때에는 확 와 닿지 않을 수 있다. 특히 입학사정관들은 오직 자소서를 통해서 활동을 이해하고, 학생을 판단해야하기 때문에 더욱 더 명료하게 의미를 전달하는 것이 중요하다. 따라서 자소서를 다른 사람들에게 보여주고 피드백을 받아 고치면 전달력을 높일 수 있다. 뿐만 아니라 선생님들께서는 다년간 다른 학생의 자기소개서를 봐온 경험을 바탕으로 혼자 쓸 때는 떠오르지 않았던 아이디어를 던져주실 수 있다. 이렇게 첨삭을 통해 좀 더 나은 자기소개서를 완성할 수 있지만 주(主)는 자신의 생각이 되어야 한다. 여러 사람에게 첨삭을 받는 경우, 가치관의 차이로 인해 수정했으면 좋겠다고 말하는 부분이 각자 다를 것이다. 이것을 전부 받아드리려 하는 순간, 빠져나올 수 없는 늪에 빠지게 된다. 수정을 계속해도 모두를 만족시키는 글은 나오지 않을 것이다. 이 때 줏대를 갖고 판단하여 자신만의 글을 완성해내는 능력이 필요하다.

몇 년 전부터 자기소개서의 문항들은 최대 4문항이 되었고 1, 2, 3번 문항은 대학교에 관계없이 다음과 같은 질문들로 통일되었다. 따라서 4번 문항을 제외하고 지원하는 대학마다 자기소개서를 새로 쓸 필요가 없어졌다. 그럼 지금부터는 자기소개서의 질문들을 하나씩 살펴보자.

1. 고등학교 재학기간 중 학업에 기울인 노력과 학습 경험에 대해, 배우고 느낀 점을 중심으로 기술해 주시기 바랍니다. (1000자 이내)
2. 고등학교 재학기간 중 본인이 의미를 두고 노력했던 교내활동을 배우고 느낀 점을 중심으로 3개 이내로 기술해 주시기 바랍니다. (1500자 이내)
3. 학교생활 중 배려, 나눔, 협력, 갈등관리 등을 실천한 사례를 들고, 그 과정을 통해 배우고 느낀 점을 기술해 주시기 바랍니다. (1000자 이내)

모든 문항에서 '배우고 느낀 점'을 중심으로 글을 쓰라고 하지만 이렇게 하기는 정말 어렵다. 이과였던 필자에게는 더더욱 어려웠다. 그래서 경험과 깨달음을 적당히 섞어서 자기소개서를 썼다. 아마 경험 부분이 전체 글의 2/3이상 차지했었다. 필자의 친구들 또한 비슷한 비율로 써서 별 문제가 없었으므로 '배우고 느낀 점'을 강조하는 질문에 너무 겁을 먹지 않았으면 한다.

1번 문항은 고등학교 때 지원자가 어떻게 공부했는지를 묻는다. 공부하는데 특별한 자신만의 방법이 있다면 그것에 관해 구체적으로 쓰면 된다. 하지만 그런 것이 없다면 정말 쓰기 막막한 질문이다. 자칫하면 중요한 내용이 없는 두리뭉실한 글이 될 수 있다. 필자도 어떻게 써야할지, 무슨 내용을 담아야할지 정말 많이 고민했었다. 몇 번이고 수정한 끝에 마지막에 떠오른 것이 필자의 '호기심'이었다. 생활기록부의 과목별 세부특기사항에도 호기심을 드러내주는 활동이 잘 드러나 있어서 그 활동들을 바탕으로 써나갈 수 있었다. 수학 공부를 하다 발견한 풀이가 독특한 문제를 일반화해보았던 경험, 친구들과 함께 대학교 실험실의 도움을 받아 진행했던 생물 관련 연구 등을 글에 담았다. 세 개의 문항 중 어쩌면 가장 쓰기 애매할지도 모르는 1번 문항을 위해 어느 정도 시간을 들여 어떤 내용을 담을지 골똘히 생각해 보자. 그 다음 자신만의 이야기를 구체적으로 풀어나간다면 1번을 완성할 수 있을 것이다.

2번 문항은 지원자가 고등학교에 다니며 했던 활동들에 관한 내용이다. 여기에서 중요한 것은 교내에서 진행된 활동만 적을 수 있다는 것이다. 하지만 이 말 뜻이 외부대회를 아예 적지 못한다는 것은 아니다. 학교에서 친구들과 함께 외부대회를 준비했다면 대회명이나 수상과 관련된 내용을 빼고 자신이 무엇을 했는지는 충분히 적을 수 있다. 필자는 2년간 동아리의 경험을 한 문단, 구조물대회를 준비했던 내용을 한 문단으로 썼다. 2번 문항은 다른 질문에 비해 가장 할 말이 많은 문항일 확률이 크기 때문에 1500자가 부족하게 느껴질 것이다. 그렇기에 여러 활동을 간추려 적을 것인지, 또는 한 활동을 자세히 적을 것인지는 본인이 잘 판단해야 한다. 또한 2번 문항은 자기소개서의 핵심이 되는 부분이라 가장 공들여 쓸 것을 추천한다.

3번 문항에 나타난 배려, 나눔, 협력, 갈등관리는 모두 공동체 생활에서 필요한 역량들이다. 따라서 대학은 3번 문항을 통해 지원자가 타인과 잘 어울려 지낼 수 있는지를 확인하려 한다. 만약 위의 예시기 아니라 다른 것을 주제로 쓴다고 해도 자신이 '공동체'에 걸맞은 사람임을 어필하는 것이 중요할 것이다. 팁이 있다면 꼭 예시에 나온 덕목 중 하나만 골라서 써야하는 것이 아니라 여러 개를 묶어서 쓸 수 있다는 것. 또한 주제를 직접 언급하지 않고 내용을 통해 간접적으로 보여주는 글이 좋다는 것. 필자는 친구들과 한 조가 되어 들었던 물리실험과목을 소재로 글을 썼다. 조원 모두가 참여해 실험하고, 토의하고, 발표하고 또 서로의 의견이 다를 때 조율했던 경험은 3번 문항으로 쓰기 적절했다. 필자가 이 문항을 쓰면서 부끄러웠던 것처럼 다른 누군가도 자신의 인성에 대해 쓰는 것이 익숙하지 않게 느껴질 수 있다. 그래도 이번 한번만은 참고 써보는 것을 권한다. 시작이 어려운 것이지 계속 자신이 쓴 글을 읽다 보면 어느새 아무렇지 않게 받아드리게 될 것이다.

마지막 4번 문항의 유무는 대학교의 자율이다. 지원자를 선발하는데 있어 추가적으로 필요한 정보가 있다고 판단되면 이 문항을 통해 얻어갈 수 있다. '본 학교에 지원한 동기', '삶에 영향을 준 책'등의 대학마다 서로 다른 형태의 질문이 있으며 각 대학교 입학처 홈페이지에서 내용을 확인할 수 있다. 그런 특성 때문에 지원하는 대학이 6개라면 6번 쓰게 될지도 모르는 자기소개서의 숨은 다크호스이다. 필자의 경우 서울대용 자소서에 책 2권에 대한 자신의 생각을, KAIST용에 지원동기와 인문학적 소양을 갖추기 위한 노력을, GIST용에 과학기술인이 가져야할 자세에 대해 썼다. 다른 문항보다 제약이 적은 이 4번에서 필자의 생각을 펼치다 보니 다른 문항에 비해 쓰기가 훨씬 수월했다. 고로 1, 2, 3번을 쓰다가 막힌다면 4번부터 써보는 것도 나쁘지 않다.

면접은 학생부종합전형의 마지막 관문이다. 1차 서류평가를 통과해야 면접을 볼 자격이 주어지니 1차 합격자 발표 전에 면접을 두려워할 필요가 전혀 없다. 대학교 대부분의 면접은 수능 이후이니 수능 때 보다는 편안한 마음으로 임하면 된다. 면접을 대비하려면 홈페이지에서 기출을 살펴보는 것이 우선이다. 기출을 공개하지 않는 학교라면 입시 사이트를 둘러보거나, 선생님들께 부탁드리면 원하는 정보를 얻을 수 있을 것이다. 면접 질문의 형태는 대학마다 다르며 보통 문제 풀이, 인성 질문, 서류 관련 질문으로 구분된다. 문제 풀이는 면접관 앞에서 자신의 풀이를 말하는 형태로 이루어진다. 주로 수학이나 과학관련 문제가 주어지는데 그 내용과 난이도는 기출을 통해 확인할 수 있다. 전부 다 풀면 합격이라 봐도 무방한데 그 이유는 실제 면접상황에서는 문제의 난이도가 높지 않더라도 묘한 긴장감 때문에 제 실력을 발휘하기 힘들기 때문이다. 중간에 막히는 문제가 있더라도 포기해서는 안 된다. 잘 모르겠다고 솔직하게 말하면 면접관들이 100% 힌트를 줄 것이고 그것을 이용해 문제를 해결하면 된다. 힌트를 받는 것이 마이너스 요소는 아니며 풀어낸다면 플러스가 되므로 힌트를 잘 받아 써먹는 것이 중요하다. 인성 질문은 일상생활에서 있을 법한 어떤 상황을 가정하고 그 때 지원자의 행동을 묻는다. 획기적인 방법이 떠오른다면 정말 좋지만 그렇지 않다면 평범하게 대답해도 된다. 근거와 함께 자신의 생각을 솔직히 말하는 것을 추천한다. 서류 관련 질문은 자기소개서와 생활기록부를 바탕으로 진행된다. 그래서 제출한 서류에는 자신이 모르는 내용은 없어야한다. 서류를 출력해 하나하나 훑어보며 어떤 활동이 있었는지 돌이켜보고 예상 문제와 답을 만드는 것이 도움이 된다. 이 질문들만큼은 선생님의 도움을 받아 모의 면접을 진행해보는 것도 좋다.

필자는 1차 합격이후 수능 전후로 조금씩 면접연습을 했었다. 친구들과 서로 문제를 내기도 하고, 선생님께서 모의 면접을 해주시고, 학원에 가서는 수학과학문제 풀이를 배웠다. 이런 모든 노력이 실제 면접에서 도움이 됐다. 필자가 봤던 면접은 서울대 일반전형, KAIST 일반전형, 고려대 융합인재전형이었다. 먼저 서울대는 오직 문제풀이 형태의 면접이었고 수학에 관한 내용이었다. 필자가 지원하기 바로 전년도에 너무나 어려운 문제가 나왔던 탓인지 문제의 난이도는 그리 높지 않았다. 교수님들께서도 친절하셨고 힌트도 충분히 주셨다. 하지만 그럼에도 필자는 다 풀지 못하고 면접장을 나왔다. KAIST는 수학과 과학문제를 물어봤다. 난이도가 그리 높지 않았고 면접관님들도 친절했으며 운이 따랐기에 잘 풀 수 있었다. 문제풀이 뒤에는 인성질문을 받았는데 공공장소에서 아이가 울고 있으면 어떻게 할 것이냐는 질문이었다. 어찌어찌 대답하고 기분좋게 면접장을 나올 수 있었다. GIST는 다른 대학들과는 달리 특이하게 수능 전에 면접을 봤다. 면접이 끝나고 친구들과 이야기하면서 서류 평가를 통해 등수대로 면접 조를 짜놓은 듯한 느낌을 받았다. 필자가 속한 조는 인성과 학생부관련 질문만 받았는데 상당히 오랫동안 계속되었다. 수학이 좋은 이유가 뭔지, 물리실험은 어떻게 했던 것인지 등에 관한 것들이었다. 소신 것 답변하고 나와서 후회는 없었다. 면접을 보는 사람에게 가장 하고 싶은 말은 긴장하지 말라는 것이다. 아예 안할 수는 없겠지만 편안한 마음을 가져라. 긴장은 경계해야할 가장 큰 적이다.

　고등학교 생활을 조금 먼저 견뎠던 사람으로서 더 말해주고 싶은 것이 많지만 위의 글에 적지 못한 것들이 있다. 그래서 일부분이라도 알려주고자 이렇게 덧붙여 글을 쓴다. 우선 얘기하고 싶은 것은 수시에 대한 마음가짐이다. 9월쯤에 수시지원을 하는데 어디서 나온 자신감인지 이미 다 붙은 사람처럼 수능공부에 소홀해지는 케이스가 있다. 다른 학교 친구들에게 물어봐도 똑같은 경우가 있는 거로 봐서 고등학교마다 꼭 몇 명씩은 존재하는 것 같다. 왜 그런지는 잘 모르겠지만 정말 비추한다. 수시 때문에 들뜨지 말고 잠시 미루어 놓았던 수능공부에 매진해야한다. 흔들리지 않는 마음을 가져라.

　마지막으로 수능이 끝나고 수시 결과가 하나 둘 발표될 때, 떨어졌다고 너무 좌절하지 않기를 바란다. 아직 다 끝난 것이 아니다. 추가합격이 남아있다. 대학교에서는 합격하고도 등록하지 않은 학생들이 있을 경우 그 학생들의 빈자리를 채우기 위해 새로운 합격자를 뽑는다. 그런데 이 확률이 상당히 높다. 학생부종합전형의 특성상 한 학생이 여러 대학교에 지원하고 중복 합격되는 경우가 매우 많아서 추가 합격이 많이 돈다. 필자의 친구 한명은 정시 지원을 준비하다 수시 5차 추가합격자로 대학에 입학하기도 했다. 그래서 한 번에 붙지 못했다하더라도 아직 합격의 가능성은 남아있으니 추가합격자 확인을 꾸준히 해야 한다. 수시 추가합격이 되었는데 미처 확인하지 못해서 등록기간을 놓쳐버리면 수시합격으로 간주되어 정시지원이 불가능하니 이 점은 유의하길 바란다.

http://www.suneungskill.com/shop/ 에서 이 책의 저자들에게 자소서 첨삭을 받을 수 있습니다(유료)

09

학생부 종합전형 실전 가이드

안소린
(서울대학교 산림과학부, 고려대학교 환경생태공학부, 연세대학교
시스템생물학과, POSTECH 생명과학과 학생부 종합 전형 합격)

-들어가기 전에

확실한 진로를 지니면 저절로 공부하게 됩니다. 그렇다면 어떻게 자신만의 진로를 설정할 수 있을까요? 바로 '진로 탐색'을 통해서입니다. 저는 중학교 3학년 때부터 다양한 분야를 체험해보며 저만의 길을 찾아나갔습니다. 주로 2가지 방법을 통해 진로 탐색을 했습니다. 진로체험, 독서가 그것입니다.

진로체험은 가장 직접적으로 특정 분야를 경험할 수 있는 방법입니다. 소속 학교나 '유스내비'와 같은 진로활동 사이트에서 체험활동을 찾아 참여하는 것입니다. 저는 PD체험이나 환경기자단 등의 활동에 참가했었습니다. 무엇보다도 DMZ청소년탐사단으로 활동한 것이 의미 있었습니다. 환경에 대한 관심 하나로 이 활동에 참여했는데 이를 계기로 생태 탐사가 저와 정말 잘 맞는다는 사실을 알 수 있었습니다. 그래서 생태학 연구원이라는 진로를 설정할 수 있었습니다.

독서도 여러 분야를 간접적으로 경험할 수 있는 최고의 방법입니다. 본래 관심 있었던 분야도 좋고 처음 접해보는 분야도 좋습니다. 도서관에 가서 손 가는 대로 책을 읽어보세요. 전 독서를 통해서도 구체적인 진로 설정에 도움을 받았습니다. '자연을 너무 좋아한다는 건 깨달았는데, 그래서 구체적으로 어떤 일을 해야 하지?'라는 고민이 있었습니다. 그래서 생태 분야의 여러 책을 읽었습니다. 그중 제인 구달이 쓴 「희망의 자연」이라는 책을 읽고 전 세계적으로 생태 파괴가 얼마나 심각한지, 그러나 이에 맞서 자연을 보호하는 사람들의 노력 또한 얼마나 열정적인지를 모두 알게 되었습니다. 그래서 우리나라의 망가진 생태를 치유하는 '생태 복원 전문가'가 되고 싶다는 다짐을 했습니다. 더 구체적인 진로가 결정된 것입니다. 이처럼 적극적으로 진로를 탐색하면 본인이 진심으로 원하는 진로를 찾을 수 있습니다.

구체적인 진로를 설정했다면 이제 공부와의 연결고리를 만들어야 합니다. 제가 어떻게 이 둘을 연결 지었는가를 말씀드리겠습니다. 먼저 저는 꿈을 이루기 위해 대학에서 환경/생태 분야를 공부해야겠다는 목표를 세웠습니다. 그래서 이 분야에 대한 전공이 있으면서 높은 수준을 가진 '서울대학교 산림과학부'를 입시의 목표로 삼았습니다. 이곳에 합격하려면 대개 1.3 미만의 내신, 전공 관련 풍부한 스펙, 수

준급의 자소서가 요구되었습니다. 내신이 가장 중요한 요소 중 하나였기 때문에 높은 내신을 얻기 위해 열심히 공부했습니다. 많은 학생이 진로보다는 가족의 압박이나 사회적 분위기에 의해 공부합니다. 그러나 저는 후자와 같은 외적 동기부여보다 전자와 같은 내적 동기부여가 더 효과적임을 느꼈습니다. 여러분들도 진로를 찾고 구체적인 목표 대학과 학과를 정학서서, 자연스럽게 공부에 동기부여가 되는 경험을 맛보시기 바랍니다.

Step1. 전교 1등의 내신 공부법

1-1. 전 과목 내신 평균 등급 & 들어가며

학년	1학년	2학년	3학년
등급	1.12	1.4	1.11

저는 전 과목 평균 내신이 1.23 이었습니다. 중간에 하락세가 있긴 했지만 다시 회복해서 3학년 1학기 때 최고점을 찍었습니다. 제 입시에 있어서 가장 중요하게 작용한 요소는 바로 내신이라고 단언합니다. 학종임에도 불구하고요.
많은 학생들이 '내신 좀 낮은데 활동 있으니까 한 번 넣어봐야징~' 이런 생각으로 준비하는데 그러다 큰 코 다칩니다. 내신은 제발!!! 목숨 걸고 하세요.

내신이 낮아도 당연히 합격할 가능성이 있지만 그 가능성이 크게 떨어집니다. 생각보다 그 영향이 큽니다. 학종은 내신+스펙입니다.

이제 내신 중요하다는 잔소리는 그만하고, 어떻게 관리해야 하는지 구체적으로 소개해드리겠습니다.

1-2. 문이과 별로 각 과목을 어떤 비중으로 공부해야 하는가?

학생부종합전형을 쓸 거라면 기본적으로 '전 과목을 공부하는 게 맞습니다.' 학생부종합전형은 100% 정성평가이기 때문에 대부분의 대학에서 전 과목 모두 반영하기 때문입니다.

다만 노력의 정도라는 측면에서, 본인이 쓰는 학과에서 중요하게 평가하는 과목에 더 노력하고 나머지 과목은 조금 덜 집중하는 게 맞습니다. 전 과목 1.00에 수렴하는 내신이 아니라면 선택적으로 노력하는 것이 가장 현명한 방법입니다. 국영수 주요과목은 무조건 최선을 다하셔야 합니다. 또한, 학과에서 특히 중요하게 취급하는 과목이 있다면 최대한의 노력을 투자하셔야 합니다. 나머지 과목은 어느 정도 노력을 덜 투자하셔도 괜찮습니다.

예를 들어 내신 평균이 3등급인 이과 학생이라고 칩시다. 이 경우 수학 과학 국어 영어 과목에 집중해서 2등급 이상 받게 노력하시되 사회 예체능 과목도 '노력했다'라는 느낌을 입학사정관이 받을 수 있을 만큼은 공부하셔야 합니다.

저의 경우는 전 과목 1등급을 목표로 하긴 했지만, 수학 과학 과목에서는 1등을 목표로 치열하게 공부했습니다. 반면 사회 예체능 과목은 '1등급 안에만 들자'라는 생각으로 상대적으로 덜 노력했습니다.

특정 과목을 던지는 행위는 나중에 후회할 가능성이 정말 높습니다. 그러니 모든 과목을 신중하게 여기시고 후회 없는 공부를 하시기 바랍니다.

1-3. 국어 내신 공부법

(1) 수업시간에 초집중한다.
수업시간에 집중하는 건 기본 중의 기본입니다. 너무 당연한 사실이지만 다시 한 번 강조합니다. 수업시간에 초집중하세요. 절대 졸지도 자지도 마세요. 선생님의 말씀 한 마디 한 마디를 놓치지 않는다는 생각으로 눈 크게 뜨고 수업에 동화되세요. 내신은 학교 선생님이 출제하기 때문에 선생님의 수업 내용에서 문제가 나옵니다. 수업만 잘 들어도 시험 문제의 절반 이상은 손쉽게 맞출 수 있습니다. 수업 내용에 집중하고, 모르는 부분이 생기면 꼭 질문해서 완벽히 이해하셔야 합니다. 매 수업시간 '이 수업시간의 액기스는 모조리 빼먹겠다!'라고 다짐하고 수업을 들으시길 바랍니다.

(2) 선생님 말씀은 무조건 필기한다.
선생님께서 필기하라고 하시는 건 100% 빠짐없이 필기합니다. 저의 경우 여기에서 더 나아가서 같은 수업을 진행하시는 다른 국어 선생님이 말씀하신 것도 필기했습니다. 다른 반 친구의 책을 빌려서 그 내용을 필기하는 방법을 이용해서 말입니다. 그렇게 해서 총 세 분의 선생님 필기를 한 교과서에 모두 담아냈습니다.

대부분의 선생님은 어떠어떠한 부분을 필기하라고 대놓고 말해주십니다. 그러니 수업만 열심히 들으면서 하라는 필기만 똑바로 하시면 됩니다. 좀 더 깊이 있게 정리하고 싶다 하면 저처럼 다른 선생님 수업 필기도 구해서 정리하시면 됩니다.

그리고 개별적으로 선생님께 질문한 내용도 교과서 빈 공간에 정리하는 게 좋습니다. 그때그때 수업시간에 한 필기들이 하나둘 모이면 시험공부를 할 때 가장 유용한 재료가 됩니다. 그러니 완벽하게 필기합시다.

(3) 학교 교재는 최소 5회 이상 정독한다.

그리고 학교 교재 외에 참고서나 EBS 강의, 학원 수업 등을 더 중요시하는 학생들이 많이 있습니다. 그런 학생들은 우선순위가 잘못되어 있는 상태입니다. 학교 교재가 무조건 1순위입니다. 나머지 것들은 학교 교재를 공부하는 데에 도움을 주는 것들이라고 생각하세요. 우선순위를 정확히 잡고 5번 이상 반복하여 정독하면서 완벽히 체화시킵니다.

국어 점수가 잘 나오지 않는 학생들은 99% 이상 '절대적인 공부량 부족'이라는 문제를 안고 있습니다. '학교 교재'란, 교과서, 수업 필기, 프린트물 또는 보충교재, ppt 등 학교 수업에서 쓰는 모든 수업 자료를 말합니다. 학교 교재의 모든 내용을 5번 이상 정독하며 암기하세요. 제가 고3일 때도 학교 교재를 2~3번도 안 읽어보고 '공부는 열심히 했는데 공부한 것에 비해 성적이 안 나온다'라고 푸념하는 친구들이 있었습니다. 이번 시험은 정말 죽을 각오로 공부해보자! 다짐하고 따라 해보세요. 5번만 반복하고 암기해보세요. 외부 지문이 나오거나 유별나게 독특한 문제가 등장하지 않는 이상 쉽게 맞출 수 있을 것입니다.

(4) 범위를 넓혀가며 공부한다.
* 4, 5번은 고득점을 바라는 학생들을 위한 공부법입니다.
범위를 넓혀가며 공부하는 것이 중요합니다. 범위를 넓혀간다는 건 무슨 의미일까요? 다음과 같은 의미입니다.

1) 학교 교재 외의 참고서를 공부한다.
본인 교과서 출판사에 맞는 해설서, 평가문제집 등을 풀어봅니다. 수업 때 들은 내용 외에 세부적인 여러 사항들을 공부할 수 있어 도움이 됩니다. 단순히 문제 풀고 채점하는 방식으로만 공부하는 것은 충분하지 않습니다. 틀리거나 헷갈렸던 문제는 무조건 해설을 꼼꼼히 공부하여 따로 정리합니다. 필기 노트를 만들거나 교과서 빈 공간에 간략하게 정리해줍니다. 그렇게 해서 각각의 지문에 대해 더 꼼꼼히 공부합니다.

(문학의 경우)
2) 지문 앞뒤에 생략된 원문을 다 읽는다.
문학 작품의 경우 교과서에 모든 내용이 수록되기가 어렵기 때문에 일부만 발췌되어 교과서에 실리는 경우가 많습니다. 그럴 때는 꼭 원문을 찾아서 다 읽어봅니다. 시나 단편소설 정도는 처음부터 끝까지 다 읽는 것을 추천합니다. 장편 소설같이 책으로 100p 가 넘는 경우에는 교과서에 등장하는 지문을 포함하는 앞뒤 내용만 읽어도 됩니다. 나머지 부분은 요약된 줄거리를 찾아 읽으면 좋습니다. 이렇게 공부하면 지엽적인 이해에서 벗어나 좀 더 폭넓게 그 작품을 이해할 수 있습니다. 또한 내신 시험에서 생략된 앞뒤 부분을 문제화하는 경우가 있는데, 그럴 때 당황하지 않고 문제를 풀어나갈 수 있습니다.

예를 들어 김유정의 《만무방》이라는 작품을 공부하고 있다고 합시다. 교과서에는 소설 전체 내용을 실을 수 없기 때문에 절정과 결말 부분, 즉 응칠이가 벼 도둑을 주시하다가 그를 습격했더니 도둑이 자신의 동생 응오라는 사실이 밝혀지는 장면만을 다루고 있습니다. 이런 경우에 생략된 앞의 내용들도 다 읽어보는 것입니다. 차근차근 읽다 보면 마냥 조폭처럼 행동하는 응칠이도 실은 가족이 있었으나 생활고 때문에 헤어졌다는 사실과 벼 수확을 독촉하는 김 참판의 존재 등을 알 수 있습니다. 이를 통해 작품을 더 제대로 이해할 수 있습니다. 내신 대비에도 큰 도움이 됩니다.

3) 작가, 시대, 학풍을 고려하여 관련 작품을 공부한다.
그 글을 쓴 작가의 다른 작품들, 그 글이 쓰인 시대에 쓰인 주요 작품들, 작가의 학풍에 속하는 다른 작품들을 정리해봅니다. 학교 선생님들이 내신에도 이러한 관련 작품들을 이용해 문제를 자주 출제하기 때문에 이 과정이 중요합니다. 물론 학교 교재 공부만으로도 벅찬 학생들은 이 과정을 넘어가도 됩니다. 하지만 고난이도 문제까지 맞혀보고 싶은 학생들은 이 과정을 꼭 거치시길 바랍니다. 작품을 보는 눈이 깊어지고 복합적인 문제에도 쉽게 대응할 수 있습니다.

예를 들어보겠습니다. 정철의 《사미인곡》을 공부하는 중입니다. 그러면 먼저 작가 정철의 다른 작품을 찾아봅니다. 모두 찾긴 힘드니 주요 작품들만 찾아보는 것입니다. 《속미인곡》, 《관동별곡》을 읽어봅니다. 그리고 인터넷 검색을 통해 그 작품의 해제를 읽어 충분히 이해해봅니다.

다음으로 그 시대 또는 작품이 쓰인 시기에 대해 조사합니다. 조선 선조 때 유배지에서 지어졌습니다. 이 작품에서는 조선 선조 때라는 사실보다는 유배 당시에 쓰였다는 점이 더 돋보이는 점이라고 할 수 있습니다. 그래서 여기에 초점을 두고, '유배지에서 쓰인 문학작품은 무엇이 있을까?'라고 생각해보는 것입니다. 유배가사라는 장르가 있으니 대표적인 작품인 《정과정》, 《만분가》 등을 공부하면 됩니다.

마지막으로 학풍을 고려해봅니다. 정철은 조선 초기 가사문학의 대표적인 작가였습니다. 조선 초기의 가사들은 안빈낙도하는 군자의 미덕을 자연 속에 묻혀 읊기도 하고, 군신 사이의 충의 이념을 남녀 사이의 애정에 비유하여 읊기도 했습니다. 이를 생각해보면 조선 초기 가사문학의 다른 작품인 정극인의 《상춘곡》, 박인로의 《누항사》 등을 연결 지어 공부해볼 수 있습니다. 이런 식으로 범위를 넓혀가는 공부를 하면 해당 작품에 대한 공부는 물론 고난이도로 출제되는 내신 문제까지도 충분히 커버할 수 있습니다.

(5) 수능기초가 뒷받침되어야 한다.
하지만 아무리 위의 공부를 열심히 해도 수능기초가 없다면 내신을 제대로 대비하기 힘듭니다. 화법, 작문, 문법, 비문학, 문학 파트에 대한 기본 내용은 베이스로 숙지하고 있어야 어떤 문제가 등장해도 잘 풀어낼 수 있습니다. 많은 학생이 문학에서 많이 힘들어하다보니 예시도 문학으로 들게 됩니다. 저를 포함해서 여러분들 모두 표현법을 묻는 문제에서 어려움을 느껴본 적이 있을 것입니다. 아무리 '죽어도 아니 눈물 흘리오리다' 구절에 밑줄 치고 '반.어.법'이라고 써놓아도 반어와 역설에 대해 묻는 시험 문제가 나오면 순간 멍해지기 마련입니다. 그래서 수능기초 공부를 평소에 완벽히 진행해놓으셔야 합니다.

문학의 경우 각종 표현법, 갈래별 특징, 시대별 흐름, 기타 개념어 정리, 비문학의 경우 글의 구성방식 및 각각에 대한 읽기 전략, 화법 . 작문 . 문법의 경우 수능특강 개념 부분에 등장하는 압축된 개념 정도만 제대로 파악해놓으셔도 훌륭합니다. 이렇게 내신을 대비하면서도 기초적인 수능 국어 공부를 해놓아야 안정적으로 1등급을 따실 수 있습니다.

1-4-1. 수학 내신 공부법 기본

(1) 학교 교재가 1순위다.
학교 교재가 1순위입니다. 밥을 먹을 때는 숟가락을 쓰고 라면을 먹을 때는 젓가락을 쓰듯, 내신에는 내신에 걸맞은 도구로 공부를 해야 합니다. 그게 학교 교재입니다. (지금부터 학교 교재는 학교 수업에서 이용하는 모든 자료를 의미합니다. 교과서, 프린트물, 부교재 등입니다.)

그러나 많은 학생이 학교 교재를 경시하고 일반 문제집, 인강용 문제집, 심지어 심화 문제집 푸는 것에 더 투자를 합니다. 순서가 뒤바뀐 것입니다. 내신 수학을 대비할 때 가장 중요한 교재는 학교 교재입니다.

교과서 문제, 프린트물 문제는 적어도 3번 이상 전체적으로 푸세요. 그리고 한 번이라도 틀렸던 문제는 따로 표시해서 완벽히 내 것으로 만들어야 합니다. 모든 문제와 그 풀이과정을 머릿속에 데이터베이스로 구축하세요. 그래서 교재의 문제가 숫자만 바뀌어서 시험에 딱 출제됐을 때 1초 안에 기계적으로 문제 풀이의 전 과정을 떠올려 풀 수 있어야 합니다. 학교 교재가 가장 중요하다는 당연한 사실을 잊어버리지 마세요.

(다만 내신시험의 수준이 너무 높아서 대부분 수능식 문제 또는 심화 문제가 출제되는 특목고 및 상위권 일반고는 예외입니다.)

(2) 암기할 건 암기하자.

'수학시험에 웬 암기?'라고 생각하시는 분들도 계실 듯합니다. 다른 암기과목과 달리 수학은 창의적 사고력, 응용력, 탁월한 이해력이 필요하다는 보편적인 시각이 있기 때문입니다. 사실 맞는 말입니다. 하지만 내신에서는 100% 맞는 말은 아닙니다. 수학 내신에서 암기는 필수불가결합니다. 왜냐하면 수학시험은 타임어택성이 짙기 때문입니다.

학교 선생님들이 대놓고 고난이도로 출제하는 몇 문제 이외에는 모두 학교 교재의 응용이기 때문에 암기만 제대로 하면 빠르게 문제를 해결할 수 있습니다. 그렇게 문제를 빠르게 해결하다 보면 시간이 남게 됩니다. 시간이 남으면 등급을 가르는 고난이도 문제에 도전할 수 있습니다. 또한, 검토할 시간도 벌수 있습니다. 학교 교재에 등장하는 모든 문제는 완벽히 암기하고 또 암기하세요.

특히 중하위권 학생들은 암기에 더 투자를 하는 것이 좋습니다. 학교 교재에서 응용해서 출제되는 문제들은 교재만 정복하면 무조건 맞출 수 있습니다. 지금까지 암기를 불성실하게 했다거나 암기가 전혀 필요 없다고 생각했던 분들이 계신다면, 이번 내신에서는 암기를 제대로 해보는 것을 추천합니다.

물론, 이 내용의 전제는 '기본 개념을 숙지하고 있다' 입니다. 개념도 이해를 못 하면서 암기한다는 건 말이 안 됩니다. 숫자만 바꾸어도 문제를 틀리기에 십상이기 때문입니다. 개념 공부는 충분히 하되, 암기해서 맞출 수 있는 모든 부분은 맞추고 시작하자는 의미입니다.

(3) 실수노트를 만들자.

저도 그렇고 모든 학생분들이 수학 시험에서의 끔찍한 경험을 한 번쯤은 해보셨을 것입니다. 바로 '실수'입니다. 숫자를 잘못 봤다든지, 숫자를 잘못 썼다든지, 조건을 하나 빼먹었다든지, 기본 개념을 착각해서 틀렸다든지...

평소 같았으면 너무나 당연해서 사고회로를 거치지 않고도 맞추는 것을 시험 당시에 어이없게 틀리는 경우를 실수라고 보통 말합니다. 그런데 실수를 해서 틀렸든 정말 몰라서 틀렸든 틀린 건 틀린 것입니다. 그 점수가 내 점수가 되는 것이고, 곧 나의 공부 실력을 평가할 때 쓰이는 자료가 됩니다.

저는 이렇듯 실수로 인해 생기는 큰 피해를 방지하기 위해선 실수 자체를 근본적으로 줄이는 공부를 따로 진행해야겠다는 생각을 했습니다. 그래서 시작한 공부방법이 바로 실수노트 만들기입니다.

실수노트란, 수학 문제를 풀면서 발생한 실수를 적은 노트입니다. 실수한 내용을 1~2줄로 작성합니다. 같은 유형의 실수는 반복해서 적지 않고 옆에 작은 표시를 하였습니다. 그렇게 해서 과도한 노동은 줄이고, 동시에 각각의 실수를 내가 얼마나 자주 하는지를 파악할 수 있었습니다. 사진을 참고하세요.

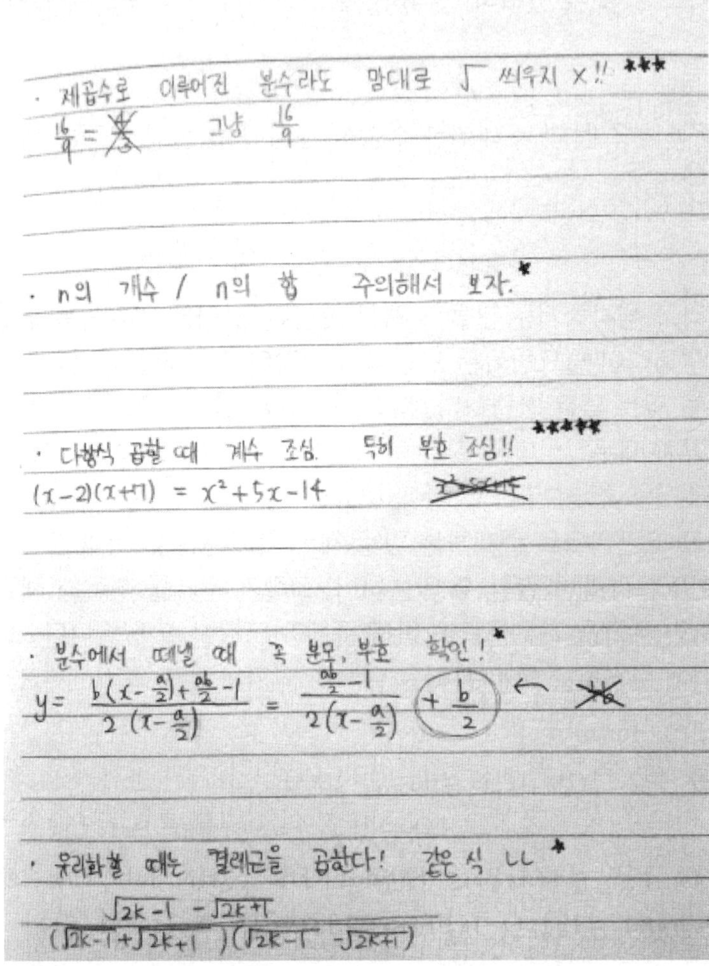

1-4-1_1 수학 실수노트 모습

이러한 실수노트를 제대로 활용하기 위해서는 반복적인 복습이 필수적입니다. 노트만 만들어놓고 보지 않는다면 전혀 효과가 없습니다. 저는 수학 내신 공부를 한 달 반을 잡아서 공부했습니다. 실수노트는 시험 전 3주 정도 매일 밤에 보면서 머릿속에 되새겼습니다. 굳이 밤이 아니어도 매일매일 자투리시간에 실수노트를 훑어보면 충분합니다.

이렇게 복습을 하면, 시험 문제를 푸는 과정에서 '아, 이런 계산이 등장했네. 나 이거 이러이러한 실수를 자주 저질렀지. 이건 이러이러하게 하는 게 맞는 거였어! 의식적으로 실수 안 하도록 노력하자.' 이런 생각을 순식간에 할 수 있습니다. 그럼 다른 친구들이 '아 나 이거 실수로 틀렸어~ㅜ'라고 할 때 '난 실수도 관리해서 맞추었어.'라고 속으로 당당하게 말할 수 있습니다.

(4) 족보를 완벽히 분석하자.

내신뿐만 아니라 어떤 종류의 시험에서든 그 이전의 기출문제를 풀어보는 것은 굉장히 유용합니다. 문제 출제에는 뚜렷한 경향성이 있기 때문입니다. 경향성만 제대로 파악하면 앞으로 볼 시험도 경향에 맞추어 예측할 수 있습니다. 그리고 그것에 입각해 더욱 효과적인 공부 전략을 수립할 수 있습니다.

내신에서의 기출문제는 흔히 말하는 '족보'입니다. 학교 사이트에서 구하거나, 그게 안 되면 친한 선배에게 부탁해서 족보를 무조건 구하세요. 본인의 내신 대비에 매우 큰 소스가 됩니다.

족보를 구한 후 가장 중요하게 파악해야 할 부분은 다음과 같습니다.

- 객관식, 서술형 문제 각각의 문항 수
- 상, 중, 하 로 문제 난이도 분석
- 각각의 난이도마다 몇 문제가 포함되는지
- 수능 기출 스타일의 문제 유무, 있다면 어느 정도 비율로 있는지
- 고난이도 문항의 스타일 분석

다음과 같은 항목을 제대로 분석하셔서 본인 학교 내신에 대한 더 완벽한 이해를 하시기 바랍니다. 더 효과적인 내신 준비로 이어지게 됩니다.

1-4-2. 수학 내신 공부법 최고난도

(1) 최고난이도 문제, 누구나 풀 수 있다!

내신 수학 1등급을 가르는 2~3문제가 어느 학교에나 있습니다. 선생님들이 작정하고 출제하시는 최고난이도 문제들 말입니다. 사실 70~80%의 학생들은 이미 도전할 마음조차 사라진 상태일 겁니다. 진짜 풀만 하다 싶은 건 몇 줄 끄적거리기도 하지만... 이상한 식이 나오고, 해괴망측한 도형이 나오거나, 의미를 이해하기 힘든 한국말이 나오면 바로 마음을 접습니다. '이건 내 문제가 아니다...' 생각하면서요.

하지만 그러한 문제들도 수학 문제를 푸는 정확한 사고과정을 이해한다면 하나하나 풀어나갈 수 있습니다. 지금부터 그게 무엇인지 말씀드리겠습니다.

(2) 조건과 구해야 할 것에 표시하기

가장 처음 해야 할 일은 바로 문제의 조건과 구해야 할 것에 표시를 하는 것입니다. 저의 경우 문제의 모든 조건에 동그라미를 치고, 구하려는 것을 세모로 표시했습니다.

2017년 시행 3월 교육청 모의고사 가형 28번을 예시로 들겠습니다.

1-4-2_1 2017년 시행 3월 교육청 모의고사 가형 28번

이 문제에서 1번 과정을 해보면 다음과 같습니다.

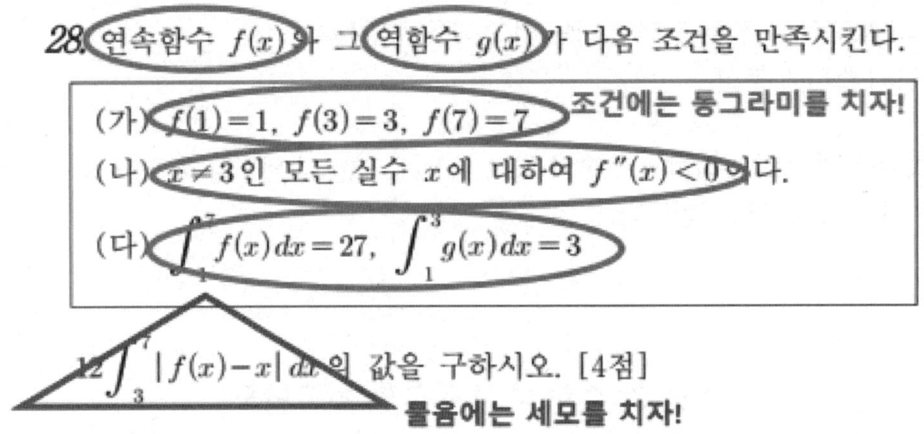

1-4-2_2 1번 과정을 거친 모습

대부분의 학생은

(가) $f(1)=1$, $f(3)=3$, $f(7)=7$

(나) $x \neq 3$인 모든 실수 x에 대하여 $f''(x)<0$이다.

(다) $\int_{1}^{7} f(x)\,dx=27$, $\int_{1}^{3} g(x)\,dx=3$

1-4-2_3 대부분의 학생이 체크하는 조건

이 부분만 동그라미를 치려고 할 텐데요.

나머지 조건들도 문제를 푸는데 중요하게 작용할 수 있으니 반드시 동그라미를 같이 쳐주어야 합니다. 어려운 문제로 갈수록 저런 사소한 조건 하나하나가 문제에 크게 작용하는 경우가 많기 때문입니다.

이 과정이 왜 필요한지 의문을 가지는 분들이 많이 계실 텐데요. 이 과정의 필요성을 3가지로 말씀드리겠습니다.

① 실수 예방

조건을 자기도 모르게 빼먹는 경우를 방지할 수 있습니다. 실제 시험장에서 이런 실수가 잘 일어나기 때문에 이 방법을 통해 예방하는 것이 큰 도움이 됩니다.

② 요구하는 답변 도출

문제를 제대로 풀고 있는데도 구하는 게 무엇인지 체크하지 않아 낭패를 보는 경우를 예방할 수 있습니다.

③ 효율적인 풀이 선택

조건과 구해야 할 것을 눈에 띄게 표시함으로써 어떤 풀이를 진행해야 할지 판단할 때 큰 도움이 됩니다. 마치 기계공이 본인이 가진 연장들이 무엇인지 파악한 후에 어떤 방식으로 기계를 수리해야 가장 효율적으로 고칠 수 있는지 고민하는 것과 비슷한 이치입니다.

(3) 풀이 방향 정하기

문제 풀이 과정에서 가장 중요한 과정입니다. 1번 과정에서 명시해놓은 조건과 물음을 보면서 어떤 풀이를 진행해야 할지 가늠해보는 것입니다. 아까 위의 문제를 예시로 들겠습니다.

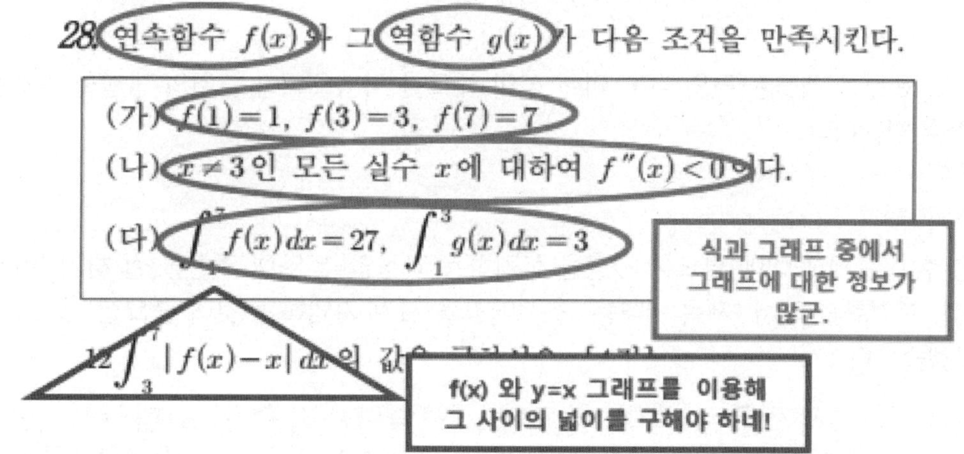

1-4-2_4 문제 풀이 방향 정하기

1-4-2_5 깨달음

어려운 문제일수록 방향이 아예 잡히지 않거나, 아니면 여러 방향이 잡혀서 실제로 어떤 풀이를 진행해야 할지 헷갈릴 것입니다. 그래서 여러 문제로 연습해보면서 어떤 조건, 어떤 물음에는 어떤 방향을 설정해야 하는지에 대한 경험을 충분히 쌓으셔야 합니다.

그런데 여기서 중요한 것은 교과서에 나오는 기본 유형 문제들과 연습문제만으로도 충분히 문제풀이를 위한 도구를 다 얻어낼 수 있다는 것입니다. 교과서에 나오는 내용이 최고난이도 문제들을 풀어내기 위한 모든 소스가 되기 때문에, 교과서를 완벽히 풀 수 있는 실력부터 쌓으시길 바랍니다. 그 실력이 완성되면 그때부터 수능기출이나 기타 고난이도 문제들을 두루 접하며 문제 풀이 방향을 설정하는 능력을 배양하는 것이 좋습니다. 절대 단기간에 습득할 수 있는 것이 아니므로 부단히 연습하셔야 합니다.

추가로, 이 과정에서 필요한 태도 중 하나를 말씀드리겠습니다. 바로 '주어진 모든 조건을 빠짐없이 사용하자'는 태도입니다. 어떤 꼴이 나왔으니 바로 어떤 풀이로 진행해야겠다는 생각보다는, 최대한 많은 조건을 이용하는 방법을 찾자는 생각이 필요합니다. 고난이도 문제일수록 치밀하게 문제를 구성하기 때문입니다.

가령 '삼차함수'라는 조건이 등장했다고 하면, 식만 떠올리는 것이 아니라 다음과 같이

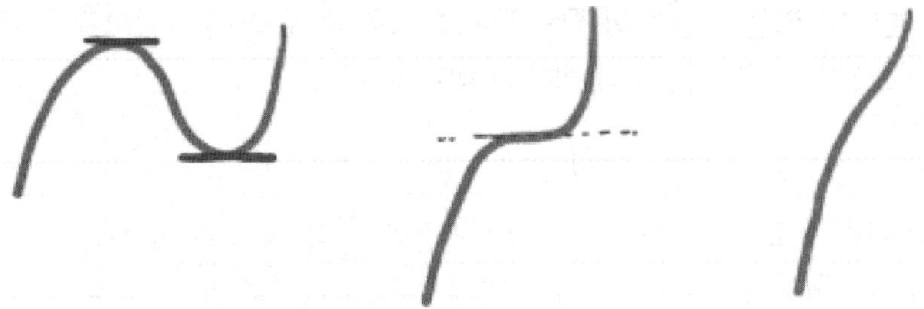

1-4-2_7 삼차함수라는 조건을 보고 떠올려야 하는 3가지 그래프 개형

식과 그래프로 표현을 해놓는 것입니다. 이런 식의 태도를 지님으로써 풀이의 방향을 정하는 데에 큰 도움을 받을 수 있습니다.

(4) 개념 상기하기
방향을 잡은 후에 문제 풀이에 필요한 개념을 상기하는 과정입니다. 이 과정을 잘 하기 위해서는 개념 공부를 할 때, 분절화를 해서 "제목 - 내용"으로 매칭을 시켜 기억하는 것이 중요합니다. 다음 예시를 통해 알아보겠습니다.

1-4-2_8 개념 상기 방식의 옳은 예와 틀린 예

하나는 바람직한 방식이고, 하나는 바람직하지 않은 방식입니다. 무엇이 바람직한 방식일까요? 맞습니다. 바로 B 입니다. 여러분들 모두 A 와 같은 방법으로 개념을 떠올린 적이 한 번쯤은 있을 것입니다. 지금 연속과 미분가능의 개념을 혼동하고 있습니다.

저런 경우 머릿속에서 개념을 꺼내어 사용할 때, 차곡차곡 정리되어 있지 않은 상태에서 특정한 개념을 콕 집어 꺼내야 하기 때문에 시간도 오래 걸리고 못 찾을 가능성도 더 커집니다. 마치 어지러운 방에서 잃어버린 샤프를 찾는 것과 같습니다.

이 샤프를 못 찾는 현상이 바로 개념이 안 되어있다는 말과 똑같은 것입니다.

B 와 같이, 필요한 개념을 정확히 떠올려서 깔끔하게 사고과정을 진행하는 것이 좋습니다. A처럼 개념을 바로바로 떠올리지 못하면 풀이가 턱턱 막힙니다. 많은 학생이 개념 공부를 할 때 제목보다는 내용에 크게 집중합니다. 그러나 개념의 제목과 내용을 동시에 외워주셔야 합니다. 그렇게 해야 깔끔하게 개념을 상기하여 다음 순서로 바로바로 진행할 수 있습니다.

가령, 수열의 극한 단원에서는

무한대의 개념
발산, 수렴의 개념
수렴하는 수열의 극한값 계산의 여러 형태
수렴하는 수열 간의 사칙연산
등비수열 형태로 이루어진 수열의 발산, 수렴

등의 개념이 머리에 차곡차곡 정리되어있어야 합니다.

이렇게 조건과 구해야 할 것을 표시하는 것부터 필요한 개념을 상기하는 것까지 했다면 문제풀이의 80% 이상은 끝난 것입니다. 대부분이 여기서부터 진짜 '문제 풀이'가 시작한다고 생각합니다. 그러나 아닙니다. 사실상 문제풀이는 여기서 멈춰도 됩니다. 나머지는 그저 단순한 계산과정이기 때문입니다. 이렇게 푸는 게 맞는지 틀리는지를 답지와 비교해 확인하는 과정일 뿐이지 크게 의미 있는 과정은 아닙니다.

만약 1~3번 과정을 거치지 않고 바로 답지를 보면, 사실상 문제 풀이의 과정에서 가장 중요한 과정을 생략하고 넘어가는 것이기 때문에 실력 증진에 전혀 도움이 되지 않습니다.

(5) 계산하기
계산하기입니다. 말 그대로 계산을 하시면 됩니다. 계산에서 유의할 것이라곤 실수하지 않는 것밖에 없습니다. 실수에 대해서는 1-4 항목의 실수노트 항목을 읽어보시면 감이 잡히실 겁니다.

그 방법으로 99.9% 이상의 실수를 방지할 수 있습니다.

1, 2등급을 가르는 문제 해결법에 대해 차근차근 설명을 드렸습니다. 이런 방식으로 문제를 풀면 아주 복잡해 보이는 고난이도 문제도 순차적인 방법으로 해결해나갈 수 있습니다. 3번 과정에서 막혔다면, 어떤 개념이 부족해서 틀렸었는지 개념까지 복습하게 됩니다. 2번 과정을 여러 번 하다 보면 비슷한 문제 풀이의 방향을 가지는 문제들이 머릿속에 유형화가 됩니다. 1번 과정을 통해 실제 시험장에서는 문제를 풀 때 쳐다도 보지 않았을 조건을 의식적으로 체크할 수 있습니다.

1-4-3. 수학 시험을 다 본 후 어떻게 해야 할까?

지금까지 저는 어떻게 '수학 시험을 대비하는가?'에 대한 답을 드렸습니다. 그런데 어떤 식으로 시험을 대비했든 간에 시험에서의 크고 작은 실패를 경험할 것입니다. 이런 패인들을 분석하고 다음 시험에서는 이것을 어떻게 보완해서 대비할지 계획을 세우는 것이 현명한 처사입니다. 많은 사람이 이 과정을 경시하지만, 아주 중요한 과정입니다. 그래서 수학 시험을 어떻게 대비하느냐의 문제 외에, 시험을 본 이후에 어떻게 패인을 분석하고 보완책을 세우는지에 대해 말씀드리겠습니다.

시험을 보고 스스로 채점을 한 후 다시 시험지를 펼칩니다. 틀린 문제, 헷갈린 문제들을 모두 체크합니다. 각각의 문제마다 무엇이 어려웠는지를 구체적으로 생각해보고 글씨로 정리해둡니다. 시험 범위의 개념 부족 / 시험 범위 외의 개념 부족 / 계산 실수 이렇게 세 가지로 정리가 될 것입니다. 앞의 두 케이스의 경우 정확히 어떤 개념을 제대로 몰라서 그랬는지 정리하고 반성하는 시간을 가집니다. 그리고 다음에 혹시라도 이 개념이 등장할 수 있으니 완벽히 공부하고 넘어갑니다. 계산 실수의 경우 위에서 언급했으니 넘어가도록 하겠습니다.

또 중요하게 분석해야 할 것이 선생님의 스타일 파악입니다. 고난이도 문제는 주로 어떤 걸 소스로 해서 출제했는지(ex 교과서 응용, 수능 기출 변형, 외부 문제집 문제 변형 등), 문제에서 어떤 개념들을 요구했는지(ex 중학교 기본 개념을 섞어서 내더라, 시험 범위에 나오는 내용을 복합적으로 내더라...) 등을 분석합니다. 오답을 분석한 것, 선생님의 스타일을 분석한 나름의 결과를 꼭 필기해두어서 다음 시험을 대비할 때에 참고하도록 합니다.

저도 고난이도 문제 중엔 아예 포기하는 문제들도 더러 있었지만, 이 방법을 열심히 연습한 결과 모두 맞출 수 있었습니다. 여러분도 위의 문제 풀이 방법을 적용해서 진짜 수학 실력을 높여주는 공부를 하시길 바랍니다.

| 수학 | 미적분 I | 5 | 89/63.4 (18.7) | A (211) | 2 | | | |
| 수학 | 미적분 II | | | | | 5 | 92/57.1 (20.9) | A (210) | 1 |

1-4-2_9 수학 2등급에서 1등급으로 향상된 모습

1-4-4. 수학 실수 원천 봉쇄하는 법

모의고사나 내신에서 수학 실수 때문에 멘붕 온 학생들 많을 겁니다. 저도 수험생활 동안 실수 때문에 많이 틀려서 골치 아팠습니다. 하지만 실수를 극복해내는 여러 방법들을 시도해보면서 실수를 원천봉쇄하는 몇 가지 방법들을 고안해냈습니다. 실제로 공부할 때 모두 사용한 방법이었기 때문에 효과는 보장할 수 있습니다. 지금부터 그 방법들을 소개해드리겠습니다.

(1) 실수노트 만들기
실수를 쭉 정리해서 노트를 만들어두면 실수의 90% 이상이 해결됩니다. 저는 이걸 실수노트라고 부릅니다. '실수 히스토리 저장소'라고 생각하시면 좋습니다. 나의 실수 히스토리를 저장해두는 것입니다.

실수에도 여러 이유가 있습니다. ① 개념을 틀려서일 수도 있고, ② 유형별 접근법을 몰라서일 수도 있으며, ③ 계산실수를 했을 수도 있습니다. 저로 예를 들면 16/9를 저도 모르게 4/3으로 잘못 약분할 때가 많았습니다. 말도 안 되는 실수입니다. 이런 실수들을 노트에 써놓는 것입니다. 그리고 2주에 한 번씩 복습하고, 시험이 다가오면 매일 정독합니다. 그러면 시험에서 해당 부분이 나왔을 때 굉장히 침착해집니다. '오 ~~가 나왔네. 나는 ~~라고 해서 잘 실수했는데 실은 ~~하게 풀어야 맞는 것이지!'라는 생각이 퍼뜩 듭니다. '의식적으로' 이런 사고과정을 거치게 됩니다. 그러니 자연스럽게 실수를 안 하게 됩니다.

본인이 실수를 100개 한다고 치면 패턴으로는 10개도 채 되지 않습니다. 정해진 패턴을 여러 번 반복해서 실수하는 것입니다. 그래서 실수를 적어놓으라는 것입니다. 노트에는 간단히만 정리하시면 됩니다. ① 개념을 틀렸을 경우, '~ 개념은 ~~이 맞는데 ~~라고 생각해서 틀렸다. ~~로 접근해야 한다.', ② 유형별 접근법을 몰랐을 경우, '~~유형은 ~하게 풀어야 한다.', ③ 계산 실수의 경우, '16/9는 4/3이 아니다. 루트를 씌워야 4/3이 된다.'와 같은 식으로 간략하게만 적어주시면 됩니다.

공부 잘 하는 학생들은 하도 문제를 많이 풀어서 자연스럽게 실수를 극복할 수도 있습니다. 그러나 이 방법이 더 효율적입니다. 귀찮지만 실수 방지를 위해 꼭 해야 하는 작업입니다. 참고로, 실수노트는 하드커버로 된 고급스러운 노트를 사용하는 걸 추천합니다. 오랫동안 내용을 축적해야 하고 또 봐야 합니다. 좋은 노트를 쓰면 더 애착이 가고, 보고 싶어집니다.

(2) 한 번 풀 때 제대로 풀기

문제를 풀 때 처음부터 정성껏 푸세요. 특히 쉬운 문제일수록 더 집중해서 푸셔야 합니다. '아 이건 당연히 이렇게 푸는 거지ㅎㅎㅎ' 하면서 대충 풀고, '나중에 돌아와서 검토하면 되겠지~' 하는 건 매우 위험합니다. 검토를 안 하더라도 아는 문제는 확실히 맞히자는 각오로 한 문제 한 문제 처음부터 제대로 푸세요. 생각지도 못한 어이없는 실수를 방지하는 중요한 방법입니다.

(3) 풀이과정은 깔끔하게 쓰기

풀이과정은 깔끔하게 쓰세요. 먼저, 누구나 본인의 글씨를 알아볼 수 있게 반듯하게 글씨 쓰는 연습을 하세요. 특히 본인이 식을 써놓고 이상하게 알아봐서 틀린 적이 있다면 더더욱. 그리고 풀이과정을 사선으로 쓰지 마세요. 꼭 한 줄 한 줄 앞에 붙여서 쓰세요. 저도 사선으로 풀이과정을 쓰는 버릇이 있었는데 고2 때 문제라는 생각이 들어 고쳤습니다.

1-4-4_1 풀이과정 쓰기 옳은 예   1-4-4_2 풀이과정 쓰기 틀린 예

마지막으로, 풀이공간을 충분히 확보하여 여유 있게 풀이과정을 쓰는 연습을 하세요. 풀이할 수 있는

공간의 크기는 생각의 크기와 비례합니다. 좁은 풀이공간에서는 글씨를 불편하게 써야 하니까 자연스럽게 문제 풀이에 대한 집중이 떨어집니다. 평소에 문제를 풀 때 문제 풀이용 노트를 따로 구비해서 거기에 문제를 푸세요. 1줄 만에 풀이를 완성할 수도 있지만 2페이지를 꽉 채워도 풀리지 않는 문제가 있을 것입니다. 그러니까 충분히 넓은 풀이공간을 사용해서 사고에 제한받지 않고 자유롭게 문제를 푸는 연습을 하세요.

(4) 조건과 구하는 것에 표시하기

문제의 조건과 구하는 것에 눈에 띄게 표시하세요. 많은 학생들이 문제 자체를 제대로 읽지 않습니다. 예를 들면, 미지수가 나왔을 때 무작정 미지수 값을 구하려고 애를 씁니다. a와 b의 합인지 곱인지 정확하게 파악하지 않기도 합니다. 문제를 덜 읽어서, 또는 잘못 읽어서 틀리는 일을 방지하기 위해서는 조건, 구하는 것 이 2가지를 눈에 띄게 표시하는 것이 매우 효과적입니다.

저의 경우 주어진 조건에는 동그라미를 치고, 최종적으로 구하는 것에 세모를 쳤습니다. 도형은 본인이 쓰기 편한 걸로 자유롭게 정하시면 됩니다. 언뜻 보면 그림놀이 같아서 유치하게 느껴질 것입니다. 하지만 이 단순한 방법이 문제를 완벽히 읽어내는 데에 큰 도움을 줍니다. 이 점 명심하셔서 문제에다가 조건과 구하는 것에 꼭 표시하세요.

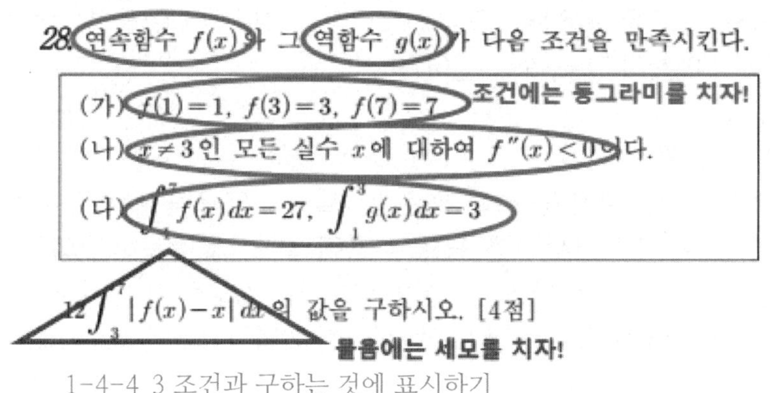

1-4-4_3 조건과 구하는 것에 표시하기

(5) 검토는 필수

문제를 풀고 나서 검토를 꼭 하세요. 검토만 제대로 해도 최대 2~3문제까지 더 맞출 수 있습니다. 문제를 막 풀어낼 때는 보이지 않았던 허점이나 실수들이 문제를 다 푼 후 검토하는 과정에서 발견될 때가 많습니다. 문제 하나하나 제대로 푸는 것이 가장 중요하지만, 남는 시간에 빠르게 푼 문제들을 검토하는 것도 아주 중요합니다. 시험 문제를 한 번 다 풀고 나서 2~3분 정도는 꼭 검토하는 데에 시간 투자하시기를 바랍니다.

또한 앞서 말씀드린 대로, 풀이과정을 반듯하게 써놓을 경우 검토할 때에도 큰 도움이 됩니다. 한눈에 흐름이 보이니까 제대로 풀었는지 안 풀었는지 판단하기가 용이하기 때문입니다. 그래서 3번 내용은 무엇보다도 꼭! 실천하시길 바랍니다.

(6) 암산보다 손으로!

암산보다 손을 이용하세요. 훨씬 실수를 줄일 수 있습니다. 암산으로도 많은 계산을 할 수 있음을 친구들에게 과시하고 싶을 때 학생들이 암산을 많이 사용합니다. 하지만 암산은 실수로 가는 지름길입니다. 암산을 자주 하면 계산을 진행하는 과정에서 잘못 계산할 경우가 많습니다. 암산은 줄이고 최대한 손을 사용하는 것이 실수를 극복하는 데에 유용합니다.

1-5. 영어 내신 공부법

(1) 완벽히 이해하자.

내신용 영어는 암기가 중요합니다. 하지만 무턱대고 암기하는 건 정말 바보 같은 짓입니다. 영어 공부의 첫 과정은 바로 '이해'입니다. 많은 분이 이 과정을 당연하다 여기시지만, 이걸 간과하는 학생들이 생각보다 많습니다. 이해를 똑바로 해야 공부가 됩니다.

제가 여기서 말하는 이해란 무엇을 의미할까요? 해당 지문에서
(1) 모르는 단어를 암기한다
(2) 모르는 문법을 공부한다
(3) 한글해석과 비교하며 모르는 부분을 확실히 익힌다 입니다.

교과서 필기, 교과서 뒤쪽의 해설, 평가문제집, 영어사전 등을 이용해 공부하시면 됩니다.

(2) 나만의 분석노트를 만들자.

이해 과정이 끝났으면, 이제 분석노트를 만들 차례입니다. 분석노트란, 모든 유형의 변형문제에 대비하기 위해 본문을 완벽히 분석한 노트입니다. 사진을 참고하세요.

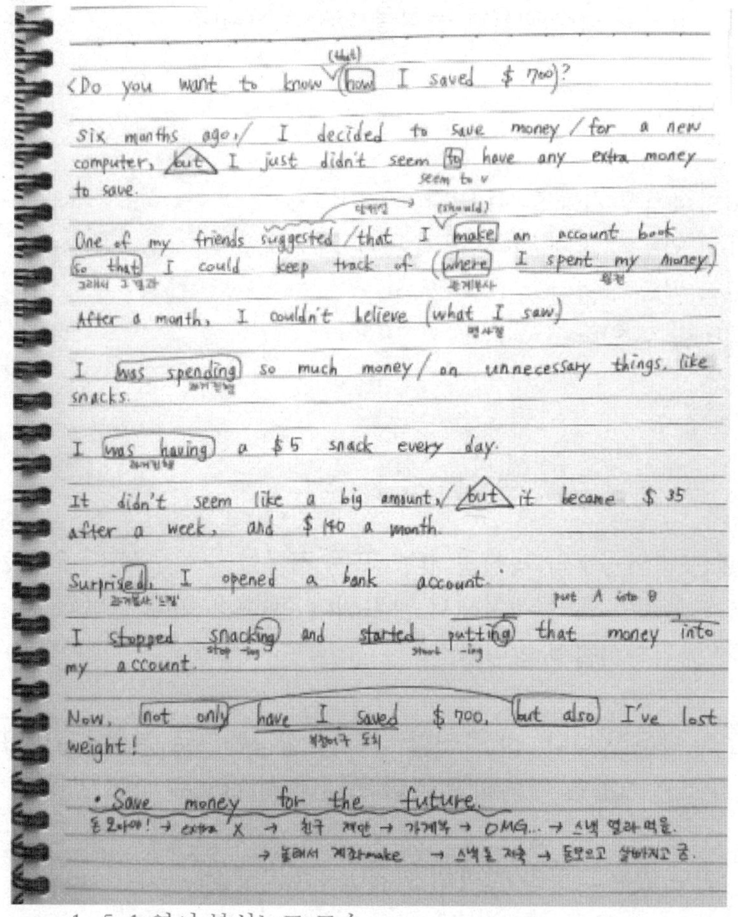

1-5_1 영어 분석노트 모습

중요한 분석 요소는 바로 "문법" "연결사" "주제" "개요"입니다. 일단 저는 시험에 나올 가능성이 1%라도 있는 모든 문법은 빨간 펜으로 표시하고, 왜 그 문법이 맞는지를 작은 글씨로 적었습니다.

사진 속 두 번째 문단을 예시로 들겠습니다. where I spent my money 부분을 괄호로 묶고, where에 박스를 쳐서 "관계부사"라고 적고, I spent my money 부분에 "완전" 이라고 적는 겁니다.

연결사는 파란색 펜으로 세모 표시를 했습니다. but 이나 therefore 같은 것 말입니다.

주제는 맨 밑에 한 줄로 정리했습니다. 주제가 나와 있지 않으면 스스로 작문했습니다.

개요는 화살표를 이용해 정리했습니다. 개요는 흐름이라고 생각하시면 됩니다. 내신 대비라서 자세하게 작성했습니다. 주어진 문장 넣기나 무관 문장 찾기를 대비하기 위해서입니다.

분석을 다 하고 마지막으로 할 일이 있습니다. 바로 '학교 선생님이 강조한 내용'을 표시하는 것입니다. 가장 나올 확률이 높은 부분이기 때문입니다. 저는 형광펜을 이용해 해당 부분을 표시했습니다. 가장 눈에 잘 띄도록 자유롭게 강조하시면 됩니다.

작성 요령은 다음과 같습니다.

검은 펜으로 지문을 베껴 씁니다. 이때 한 줄 쓰고 한 줄 띄는 방식으로 썼습니다. 분석한 내용을 필기할 공간을 확보하기 위해서입니다.
그다음 빨간펜, 파란펜, 형광펜을 각각 이용해 분석을 하시면 됩니다.

이와 같이 분석노트를 만들면

(1) 스스로 분석하며 일차적인 암기를 할 수 있다
(2) 문법 파트를 무턱대고 외우지 않게 된다. 근거 있게 외우게 된다.
(3) 이것저것 책을 참고할 필요가 없다.
(4) 모든 문제유형을 대비할 수 있다.

라는 장점이 있습니다.

(3) 선택적으로 암기하자.
'선택적 암기' 이것은 내신 영어공부의 핵심입니다. 모든 지문을 구석구석 다 외우는 건 불가능할뿐더러 비효율적입니다. 나올 요소만 딱딱 캐치해서 암기해야 합니다. 이때 선택적 암기가 필수적인데요. 다음의 요소를 주요하게 암기하시길 바랍니다.

1) '학교 선생님이 강조한 내용'입니다. 전 그러한 부분을 형광펜으로 분석노트에 표시했습니다. 제일 중요하기 때문입니다. 무조건 100% 완벽히 외워야 합니다. 빈칸으로 비어 있을 때 직접 쓸 수 있을 정도로 말입니다.
2) 문법입니다. 가장 난이도 있는 파트라 완벽히 외워야 합니다.

3) 주제와 개요입니다. 앞의 두 가지 요소보다는 외우기가 쉽습니다. 분석노트만 자주 보다 보면 자연스럽게 외워집니다. 그러므로 큰 부담 갖지 않고 그저 자주 복습하면 됩니다. 이걸 다 외웠는데도 시간이 남으면 더 세부적인 부분을 암기하셔도 됩니다. 하지만 해보시면 알겠지만, 시간이 남기란 거의 불가능하다고 생각합니다.

(4) 오감을 활용하여 외우자.
저는 본문을 외울 때 오감을 활용하여 외웠습니다. 다양한 감각기관을 동원할수록 암기를 더욱 효율적으로 할 수 있다는 사실은 여러 논문에 나와 있습니다. 그리고 저도 실제로 사용하며 효과를 많이 본 방법이라 소개해드리려고 합니다.

먼저 이해 과정을 하며 눈으로 본문을 익힙니다. 그리고 분석하는 과정에서 본문을 한 번 베껴 쓰며 손을 이용합니다. 손으로 쓰면서 입으로도 중얼중얼 읽습니다. 그리고 분석노트를 만든 후에 본격적으로 오감을 활용한 암기를 시작합니다. 분석노트를 이제 시험 날까지 미친 듯이 외웁니다. 노트를 들고 여기저기 돌아다니면서 본문을 입으로 중얼중얼했습니다. 또한 감정이입이 가능한 본문은 그 주인공에 빙의해서 연기하듯이 외우기도 했습니다. 이처럼 단순히 손으로 지문을 베껴 쓰는 것이 아니라, 여러 가지 감각기관이나 감정까지 이용하며 암기를 했습니다. 저의 경우 이 방법 덕에 암기를 훨씬 효율적으로 할 수 있었습니다.

1-6. 과학 내신 공부법

(1) 과학 내신, 버려야 하나 말아야 하나?
고3 때. 수능 과탐 과목과 내신 과학 과목이 전혀 달라 고민이 많았습니다. '내신기간엔 내신 과학에만 올인해야 하나? 그러면 수능 과탐은 어떡하지….'라는 생각이 들었습니다. 게다가 고3 때는 대부분의 학교에서 투 과목을 나갑니다. 내용의 난이도나 양이 모두 상승합니다. 더욱 부담이 됩니다. 또, 문과생들은? 과학 반영을 안 하는 학교도 있는데 굳이 공부해야 할까요? 이같이 내신 과학 공부에 대해 고민을 하는 학생들이 분명 많을 것이라 생각합니다.

개인마다 상황이 다르기 때문에 딱 잘라서 말씀드리긴 어렵습니다. 하지만 제 경험과 주변 사례들을 보아 내린 결론을 말씀드리겠습니다.

- 이과생 : 수시를 한 장이라도 쓴다 → 내신 과학 공부하는 게 좋다.
- 문과생 : 수시를 한 장이라도 쓴다 + 지망대학 중 한 곳이라도 과학 반영을 한다 → 내신 과학 공부하는 게 좋다.
- 문이과가 정해지지 않은 고1 : 수시를 한 장이라도 쓴다 +

문이과 결정을 못했다 or 이과에 갈 것이다 or 문과에 갈 거지만 지망대학 중 한 곳이라도 과학 반영을 한다
→ 내신 과학 공부하는 게 좋다.
이과의 경우 과학은 수학만큼 중요한 과목입니다. 그래서 수시를 한 장이라도 쓸 생각이라면 무조건 과

학 내신은 관리해야 합니다. 수능 볼 과목과 다르더라도 말입니다. 문과의 경우 조금 더 복잡합니다. 과학을 아예 반영하지 않는 대학 전형들도 꽤 있습니다. 그러나 학생부종합전형은 대부분 반영하기 때문에 잘 조사해보셔야 합니다. 조사 결과를 바탕으로 과학 내신을 관리할지 안 할지를 결정하세요. 고1 학생 분들도 마찬가지입니다. 조사도 없이 버렸다가는 낭패를 볼 수 있습니다.

(2) 시험 문제 예측하는 법

시험 문제를 예측하는 저만의 방법이 있습니다. 바로 문제를 풀 때 '틀린 선지를 맞는 선지로 바꾸기' 입니다. 이 방법대로 공부하니 실제로 시험 문제에서도 같은 선지들을 많이 맞닥뜨렸습니다. 제가 문제를 풀 때 가장 중요하게 생각한 과정입니다.

방법은 간단합니다. ㄱ, ㄴ, ㄷ 선지에서 틀린 선지는 맞는 선지로 고쳐보는 것입니다. 대부분의 학생이 문제만 주야장천 풀고, 채점하고, 눈으로 대충 확인하고 넘어갑니다. 그런데 그렇게 공부하면 본인이 부족했던 개념을 제대로 보완하지 않고 그냥 지나가게 됩니다. 다음에 또 그 개념이 등장했을 때 틀릴 수 있는 것입니다.

저는 그런 사태를 방지하기 위해 이 공부법으로 공부하기 시작했습니다. 일단 문제를 쭉 풉니다. 그리고 채점을 하고요. 틀린 선지에서 틀린 부분을 빨간 펜으로 × 표시를 했습니다. 그리고 그 자리에 맞는 말이 무엇인지를 적었습니다. 기억이 잘 안 났던 개념이라면 옆에 보충 설명을 적었습니다. 사진을 참고하세요.

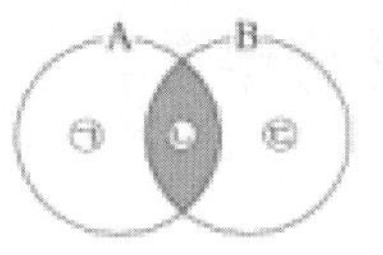

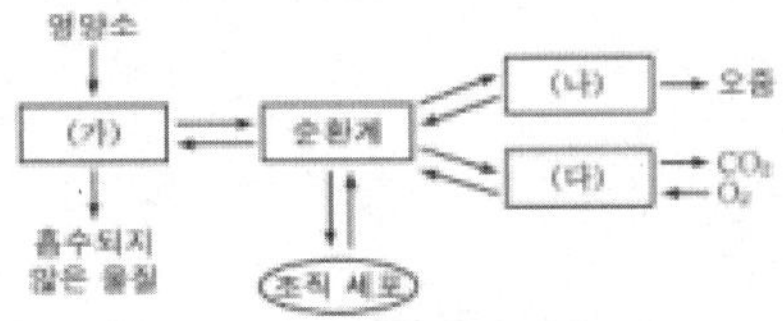

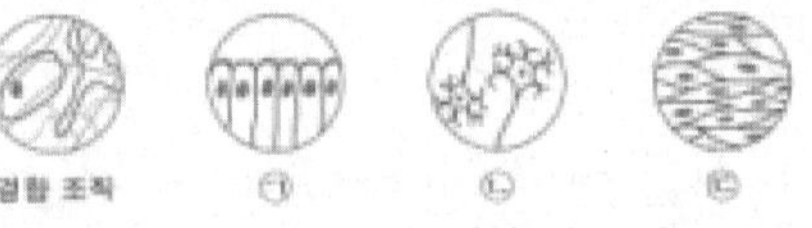

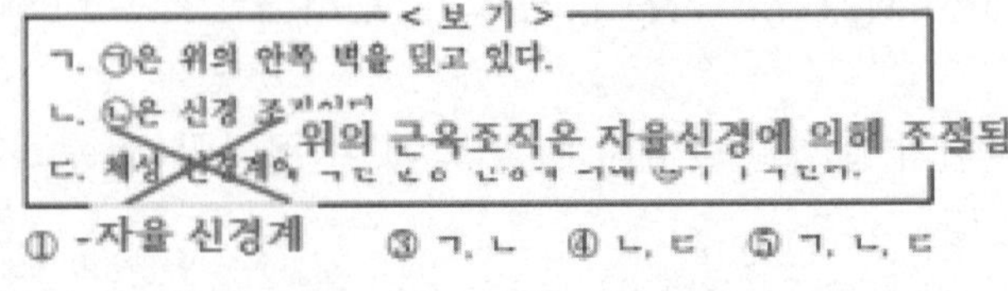

1-6_1 과학 내신 문제 예측하는 법

이런 식으로 말입니다. 우선 이 공부방법은 실천하기도 간단합니다. 그런데 많은 도움이 됩니다. 이 방법을 통해 쉽게 2회독을 할 수 있습니다. 그리고 문제를 풀면서 개념 복습은 물론 구멍 난 개념을 바로 찾을 수 있습니다. 또한, 이렇게 분석한 문제들은 시험 전까지 5번 이상 복습을 했습니다. 이렇게 하면 공부했던 개념들을 절대 까먹지 않게 됩니다. 무엇보다도 이런 식으로 공부할 때 시험 문제까지 예측할 수 있어 도움이 많이 됩니다.

(3) 뭐니 뭐니 해도 개념이다.
과학이야말로 개념이 가장 중요한 과목입니다. 다른 과목과 달리 각 개념을 정확하게 파악했느냐에 시험의 포커스가 맞추어져 있습니다. '너 이 개념 오해 없이 제대로 알고 있니?'의 성격이 가장 강합니다. 들입다 문제만 푸는 학생들이 시험 점수가 잘 안 나오는 이유는 개념을 잡는 공부를 제대로 하지 않기 때문입니다. 처음 개념을 잡을 때부터 바르게 개념을 잡아야 합니다.

학교 수업은 당연히 열심히 듣고, 필기도 빠짐없이 하셔야 합니다. 그리고 개념서 문제집을 한두 권 풀면서 자세한 부분까지도 정확히 개념을 잡으세요. 본인 스타일에 맞는 문제집을 푸시면 됩니다. '개념이 얼마나 섬세하게 설명되어있는가?', '풍부한 예시나 보조 자료들로 이해를 돕고 있는가?'를 기준으로 문제집을 선택하시면 됩니다.

개념 공부는 다음과 같이 합니다. 먼저 개념 부분을 제대로 이해했다고 판단힐 때까지 어러 빈 읽습니다. 그림을 그려보기도 하고, 식을 유도해보기도 하면서 말입니다. 그렇게 어느 정도 새로운 개념이 소화가 되었다고 생각되면 문제를 풉니다. 빈칸 채우기, 개념 유제 같은 아주 쉬운 문제들부터 하나하나 푸세요. 그리고 더 난이도가 높은 문제들까지 푸세요.

틀리거나 헷갈렸던 문제는 빨간 펜으로 눈에 띄게 표시하세요. 이제부터가 중요합니다. 맞은 문제, 빨간 색으로 표시한 문제 모두 해설지를 읽습니다. 해설지를 읽으면서 추가로 알게 된 개념이 있으면 필기합니다. 그리고 펜으로 표시한 문제의 경우 어떤 개념 때문에 틀렸는지, 맞는 개념은 무엇인지를 꼼꼼히 체크합니다. 깨달은 내용을 문제 근처의 빈 공간에 써놓습니다. 그리고 적어도 3번 이상 텀을 두고 눈으로 읽으며 복습합니다. 이런 식으로 개념을 점점 더 명확히 이해하는 공부를 하셔야 합니다.

(4) 가르치며 공부하자.
개념 공부를 열심히 했다고 생각해도 사실은 제대로 이해하지 못한 경우가 있습니다. 이럴 때 '말로 누군가에게 가르치기' 방법이 매우 효과적입니다. 개념이 잘 정립되었는지 확인하는 유용한 방법입니다. 친구든, 인형이든 옆에 누구 하나 앉혀놓고 배운 내용을 말로 설명해봅니다. 말하다 막히는 부분이 분명 있을 것입니다. 그 부분은 아직 머릿속에 제대로 정리되지 않은 부분입니다. 그러니 그런 파트들은 체크해놓고 다시 공부하셔야 합니다.

머릿속으로 생각만 하는 것과 직접 말로 하는 것은 크게 다릅니다. 머릿속에서 완벽하게 정리되어 있어야지만 말로 설명할 수 있습니다. 따라서 말로 설명하면서 머릿속의 내용을 정리하고 부족한 부분을 다시 한번 점검할 수 있습니다. 공부한 내용을 다시 한 번 훑을 수 있으니 복습 효과까지 얻을 수 있습니다.

예시로 생명과학I 의 멘델법칙을 들어보겠습니다. 개념을 충분히 공부한 후 다음과 같이 가르치듯이 말로 설명해보는 것입니다.

1-6_2 멘델 법칙을 말로 설명해보기

이런 식으로 풀어서 설명을 해보는 것이 개념 공부에 큰 도움이 됩니다.

(5) 암기는 필수다.
과학 내신도 암기 비중이 아주 큽니다. 물리, 화학의 경우 공식은 물론이고 시험 범위에 나온 세세한 사항들까지도 문제에 잘 나옵니다. 생명과학, 지구과학은 더더욱 암기가 많은 비중을 차지합니다. 아주 세부적인 사항들까지도 시험문제로 등장하기 때문에 암기과목이다 생각하고 무조건 암기해주셔야 합니다.

수능 과탐과 내신 과탐이 가장 차이 나는 부분이 바로 이 부분일 것입니다. 사소한 것까지도 완벽히 외우셔야 합니다. "암기할 건 암기하자!" 라는 마인드로 공부에 임하세요. 저의 경우 교과서 구석에 있는 도표나 날개 문제에 있는 내용까지 싹 다 외웠습니다. 혹시나 하는 생각에서 말입니다. 그런데 정말 그런 부분이 시험문제로 등장하기도 했습니다.

과학 과목이지만 '내신'이라는 점을 다시 한번 기억하세요. 대충대충 교재 읽었다가는 큰코다치기 십상입니다. 암기는 필수입니다! 꼭 명심하세요.

특히 고난이도 문제에 자신이 없는 학생들은 암기를 더 꼼꼼하게 해서 점수를 잘 관리할 수 있습니다. 암기만 제대로 하면 무조건 맞출 수 있는 문제들이 있기 때문입니다. 특히 자잘한 개념뿐만 아니라 교재에 등장하는 문제들도 조금만 바꿔서 그대로 나오기 쉽습니다.

(6) 오개념 보완 노트를 만들자.

개념을 정확히 안다는 말은 곧 오개념이 없다는 말입니다. 오개념을 가지고 있다는 걸 인식하고 보완하는 과정은 고득점으로 가는 지름길입니다. 저는 제가 가지고 있는 오개념을 제대로 바로잡아서 절대 까먹지 않게 하기 위해 '오개념 보완 노트'를 만들었습니다. 개념을 공부하고 나서 다양한 문제풀이를 하게 됩니다. 교과서 문제, 프린트, 개념서 문제, 문제풀이서, 기출문제집 등... 이런 것들을 풀면서 채점하고 분석합니다.

이 과정에서 제가 가지고 있던 오개념을 발견하면 바른 개념은 무엇인지 다시 공부합니다. 해설지나 개념 부분 복습, 그래도 이해가 안 되면 네이버캐스트 등 외부자료를 이용해서 공부합니다. 그렇게 해서 알게 된 옳은 개념을 이 오개념 보완 노트에 작성하는 것입니다. 사진을 참고하면 도움이 될 것입니다.

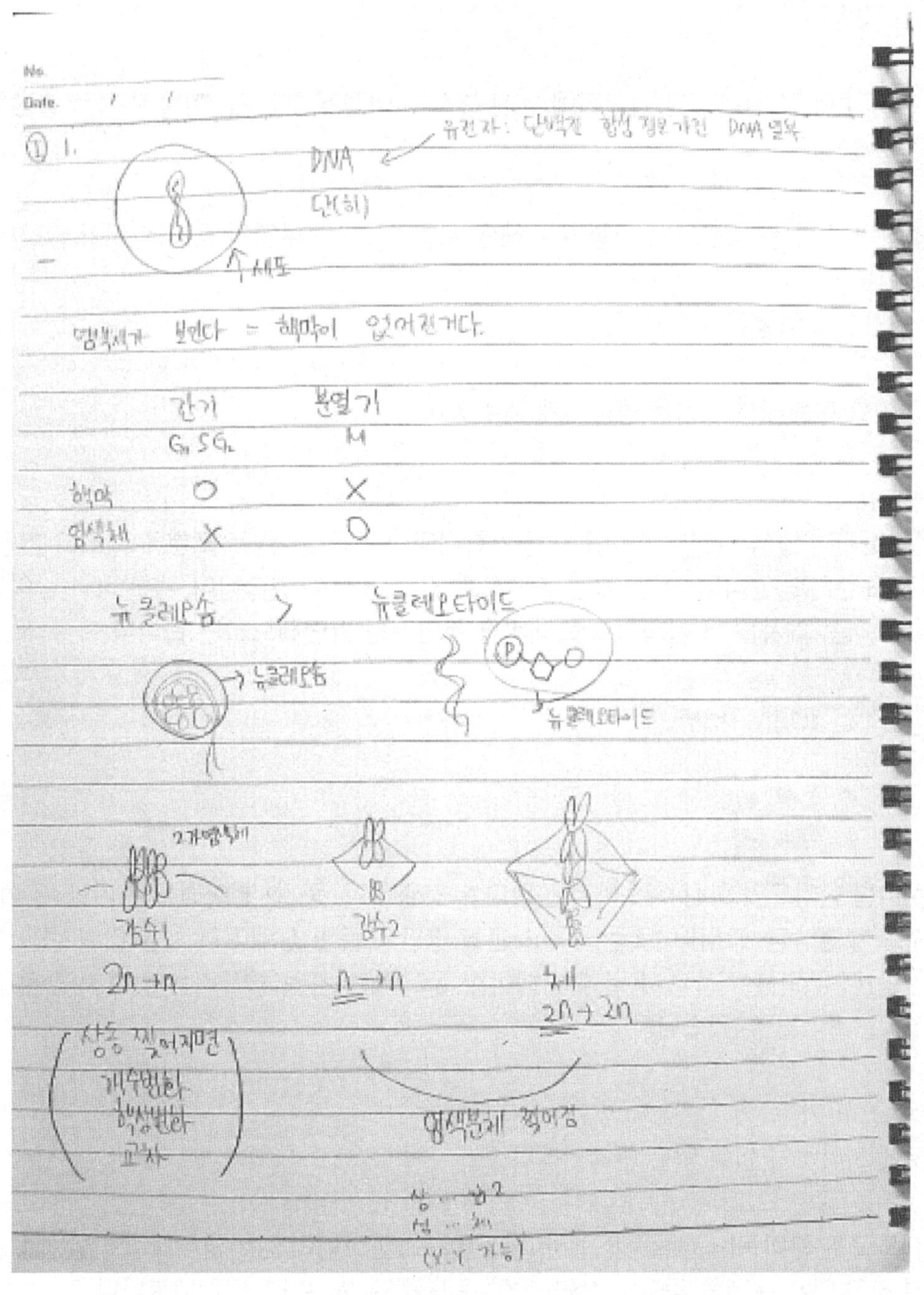

1-6_3 과학 오개념 보완노트 모습

이를 통해 바른 개념을 습득하고 오개념을 없애는 공부를 제대로 하게 됩니다. 그리고 이 노트를 만들기만 하고 끝나는 것이 아니라 시험 날까지 꾸준히 복습을 해야 합니다. 저는 최소 10번 이상 정독했습니다. 그렇게 하면 제대로 된 개념을 완벽히 암기한 상태에서 시험을 칠 수 있어 고득점을 받기 훨씬 수월합니다. 오개념 보완 노트를 통해 큼직한 오개념부터 사소한 오개념까지 확실히 잡으시길 바랍니다.

1-7. 내신 분석 종결판

내신 준비에 있어서 가장 중요한 것 중 하나가 저번에 본 시험을 철저히 분석하여 부족했던 점을 파악하고 보완하는 것입니다.

내신만큼은 누구보다 잘 관리했던 저이기에 내신 분석은 어떻게 했는지, 어떻게 그걸 활용했는지 자세히 소개해드리겠습니다.

준비물 : - 자신이 직접 푼 중간고사 시험지 + 해당 시험 해설지 (본인이 푼 시험지가 없다면 새 시험지라도 구하세요!)
- 시험 분석 결과를 적어놓을 노트/종이

준비사항 : 답지를 이용해서 채점을 꼼꼼하게 해주세요!

(1) 과목별 난이도 평가
자세하게 분석하기에 앞서 시험별 난이도를 평가합니다. 난이도는 글로 표현해도 되고 별점 (★★★★★) 의 형태로 표현해도 됩니다. 저는 빨간 볼펜으로 별점 표시를 했습니다. 주관적인 난이도를 따져보시면서 기말 때 어떤 과목을 더 심화적으로 대비할 것인지를 판단해보시면 됩니다.

1. 난이도 평가 ★★★★☆

1-7_1 난이도 평가

주의할 것은 시험 난이도가 항상 비슷하지는 않다는 것입니다. 중간 때 어려우면 기말 때 쉬울 수 있고, 그 반대일 수도 있습니다. 그러니 '모든 과목 시험을 만반의 준비 상태에서 치를 것이지만 중간 때 어려웠던 과목은 좀 더 주의를 기울여서 열심히 해야겠다!!' 라는 마음을 가지는 것이 바람직합니다. 쉬웠다고 무시하면 큰코다칠 수 있습니다.

(2) 틀린 문제 씹어 먹기
이제 틀린 문제 하나하나 씹어 먹는 단계입니다.

틀린 문제를 보고 본인이 이 문제를 어떤 사고 과정으로 풀었는지 상기합니다. 그 후 해설지를 정독하세요. 그렇게 하고 다시 문제를 꼼꼼히 보면서 '이 문제를 왜 틀렸나?' 생각해봅니다.

크게는 세 가지 이유로 나눌 수 있습니다. '개념 부족 / 실수 / 시간 부족'. 여기에서 하나를 정했으면 더 구체적으로 틀린 이유까지 숙고해봅니다. 본인이 쓸 수 있는 가장 구체적인 이유를 작성하세요.

제가 실제로 적었던 내용을 예시로 들어보겠습니다.

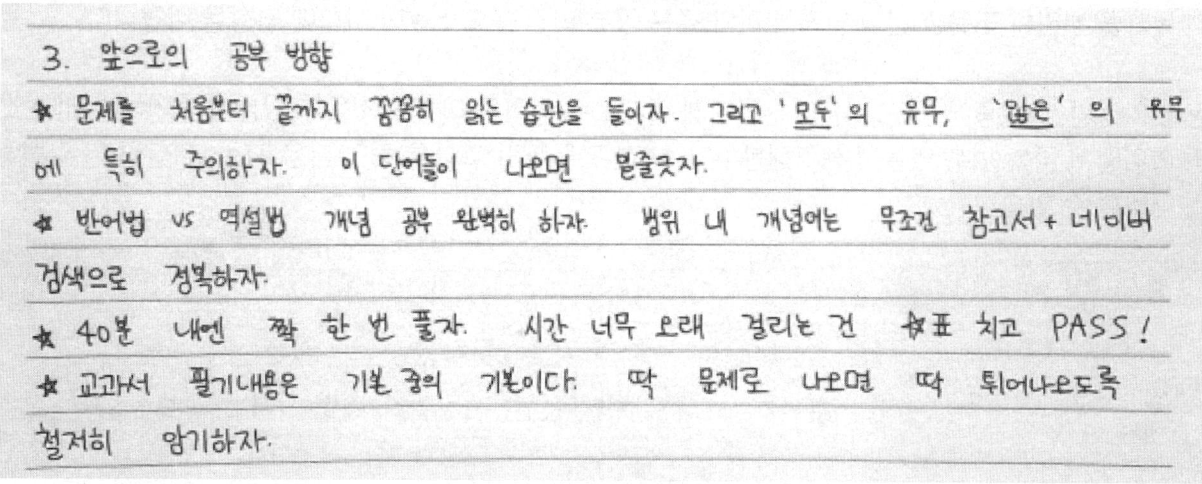

1-7_2 틀린 문제 분석

이런 식으로 아주 구체적인 문제 분석을 하세요. 이렇게 해두면 감으로만 내충 알고 있던 본인의 실패 요인을 아주 객관적으로 알게 됩니다. 지피지기면 백전백승이라는 말이 있습니다. 먼저 본인부터 알아 갑시다. 그럼 벌써 반은 이긴 겁니다.

(3) 앞으로 어떻게 공부할지 방향 설정하기

문제마다 분석을 했습니다. 이제 그걸 바탕으로 앞으로 어떻게 공부해야 이 문제를 극복할 수 있는지를 생각해봅니다. 여러 가지가 있을 수 있습니다. 이 또한 가능한 한 상세하게 적어주셔야 합니다.

1-7_3 앞으로의 공부 방향

이런 식으로 정리해주시면 됩니다.

(4) 시험 스타일 파악하기

문제를 분석하다 보면 과목별로 시험 스타일이 어떤지 점점 감이 잡히실 겁니다. 이 느낌을 베이스로

깔아두고, 더 상세한 요소까지 알려드릴 테니 철저하게 분석해봅시다.

- 문제 수
- 객관식/주관식/서술형의 비율, 유형별 난이도
- 문제 출제되는 SOURCE 정리, 각각의 비중 정리(교과서, 프린트, 부교재, 수업 필기 등)
- 풀기 어려웠던 유형이나 특이한 유형은 무엇인지. 특징 정리
- 그 외에 시험 스타일에 관한 개인적인 코멘트

예시입니다.

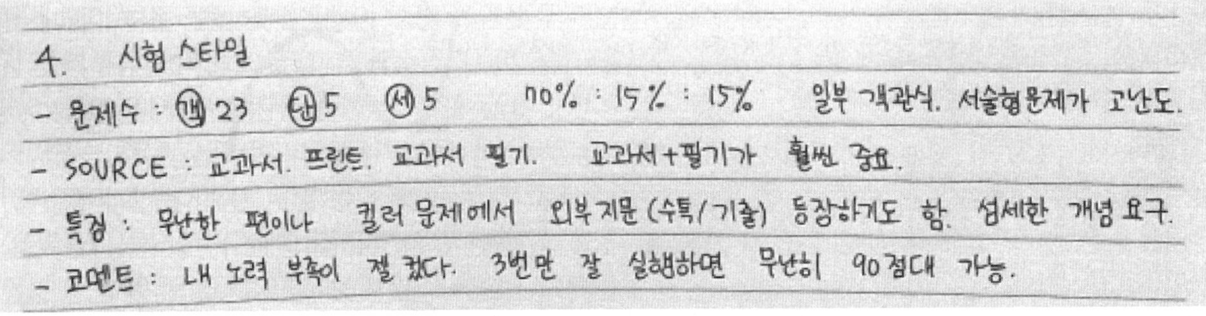

1-7_4 시험 스타일

(5) 공부 외적인 실패요소 찾아보기
시험을 보는 데엔 공부 실력이 가장 큰 비중을 차지하지만 그 외의 요소들도 나름 큰 비중을 차지합니다.

시험 전에 잠은 얼마나 잤는지, 너무 불안해하지는 않았는지, 시험 보고 채점해서 멘탈이 나가 다음 시험에 악영향을 주진 않았는지, 지각해서 불안한 상태로 시험을 보았는지, 친구들이 중간에 놀자고 할 때 유혹을 뿌리치지 못한 건 아닌지... 이와 같은 공부 외적인 요소들이 시험에 영향을 미칩니다.

공부 외적인 요소 중에 중간고사 때 본인에게 실제로 악영향을 미친 요소들이 있는지 점검해봅시다. 그리고 어떻게 극복할 수 있을지 생각해봅니다. 이런 것들까지 고려를 하면 다음 시험 때 훨씬 더 완벽하게 대비할 수 있습니다.

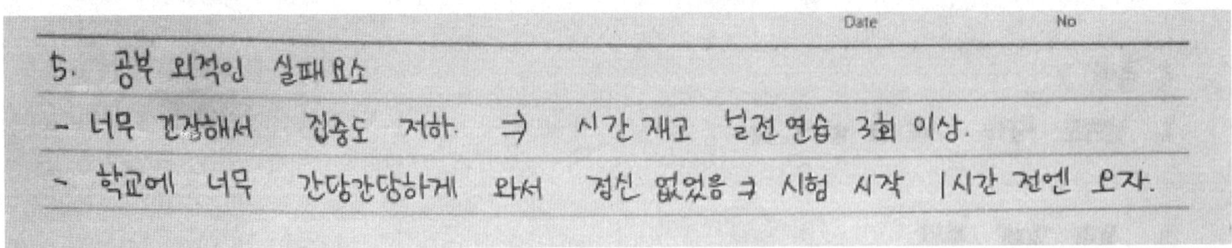

(6) 정갈하게 필기하기
위의 모든 분석 내용을 노트에 정갈하게 필기하세요. 깔끔하게 필기해놓지 않으면 나중에 볼 가능성이 뚝 떨어집니다. 반드시 과목별로 반듯반듯하게 필기하셔야 합니다.

2번 '틀린 문제 씹어 먹기'는 어떻게 필기하실지 고민이 드실 겁니다. 문제를 오답노트 하듯이 베껴 쓰실 필요는 없습니다. 딱 틀린 요인만 나열식으로 정리해두시면 충분합니다. 우리의 목표는 '그때 그 문

제'를 다시 맞추는 게 아니라, '그때 틀린 그 이유'를 알고 그걸 극복하려는 것입니다. 위의 모든 5가지 요소를 최대한 명료하게 필기합시다. 필기 예시입니다!

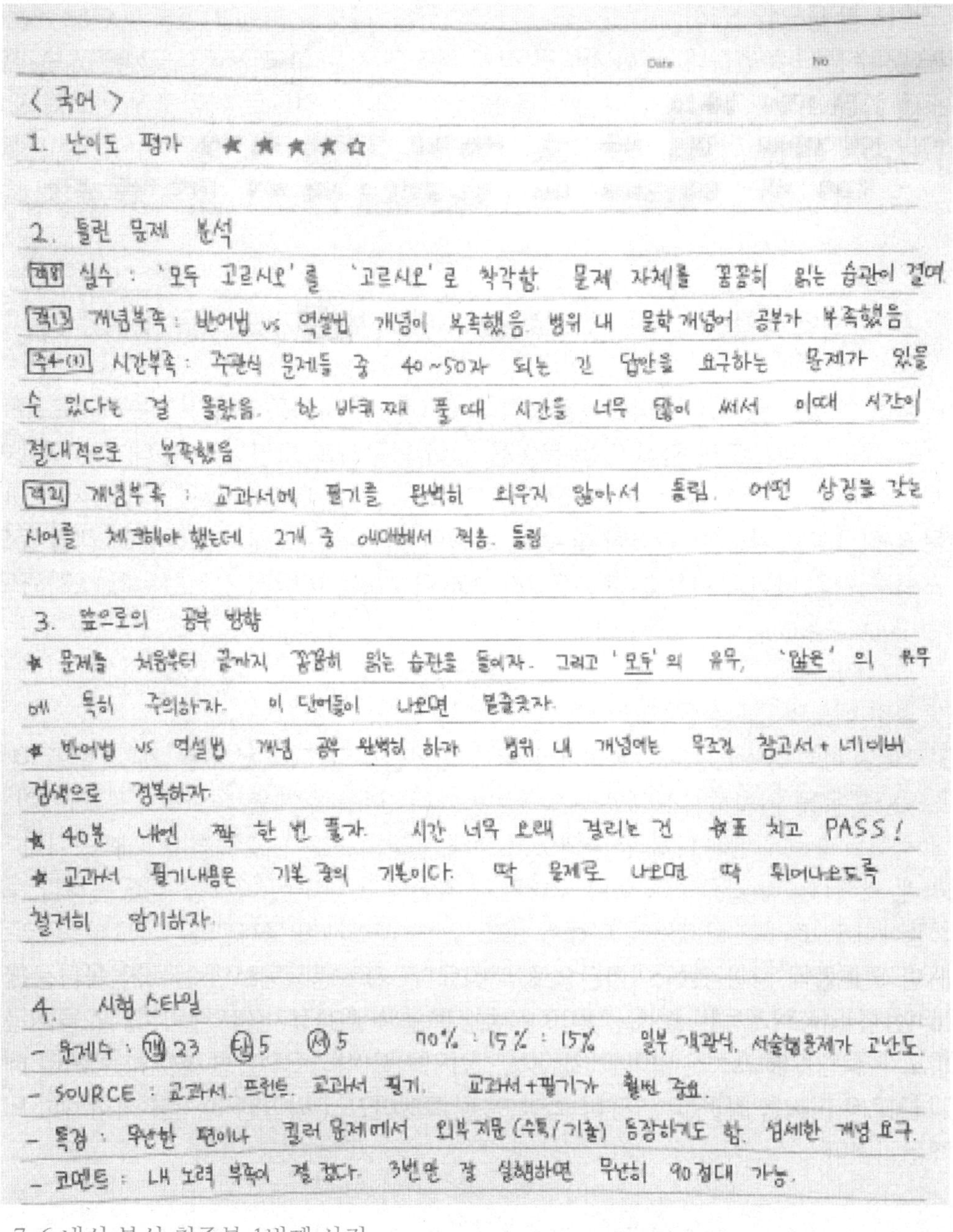

1-7_6 내신 분석 최종본 1번째 사진

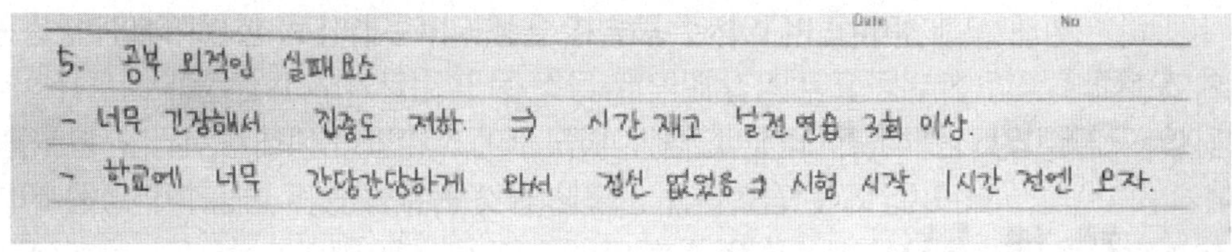

1-7_7 내신 분석 최종본 2번째 사진

이렇게 내신 분석을 하면 다음 시험을 더욱 철저히 준비할 수 있습니다.

이제 스펙에 대해 이야기하겠습니다. 제 자랑을 잠시 하자면 저는 학교 선생님들께 근 5년간의 우리 학교 학생들 중에 가장 스펙관리를 잘 했다는 말을 들었습니다. 그 정도로 치밀하게 비교과 관리를 했습니다. 지금부터 스펙 관리를 어떻게 했는지 설명하겠습니다.

2-1. 스터디활동 : 학문적으로 깊이 있어지는 내 모습을 보여주다

제가 가장 열심히 한 활동은 바로 스터디활동입니다. 스터디는 자율동아리라고 불리기도 하는데, 2~6명 정도의 소규모의 인원이 모여 관심 있는 분야를 깊이 탐구하는 모임입니다. 대부분 학교에는 이 스터디활동 제도가 마련되어 있습니다. 저는 스펙으로 쌓을 수 있는 다양한 활동들이 있지만 이 스터디활동이 제 학문적 적극성을 가장 잘 드러내 줄 것으로 판단했습니다. 그래서 고등학교 생활 동안 이 활동에 시간과 노력을 가장 많이 투자했습니다. 3년간 스터디활동을 어떻게 진행했는지 소개해드리겠습니다.

(1) 생탐스 : 열린 태도의 중요성을 깨닫다

저는 중학교 3학년 때부터 생태, 환경 분야에 관심이 많았습니다. 그래서 고등학교 1학년 때 이 분야를 탐구하는 스터디활동을 기획해야겠다고 마음먹었습니다. 연구 주제를 대략적으로 정해야 했습니다. 인터넷 포털 사이트에 생태학에 대해 검색해보고 생태 분야의 최근 이슈들을 조사했습니다. 이 과정에서 '우리나라에 외래식물이 급증하여 토종 생태계가 위협받고 있다'는 뉴스를 접했습니다. 흥미로웠습니다. '우리 동네에도 외래식물 때문에 피해를 보고 있는 장소가 있을까?'라는 생각이 들었습니다. 근처에 아차산이라는 동네 산이 있어 아차산의 외래식물에 대해 검색해보았습니다. 아차산에 외래식물이 증가하고 있다는 뉴스 기사는 있었는데 이에 대한 논문은 존재하지 않았습니다. 그래서 아차산에서 외래식물이 토종 생태계에 미치는 영향을 조사하면 좋겠다는 생각을 했습니다. 이 주제에 대한 선행논문이 없으니 새로운 지식을 창출할 수 있어 의미 있는 주제이고 고등학생도 해봄 직한 수준의 연구라고 판단했기 때문입니다.

저와 같이 생태에 관심 있는 2명의 친구를 모아 3명의 스터디그룹 '생탐스'를 만들었습니다. '생탐스'는 '생태 탐사 스터디'의 준말입니다. 우리는 아차산 외래식물에 관한 소논문을 작성하는 걸 목표로 두었습니다. 연구를 하기 위해선 그 분야에 기초적인 공부가 선행되어야 한다고 생각해 생태학 전공 서적 2권을 함께 읽었습니다. 이후에 아차산에 직접 탐사를 나갔습니다. 아차산에 상주하시는 관리자분과 숲 해설가분이 계셔서 함께 탐사를 다녔습니다. 그래서 아차산의 전반적인 생태에 대해 공부했습니다. 또한 그분들에게 아차산에 서식하는 외래식물에 대해 여러 가지 여쭤보았습니다. 그 과정에서 연구에 필요한 전문적인 지식을 많이 습득했습니다. 연구를 위한 사전 탐사와 함께 Google Scholar 학술검색, DBpia 논문검색, 뉴스 기사, 위키피디아 등을 조사하며 '생태계교란식물(우리나라 생태계의 균형에 교란을 가져오거나 가져올 우려가 있는 야생 식물을 국가에서 지정한 것)이 아차산 생태에 미치는 영향'을 주제로 연구하기로 결정했습니다.

아차산에 서식하는 생태계교란식물 1종과 외래식물 2종, 토종식물 2종 군락을 각각 2개씩 지정했습니다. 총 10개의 군락을 조사한 것입니다. 각각의 군락마다 식물상, 종다양성 지수, 토양 산도, 토양 함수량의 총 4가지 요인을 조사했습니다.

연구를 진행하는 중에도 우리는 '생태계교란식물은 무조건 나쁘고 토종식물은 일방적으로 피해만 받고 있을 것이다'라는 생각을 하고 있었습니다. 세간에 그러한 보편적인 인식이 있었기 때문입니다. 그런데 연구가 마무리되어 실험 결과를 내보니 놀랄 수밖에 없었습니다. 토종식물이 생태계교란식물이나 외래식물보다 더 나쁜 영향을 주는 경우도 발견했기 때문입니다. 토종식물인 칡은 생태계교란식물이나 외래식물보다 주변 식물다양성을 크게 감소시켰습니다. 또한 외래식물 중에서도 우리가 지니고 있던 편견이 깨지는 순간이었습니다.

이 연구를 통해 과학도로서 열린 태도가 중요함을 느꼈습니다. 외래식물이 더 유해할 것이라는 기존 생각과 달리 토종식물의 위해성과 외래식물의 유용성까지도 알게 됐기 때문입니다. 과학자를 꿈꾸는 학생으로서 본질적인 배움을 얻을 수 있었던 소중한 경험이었습니다.

하지만 연구의 한계점도 있었습니다. 토양 산도와 토양 함수량을 측정할 때 군락의 방형구마다 각기 다른 위치에 계측기를 꽂고 측정한 것이었습니다. 그러니 실험 결과의 신뢰도가 떨어질 수밖에 없었습니다. 그래서 다음 연구 때에는 측정을 정확하고 정밀하게 하자는 다짐을 했습니다.

2-1-1_1 생탐스 스터디의 생태탐사 모습

(2) 제비 연구 : 연구에 필요한 엄밀성을 배우다

1학년 때는 식물을 연구했으니 2학년 때는 동물을 연구해보자는 생각이 들었습니다. 1학년 때부터 DMZ 청소년 탐사단으로 활동하며 파주 DMZ 일대를 정기적으로 조사해왔었습니다. 이때 제비와 귀제비들이 DMZ에 서식함을 알게 되었고 이들의 개체수가 크게 감소하고 있다는 사실도 접했습니다. 그래서 제비들의 수가 감소하는 이유를 연구하면 좋겠다는 생각이 들었습니다. 그리하여 탐사대의 친구들 3명과 함께 스터디를 조직해 제비 연구에 돌입했습니다.

제비의 서식지와 비서식지 간의 차이점을 조사하기엔 스케일이 너무 커져서 타 지역 서식지 간의 공통점을 찾기로 했습니다. 파주와 양평의 제비 영소지를 찾아냈습니다. 그리고 둥지와 주변 농지와의 거리, 둥지 주변 논의 친환경 농법 유무, 둥지 주변 포식자 및 경쟁자의 유무, 둥지의 높이, 둥지 근처의 사람 이동 빈도의 5가지 항목을 조사하였습니다.

연구 결과 파주, 양평 일대 제비의 영소지는 둥지 반경 1km 내에 농지에 위치해 있으며, 친환경농법을 주로 사용하고, 건물에 처마가 있으며, 사람 이동 빈도가 높은 곳이라는 공통점을 발견했습니다. 그래서 이 내용을 바탕으로 〈제비류의 영소지 선택에 대한 연구〉라는 논문을 완성했습니다.

생탐스 활동 때 부족한 점이었던 연구의 엄밀성을 보완했다는 데에 제게 의미가 있었습니다. 제비의 둥지 방문횟수를 셀 때 정확한 방법으로 측정했습니다. 이러한 발전을 인정받아 서울대 생물교육과와 DMZ생태연구소에서 주관하는 청소년환경논문발표대회에서 우수상을 받기도 했습니다.

하지만 마찬가지로 이 연구에서도 아쉬운 점이 있었습니다. 다양한 자료를 참고하지 못해 좁은 시야를 가지고 연구했다는 점이었습니다. 논문대회 때 한 심사위원께서도 그 점을 지적해주셨습니다. 그래서 다음 연구 때에는 폭넓은 자료를 조사해서 시야를 넓게 가지자는 포부를 가졌습니다.

제비 논문으로 전국청소년환경논문발표대회에서 우수상 수상한 모습

(3) 금개구리생태연구 : 생태복원전문가라는 꿈을 품다

동물 중에 국내 멸종위기종을 연구의 대상으로 삼으면 선행 연구가 많지 않은 상황이기에 더 가치 있는 연구가 될 것이라 생각했습니다. 그리고 멸종위기라는 불리한 상황에 처한 생물이 대상인만큼 이에 대한 연구는 더 쓰임이 많을 거라 판단했습니다. 그래서 멸종위기종 중 금개구리라는 생물을 연구 주제로 잡았습니다.

금개구리는 우리나라에서만 서식하는 토종 양서류입니다. IUCN에서 취약종으로 지정되고 우리나라에서 멸종위기종으로 지정되어 전 세계적으로 중대하게 보호받고 있는 생물입니다. 다른 개구리에 비해 유달리 민감하여 살아가는 환경이 제한적입니다. 금개구리에 대한 연구 자료는 그 수가 적고 기본적인 생태 연구조차 자세하게 다뤄지지 않은 부분이 많기에 금개구리를 연구하고자 마음먹었습니다. 우리는 금개구리의 기초적인 생태 자료를 얻어 그들의 멸종을 막고 건강하게 생태계의 균형을 유지하는 것을 연구의 목표로 삼았습니다. 또한, 이를 바탕으로 금개구리를 보호할 수 있는 적절한 방안을 마련하여 실질적으로 금개구리의 보호에 요구되는 시스템을 제시하는 데에 목적을 두었습니다.

저는 서울에 살았지만, 경기도 안산시, 광명시, 시흥시 및 인천광역시 등을 탐사하러 다녔습니다. 금개구리를 서울에서는 관찰하기 어려웠기 때문입니다. 5곳의 관찰 장소를 정한 후 2주에 한 번씩 주말마다 탐사를 다녔습니다. 지형규모 서식지특성, 서식 특성, 미소서식지 특성 등을 조사했습니다. 이를 금개구리의 대체서식지 조성에 필요한 기초적인 데이터로 삼았습니다. 조사 결과를 바탕으로 금개구리 대체서식지 모델을 제시하였습니다. 아울러 현재 국내의 금개구리 대체서식지 조성사례들을 분석하여 금개구리 대체서식지 조성 과정에서의 문제점을 도출하였습니다. 이를 해결할 수 있는 대체서식지 조성 모델을 제안하였습니다.

연구를 통해 우리나라 생태문제의 심각성을 피부로 느낄 수 있었습니다. 또한 연구 범위를 제도까지 확장하는 과정에서 생태 문제의 해결을 위해서는 생태학적인 지식뿐만 아니라 제도적인 지지와 이해 당사자들 간의 합의 또한 필요함을 깨달았습니다. 생태 문제를 단편적으로 바라보지 말아야겠다는 생각이 들었습니다. 생태 파괴나 이에 대한 복원은 사회적 혹은 정치적으로도 민감한 사항이며 이러한 문제를 해결하기 위해서는 복잡한 상황을 정확하게 이해하고 분석할 줄 아는 능력이 필요함을 느꼈습니다. 저는 사회와 과학 모두에 관심이 많았기에 이 분아가 제게 꼭 맞다는 생각을 했습니다. 그래서 생태복원 전문가라는 꿈을 가슴에 품었습니다.

연구를 진행할 때에는 선행논문과 과학전람회 자료를 충분히 참고했습니다. 그리하여 넓은 시야로 연구를 진행하고자 노력했습니다. 이에 참신한 주제를 정했고 이런 점은 교내 논문대회 심사위원께도 호평을 이끌어냈습니다. 하지만 여기에서도 한계점은 있었습니다. 모델을 '개발'하는 게 진정한 연구목표가 될 수 있는가를 고민하였습니다. 연구목표의 본질은 개발이나 설계 같은 '작업'보다 인류가 알지 못했던 새로운 지식의 '창출'에 있다는 생각을 했습니다. 그래서 앞으로 연구할 때에는 모델링에 집착하기보다는 새로운 지식을 만들어내는 데에 힘을 쏟자는 생각을 했습니다.

2-1-3_1 금개구리 생태 연구 모습

(4) 생물학 독서 스터디 : 생물학 전반에 대한 폭넓은 지식을 얻다

3학년이 되자 스터디활동을 지속해야 할지 고민이 되었습니다. 마음 같아서는 당연히 스터디활동을 계속하고 싶었지만, 수능과 내신 모두 가장 치열한 시기이기에 스터디로 인해 성적이 떨어지지 않을까 걱정했습니다. 그러나 도전해보자는 의지를 다졌습니다. 그런데 생태 탐사는 확실히 부담스러웠기에 생물학 독서 스터디를 기획했습니다. 학교에서 자습하는 도중에도 시간을 내서 충분히 진행할 수 있을 것이라 생각했기 때문입니다.

이 활동을 통해 생명과학 분야의 깊이 있는 양서들을 읽으며 학교에서 배우는 생명과학 과목을 좀 더 폭넓고 깊이 있는 시각으로 바라보고자 했습니다. 나아가 미래의 생물학도로서 대학생이 되기 전에 지식의 기반을 다지고자 하는 목적도 있었습니다.

생명과학의 미시적, 거시적 관점 모두를 전반적으로 배우고자 했습니다. 그래서 분자생물학, 유전학 분야는 물론 진화론과 환경학 분야의 책을 선정해 읽었습니다.

책을 읽고 나서의 활동이 중요하다고 판단하여 다양한 독후활동을 진행했습니다. 매 모임 시 감상평을 서로 나누었습니다. 또한 PPT 주제 발표 및 질의응답, 독서토론, 독후활동보고서 작성 등을 하며 책에 대해 깊이 있게 이해하고자 최선을 다했습니다.

저는 단백질의 합성 과정을 심화 탐구한 PPT 주제발표, 〈이기적 유전자〉가 사회에 미친 영향에 대한 PPT 주제발표, miRNA와 siRNA에 대한 심화탐구 보고서 작성, 〈침묵의 봄〉을 읽고 독서토론 발제 등의 활동을 했습니다.

이 활동은 생태학 분야에만 관심이 많았던 제가 생명과학 전반에 대한 폭넓은 지식을 습득하는 계기가 되었습니다. 특히 분자생물학 파트의 책을 읽을 때에는 '생명체란 그저 분자들의 집합체가 아닌 동적 평형의 흐름으로 이루어진 다이나믹한 존재'임을 깨달았습니다. 또한, 환경 문제를 다루는 책을 읽으면서 인간이 벌이는 인위적인 작은 변화가 생태계 내에서는 대기, 토양, 물, 동식물들과 미묘한 상호작용을 일으키며 전혀 예상치 못한 결과를 발생시킬 수 있음을 알게 되었습니다. 생태계의 복잡한 상호작용에 대해 고찰하게 되었습니다.

독서를 바탕으로 다양한 독후활동을 하며 '나만의 이해에서 벗어나 다른 이들과 생각을 나누며 더 많은 깨달음을 얻는' 독서의 참맛을 느꼈습니다. 특히 〈침묵의 봄〉을 읽으면서 진행한 독서토론 중에 느낀 점이 많았습니다. 같은 사건을 바라보는 입장이 상반될 수 있음을 느꼈습니다. 책을 읽을 때에 당연하게 받아들인 생각들에 대해 그 논리적 근거가 무엇인지 다시 한번 따져보며 사고의 틀을 넓힐 수 있었습니다.

이러한 지식적인 깨달음들도 제게 큰 의미가 있었지만, 인격적인 성숙 또한 제게 소중한 의미가 있었습니다. 고3이라 입시에 대한 부담 때문에 스터디활동을 할지 안 할지 고민했었습니다. 그러나 진정으로 호기심이 드는 즐거운 공부는 꼭 하고 싶다는 의지가 생겨 이 활동에 참여했습니다. 잦은 시험과 압박 속에서도 틈틈이 시간을 내어 꼭 읽고 싶었던 책 4권을 완독할 수 있어 기뻤습니다. 힘든 환경 속에서도 마음만 먹으면 무엇이든 해낼 수 있다는 확신이 생겼습니다. 그래서 이 스터디활동은 제게 학문적으로나 인격적으로나 한 걸음 더 발전해나가도록 도와준 소중한 경험이었습니다.

2-2. 동아리활동 : 사회적 인성을 어필하다

저는 동아리활동을 통해 사회적인 인성을 어필했습니다. 전공적합성은 스터디로 충분히 어필할 수 있겠다는 생각이 들었기 때문입니다. 그래서 동아리활동은 사회 분야와 연관이 있는 활동을 하자고 생각했습니다. 시민단체 중에 내셔널트러스트라는 문화유산, 자연보호 시민 단체가 있습니다. 저는 이 단체를 고1 때 알게 되어 회원으로 활동하고 있었습니다. 정기적으로 온라인 소식지도 구독했습니다. 그런데 활동이 굉장히 유익해서 학교 친구들과 이러한 시민 활동의 경험을 공유하면 좋겠다는 생각이 들었습니다. 그래서 고2 때 교내 공식 연합동아리 〈내셔널트러스트〉를 창설했습니다.

동아리활동은 다양하게 진행했습니다. 학교에 버려지는 이면지를 모아 이면지노트를 제작했습니다. 그래서 한 학기가 끝날 즈음에 등교하는 학생들에게 무료로 노트를 배포했습니다. 그리고 교내 일감호 예술제 때 동아리 부스를 운영해 생태퀴즈를 진행했습니다. 아울러 내셔널트러스트 시민유산으로 지정된 강화도 매화마름 군락지 정비 봉사에도 참여했습니다. 그런데 제게 가장 인상적이었던 활동은 맹산 반딧불이 자연학교 봉사였습니다. 모내기와 청소로 일손을 돕는 활동이었는데 머리를 쓰는 활동이 아니라 단순히 육체적인 노동만이 필요한 활동이었습니다. 그만큼 무척이나 힘들었지만 활동을 마치면 매우 보람찼습니다. 이를 통해 특별한 능력이 있든 없든 진정으로 사회에 참여하고자 하는 의지만 있다면 기여할 수 있다는 사실을 깨달았습니다. 시민으로서 사회에 관심을 가지고 사회발전을 위해 힘쓰자는 가치관을 기를 수 있었습니다.

2-3. 봉사활동 : 개성 있는 봉사활동으로 시선을 사로잡다

저는 전공과 관련이 깊은 개성 있는 봉사활동을 했습니다. DMZ에 서식하는 멸종위기종을 보호하고 연구를 보조하는 봉사를 했습니다. 고등학교 생활 3년 내내 정기적으로 참여했습니다. 대부분의 학생이 교내 청소나 멘토링 등 평범한 봉사활동을 많이 합니다. 저는 그러한 봉사활동도 좋지만 이왕이면 전공을 살려 독특한 봉사활동을 하는 것이 경쟁력 있을 것이라 판단했습니다. 그래서 환경 생태 분야의 봉사활동을 찾아보다가 이 활동을 발견하여 꾸준히 활동했습니다.

매달 마지막 주 토요일에 파주 DMZ에 갔습니다. 먼저 생태에 관한 기초교육을 받았습니다. 그리고 교육받은 걸 토대로 연구원분들의 연구를 보조했습니다. 직접 둠벙에 잠수복을 입고 들어가 수생생물을 채집하기도 했습니다. 또한 에코톱을 제작하는 등 멸종위기 철새들을 보호하는 데에 도움을 주기도 했습니다.

확실히 멀리까지 왔다 갔다 해야 하고 몸을 많이 쓰는 봉사라 힘들었습니다. 매달 한 번이라지만 그날은 새벽 5시의 지하철 첫 차를 타고 DMZ에 가서 오후 4, 5시가 돼서야 집에 도착하는 고된 일정을 소화해야 했습니다. 하지만 이렇게 봉사한 것이 입시 때가 되니 큰 도움이 되었습니다. 생활기록부에 기록되어있으니 입학사정관들에게 차별화된 매력을 어필할 수 있었습니다. 또한 자기소개서에 쓸 거리가 되어 풍부한 소재 중에 뭘 사용할지 고민하는 행복한 고민을 할 수 있었습니다.

2-3_1 DMZ청소년탐사대 봉사활동 모습

2-4. 교내 대회 : 선택과 집중으로 임하다

저는 교내외적으로 상을 40여 개 받았습니다. 많이 받은 편이라 '무턱대고 다 참가했나?'라고 생각하실 수도 있습니다. 하지만 그렇지 않았습니다. 저는 선택과 집중의 태도로 임했습니다. 모든 대회에 문어발식으로 다 참여하기엔 한계가 있었기 때문입니다. 저는 수상 실적도 쌓고 싶었지만 동시에 내신, 수능, 동아리, 스터디, 봉사도 참여해야 했습니다. 그렇기에 딱 제게 의미 있다고 여겨지는 대회들만 선택적으로 참여했습니다. 이들 대회에는 무조건 상을 받을 수 있을 만큼 최선의 노력을 다했습니다. 그래서 노력 대비 효율성을 증대시켰습니다.

선택적으로 참여했다고 해서 이과 대회만 참여한 것은 아닙니다. 이과에서 중요한 대회인 수학, 과학 경시대회나 논술대회 등과 함께 문과에서 중요한 대회인 글짓기 대회에도 참여했습니다. 대학에서도 특정 분야의 대회에만 참여해서 상 받는 것을 지향하지는 않습니다. 그보다 문이과 모든 대회에 균형 있게 참여하여 융합적인 인재임을 어필하는 것을 더욱 좋아합니다. 그래서 저도 문이과의 중요한 대회들에는 다 참여했고 대부분 수상을 했습니다. 그리고 문이과 모두 중요한 논문대회, 진로 발표 대회 등에도 빠짐없이 참여했습니다.

그렇다면 제가 참여조차 하지 않은 대회는 무엇일까요? 바로 영어나 정보 분야, 또는 사소한 대회들이었습니다. 영어는 제가 내신 암기만 자신 있지 에세이 쓰기나 스피치하기엔 영 소질이 없었습니다. 정보 쪽은 열심히 하면 잘할 수는 있었겠지만 전공과 큰 관련도 없고 그것까지 신경을 쓰기엔 시간이 없었습니다. 사소한 대회들은 받으나 마나 대학에서 큰 의미를 부여하지 않기에 과감히 포기했습니다.

제가 여러분께 말씀드리고 싶은 것은 '이러이러한 대회는 쓸데없으니 버려도 돼~'가 아닙니다. 여러분만의 우선순위를 매겨보시고 그것에 맞게 선택과 집중의 태도로 대회에 임하라는 것입니다. 참여한다고 해서 무조건 상을 받는 것도 아닙니다. 상을 받으려면 많은 노력이 필요합니다. 그렇기에 본인에게 플러스가 되는 대회 몇 가지를 찍어놓고 한 우물만 파는 것이 현명합니다.

2-4_1 논문대회 참가 모습

2-5. 진로활동 : 진로에 대한 관심을 다양한 방식으로 드러내다

앞의 활동들 외에도 자발적으로 참여한 진로활동들이 있습니다. 전공 분야의 TED 강연 시청, AP 일반 생물학 강의 수강, DMZ청소년탐사대 생태캠프 참가, 환경부 소속 산소지킴이 기자단 활동, 환경부에서 주최한 ECO DIVE 생물다양성 보물찾기 프로그램 참가, 여러 환경 강연 청강, 이공계 캠프 등이 그것입니다. 겉보기에는 '이렇게 많은 활동을 했어?'라고 생각하실 수도 있습니다. 그러나 진정으로 전공에 대한 흥미가 있었기에 이런 활동들을 즐겁게 해나갔습니다.

스터디, 동아리, 교내 대회, 봉사 등에 열심히 참여하시고 그래도 시간적 여유가 되시면 전공 관련한 여러 활동을 추가로 진행하는 것을 추천합니다. 이것들이 주가 되어 앞뒤 순서가 바뀌면 안 되겠지만 충실한 교내 활동이 전제된다면 풍부한 진로 활동은 큰 경쟁력이 됩니다.

2-6. 독서활동 : 풍부한 독서로 깊이를 보여주다

여러 대학에서 독서활동을 점점 강조하고 있습니다. 이에 저는 독서에 심혈을 기울였습니다. 한 학기에 7~8권 정도를 읽었습니다. 또한 전공 분야만 읽은 것이 아니라 다른 분야도 읽었습니다. 전공 대 비전공 독서 비율이 5:3 정도였습니다. 또한 주로 고전이라 불리는 양서들을 읽었습니다. 처세술이나 시대의 유행에 따르는 가벼운 책은 읽지 않았습니다. 본인의 진로에 국한하지 않고 다양한 책들을 양서 중심으로 많이 읽는 것이 가장 좋습니다.

학종에서 생각보다 중요한 요소가 자기소개서입니다. 스펙이 아무리 좋아도 자기소개서를 나열식으로 대충 써놓으면 합격에서 멀어집니다. 아무래도 정성평가인 만큼 자기소개서를 충실히 작성하는 것이 합격으로 가는 지름길입니다.

저는 고2 겨울방학 때부터 자기소개서를 쓰기 시작했습니다. 늦어도 고3 초에는 쓰기 시작하는 것이 바람직하다고 봅니다. 자기소개서를 누구나 쓸 순 있지만 맛있게 무르익은 자소서가 나오는 데에는 많은 시간이 필요합니다. 그래서 일찍부터 쓰기 시작하는 것을 추천합니다.

그리고 꼭 전문가의 도움을 받으시기 바랍니다. 저는 저와 친밀한 국어 선생님께 첨삭을 부탁드렸습니다. 자주 첨삭 받고 수정하면서 고퀄리티의 자소서가 탄생할 수 있었습니다.

지금부터 자기소개서 작성의 요령을 구체적으로 알려드리겠습니다.

3-1. 글감 선정이 50%다

자소서 쓰는 데에 있어서 글감 선정이 50%를 차지합니다. 그만큼 글의 소재가 중요합니다. 쉽게 설명하기 위해 자소서 쓰는 것을 꼬치구이 만들기에 빗대보겠습니다. 아무리 좋은 양념을 바르고 최고급 숯불에 굽는다 해도, 고기 자체가 질이 나쁘면 무용지물입니다. 애써 구워봤자 최고로 맛있는 꼬치구이는 탄생하지 못하는 것입니다.

VS
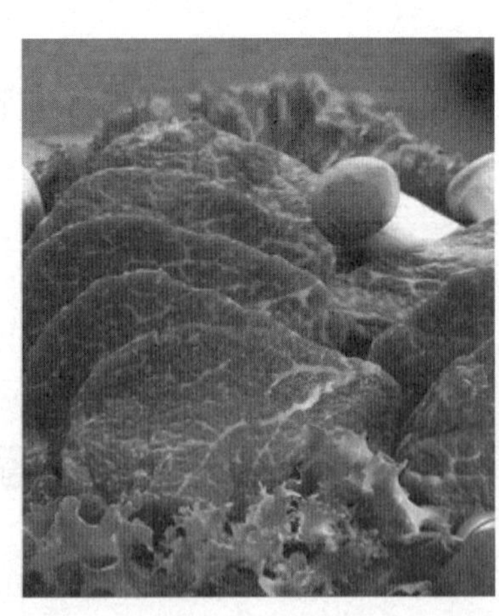

글감 선정 : 꼬치의 고깃덩이 비유의 이해를 돕는 사진 자료

꼬치의 고깃덩이처럼 글감은 글의 재료입니다. 어떤 재료를 쓰느냐에 따라 글의 퀄리티가 좌지우지됩니다. 글을 아무리 잘 다듬는다 해도 글감이 별로면 절대 좋은 자소서가 나올 수 없습니다. 대충대충 생기부에 있는 활동 눈에 띄는 거 몇 개 고르는 식으로 하면 망합니다. 본인만의 개성이 없는 천편일률적인 소재는 입학사정관들에게 아무런 매력을 주지 못합니다. 생기부에 적혔든 안 적혔든 '본인이 고등학교 생활 중에 한 모든 활동' 중에서, '가장 어필'이 될 만한 소재를, '치밀하게' 선택하여야 합니다.

그렇다면 어떻게 글감을 선정해야 할까요? 목록화와 문항별 매치 작업을 통해서 글감을 선정합니다.

(1) 목록화

목록화는 본인이 고등학교 생활 중에 했던 모든 활동을 쭉 목록으로 만드는 것입니다. 여기서 중요한 점은 '생기부에 적혀 있지 않은 활동까지' 다룬다는 겁니다. 경시대회에 나갔다가 상을 못 받았어도 적습니다. 열심히 참여했던 합창대회도 적어봅니다. 생물 공부하다가 이해가 안 돼서 유튜브로 생물학 동영상을 시청한 적이 있다면 그것도 적습니다. 자소서에 쓸 만한 가능성이 1%라도 있는 활동이라면 무조건 적어보세요. 곰곰이 고등학교 3년간의 생활을 되짚어보세요.

물론 자소서는 생기부와 연결성을 띠어야 합니다. 그러나 생기부는 결과를 중심으로 작성된 자료이기 때문에 내 학습경험이 오롯이 녹아있는 자료는 아닙니다. 따라서 생기부에 제대로 적혀 있지 않아도 본인이 노력한 경험이었다면. 의미 있는 경험이었다면. 다시 한번 짚어보는 게 좋습니다. 그중 좋은 소재는 자소서에 써먹을 수 있습니다. 목록화 과정을 통해 이러한 활동들을 빠짐없이 파악할 수 있습니다.

■ 자소서 글감 목록 ■

[학교 공부 관련 노력]

1. 질문노트를 만들어 과학 공부에 적용함
2. 단백질 합성 관련해서 Youtube 동영상 시청함
3. 영어 공부 시 분석노트 활용
4. 수학 공부 시 실수노트, 개념노트 활용

[상은 없지만 의미 있게 참여한 교내대회]

1. 과학경시대회(생명과학) (3학년)
2. 과학경시대회(화학) (2학년)
3. English Speaking Contest (1학년)

[수상경력]

(학업 분야)

1. 성적우수상 15회
2. 논문대회 - 대상 (1학년)
3. 논문대회 - 금상 (2학년)
4. 과학경시대회(지구과학) - 최우수상 (2학년)
5. 과학경시대회(화학) - 장려상 (2학년)
6. 과학경시대회(지구과학) - 우수상 (3학년)
7. 수학경시대회 - 장려상 (2학년)
8. 교내 논술대회 - 금상 (2학년)
9. 전국청소년환경논문발표대회 우수상 (2학년)

(활동/인성 분야)

1. 독서우수상 3회
2. 진로발표대회 대상 (1학년)
3. 역경극복글짓기대회 우수상 (1학년)
4. 스포츠대회 오목 1위 (1학년)
5. 모범학생 표창장(선행) (1학년)
6. 자원봉사대회 장려상 (1학년)
7. 문학보고서대회 장려상 (1학년)
8. 스터디그룹상. 스터디학생상 (2학년)
9. 사진공모전 금상 (3학년)

[자율활동]

1. 여름방학 영어 캠프 참가 (1학년)
2. STEAM 융합교육 수업 참여 (1학년)

[동아리활동]

1. *** (1학년)
2. *** (2학년)
3. ***** (3학년)

[스터디활동]

1. *** (1학년)
2. ***** (2학년)
3. **** (3학년)

[진로활동]

1. 교내 고려대 전공체험 참여 (1학년)
2. 환경부 주최 ECO DIVE 생물다양성 보물찾기 활동 참여 (1학년)
3. 서울환경영화제 관람, 환경강연 청강 (1학년)
4. 장학생 캠프 때 이공계 교수들(KAIST)의 특강 청강 (2학년)
5. TED 생태학강의 시청 (1학년~현재)
6. 논문대회. 나의꿈발표대회 등 교내 진로 대회 참가 (1학년~현재)
7. 환경부 소속 산소지킴이 기자단 (1학년)
8. 환경 블로그 운영(1학년)

[장학금]

1. ****** 장학생 (2학년~현재)
2. **** 장학생 (1학년)
3. ******* 장학생(1학년~현재)

[방과후학교]

1. ***대 일반생물학 수강(AO) (1학년)

[스포츠활동]

1. 축구부 미드필더 (1학년)
2. 발야구대회 반 대표 참여 (2학년)

3-1-1_1 자소서 글감 목록화

제가 고3 때 직접 작성한 목록화 내용입니다. 우선 카테고리를 정해서 목록화를 했습니다. 카테고리를

나누면 하나하나 생각하다 보니까 활동이 더 잘 떠올라서였습니다. 그리고 이후에 자소서에 뭘 써먹을지 고민할 때 카테고리별로 활동이 정리되어있으니 보기도 편했습니다. 그래서 본인의 기준에 맞게 카테고리 별로 분류를 하시면 더 좋을 것입니다

(2) 문항별 매치 작업

이후에 문항별 매치 작업에 돌입합니다. 문항별 매치 작업은 어떤 문항에 어떤 소재를 사용할지 매치하는 작업입니다. 다음은 2018학년도 대교협 자기소개서 공통문항입니다.

1번. 고등학교 재학기간 중 학업에 기울인 노력과 학습 경험에 대해, 배우고 느낀 점을 중심으로 기술해 주시기 바랍니다. (1,000자 이내)

2번. 고등학교 재학기간 중 본인이 의미를 두고 노력했던 교내 활동을 배우고 느낀 점을 중심으로 3개 이내로 기술해 주시기 바랍니다. 단, 교외 활동 중 학교장의 허락을 받고 참여한 활동은 포함됩니다. (1,500자 이내)

3번. 학교생활 중 배려, 나눔, 협력, 갈등관리 등을 실천한 사례를 들고, 그 과정을 통해 배우고 느낀 점을 기술해 주시기 바랍니다. (1,000자 이내)

-대교협에서 제시한 대학 자기소개서 공통 항목-

4번은 대학자율문항으로, 지원동기/전공 선택 이유/진로 및 학업 계획을 묻는 경우가 많습니다.

3-1-2_2 문항별 평가요소

문항별 매치 작업은 1번, 2번, 3번, 4번 문항에 각각 쓸 글감을 정해보는 것입니다. 각 문항마다 학생들에게 요구하는 성격이 다릅니다. 1번의 경우 학업역량과 전공적합성을 주로 평가합니다. 2번의 경우 자기주도성, 전공적합성, 발전가능성, 창의성을 주로 평가합니다. 3번의 경우 인성과 공동체의식을 평가합니다. 4번의 경우 전공적합성, 대학에 대한 관심을 주로 평가합니다. 이를 참고하여 문항 별로 요구하는 각 요소를 가장 잘 드러내주는 본인의 활동을 앞서 만든 목록에서 정해봅니다.

＊ 자소서 글감 목록 ＊

[학교 공부 관련 노력]

1. 질문노트를 만들어 과학 공부에 적용함
2. 단백질 합성 관련해서 Youtube 동영상 시청함
3. 영어 공부 시 분석노트 활용
4. 수학 공부 시 실수노트, 개념노트 활용

[상은 없지만 의미 있게 참여한 교내대회]

1. 과학경시대회(생명과학) (3학년)
2. 과학경시대회(화학) (2학년)
3. English Speaking Contest (1학년)

[수상경력]

(학업 분야)

1. 성적우수상 15회
2. 논문대회 - 대상 (1학년)
3. 논문대회 - 금상 (2학년)
4. 과학경시대회(지구과학) - 최우수상 (2학년)
5. 과학경시대회(화학) - 장려상 (2학년)
6. 과학경시대회(지구과학) - 우수상 (3학년)
7. 수학경시대회 - 장려상 (2학년)
8. 교내 논술대회 - 금상 (2학년)
9. 전국청소년환경논문발표대회 우수상 (2학년)

(활동/인성 분야)

1. 독서우수상 3회
2. 진로발표대회 대상 (1학년)
3. 역경극복글짓기대회 우수상 (1학년)
4. 스포츠대회 오목 1위 (1학년)
5. 모범학생 표창장(선행) (1학년)
6. 자원봉사대회 장려상 (1학년)
7. 문학보고서대회 장려상 (1학년)
8. 스터디그룹상, 스터디학생상 (2학년)
9. 사진공모전 금상 (3학년)

[자율활동]

1. 여름방학 영어 캠프 참가 (1학년)
2. STEAM 융합교육 수업 참여 (1학년)

[동아리활동]

1. ＊＊＊ (1학년)
2. ＊＊＊ (2학년)
3. ＊＊＊＊＊ (3학년)

[스터디활동]

1. ＊＊＊ (1학년)
2. ＊＊＊＊＊ (2학년)
3. ＊＊＊＊ (3학년)

[진로활동]

1. 교내 고려대 전공체험 참여 (1학년)
2. 환경부 주최 ECO DIVE 생물다양성 보물찾기 활동 참여 (1학년)
3. 서울환경영화제 관람, 환경강연 청강 (1학년)
4. 장학생 캠프 때 이공계 교수들(KAIST)의 특강 청강 (2학년)
5. TED 생태학강의 시청 (1학년~현재)
6. 논문대회, 나의꿈발표대회 등 교내 진로 대회 참가 (1학년~현재)
7. 환경부 소속 산소지킴이 기자단 (1학년)
8. 환경 블로그 운영(1학년)

[장학금]

1. ＊＊＊＊＊＊ 장학생 (2학년~현재)
2. ＊＊＊＊ 장학생 (1학년)
3. ＊＊＊＊＊＊＊ 장학생(1학년~현재)

[방과후학교]

1. ＊＊＊대 일반생물학 수강(A이) (1학년)

[스포츠활동]

1. 축구부 미드필더 (1학년)
2. 발야구대회 반 대표 참여 (2학년)

3-1-2_3 문항별 평가요소에 맞게 활동을 고르는 모습

↓

3-1-2_4 문항별 평가요소에 맞게 활동을 고른 후 문항별로 매칭한 모습

보편적으로 1번 문항의 경우 2~3개, 2번 문항의 경우 3개, 3번 문항의 경우 1~2개, 4번 문항의 경우 2~3개의 소재를 사용합니다. 그러나 본인의 능력에 따라 더 많은 소재를 유기적으로 연결해 글을 완성할 수 있습니다. 물론 소재가 부족하다면 적은 소재를 깊이 다룰 수도 있습니다. 소재의 수에는 크게 집착하지 말고 문항 별로 소재를 매치해보세요.

3-2. 자소서 대원칙

이번에는 '자소서 대원칙'을 소개해드리겠습니다. 자소서 1번~4번 문항 모두 다루는 내용은 다를지언정 '보편적인 글쓰기 원리'에는 충실히 입각하여 쓰셔야 합니다. 한 문단을 써도 원칙에 맞게 쓰는 것. 글쓰기의 중요한 핵심입니다.

(1) 기본 플롯을 지키자

자소서의 기본 플롯은 다음과 같습니다. '동기, 계기 ▶ 대상, 과정, 노력 ▶ 결과 ▶ 배우고 느낀 점'. 짤막한 몇 줄이 되었든 하나의 긴 문단이 되었든 간에 글을 작성할 때에는 이 플롯을 따르는 것이 좋습니다.

당연한 소리 같아 보이지만 많은 학생들이 이 플롯을 지키지 않습니다. 기본적인 원칙을 무시한 채 손 가는 대로 쓰다 보니 그런 실수를 저지르곤 합니다. 가장 많이 범하는 실수가 결과 중심적으로 글을 쓰는 것입니다.

"저는 수학에 남다른 흥미가 있어 여러 대회에 참가해 좋은 성적을 거두었습니다. 2학년 때에는 수학경시대회에서 금상을 수상하였고, 3학년 때에는 수리논술대회에서 은상을 수상하기도 했습니다. …" 결과를 나열하는 데에 집중하여 더 중요한 '과정', '배우고 느낀 점'을 드러내지 못한 경우입니다. 완성도가 떨어진 글이 되어버리죠.

차라리 이렇게 바꾸면 어떨까요?

"기하와벡터 수업 중에 삼수선의 정리를 접했습니다. 교과서에서는 이 정리에 대한 한 가지의 증명만을 다루고 있었습니다. 저는 '다른 방식으로도 증명할 수 있지 않을까?'라는 호기심이 생겨 새로운 증명을 시도해보았습니다. 평행선과 평행사변형을 이용한 증명, 합동을 이용한 증명, 최단거리를 이용한 증명 등 다섯 가지의 증명을 완성하였습니다. 또 다른 증명 방법이 있는지 궁금해서 Google Scholar 웹사이트에 검색해보았습니다. 그 결과 제가 증명한 방식 이외에도 10여 가지가 넘는 증명 방식이 있음을 알게 되었습니다. 논문들을 읽어가며 새로운 증명을 직접 따라 써보았습니다. 이렇게 학습한 내용들을 한데 모아 '나만의 수학 증명집'을 만들었습니다. 이 과정을 통해 삼수선의 정리를 한층 깊이 있게 이해할 수 있었습니다. 이외에도 순열과 조합 개념이나 'π는 무리수'라는 개념을 다양한 방법으로 증명해보며 수학 개념을 다각적으로 이해하게 되었습니다. 이러한 노력은 수학경시대회에서의 수상으로 이어졌습니다. …"

이렇게 기본 플롯을 지켜서 글을 작성하면 글의 흐름이 매끄러워집니다. 동시에 완성도도 높아집니다. 자소서를 쓸 땐 항상 '기본 플롯을 지키자!'라는 생각을 하시길 바랍니다.

(2) 두괄식으로 서술하자

자소서를 쓸 때는 두괄식으로 서술해야 합니다. 두괄식이란 글의 첫머리에 중심 내용이 오는 글의 구성 방식입니다. 글의 구성 방식에는 두괄식뿐만 아니라 미괄식, 중괄식, 양괄식, 병괄식 등이 있습니다. 왜 하필 두괄식으로 자소서를 작성해야 할까요?

입학사정관들은 수십, 수백 명의 자소서를 봅니다. 그러니 자소서를 한 문장 한 문장 꼼꼼히 볼 수가 없습니다. 매우 빠르게 읽어 내려갑니다. 자소서의 첫 문장에 요지가 담겨 있지 않으면 독해에 시간이 걸립니다. 즉, 두괄식이 아니면 글 자체를 잘 안 읽게 되는 것입니다.

자소서는 본인을 소개하고 본인을 뽑아달라고 설득한다는 점에서 문학작품보다는 논설문에 가깝습니다. 따라서 드라마틱한 기승전결을 통해 감동을 주는 것도 좋지만, 우선 하고 싶은 말을 첫 문장에 담아 본인의 답변을 명확하게 하는 것이 더 유리합니다. 그러니 무조건! 두괄식으로 서술하세요.

(3) 구체적이어야 설득력이 생긴다

글을 쓸 때 구체적으로 쓰세요. 구체적으로 서술해야 설득력이 생깁니다. 두루뭉술한 표현으로는 독자를 설득하기 힘듭니다. 오히려 답답함만 불러일으킵니다. 글을 구체적으로 쓰면 독자를 자연스럽게 공감하게 만듭니다. 그리하여 효과적으로 설득하게 됩니다.

글을 구체적으로 서술하라는 것은 무엇을 의미하는 것일까요? 추상적인 단어나 비유 대신 구체적인 표현을 사용하는 것입니다. 또한 주장이나 사실을 쓸 때 뒤이어 그에 대한 예시를 적절하게 드는 것도 의미합니다.

[예시]

축구부활동을 통해 협력의 가치를 배웠습니다. 축구부원으로서 공격과 수비 모두 연습해야 했습니다. 공격은 조금만 연습해도 쉽게 되었지만 수비는 아니었습니다. 아무리 연습해도 들어오는 공을 막는 것은 어려웠습니다. 그래서 축구부 친구와 방과 후에 모여 꾸준히 수비 연습을 했습니다. 그 결과 수비 실력이 많이 향상되었습니다. 이는 경기력의 향상으로 이어졌고 결국 팀 전체의 팀워크 또한 발전했습니다. 이 경험을 통해 협력의 가치를 배웠습니다. <u>(아쉬운 예)</u>

축구부활동을 통해 노력의 정직함과 공동체정신을 배웠습니다. 평소 축구를 잘 해보지 않았지만 흥미가 생겨 도전했습니다. 수비형 미드필더를 맡은 저는 공　격과 수비 모두를 도와주어야 했습니다. 특히 공격 시에는 숏패스로 공격을 돕는 능력이, 수비 시에는 공 걷어내기로 흐름을 끊는 능력이 중요했습니다. 숏패스는 아침연습으로도 충분할 만큼 빨리 익혔습니다. 그런데 공 걷어내기를 연습할 때는 아무리 노력해도 자꾸 땅볼이 되었습니다. 저는 이 결점을 보완해 팀에 피해를 주지 말아야겠다는 집념이 생겨, 방과 후에 축구부 친구와 공 걷어내기 연습을 한 달 여간 했습니다. 공을 찰 때 공이 발등이 아닌 발끝에 맞는 것이 문제임을 깨달았고, 정확히 발등으로 공차는 연습을 했습니다. 결국 자유자재로 공을 걷어내어 팀의 수비력을 강화할 수 있었습니다. 이는 경기력의 향상으로 이어졌고, 저를 본 다른 선수들도 각자의 역할에 더 열심히 임하여 전반적인 팀워크 또한 발전했습니다. 이 경험을 통해 우직한 노력은 나를 배신하지 않는다는 것과 협동심으로 뭉칠 때 진정한 '원팀'이 됨을 깨달았습니다. <u>(좋은 예)</u>

2년 동안 참여한 우포늪 탐사 활동을 통해 자연이란 작은 변화 하나에도 그에 맞는 반응을 일으킬 정도로 민감하다는 사실을 알게 되었습니다. (아쉬운 예)

2년 동안 참여한 우포늪 탐사 활동을 통해 자연이란 작은 변화 하나에도 그에 맞는 반응을 일으킬 정도로 민감하다는 사실을 알게 되었습니다. 1~2℃의 온도상승으로 인해 개화 시기가 앞당겨지고 겨울철 새의 이동 양상이 변화하는 것 등을 체험하며 이를 느꼈습니다. (좋은 예)

(4) 짧고 쉽게 쓰자

글을 짧게 쓰세요. 최대한 간결하게 쓰세요. 군더더기를 없애세요. 꼭 말해야 할 포인트만 확실히 짚고, 이외의 것들은 내쳐버리세요. 그렇게 해야 읽을 때 리듬감이 살아납니다. 그리고 문장을 짧게 쓰면 복잡하지 않아서 문법적으로 틀릴 일이 별로 없습니다. '~했고, ~했는데, ~해서' 등으로 주저리주저리 끝도 없이 이어지는 글은 읽다가 지쳐버립니다. 짧고 간결한 문장으로 읽는 이의 집중이 끝 문장까지 유지되도록 합시다.

글을 쉽게 쓰세요. 괜히 전문적인 용어, 어려운 용어 사용하지 마세요. 입학사정관들은 해당 분야의 전문가입니다. 본인이 아무리 잘난 척을 해도 그분들이 진짜 잘났다고 인정해주는 거 아닙니다. 오히려 '얘 자만하네' 하고 안 좋은 평가를 내릴 수 있습니다. 누구나 이해되도록, 최대한 쉽게 글을 구성하세요.

[예시]

방과 후에 축구부 친구와 함께 공 걷어내기 연습을 한 달 여간 했는데, 공을 찰 때 공이 발등에 맞지 않고 발끝에 맞는다는 것이 저의 문제점임을 깨달았고, 정확히 발등으로 공을 차는 연습을 이어서 진행했습니다. (아쉬운 예)

방과 후에 축구부 친구와 공 걷어내기 연습을 한 달 여간 했습니다. 공을 찰 때 공이 발등이 아닌 발끝에 맞는 것이 문제임을 깨달았고, 정확히 발등으로 공차는 연습을 했습니다. (좋은 예)

이 내용에 입각해 자소서를 쓰시면 분명히 좋은 자소서를 쓸 수 있을 것입니다.

[저자의 합격 자기소개서 복원 내용]

1번. 고등학교 재학기간 중 학업에 기울인 노력과 학습 경험에 대해, 배우고 느낀 점을 중심으로 기술해 주시기 바랍니다. (1,000자 이내)

지병을 앓고 계신 어머니와 가난한 가정환경 덕에 스스로 상황을 헤쳐 나가는 법을 배웠습니다. 사진작가의 꿈에서 비롯된 생태학에 대한 호기심을 충족하고자 고1 때부터 TED 생태강의를 시청했습니다. 이를 통해 생태학이 '사회와 과학을 연결하는 다리' 역할을 함을 배웠습니다. 사회, 과학 모두에 관심이 있던 저는 틈나는 대로 독서에 주력했습니다. 특히 생태학고전 독서를 통해 '생태학자란 생명에 대한 사랑을 바탕으로 자연속의 관계를 규명하는 과학자'임을 깨달았고, '생태학자'라는 비전은 공부에 강한 동기부여가 됐습니다. 그 후 생명과학 공부를 더 깊이 있게 하고자 힘썼고, 수업시간

'질문노트'를 활용하여 지식을 확장시켜나갔습니다. 수업 중 의문이 생기면 필기해놓고 하교 후 웹 검색으로 궁금증을 해결하는 활동이었습니다. 또한 서울여대 UP 일반생물학 수강은 "생명이란 물질대사라는 흐름 속에서 일정한 형태가 유지되는 분수" 같은 것임을 깨달은 소중한 경험이었습니다. 3학년 때에는 '생물바로미터' 스터디를 통해 생물학 양서들을 읽으며 심도 있게 공부했습니다. 이처럼 저는 능동적으로 학습하며 불리한 학습 환경을 극복해왔습니다.

저는 생태학 특유의 활동성을 좋아해 '발로 뛰는 공부'를 해왔습니다. 가까운 아차산에서부터 멀리 안산과 인천의 습지, 파주 DMZ에 이르기까지 총 30회 이상을 탐사했습니다. 그 과정에서 택지개발로 인한 금개구리 절멸사태, 간척사업으로 인한 철새 감소 등 급격한 산업화와 생태가치 인식 부족이 낳은 생태파괴 현장을 목격하면서 우리가 직면한 현실의 문제점을 생생히 깨달았습니다. 생태복원 전문가라는 담대한 꿈을 더욱 절실히 키워갔고, 문제 해결을 위한 유능한 전문가로서 과학적 해결책을 도출해내기 위해서 앞으로 더 깊이 있는 공부가 필요함을 절감했습니다. 저는 친환경사업으로 포장한 개발 사업이 만연한 현실 속에서 사회적·미래지향적 생태복원을 이뤄내고 싶습니다. 이를 이루기 위해 반드시 요구되는 깊이 있는 공부와 함께 인문사회학적 공부에도 힘쓰고 싶습니다.

2번. 고등학교 재학기간 중 본인이 의미를 두고 노력했던 교내 활동을 배우고 느낀 점을 중심으로 3개 이내로 기술해 주시기 바랍니다. 단, 교외 활동 중 학교장의 허락을 받고 참여한 활동은 포함됩니다.(1,500자 이내)

2년간의 생태연구를 통해 '생대'와 '연구'를 바라보는 세 나름의 시각을 갖게 되었습니다. 외래식물이 급격히 증가하고 있다는 뉴스를 보고 문제의식을 가져 시작한 '생탐스' 활동을 통해 연구에 있어 열린 태도가 중요함을 느꼈습니다. 외래식물이 더 위해할 것이라는 기존 생각과 달리 토종식물의 위해성과 외래식물의 유용성까지도 알게 됐기 때문입니다. 또한 '금개구리생태연구'는 처음으로 생물보호에 대한 의욕을 가지고 기획한 활동이었습니다. 조사 중 우리나라 생태문제의 심각성을 피부로 느낄 수 있었고, 연구범위를 제도까지 확장하는 과정에서 생태문제 해결을 위해서는 생태적 지식, 제도적 지지, 이해당사자들 간의 합의가 필요함을 깨달았습니다. 이로 인해 생태복원에 희망을 품었습니다. 3년간의 DMZ 탐사를 통해 자연이란 작은 변화에도 그에 맞는 반응을 일으킴을 배웠습니다. 적은 온도상승에도 개화시기가 앞당겨지고 철새이동양상이 변화하는 것을 보며 이를 느꼈습니다.

연구를 바탕으로 한 논문쓰기를 통해 연구와 논문에 필요한 논리성과 엄밀성을 배웠습니다. 첫 논문인 '생태계교란식물이 아차산에 미치는 영향'을 작성하면서 '결과'를 가지고 어떤 '결론'을 낼 것인지 고민하며 논리를 배웠습니다. 그러나 정밀한 측정의 중요성을 간과해 토양측정이 미흡했던 게 한계였습니다. DMZ 탐사를 바탕으로 한 '제비류의 영소지 선택 연구'는 부족한 점이었던 연구의 엄밀성을 보완했다는 데에 의의가 있었습니다. 제비의 둥지방문횟수를 셀 때 정확한 방법으로 측정했고, 이러한 발전을 인정받아 서울대 생물교육과와 DMZ생태연구소에서 주관하는 청소년환경논문발표대회에서 우수상을 수상했습니다. 하지만 다양한 자료를 참고하지 못해 좁은 시야를 가지고 연구한 게 아쉬웠습니다. '금개구리 대체서식지 조성모델 및 제도개선 연구'시 선행논문, 과학전람회자료를 참고하여 넓은 시야로 주제를 정하고자 노력했습니다. 그리하여 참신한 주제를 정했고 이런 점은 심사위원께도 호평을 이끌어냈습니다. 하지만 모델을 '개발'하는 게 진정한 연구목표가 될 수 있는가를 고민하며, 연구목표의 본질은 개발이나 설계 같은 '작업'보다 인류가 알지 못했던 새로운 지식의 '창출'에 있다는 생각을 했습니다.

내셔널트러스트 동아리활동을 통해 시민으로서 사회참여의 중요성을 느꼈습니다. 내셔널트러스트 회원으로서 평소에도 온라인소식지 구독은 하고 있었지만, 학교 친구들과 시민활동경험을 공유하면 좋겠다는 생각에 공식동아리로 창설했습니다. 이면지노트 제작, 일감호예술제 생태퀴즈 등 다양한 활동을 했지만 그중에서도 가장 인상적이었던 것은 반딧불이자연학교 봉사였습니다. 모내기와 청소로 일손을 돕는 활동이었는데 머리 쓰는 활동이 아니라 단순히 육체적 노동만이 필요한 활동이 었습니다. 그만큼 무척이나 힘들었지만 활동을 마치면 매우 보람찼습니다. 이를 통해 특별한 능력이 있든 없든 진정으로 사회에 참여하고자 하는 의지만 있다면 기여할 수 있다는 사실을 깨달았습니다. 시민으로서 사회에 관심을 가지고 사회발전을 위해 힘쓰자는 가치관을 기를 수 있었습니다.

3번. 학교생활 중 배려, 나눔, 협력, 갈등관리 등을 실천한 사례를 들고, 그 과정을 통해 배우고 느낀 점을 기술해 주시기 바랍니다. (1,000자 이내)

축구부활동을 통해 노력의 정직함과 공동체정신을 배웠습니다. 평소 축구를 잘 해보지 않았지만 흥미가 생겨 도전했습니다. 수비형 미드필더를 맡은 저는 공격과 수비 모두를 도와주어야 했습니다. 특히 공격 시에는 숏패스로 공격을 돕는 능력이, 수비 시에는 공 걷어내기로 흐름을 끊는 능력이 중요했습니다. 숏패스는 아침연습으로도 충분할 만큼 빨리 익혔습니다. 그런데 공 걷어내기를 연습할 때는 아무리 노력해도 자꾸 땅볼이 되었습니다. 저는 이 결점을 보완해 팀에 피해를 주지 말아야겠다는 집념이 생겨, 방과후에 축구부 친구와 공 걷어내기 연습을 한 달 여간 했습니다. 공을 찰 때 공이 발등이 아닌 발끝에 맞는 것이 문제임을 깨달았고, 정확히 발등으로 공차는 연습을 했습니다. 결국 자유자재로 공을 걷어내어 팀의 수비력을 강화할 수 있었습니다. 이는 경기력의 향상으로 이어졌고, 저를 본 다른 선수들도 각자의 역할에 더 열심히 임하여 전반적인 팀워크 또한 발전했습니다. 이 경험을 통해 우직한 노력은 나를 배신하지 않는다는 것과 협동심으로 뭉칠 때 진정한 '원팀'이 됨을 깨달았습니다.

합창대회 알토장 역할을 통해 배려와 나눔의 기쁨을 느꼈습니다. 평소 노래하는 것을 좋아하기에 알토장을 맡았습니다. 그런데 유난히 알토 음정이 까다로운 곡이었습니다. 알토 친구들은 부담을 느끼고 자신감을 잃었습니다. 저는 친구들이 음정을 정확히 이해할 수 있게 도와주면 자신감을 회복할 것이라 판단했습니다. 그래서 직접 노래를 녹음해 친구들에게 보내주었습니다. 또한 악보에 어려운 음을 표시해주고 그 부분의 연습을 집중 지도했습니다. 그 결과 친구들 모두 음을 잘 짚어내게 되었습니다. 이에 자신감을 가져 다른 파트와 조화를 이룰 수 있었습니다. 비록 대회 당일에는 피아노와 속도가 안 맞아 실수가 났습니다. 그러나 연습 때 얻은 당당함으로 생동감 있는 무대를 완성했고, 그 결과 인기상을 수상했습니다. 자신이 가진 능력을 남과 나누는 것, 상대를 배려하는 도움을 주는 것에서 진실한 기쁨을 느낄 수 있었습니다.

4번. 고등학교 재학 기간(또는 최근 3년간) 읽었던 책 중 자신에게 가장 큰 영향을 준 책을 3권 이내로 선정하고 그 이유를 기술하여 주십시오(서울대학교)

〈희망의 자연〉 제인 구달, 세인 메이너드, 게일 허드슨	생태복원에 대한 꿈은 생겼으나, 이미 심각하게 망가진 생태계가 완벽히 회복될 수 있을까하는 회의감에 우울하던 때가 있었습니다. 그때 존경하는 동물학자인 제인 구달 선생님이 쓰신 책들을 찾아보던 중 이 책을 알게 되어 읽었습니다. 최신의 과학지식과 자연의 회복력, 불굴의 인간 정신이 있다면 아직 희망이 있다는 메시지를 보는 순간 저는 머리를 한 대 얻어맞은 느낌이 들었습니다. 그만큼 저의 걱정과 막막함에 대해서 강력한 해답을 준 책입니다. 이를 통해 생태복원에 대한 소망과 의지를 더욱 확고히 다지게 되었습니다. 또한 세계 각지에서 멸종 위기에 놓인 생물들을 되살리기 위해서 다른 이들의 방해에도 불구하고 꿋꿋이 일생을 바쳐 헌신하신 분들의 다양한 활동들을 보며 큰 감동과 용기를 얻을 수 있었습니다. 이분들과 같이 저도 기후변화에 대한 해결, 생물다양성의 보전, 산림의 보호를 위해서 생태복원 및 연구 활동에 제대로 인생을 바쳐봐야겠다는 진심어린 의지를 다질 수 있었습니다. (491자)
〈사랑의 기술〉 에리히 프롬	사랑에 대한 배움을 얻고자 이 책을 읽었습니다. 저는 '사랑'이라는 개념을 깊이 고민해본 적이 없어서 대중매체에서 접하는 남녀 간의 사랑만을 떠올릴 뿐이었습니다. 그러나 이 책을 읽으며 성숙한 사랑이란 달콤한 휴식처와 같은 개념이 아니라 '존중, 책임, 겸손'의 태도로 함께 성장하는 것임을 알 수 있었습니다. 또한 받기보다 주는 것이 사랑이며, 주는 행위를 통해 능동성과 활동성에서 오는 행복을 누릴 수 있음을 깨달았습니다. 책을 다 읽은 후 내가 살아온 삶의 태도엔 과연 사랑이 있었는가를 반추하였습니다. 내가 사랑한다고 말해왔던 대상들에게도 있는 그대로 존중해주지 않고 내 뜻대로 바꾸려 애썼던 제 모습을 떠올릴 수 있었습니다. 그리고 항상 주기보다 받기만을 좋아했던 미성숙한 면 또한 상기할 수 있었습니다. 따라서 저의 삶의 태도에 대해서 반성했고, 앞으로는 상대와 나의 다른 점을 있는 그대로 이해할 수 있는 포용의 태도와 주는 것을 기뻐하는 성숙함을 가져야겠다는 마음을 먹었습니다. (499자)
〈불평등의대가〉 조셉스티글리츠	평소 사회에 대해 궁금한 게 많던 저는 불평등에 관심을 가져 이 책을 읽었습니다. 이 책을 통해 상위계층에게만 유리하게 작용하는 경제와 정치시스템으로 인해 불평등이 심화되고 있음을 알게 되었습니다. 이 책이 주로 다루는 국가는 미국이지만 우리나라 또한 재벌이 국내 경제를 좌우한다는 사실과 불평등이 국가적 문제로 대두되고 있는 현실을 볼 때 크게 상황이 다르지 않음을 느꼈습니다. 우리 사회의 불평등문제에 대해 심각한 문제의식을 가지게 되었고, 이와 같은 사회적 문제들에 잘 대처하기 위해선 먼저 사회에 대한 깊이 있는 이해가 필요함을 느꼈습니다. 일상적인 활동이나 공부에 있어서도 사회학적 이해를 하는 데에 힘쓰는 것이 중요함을 깨달아, 사회에 암묵적으로 존재하는 불평등, 차별 등의 문제에 대해 비판적이고 깨어있는 삶을 살자고 마음먹었습니다. 이러한 다짐은 내셔널트러스트와 국제시민연대 Avaaz 회원으로서 환경, 국제 문제에 대한 홍보 및 서명운동에 지속적으로 참여하는 계기가 되었습니다. (500자)

4번. 위 문항외에 추가적으로 작성하고 싶은 내용을 자유롭게 기술해 주시기 바랍니다.(1,500자 이내) (카이스트)
　　　-고교 졸업자의 경우 졸업 이후의 활동을 포함하여 기술해 주시기 바랍니다.
　　　-KAIST 지원동기 또는 이유
　　　-인문학적 소양을 갖추기 위한 노력이나 경험
　　　-지원자의 환경(가정,학교)이 본인에게 미친 영향이나 역경극복 사례등

제 목표는 생태복원 전문가가 되는 것입니다. 이 목표를 이루는 과정에서 KAIST는 제게 가장 필요한 배움의 환경을 제공해줄 것을 확신하기에 지원했습니다. KAIST만의 무학과 입학제도와 여러 국제교류 프로그램을 통해 다양한 학문들을 자유롭게 수학하며, 생태문제 해결을 더 넓게 바라보는 안목을 기를 수 있기 때문입니다.

저는 목표에 대한 열정을 원동력으로 끊임없이 도전해왔습니다. 2년간의 생태연구를 통해 생태문제 해결의 시급성과 바람직한 연구태도에 대해 깨달았고, 내셔널트러스트활동을 통해 사회에 대한 깊이 있는 이해의 중요성을 느낄 수 있었습니다. 뿐만 아니라 저는 TED 생태강의 수강과 독서를 통해서도 더욱 성장할 수 있었습니다. TED 강의를 들으며 드론을 이용한 생태보호, 폐휴대폰으로 열대우림 살리기 등 생태학이 다양한 학문들과 상호협력하며 발전한다는 사실을 깨달았습니다. 또한 생태분야에 종사하는 강연자들이 보여준 자신의 일에 대한 신념을 접하며 생태학자란 단순한 직업의 개념 이상으로 사랑과 생명존중, 다양성의 공존이라는 제 삶의 가치를 실현할 수 있는 최선의 삶임을 확신하게 되었습니다. 아울러 깊이 있는 독서를 통해 전인적으로 발전할 수 있었습니다. 특히 '희망의 자연(제인구달 외)'을 읽고 생태복원에 대한 의지를 확고히 다지게 되었고 '사랑의 기술(에리히 프롬)'을 읽고 상대와 나와의 다른 점을 있는 그대로 이해할 수 있는 포용의 태도를 배웠습니다.

제가 주로 활동한 분야는 생명과학 분야지만 사회, 사진에 대한 공부 또한 즐기며 인문적 소양을 길렀습니다. '불평등의 대가(조셉 스티글리츠)'는 사회에 대한 깊이 있는 이해와 적극적인 참여의 중요성을 깨닫게 해준 의미 있는 독서경험이었습니다. 이를 계기로 내셔널트러스트 회원으로서 기부를 시작했고, 결국 2학년 땐 학교동아리로 창설하여 학우들에게 자연·문화유산 보호의 중요성을 알리는 활동을 했습니다. 국제시민연대 Avaaz의 회원으로 환경, 국제문제에 대한 서명운동에도 참여하고 있는데, 이러한 활동은 사회를 비판적 시각으로 이해하는 데 많은 도움을 주었습니다. 사진은 제가 어릴 때부터 좋아하던 분야인데 학교생활 중 틈틈이 출사를 나가며 예술적 가치를 삶에서 놓치지 않았습니다. 온라인 사진강의까지 들으며 사진에 대한 깊이 있는 공부를 하고자 노력했습니다. 청소년문예대제전 사진 부문 동상을 수상하기도 했던 저는 내셔널지오그래픽 공모전 등 각종 대회에 사진을 출품하기도 했고, 결국 교내 환경사진공모전 금상수상의 기쁨을 맛보기도 했습니다.

이렇게 전공은 물론 인문적 분야까지 폭넓게 공부하며 KAIST에서 수학할 만한 자격을 갖춘 인재가 되고자 항상 노력했고, 이젠 그만큼 갖춰졌다는 근거 있는 자신감이 생겼습니다. 저의 확고한 목표를 가장 잘 이루어낼 수 있는 KAIST에서 저의 특징인 '노력의 끝판왕' 정신, 지식탐구에 대한 순수한 즐거움, 인류애를 바탕으로 한 환경 보호에의 의지, 사회와 예술에 관심을 갖는 인문적 소양을 불태워서 인품과 실력을 겸비한 인재로 성장해나갈 것임을 약속드립니다.

4번. 자신에 대해 좀 더 소개하고 싶은 내용(포스텍 지원동기, 재능 및 특기)이 있다면 자유롭게 기술하여 주시기 바랍니다.(1,000자 이내) (포항공대)

제 목표는 우리나라의 생태복원 전문가가 되는 것입니다. 이 목표를 이루는 과정에서 POSTECH은 제게 가장 필요한 배움의 환경을 제공해줄 것을 확신하기에 지원하였습니다. POSTECH만의 STC 프로그램과 여러 국제화 프로그램을 통해 다양한 학문들을 자유롭게 수학하며, 생태문제 해결에 대

해 더 넓게 바라보는 안목을 기를 수 있기 때문입니다.

제가 주로 활동한 분야는 생명과학 분야지만 사회, 사진에 대한 공부 또한 즐기며 인문적 소양을 길렀습니다. 사회에 흥미가 있던 저는 '불평등의 대가(조셉 스티글리츠)' 등을 읽으며 사회에 대해 제대로 알고자 노력했습니다. 책을 읽는 중에 불평등, 차별, 편견 등 우리가 살아가는 사회에 내재된 여러 사회적 문제를 접했고 이를 해결하기 위해선 적극적으로 사회에 참여하는 것이 중요함을 깨달았습니다. 이를 계기로 내셔널트러스트 회원으로서 기부를 하고, 결국 2학년 땐 학교동아리로 창설하여 학우들에게 자연·문화유산 보호의 중요성을 알렸습니다. 국제시민연대 Avaaz의 회원으로 환경, 국제문제에 대한 서명운동에도 참여하고 있습니다. 이를 통해 사회를 비판적 시각으로 이해하는 능력을 길렀습니다. 사진은 제가 어릴 때부터 좋아하던 분야인데 학교생활 중 틈틈이 출사를 나가며 예술적 가치를 삶에서 놓치지 않았습니다. 온라인 사진강의까지 들으며 사진에 대한 깊이 있는 공부를 하고자 노력했습니다. 내셔널지오그래픽 공모전 등 각종 대회에 사진을 출품하기도 했고, 결국 교내 환경사진공모전 금상 수상의 기쁨을 맛보기도 했습니다.

이렇게 전공은 물론 인문적 분야까지 폭넓게 공부하며 POSTECH에서 수학할 만한 자격을 갖춘 인재가 되고자 항상 노력했고, 이젠 그만큼 갖춰졌다는 근거 있는 자신감이 생겼습니다. 저의 확고한 목표를 가장 잘 이루어낼 수 있는 POSTECH에서 저의 특징인 '노력의 끝판왕' 정신, 지식탐구에 대한 순수한 열정, 인류애를 바탕으로 한 환경 보호에의 사명감을 더욱 불태워서 사회에 긍정적인 기여를 해낼 것을 약속드립니다.

4번. 해당 모집단위에 지원한 동기와 이를 준비하기 위해 노력한 과정이나 지원자의 교육환경이 성장에 미친 영향 등을 경험을 바탕으로 구체적으로 기술하시오(1,500자 이내) (연세대학교)

제 목표는 생태복원 전문가가 되는 것입니다. 이 목표를 이루는 과정에서 연세대학교 시스템생물학과는 제게 가장 필요한 배움의 환경을 제공해줄 것을 확신하기에 지원했습니다. 연세대학교만의 RC교육을 통해 제 목표의 본질적인 토대가 되는 인류에 대한 사랑을 함양할 수 있기 때문입니다. 또한 생물의 생명 현상을 규명하는 동시에 환경과의 관계까지 통합적으로 탐구한다는 학과의 특징은 제가 공부하고자 하는 생명과학의 미시적, 거시적 관점을 균형 있게 배울 수 있도록 이끌어줄 것이라 생각합니다.

편찮으신 어머니와 열악한 경제적 상황으로 주저앉을 수도 있었지만 저는 목표에 대한 열정을 원동력 삼아 위기에 끊임없이 도전해왔습니다. 2년간의 생태연구를 통해 생태문제 해결의 시급성과 바람직한 연구태도에 대해 깨달았고, 내셔널트러스트 활동을 통해 사회에 대한 깊이 있는 이해의 중요성을 느낄 수 있었습니다. 뿐만 아니라 저는 TED 생태강의 수강과 독서를 통해서도 더욱 성장할 수 있었습니다. TED 강의를 들으며 드론을 이용한 생태보호, 폐휴대폰으로 열대우림 살리기 등 생태학이 다양한 학문들과 상호협력하며 발전한다는 사실을 깨달았습니다. 또한 생태분야에 종사하는 강연자들이 보여준 자신의 일에 대한 신념을 접하면서 생태학자란 단순한 직업의 개념 이상으로 사랑과 생명존중, 다양성의 공존이라는 제 삶의 가치를 실현시킬 수 있는 최선의 삶임을 확신할 수 있었습니다. 아울러 깊이 있는 독서를 통해 전인적으로 발전할 수 있었습니다. 특히 '희망의 자연(제인구달 외)'을 읽고 생태복원에 대한 의지를 확고히 다지게 되었고, '사랑의 기술(에리히 프롬)'을 읽고 상대와 나와의 다른 점을 이해할 수 있는 포용의 태도를 배웠습니다. 또한 '불평등의 대가(조셉 스티글리츠)'는 사회에 대한 깊이 있는 이해와 적극적인 참여의 중요성을 깨닫게 해주었습니다. 이를 계기로 내셔널트러스트와 국제시민연대 Avaaz의 회원으로서 환경, 국제문제에 대한 서명운동에 지속적으로 참여하고 있습니다.

가정환경의 불리함을 극복하기 위해 가정을 돕고 봉사하는 경험을 통해 나눔과 봉사정신을 길렀습니다. 어머니의 병세가 완화되는 데 도움을 주고자 하여 어머니와 같이 운동을 다니기도 하고 읽을 책을 함께 고르는 등 여러 활동에 함께 했습니다. 자주 하진 못했지만 시간 나는 대로 집안일을 도와서 어머니 외의 가족 구성원들이 덜 힘들도록 노력하며 희생과 양보의 정신을 배웠습니다. 고1 때 명현장학생, 고2 때 한성 노벨 영·수재 장학생으로 선발되어 가정 경제에 기여한 것도 보람찬 일이었습니다.

특별한 가정환경을 통해 다져진 인성과 학문에 대한 깊이 있는 준비들을 바탕으로 저는 연세대학교 시스템생물학과에서 수학할 만한 자격을 갖춘 인재가 되고자 항상 노력했고 이젠 그만큼 갖춰졌다는 근거 있는 자신감이 생겼습니다. 저의 확고한 목표를 가장 잘 이루어낼 수 있는 연세대학교에서 제 학문적 역량과 탐구열정, 그리고 봉사정신을 더욱 불태워 연세대학교의 자랑이 될 만한 인재로 성장할 것임을 약속드립니다.

Step3.   **면접**

마지막으로 면접에 대해 말씀드리겠습니다. 저는 고3 10월쯤부터 먼저 제가 볼 전형의 면접들에 대해 정보를 찾았습니다. 그리고 면접기출문제가 있다면 모두 뽑아서 스스로 풀어보는 연습을 했습니다. 전형 별로 면접 1주 전부터 면접 학원에 다녔었습니다. 면접 학원이 필수는 아닙니다. 하지만 여러 명 앞에서 당당하게 면접에 임하는 연습은 정말 필수적입니다. 사실 그런 경험을 하기 위해 학원에 다니는 것입니다. 학원이든 친구들끼리의 모임이든 학교 면접 대비반이든 상관없이, 그런 연습을 충분히 많이 하시기 바랍니다. 그리고 다른 친구들이 면접을 어떻게 하는지 많이 보면서 좀 더 넓은 시야를 지니는 태도가 필요합니다. 혼자 면접 준비하는 친구들이 쉽게 저지르는 실수가 바로 자만심에 빠져 면접 실력이 발전하지 못한다는 것입니다. 특히 면접을 잘하는 친구들의 연습 과정을 주의 깊게 보면서 배울 점을 찾아보시는 것이 도움이 많이 됩니다. 추가로, 제시문 면접의 경우 나올 주제들이 한정적이므로 본인이 교과서 내용 중 '한 걸음 더' 같은 부분이나 최근 이슈되는 소재를 직접 찾아보아 충분한 배경지식을 쌓는 것이 도움이 됩니다.

[저자의 합격 자기소개서 복원 내용]

4-1. 고려대학교 과학인재전형

제시문 (가) : 산술, 기하 평균을 통한 최솟값 구하기

(가) 실수 x에 대한 함수 $f(x) = \dfrac{1}{x^2+2} + x^2 + 2$ 의 최솟값을 구하기 위해 산술평균과 기하평균의 관계를 이용하면

$$\dfrac{1}{x^2+2} + x^2 + 2 \geq 2\sqrt{\dfrac{1}{x^2+2} \times (x^2+2)} = 2 \quad \text{이므로 함수 } f(x)\text{의 최솟값은 2이다.}$$

문제 1. 세 제시문에서 공통되는 단어 한 가지를 말하고 그 이유를 설명하시오.
문제 2. 수학 현상이나 과학 현상에서 자신이 생각한 단어에 해당하는 현상을 2가지 이상 사례로 들어라.
문제 3. 자신이 실험실의 연구원을 뽑는다면 어떤 자질을 중요시하게 볼 것인지 3가지를 대고 이유를 드시오.

(입장) 필기한 종이를 들고 의자 앞까지 걸어간 후 "안녕하십니까!" 라고 웃으면서 엄청 크게 말함. 교수님들 다 시선 집중되면서 웃으심. 그리고 앉음.

-교수님 두 분을 각각 A, B로 통일하겠음-

A : 잠시만 필기한 종이 좀 보여줄래요?
나 : 네! (교수님 계신 자리로 가서 종이 보여드리고 몇 초 후에 다시 받음)

A : 답변을 너무 오래 하지는 말고 5분~6분 사이로 해줘요.
나 : 네 알겠습니다. 먼저 문제 1번을 설명드리겠습니다. 저는 제시문 가, 나, 다를 읽고 '최적화'라는 단어를 떠올렸습니다. 제가 생각하기에 최적화는 두 가지 의미로 나누어진다고 생각했습니다. 일반적 의미에서의 최적화는 특정 상황이나 입장에 유리하고 적절하게 만드는 것이라고 생각합니다. 또한 수학적 의미에서의 최적화는, 최댓값 최솟값 구하기 등 다양한 수학적 상황 속에서 원하는 특정 값을 빠르게 찾아내는 것이라고 생각했습니다. 먼저 제시문 가에서는 산술 기하 평균을 이용해 최솟값을 찾아내고 있습니다. 이는 수학적 의미에서의 최적화의 예라고 생각되었습니다. 제시문 나에서는 프톨레마이오스가 자신의 관측 결과와 철학적 이상에 맞는 천동설을 주장하는 것을 볼 수 있습니다. 여기에서도 최적화라는 것과 연결이 된다고 보았습니다. 마지막으로 제시문 다에서는 표본을 추출할 때 다소 편향된 추출을 하여 잘못된 예측을 하였습니다. 저는 이 ㅇㅇ잡지 회사가 공화당 후보 ~~를 더 선호하는 경향이 설문조사에 암묵적으로 반영되었다고 생각했습니다. 여기에서도 일반적 의미에서의 최적화가 적용되었다고 생각합니다. 2번 답변하겠습니다. 저는 수학 현상에서 2가지, 생물학적 현상에서 1가지의 예를 떠올렸습니다. 먼저, 수학적 현상에서는 최단경로 찾기와 미분을 통한 최대최소 구하기를 떠올렸습니다. 최단경로 찾기는, 같은 길이로 이루어진 선이 모인 격자 모양의 길에서는 같은 것이 있는 순열을 이용하면 빠르게 최단경로의 경우의 수를 찾아낼 수 있습니다. 여기에서 최적화와 관계가 있

음을 생각했습니다. 또한 미분을 통해서 최대 최소를 구할 수 있는 상황을 떠올렸습니다. 미분을 통해 미분값이 0이 되는 특정 x값을 구하여 최대 최소 때의 x값을 빠르게 찾아낼 수 있다는 점에서 최적화의 예시가 된다고 생각했습니다. 또한, 생물학적 현상으로 저는 진화를 생각했습니다. 진화는 특정한 외부 환경에 맞추어 생물의 형태나 특성이 변화해가는 것을 말합니다. 이것도 외부 환경에 대해 최적의 모습으로 맞추어가는 것으로 최적화의 예가 된다고 생각합니다. 3번 답변하겠습니다. 저는 먼저 가치중립을 꼽았습니다. 과학자로서 가장 중요하게 추구해야 할 가치는 가치중립이라고 생각했기 때문입니다. 그랬을 때 제시문 (다)와 같은 편향된 조사나 연구 또한 피할 수 있다고 생각합니다. 두 번째로 화합을 꼽았습니다. 제가 중요시하는 가치가 다양성과 화합이기 때문에, 이러한 화합을 이룰 줄 아는 자세가 꼭 필요하다고 생각했습니다. 세 번째로 성실성을 꼽았습니다. 제가 연구하는 생태 분야는 특히나 더 긴 시간이 요구되는 연구가 많기 때문에, 이러한 성실성이 더욱 중요할 것이라고 생각했습니다.

A : 네, 그러면 문제 3번에서 다른 것으로는 무엇을 들 수 있을까요? 1, 2개 정도... 이유는 다 대답 못해도 괜찮아요.

나 : 잠시만 생각해보겠습니다. (5초 정도 침묵) 저는 열린 태도가 필요하다고 생각합니다. 자신이 원하는 결과로 연구가 진행되지 않았다고 하더라도 다른 가능성이나 결과를 생각해볼 때 더 과학이 발전될 수 있을 것이라고 생각합니다. 그리고 (미소) 바른 언행도 중요하다고 생각합니다. 공동체로 활동하는 것이기 때문에 이러한 바른 언행이나 예의 바른 태도가 필요하다고 생각합니다.

A : 네, 알겠어요. 그리고 가 제시문에서 최대최소 값을 학생은 뭐라고 생각하나요?

나 : 아.. 여기 제시문에 2라는 값이 나와있는데.. 이것을 물어보시는 건가요?

A : 아.. 나는 그런 것 잘 못 보니까..(~~) 학생은 뭐라고 생각하나요?

나 : 네, 잠시만 계산해보겠습니다. (5초 침묵) 저도 2라는 값이 나왔습니다.

A : ~~~~~ (기억 안 남) 학생은 학교에서 1등이죠?

나 : 아, 어떤 환산으로는 1등이고 어떤 환산으로는 2등인데... 네, 1등입니다. (말하고 웃음)

A : 우리가 모의고사 점수는 몰라서 그러는데... 모의고사 점수랑 내신이랑 비슷한가요?(미소)

나 : 네, 모의고사도 1-2등급 정도로 나옵니다. (웃음)

A : 그럼 둘 중에 뭐가 더 잘 나오나요? (미소)

나 : 저는 모의고사 점수는 점점 올려가는 중이기 때문에 점수는 내신이 좀 더 높습니다. (웃음 웃음) (모의고사가 더 높다고 하면 정시로 와^^ 이렇게 생각하실 수도 있어서...현실대로..)

B : (말할 때도 거의 안 쳐다보고 노트북만 보시던 교수님임) 학생 자기소개서를 보니까 환경에 대한 관심이 대단한데 어쩌다 이렇게 관심을 가지게 됐나요?

나 : 네, 저는 먼저 중학교 때 사진부로 활동하면서 사진에 관심을 가졌고, 사진의 대상이 되는 자연에까지 자연스럽게 관심을 가지게 되었습니다. 이후 고등학교 1학년 때 환경부에서 주최한 생물다양성 캠프에 참여하면서 생태 분야로 정말 직업을 가져도 되겠다! 하는 확신을 가졌습니다.

B : 이것만 대답하고 가면 될 것 같아요. 고대는 뭐다!

나 : 저는 3년간 고대만을 바라봐왔습니다. 다양성과 화합을 중요시하는 고대에서 (교수님들 둘 다 만족스러운 표정으로 끄덕임) 고대를 빛낼 수 있는 인재가 되도록 최선을 다하겠습니다!!! 꼭!!!!! 뽑아주십시오!!!!! (나는 활짝 웃음)

A, B : 네, 수고했어요. 나가도 돼요.
(일어나서 종이 들고 배꼽인사 하면서 '감사합니다!' 하고 나감)

개인적으로 느낀 점 : 어려운 문제 안 나오고 거의 학교장 추천 스타일로 나와서 너무 기뻤다. 그렇게 준비하던 게 예상치 못하게 여기서 빛을 발할 수 있어서 매우 좋았다. 분위기도 부드러웠고 교수님들이 잘 웃어주셔서 마음이 놓였다. 저번 고대 학교장추천 때는 마지막 한 마디 해보라고 했을 때 임팩트가 없었어서 아쉬웠는데, 이번 면접에서는 후회 없이 엄청 소리 크게 하고 말도 하고 싶은 것을 다 했다. 정말 후회 없었고 속 시원하게 면접 본 것 같다.

4-2. 서울대학교 일반전형 화학, 생명과학 계열

(서울대 입학본부 웹진 아로리에 면접 기출 나와있습니다)

화학 2문제, 생물 모든 문제는 다 맞게 풀었다.
화학 한 문제는 틀리게 풀었다가 교수님이 지적해주셔서 맞게 고쳤다. 한 문제는 BOH_3를 염기라고 해서 틀렸다. 5번 문제는 정확한 답은 구하지 못하고 푸는 방법만 구두로 설명드리고 나왔다. 개인적으로 화학II 산화 환원 부분이랑 전지 쪽이 약했기에 공부를 나름 해가긴 했다. 근데 막상 제시문으로 나오니 풀기에 막막했다. 여차여차해서 어느 정도 풀었지만 못 푼 문제도 있어서 아쉬웠다.

면접관은 교수님 2분이셨다. 한 분은 근엄하시고 한 분은 조금 친절한 표정으로 미소를 자주 띠셨다. 근엄한 분이 대화를 주도해나가셨고 친절한 분은 질문 하나만 내게 던지셨다. 교수님이 "몇 번 답은 뭐라고 했나?"라고 물으시면 내가 거기에 대답했다. 맞게 풀면 그냥 넘어가고 틀렸으면 재차 질문을 하셨다. 그리고 틀렸을 때 대화를 통해 내가 맞는 답을 낼 수 있게 유도하셨다. 서울대 면접답다 싶었다.

그리고 화학 문제를 푸는 도중 앞에 칠판을 사용하여 화학반응식을 적어보라고 하시기도 했다. 칠판을 사용할 수도 있으니 알고 있는 게 좋다.

제시문 질문이 다 끝났는데도 시간이 남으면 생활기록부나 독서활동에 대해 질문하실 거라고 미리 언지해주셨다. 나는 혹시 대답을 잘 못할까봐 제시문 면접 대답에서 시간을 다 사용하고자 마음먹었다. 그래서 말을 또박또박 천천히 하고 고민하는 척하면서 시간을 때웠다. 그랬더니 마지막 문제 대답했을 때 딱 시간이 끝났다.

수준은 그전 해에 비해 훨씬 쉬웠다. 그러나 누구나 막 풀 수 있는 수준은 아니고 전체 문제의 70%만 제대로 풀면 적당히 본 수준이라고 느꼈다. 나머지 30%는 나름 깊은 지식을 요구하기 때문에 변별력은 있었다고 본다.

4-3. 고려대 학교장추천 면접

쉬운 수학, 과학 문제와 본인의 의견을 묻는 문제, 그리고 인성에 대한 문제가 출제되었다. 면접 시간도 짧고 답하기도 쉽다. 그러나 모두에게 쉬운 면접이니 방심하면 안 된다. 답은 최대한 간결하면서 또박또박 해야 한다. 그리고 본인의 의견을 묻는 질문에 깊이 있고 독창적인 답변을 하는 게 좋다.

기습 질문으로 "외국인이 우리 나라 택시에 타고 있었는데 택시 기사가 부당하게 비싼 요금을 요구하는 걸 학생이 목격했어요. 이때 어떻게 대처할 건가요?" 라는 질문을 받았다.

나는 "그 상황에 직접 끼어들어서 문제를 해결하려고 하면 위험할 수 있다고 생각합니다. 그래서 우선 차 번호를 확인하고 위치를 파악하여 경찰서에 신고를 하겠습니다" 라고 대답했다. 적극적이지 않아 보일 수 있긴 한데 나름 최선의 답변이었다. 나쁘지 않았다.

마지막에는 연세대와 고려대를 붙으면 어딜 갈 것이냐고 장난식으로 물어보시길래 당연히 고려대에 가겠다고 당당하게 대답했다. 그리고 마지막으로 하고 싶은 말이 있냐고 하셔서 "꼭 붙여주십시오!" 하고 나왔다. 이때 좀 더 어필을 잘 할 수 있었는데 당황스러워서 너무 평범한 말을 했다. 이 부분은 아쉬웠다.

4-4. POSTECH 면접

생명과학 문제였는데 난이도는 쉬웠다. 무슨 기생충이 우리나라에 널리 퍼지는 상황인데 이 기생충을 방제할 때 아예 서식 지역을 다 불태워버리는 방법이 효과적인지를 물었다. 그리고 효과적이지 않다면 어떤 방법이 좋을지를 물었다. 그리고 기생충의 생태에 대한 정보 몇 가지를 준 후 이 생물학적 특징을 통해 기생충에 대한 정보를 추론하는 문제가 나왔다.

문제는 어렵지 않았지만 면접관들이 꼬리에 꼬리를 무는 질문을 했다. 그래서 이런 질문들에 잘 대답하려면 정말 교과서를 몇 번이고 정독해야 한다. 지식을 묻는 면접 후에는 다른 면접실로 이동해서 나에 대해 묻는 면접을 진행한다. 이 때는 정말 자세한 활동들도 물어보셨다. 예를 들면 내가 자기소개서에 내셔널트러스트 동아리를 개설했다고 써놓았는데 무슨 동아리인지, 어떤 활동을 진행했는지 물어보셨다. 그리고 POSTECH의 STC 프로그램에 참여하고 싶다고 했는데 정말 이 활동을 알고 있는지를 물어보셨다. POSTECH은 확실히 소수의 학생들을 모집하다보니 학생 한 명 한 명에게 큰 관심을 보여주는구나 싶었다. 면접 분위기는 두 면접 다 아주 부드럽고 친절했다. 이렇게 친절한 대학 면접은 처음이었다. 지식적인 부분은 다른 대학 면접을 준비하듯이 비슷하게 준비하면 되는데 인성 면접의 경우 POSTECH에 구체적으로 조사해가면 훨씬 유리할 것이라 생각한다.

4-5. 연세대학교 과학공학인재 전형

너무 어려운 수학, 물리 문제가 나왔다. 솔직히 어려운 걸로 유명해서 큰 기대는 안 했다. 근데 이번 문제는 역대급으로 어려웠다. 수학은 도형의 규칙을 찾는 문제가 나왔고 물리는 야구 선수가 야구공을 배트로 맞출 때의 물리학적 상황에 대해 묻는 문제가 나왔다. 수학만 좀 손 댔다. 물리는 하나도 모르겠었다. 망했다고 생각했다. 근데 그래도 면접 때 자신감 있게 뭐라도 말해야 한다고 생각해서 그렇게 했다. 면접관은 2분이셨고 나에게 미소로 대해주셨다. 근데 내가 푼 게 하도 부족하다보니까 마지막에는 연민의 표정을 지으셨다. 그러나 나는 굴하지 않고 미니 칠판에 식을 6~7줄 정도 두세 번 적으면서 열심히 수학 문제에 대해 풀이했다. 이건 아닌데 싶지만 그래도 뭐라도 씨부렸다. 마지막에 인사도 90도로 하고 감사합니다 라고 하고 나왔다. 망했다 싶었는데 나중에 대기장소에 가니 모두가 망했다고 말하고 있었다. 그래서 승산이 있을 수도 있겠다는 희망을 가졌다. 결국 합격했다. 연세대 과학공학인재 전형을 쓴다면 문제를 잘 못 풀어도 자신감을 가지고 끝까지 면접에 임하는 것이 중요하다고 생각된다. 어렵다고 쫄지 말아야 한다.

http://www.suneungskill.com/shop/ 에서 이 책의 저자들에게 자소서 첨삭을 받을 수 있습니다(유료)

◆ 학종 전형 2,3,4개 대학 복수 합격자가 공개하는
"학종무패" 자소서, 생기부 학종스펙 만들기

정가 19,000원

2017년 11월 20일 1판 1쇄 인쇄 2017년 11월 23일 1판 1쇄 발행	지은이 : 발행처 : 도서출판 수능의 기술 등　록 : 제 324-2014-000061호 　　　　(2014.11.04.) I SBN　 :　979-11-87095-16-3

우) 서울특별시 송파구 송파대로 28길 13 거북이 빌딩 813호
· E-mail : opirus2580@naver.com
· 홈페이지 : www.suneungkill.com
· 페이스북 페이지 : www.facebook.com/studymanage
· 전화 : 070 7535 3060
· 팩스 : 02 6918 4955